谨以此书纪念陈盛明先生

诞辰110周年

逝世30周年

明誠集

海疆学术・闽南文献

陈盛明 著

陈自强 编
蔡一村

厦门大学出版社
国家一级出版社
XIAMEN UNIVERSITY PRESS
全国百佳图书出版单位

陈盛明先生（1905—1985）

讚像

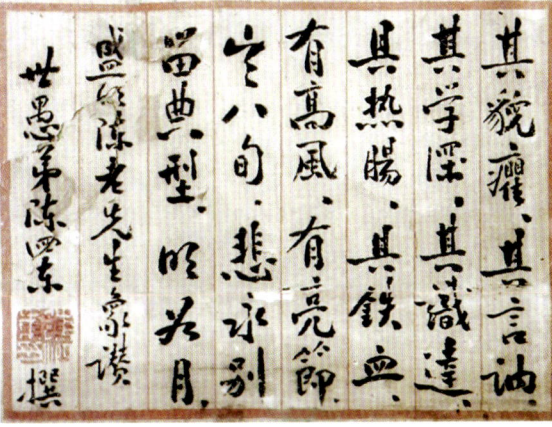

其貌癯，其言訥，其學深，其識達，其熱腸，其鐵血，有高風，有亮節，享八旬，悲永別，當典型，昭若月。

盛明陳老先生象讚

世愚弟陳四东撰

盛明先生最后一张生活照片

李吉成先生摄于1985年初春聚宝街老宅庭院

编者注：李吉成先生系本书"记泉州书店"一文中的台湾友人唐生。

目　录

序一　王连茂
序二　陈明光
序三　庄国土
前　言　　　　　　　　　　　　　　　　　　　　　　蔡一村 1

卷首　纪　传

陈盛明先生传略 …………………………………………… 陈自强 1
记海疆学术资料馆 ………………………………………… 陈宪光 9
陈盛明先生与海疆学术资料馆影照 ……………………………… 20

卷一　生平行略

大革命时期泉州国共合作情况杂忆 ……………………………… 36
记泉州书店 ………………………………………………………… 46
记晋江县抗敌自卫团 ……………………………………………… 49
抗战后期晋江县文献委员会始末 ………………………………… 53
我与海疆学术资料馆 ……………………………………………… 63

卷二　闽南文化

晚清泉州一个典型世家
　——黄宗汉家族试探 …………………………………………… 66
从《泉俗激刺篇》看清末泉州黑暗面 …………………………… 81
叶题雁、吴鲁记八国联军暴行的诗文 …………………………… 101
吴状元愤写《百哀诗》 …………………………………………… 114

十九路军驻泉的前前后后 …… 116
闽南华侨史资料一脔
　　——华侨墓志所反映的史实 …… 128
晚清泉州世家"观口黄"置业契约选 …… 142
谈谈编写《泉州市志》的三个问题 …… 154

卷三　　泉州文史

忆辛亥年泉州保安会 …… 161
享年九五的琴画名家黄松行述 …… 164
泉州的女子学校简介 …… 169
政协泉州市第四届委员会文史资料研究委员会1981年工作情况和
　1982年工作要点 …… 178
泉州市政协文史资料工作简况 …… 182
泉州市政协文史资料研究委员会1982年年终总结
　会议纪要 …… 184

卷四　　文献目录

泉州地方文献联合书目 …… 188

卷末　　追　思

一个投考军大学生的思想斗争过程 …… 陈云鹏 342
棉被和《新华字典》 …… 陈国光 348
忆父辈情谊 …… 陈社光 350
陈盛明同志追悼会悼词 …… 王连茂 353
纪念陈盛明先生座谈会 …… 364
厦大家宝：南洋研究所之海疆学术资料馆 …… 马进龙 371

后　　记 …… 陈自强 372

Contents

Prologue

Ⅰ. Wang Lianmao
Ⅱ. Chen Mingguang
Ⅲ. Zhuang Guotu

Preface ·· Cai Yicun 1

Forward   Biography

Brief Biography of Mr. Chen Shengming ················ Chen Ziqiang 1
In Memory of Haijiang Academic Archives ············· Chen Xianguang 9
Photos of Mr. Chen Shengming and Haijiang Academic Archives ······ 20

Volume One   Brief Biography

Jottings of KMT-CPC Cooperation in Great Revolution
  in Quanzhou ·· 36
Records of Quanzhou Book Stores ·· 46
Records of Jinjiang County Resistance and Self-defense Force ············ 49
Whole Story of Committee for Jinjiang County Documentation
  in Later Period of Counter-Japanese War ································· 53
Story of me and Haijiang Academic Archives ································ 63

Volume Two   Culture of Minnan Region of Fujian

A Typical Aristocratic Family in Late Qing Dynasty
    in Quanzhou-Probing Huang Zonghan Family ·············· 66
To See the Dark Side of Quanzhou in Late Qing Dynasty
    from *Quanzhou Folk-custom Stimulation Anecdote* ·············· 81
The Poems and Essays of Ye Tiyan and Wu Lu about the
    Atrocity of Eight-Power Allied Forces ·············· 101
Number One Scholar (*Zhuangyuan*) Wu's Resentful
    Bai Ai Shi (*The Song of Sorrows*) ·············· 114
The Ins and Outs of the 19th Route Army in Quanzhou ·············· 116
A Research of the History of Overseas Chinese from
    Minnan Region of Fujian-Historic Facts
    Reflected from Overseas Chinese's Epigraphs ·············· 128
Compiling "Guankou Huang" Real Estate Contracts
    in Late Qing Dynasty in Quanzhou ·············· 142
Talking about Three Questions in Redacting
    Chorography of Quanzhou ·············· 154

Volume Three   Literature and History of Quanzhou

Recalling Quanzhou Security Committee in 1911 ·············· 161
Brief Biography of Deceased Lyre-playing and
    Painting Master Huangsong (Died at the age of 95) ·············· 164
Brief Introduction of Girls' School in Quanzhou ·············· 169
Situation of Literature and History Sub-Committee
    of the 4th CPPCC in Quanzhou in 1981, Working
    Gist of 1982 ·············· 178
Brief Situation of Literature and History Work of
    CPPCC in Quanzhou ·············· 182

Year-end Summary of Literature and History
   Committee of CPPCC in Quanzhou in 1982 and
   Meeting Minutes ·· 184

Volume Four   Bibliography

Jointed Index of Quanzhou Local Literature ···················· 188

Afterword   Memorial

Ideological Struggles of a Candidate Applying for
   Military School ································ Chen Yunpeng 342
Quilt and *Xinhua Dictionary* ························ Chen Guogang 348
Recalling the Camaraderie of Elder Generation ········ Chen Sheguang 350
Memorial Speech for Mr. Chen Shengming ············ Wang Lianmao 353
Colloquia in Memory of Mr. Chen Shengming ························ 364
Treasure of Xiamen University: Haijiang Academic
   Archives in Academy of Southeast Asian Studies ··· Ma Jinlong 371

Postscript ·· Chen Ziqiang 372

序 一

王连茂[*]

陈盛明先生是泉州地方文史研究的开拓者之一,也是一位值得尊崇与怀念的老一辈学者。在他逝世30周年之际出版其遗作《明诚集》,是对这位卓有成就的文史大家最好的纪念。兹遵令公子自强兄之嘱,谨缀数言以表达对先生的无限崇敬之心。

我有幸于盛明先生晚年与他有过密切的往来,承蒙他的不弃与慈父般的关爱,我们成了无话不谈的忘年之交。尽管时光流逝,但每当想起他,每当捧读他的文章,总觉得心潮起伏,难以抑止,心中充溢着一种特别厚重的情感。这不仅因为他所留下的学术著作和编辑的地方文献资料,是文史学界共同珍惜的宝贵财富,还因为他的为人风范、不图名利的高尚品格、严谨求实的治学态度和为地方文史研究事业默默奉献的精神,实在感人至深,堪称楷模。

1978年8月泉州历史研究会成立时,可谓人才济济,群贤毕集,如廖博厚、许谷芬、陈允敦、陈盛明、庄为玑、陈泗东、陈存广、吴捷秋等,均德高望重,为一时之名宿。在他们的主持下,学术活动开展得有声有色,成绩斐然。此时,盛明先生已从厦门大学退休回泉州老家,他是研究会的创会副会长,后任顾问。我曾忝居副会长兼秘书长一职,负责具体会务。我们同住城南一带,因而过从甚密。他虽已届古稀之年,依然每天坚持步行到开元寺内的研究会工作,并时常顺路逗留寒舍聊天,我也得有机会向这位饱学之士当面请益。每次聆听先生的谆谆教诲,如数家珍般的仔细陈述,均深受启迪,获益匪浅。先生之于地方文献与历史掌故的博综兼擅,更令

---

[*] 王连茂,泉州海外交通史博物馆名誉馆长,研究员。

我钦羡不已。其时我正着手搜集、编纂有关闽台关系的谱牒资料,也得到先生的诸多鼓励与帮助,于今犹感念在心。

盛明先生出生于书香门第,其父泽山先生(号起吾),是前清举人,又是泉州有名的藏书家。正是这样的家学渊源,对他将毕生的大部分时间与心血倾注于地方文献资料的搜集与整理,有着深刻的影响。他从解放前任晋江县文献委员会总干事,到创办私立海疆学术资料馆并任馆长,到解放后,将珍藏图书资料全数捐给厦门大学,担任该校南洋研究所资料室主任。数十年间,为搜集、抢救、研究、整理地方文献所做出的贡献,实至伟至大。

他堪称是这一领域的大师级人物。泉州历史研究会创办的刊物《泉州文史》,确定以"地方史与文史资料相结合、研究性与资料性并重"为方针,正是得益于他一再强调的必先做好基础性资料的搜集整理工作,才能更好地促进地方文史深入研究的观点。他自己则身体力行,独自承担编辑出版《泉州地方文献联合书目》、《泉州文献资料索引集刊》和《泉州文献丛刊》的繁重任务。为了广泛调查泉州地方文献的收藏情况,为研究者提供检索所需资料的工具书,他耗费了巨大精力,于1979年编成第一部《泉州地方文献联合书目》初稿,计收录全国43家图书馆、资料室所庋藏的泉州地方文献1100多种,由研究会先以油印本形式出版。在当时的客观条件下,能收录千余种文献资料的庋藏情况实属不易。之后两年,为了继续完成其余两部集刊与丛刊,盛明先生又做了大量卡片。后因受聘为泉州市政协文史资料研究委员会主任,全力以赴恢复"文革"中断的文史资料工作,惜最终未能成书。

《明诚集》所收入的几篇论著,多系盛明先生的晚年之作。20 世纪 70 年代末至 80 年代中,他精神焕发,笔耕不辍,连续发表了十余篇有分量的史学著作和回忆录,可谓其著述生涯的旺盛期。他一生虽著述不多,但厚积薄发,所作均极精彩,堪称经典,具有很高的学术水平和史料价值。其文平实而不事华饰,但洞幽烛微,条分缕析而极具功力。先生的文章之最大特色,还在于运用各种地方民间文献资料,如墓志铭、族谱、人物传记、契约文书等,以及前人遗著来进行不同专题的研究。他不作单纯的资料介绍或堆砌,而是对这些难得一见的民间资料进行科学的梳理分类,注入独特的史学眼光,并结合自身丰富的经历与见识作深度解读,以透视某一历史事件的真相或社会现实。正因如此,他的作品总是包含着大量宝贵的"地方性知识",可作闽南文化研究之锁钥。

诸如《闽南华侨史资料一脔——华侨墓志所反映的史实》一文,即是利用墓志铭资料研究华侨史的开篇之作。该文使用24篇泉籍华侨墓志,虽甚有限,但以此作为抽样调查,"剖析内容,钩引排比,分为若干问题,加以引述",却另辟蹊径,别开生面。通过墓志资料的分类使用,文章涉及了华侨的家世、出国原因和情况,在海外的事业建树,对祖国和家乡的贡献,家庭、社会生活及思想意识等诸多方面的问题。由于墓志原物多已毁失无存,故所披露之资料尤称珍贵。而且对每一个问题所做的归纳分析,也见微知著,极具见地。如在第四个问题的归纳中,他指出了在封建半封建时代的华侨中,普遍存在着"商而优则官"、"置田园建大厦以遗子孙"的思想意识,但依然保持了"勤俭作风富而不改"的传统。对于侨眷的生活状况,以及清末以来富裕华侨注重于建构各种社会关系网络的论述也十分精辟。

《晚清泉州一个典型世家——黄宗汉家族试探》与《晚清泉州世家"观口黄"置业契约选》,是先后发表的两篇有关黄宗汉家族,即"观口黄"的研究文章。其所利用的资料不仅有诗文集、奏疏、遗稿、家谱、人物传记、契约文书等,还包括黄家后裔的口访材料。故叙述备详,是文史研究相结合的典范之作。作者从各个侧面来剖析这个官宦家族的发家历史,从事各种经济活动以积聚巨大产业的情况,同其他乡绅望族建构密切的社会关系和婚姻网络以形成阀阅政治权势,家族内部宗法秩序的强化以及五光十色的门阀丑态,等等。正如作者所阐明的,对这些现象的剖析,旨在"反映近代泉州世家豪族的面貌,从而对它的本质有一定的认识",并借以探讨近代泉州社会演变的情况。他认为这应该作为泉州地方史研究的重要课题,而这两篇文章已经为这一领域的研究开了先河。

幸亏盛明先生数十年的抢救性搜集,使一批近代泉州名人的遗作得以保存下来。他利用这些遗著所撰写的《从〈泉俗激刺篇〉看清末泉州黑暗面》、《吴状元愤写百哀诗》、《泉州两京官记八国联军暴行的史实》几篇文章,可以说是研究这几位近代人物的必读之作。尤其是他对《泉俗激刺篇》46首诗逐首所作的按语,更是精彩绝妙。因原诗夹杂着大量早已陌生的习惯用语与民间恶习,故甚生僻难懂。盛明先生的诠释则娓娓道来,以其晓畅而隽永的文字,生动而精准的解读,加以相关的文献记载和发生过的事件,将原诗所揭露的社会百态演绎成一幅幅更为有趣的清晰画面。其出神入化的功夫,实令人击节叹赏。

  先生的多篇回忆录,则记述了从大革命时期到抗日战争的亲身经历,对了解先生青年时代投身革命运动以及若干重大事件,也至关重要。

  是为序。

2012 年 3 月
于泉州滨城家中

序　二

陈明光*

　　盛明先生的次女宪光君，和我是福建师范大学历史系 77 级的同学。2012 年 8 月初，我们班 40 多位同学在泉州聚龙小镇举行纪念毕业 30 周年(1982 年 1 月毕业)的聚会活动，宪光君以《明诚集》电子版见示。拜读之余，我不由地感怀与盛明先生有过的"三缘"。

　　1981 年秋，我班同学赴泉州进行教学实习。在宪光君的聚宝街府中，我和几位同学与盛明先生都有过一面之缘，虽未及交谈，但给我留下的是儒雅长者的印象。1982 年春，我成为厦门大学历史系研究生。后来又留下任教，直至退休。这便与盛明先生有了校友之缘，特别是多次与他的藏书结缘。

　　诚如本集所示，盛明先生毕生突出的文化学术贡献之一，是创办以收集、传播东南海疆和东南亚文献为宗旨的"私立海疆学术资料馆"，并把它捐献给厦门大学，成为厦门大学图书馆和厦门大学南洋研究所(今称南洋研究院)资料室的特色典藏，至今仍惠泽学林。1997 年至 2008 年，我兼任厦门大学图书馆馆长期间，耳闻目染诸多原私立海疆学术资料馆文献对学人、学术的泽润。就我个人而言，也与盛明先生有过数次书缘。例如 1992 年起，我参与娄曾泉教授主持的何乔远著《闽书》点校组的工作(点校本《闽书》全五册，福建人民出版社 1994—1995 年版)，主校本之一采用典藏于南洋研究院的《闽书》，就是来自海疆学术资料馆。2010 年，本着以"先贤文献，泽惠学林"的宗旨，我参与主编由厦门大学图书馆和厦门大学出版社联合选编、影印出版的《中国稀见史料》第二辑《厦门大学图书馆

---

* 陈明光，厦门大学图书馆原馆长，教授，历史学博士生导师。

藏稀见史料（一）》（厦门大学出版社 2010 年版），其 13 种稀见古籍中，有三种清人著作来自海疆学术资料馆的庋藏，即柯辂撰《淳庵诗文集》誊稿本，陈国仕撰《丰州集稿》，黄宗汉撰、黄贻楫辑《晋江黄尚书公全集》誊稿本。今年，我们编选影印的《中国稀见史料》第三辑《厦门大学图书馆藏稀见史料（二）》（厦门大学出版社 2012 年版），其中的清人龚显曾撰《亦园脞牍》一种，也来自海疆学术资料馆的庋藏。我想，将盛明先生收藏的稀见古籍影印出版，以飨读者，以广书泽，是契合先生创办海疆学术资料馆的宗旨的，当可告慰先生在天之灵。

厦门大学图书馆还保存着海疆学术资料馆的大批剪报资料，至今仍有宝贵的文献价值。2010 年，原福建省副省长，现台盟中央（常务）副主席、中华全国台胞联谊会会长汪毅夫先生曾借阅过其中的边疆类剪报资料，颇为重视。我曾代厦门大学图书馆草拟过一份报告，请汪毅夫先生转呈中央有关方面，希望能得到经费支持，将原海疆学术资料馆的剪报资料予以整理出版。已获得中央和福建省有关领导的关注。与此同时，厦门大学图书馆正在为海疆学术资料馆剪报资料建立数据库，厦门大学出版社也在积极策划，拟出版海疆学术资料馆剪报资料专题。我相信，经过各方的共同努力，必将扩大盛明先生收藏的各种文献资料的利用价值，以此告慰先生在天之灵。

本文集还展示了盛明先生的另一项文化学术贡献，即他晚年利用收集的特色民间文献，所进行的华侨史、闽南地方史专题研究，如《闽南华侨史资料一脔——华侨墓志所反映的史实》《从〈泉俗激刺篇〉看清末泉州黑暗面》《吴状元愤写百哀诗》《晚清泉州一个典型世家——黄宗汉家族试探》等文。我认为盛明先生的专题研究方法颇具特点，就是结合其他民间文献和民间习俗，扩展了所运用的主题文献（如墓志铭、民间契约和个人诗文）的外延和内涵，从而使读者对相关史实，特别是闽南华侨史、闽南地方史有了更为具体翔实的了解。因此，盛明先生的专题论文虽为数不多，仍值得有志于从事"泉州学"、闽南文化乃至闽台文化研究者仔细品读，从中可得不少的启迪和参考。

2014 年 1 月 3 日

于厦门大学敬贤寓所

序 三

庄国土[*]

陈盛明前辈早年曾任厦门大学南洋研究院（时称南洋研究所）资料室主任，堪称本院开创和发展的元老之一。

陈先生出生于清末泉州城内聚宝街的书香门第家庭，父辈二代皆有功名，是晚清和民国前期泉州有名的乡绅家族。1924年，陈先生毕业于福建省立甲种农业学校。次年，又入广东大学农学院深造。受大革命时期左翼思潮影响，与共产党人交往甚密。1926年退学回乡，协助地下党开办进步书店，也参与启迪民智、宣扬革命思潮的活动。

陈先生禀家学渊源，一生以从事学术为主业。家庭历代藏书甚丰，至20世纪20年代已达3000多种，包括不少重金搜存的珍本善本。故其学术事业多以搜集、整理和研究学术资料为乐趣。抗战胜利后不久，他以家庭藏书为基础，在厦门创办以搜集、整理和研究涉及东南亚、东南海疆和台湾学术资料为内容的海疆学术资料馆，是为福建第一个以乡土资料为主的海疆资料文献专题图书馆。该馆除藏书借阅外，还举办各种图书、资料、图片、文物等专题展览，并编印多种学术资料专刊。

陈先生学术素养甚深，或具学术大家潜质，但他不求学术闻达，其乐融融于学术资料搜集和传播，为学术专题研究者提供史料，为大众学术素养提升而不懈努力。此等不计名利之胸襟，足为我等后辈学人仰慕。

1949年以后，海疆学术资料馆并入厦门大学图书馆。1956年，中央侨务委员会和厦门大学共同建立厦门大学南洋研究所，是1949年以后中国大学的第一个国际问题研究机构，迄今仍是中国大学规模最大的国际

---

[*] 庄国土，厦门大学南洋研究院院长、国际关系学院院长，教授，历史学、政治学博士生导师。

问题研究机构。南洋研究所以东南亚和华侨为主要研究对象,原海疆资料馆所藏资料弥足珍贵,遂多转往南洋研究所资料室收藏。本院图书馆镇馆数宝之一的《闽书》,即来自海疆资料馆。

1985年,陈先生仙逝。但其留下的学术宝藏,仍惠及代代南洋院的老师与学生。1996年,南洋研究所升格为南洋研究院,并成为国家(教育部)211工程的重点建设单位。2001年,在南洋研究院基础上设立的东南亚研究中心,成为教育部人文社科重点研究基地。2005年,南洋院又成为国家985哲学社会科学的创新基地。2007年,在南洋院基础上再设立厦门大学国际关系学院,设立外交学和国际政治两个本科专业。迄今为止,厦门大学南洋研究院已经成为国内外知名学术机构,不但招收历史学、经济学、法学的博士、硕士研究生,还招收全英文教学的外国研究生。近5年来,有30多个国家的学生先后在南洋院攻读博士、硕士学位。如厦门大学朱崇实校长所言:"南洋研究院是厦门大学的名片。"所有这些引人瞩目的发展,陈先生等南洋研究院前辈的开创之力和海疆学术资料馆的珍贵文献贡献甚大。

本人于1980年在南洋院攻读硕士学位时,陈先生早已退休回泉州,虽常闻其名,惜未能直接请益,但也受惠于陈先生留下的宝贵文献。2001年,我出任厦门大学南洋研究院的首任院长和东南亚国家重点研究基地的首任主任,2007年兼任厦门大学国际关系学院的首任院长,对包括陈先生在内的南洋研究所前辈们筚路蓝缕之功,未尝有一日忘怀。是为作序之由。

2012年12月30日
于厦门大学南洋研究院

前　言

2013年，闽南历史古城泉州被评为"东亚文化之都"，宋末元初东方第一大港的荣光仿佛再度回归。遥想当年海上丝绸之路带来的文化交流，朱熹也称赞"此地古称佛国，满街都是圣人"。千余年的海外交通史，为泉州积淀了深厚的文化底蕴；一代代泉州先贤，也为保存和发扬泉州的历史文化呕心沥血。

清末民初的泉州，同样活跃着一批醉心家乡文化、搜集地方文献并创办藏书馆的乡贤。其中以创办"养和精舍"的清末进士吴桂生、创办"红兰馆藏书室"的清末贡生苏大山，以及创办"起斋图书馆"的本书作者陈盛明（笔名明诚）最为著名。

陈氏家族崇儒敬学，从盛明先生的曾祖辈起便是读书人，父亲陈育才是晚清举人，也是民初泉州地区颇有名望的乡绅。家学渊源，盛明先生从陈氏家族几代人的藏书中获益良多，弱冠之年便继承父亲生前珍藏书籍资料，并以父号"起吾"为名，创办"起斋图书馆"。在盛明先生的努力下，起斋图书馆资料不断扩充，至20世纪40年代便已有珍本、手稿、图片、剪报等4000多件。

抗战胜利后，中华大地百废待兴，学术界更是满目疮痍。但陈盛明先生排除万难，在时局动荡中仍醉心学术。1946年春夏之际，以起斋图书馆原有珍本藏书，以及多年积累的数千件剪报资料为基础，创办了以搜集、整理、研究闽南地区、台湾地区、东南海疆、东南亚华人华侨的学术资料和地方文献为内容的"海疆学术资料馆"。

新中国成立后，为免于国民党迫害而避居香港的盛明先生回到家乡，将凝聚两代人心血的藏书和珍贵文献捐赠给厦门大学,海疆学术资料馆于1950年正式成为厦门大学南洋研究馆(现南洋研究院)所属的资料室。在汪毅夫先生的重视和陈明光先生的推动下,厦门大学图书馆已为海疆学术资料馆的剪报资料建立了数据库,厦门大学出版社也将《海疆学术资料馆剪报资料专题》列为其重点出版项目。

盛明先生去世30年之后,其捐赠的资料仍在为从事南洋研究的学者师生提供帮助。为缅怀先生,后人将先生的文章论著遗作并亲友回忆整理成集,冠以先生笔名,是为《明诚集》,并在厦门大学出版社蒋东明社长和薛鹏志主任的支持下得以出版。

本书主体部分分为"生平行略"、"闽南文化"、"泉州文史"、"文献目录"、"追思"五卷。首尾两卷分别收录了陈盛明先生的生平介绍和后人的追忆;第二三卷则收录了陈盛明先生十余篇比较有代表性的学术作品。"文献目录"一卷中,收录了陈盛明先生几经乱世、呕心沥血数十年查访全国四十三家图书收藏机构而编写完成的《泉州地方文献联合书目》,将与泉州地方相关的种种著述、志乘、丛著、谱牒、图集、报告、报刊等资料分类整理出索引,共分十大类三十七种,其中哲学类四种、社会类五种、经济类一种、政治类一种、文教类三种、文艺类八种、科技类一种、历史类六种、地理类五种、综合类三种。

古稀之年的陈盛明先生,将毕生所集的千余张索引卡片浓缩成近十万字的手抄书目,字字都书写着他对泉州文化的热爱和对后世学人的关怀。本书出版的目的,除了对前辈的纪念,更期望能够将盛明先生的毕生心血保存并流传下去。如能在三十六年后的今天,对相关领域的研究者有所帮助和启发的话,便是对盛明先生最大的慰藉。

蔡一村谨记
2015 年 8 月

Preface

In 2013, when Quanzhou, the historic city in Minnan region of Fujian was named "East Asian City of Culture", the glory of the largest oriental seaport in the late Song Dynasty and early Yuan Dynasty seems to return. Recalling the past cultural exchanges brought by the Maritime Silk Road, Zhu Xi also praised, "Historically speaking, it is a land of Buddha with saints all over the streets." Quanzhou has accumulated profound cultural heritage in more than a thousand years of overseas communication history; generations of sages in Quanzhou have been working their hearts out in preserving and promoting its historic culture.

In the late Qing Dynasty and early period of the Republic of China, there also had been a group of county sages who were rapt in hometown culture, collecting local literature and setting up libraries. Among them, the imperial scholar (*Jinshi*) in late Qing Dynasty Wu Guisheng, the founder of "Yanghe Jingshe", Su Dashan, a Second-Degree Scholar (*Gongsheng*) and founder of "Honglan Pavilion & Library", as well as the author of this book Chen Shengming (pen name called Ming Cheng), who started "Qizhai Library" were the most famous sages at that time.

Chen's family is a Confucianism and academics-advocated family. Early from Mr. Chen's great-grandparents generation, they were intellectuals. His father Chen Yucai was a qualified graduate from provincial exam (*Juren*) in late Qing dynasty, and also a respectable gentry in Quanzhou. Chen benefited a lot from the collected books of this learned family. He inherited his father's collection at 20, and named the library

"Qizhai" by his father's courtesy name "Qiwu". Chen exerted himself to expand the library constantly so that the library had a collection of more than 4000 pieces of books, original manuscripts, pictures and press clippings by 1940s.

After the Counter-Japanese War, the devastated country was waiting to be rebuilt, so was the academia. Mr. Chen Shengming overcame all difficulties and still addicted himself to academics in such trouble times. In late spring and early summer of 1946, based on the original rare books of Qizhai Library as well as accumulated thousands of pieces of press clippings, Chen established "Haijiang Academic Archives" to collect, collate and study documents and local literatures from Minnan region of Fujian, Taiwan, southeast coastal areas and Southeast Asian Chinese.

After the People's Republic of China was founded, fleeing from Kuomintang's persecution, Mr. Chen returned to his hometown from Hong Kong, donated collected-books and precious documents of two generations to Xiamen University (XMU). Haijiang Academic Archives officially belonged to Academy of Southeast Asian Studies of XMU (renamed as Faculty of Research School for Southeast Asian Studies). Thanks to the attention paid by Mr. Wang Yifu and efforts made by Mr. Chen Mingguang, the library of XMU has set up a database for Haijiang's press clippings, moreover, XMU Press will also publish *Feature Introduction of Press Clippings from Haijiang Academic Archives* as its key project.

30 years after Mr. Chen passed away, his donations still continue to help scholars and students concerned with Southeast Asian Studies. In honor of him, descendants have filed his articles, works, posthumous together with friends' and family's memories, then published *Mingcheng Ji*, which was named after his pen name. Its publication should be attributed to the support of the Proprietor of XMU Press Mr. Jiang Dongming and Director Xue Pengzhi.

Preface

The main part of this book can be divided into fivevolumes, that is "Biography", "Culture of Minnan region of Fujian", "Literature and History of Quanzhou", "Bibliography" and "Memorial". The first and last volumes embody the biography of Mr. Chen Shengming and descendants' memorial; the second and third volumes embody dozens of his typical articles. In the volume of "Bibliography", "*Jointed Index of Quanzhou Local Literature*" is the utmost effort exerted by him after visiting 43 agencies all over China in turbulent days. This index is classified by Quanzhou-related literature, chorography, series of works, genealogy, photo gallery, report and newspaper, 10 categories and 37 items in total, covering items of philosophy (4), sociology (5), economics (1), politics (1), education (3), literary (8) and technology (1), history (6), geography (5) and comprehension (3).

When Mr. Chen Shengming was in his 70s, he turned thousands of index cards of his lifetime collection into a nearly 100000-character condensed handwritten bibliography. Every single character in it implies his passion for Quanzhou's culture and solicitude for later scholars. The purpose of this book on the one side is in memory of predecessor, and on the other side hopes to pass on Mr. Chen's whole-hearted painstaking effort. If it could, 36 years after his death, help and inspire researchers in related fields, that would be the greatest comfort for him.

Cai Yicun
Aug. 2015

卷首纪传

陈盛明先生传略

陈自强[*]

陈盛明，又名明诚，曾化名陈刚，泉州聚宝街人，清光绪三十一年（1905年）出生于"书香门第"。祖父陈槐三是个秀才。父陈育才（字泽山，号起吾），光绪二十八年（1902年）中举，学识渊博，藏书丰富。辛亥革命后，效法南通张謇，主张实业强国，开过陶瓷厂、砖瓦厂。1921年前后，曾任厦门道道尹公署事业课主任、泉永公路局局长、南安县知事等职，是清末民初泉州地区一位有名望的绅士。

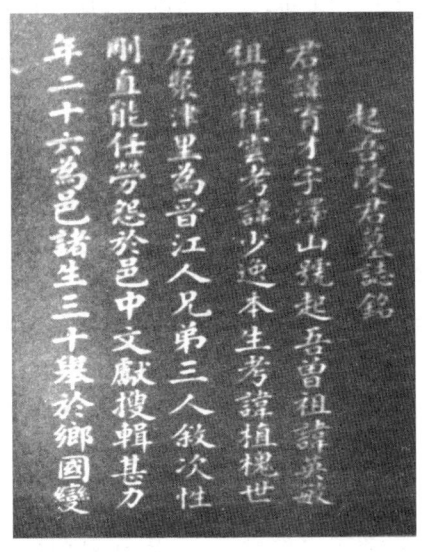 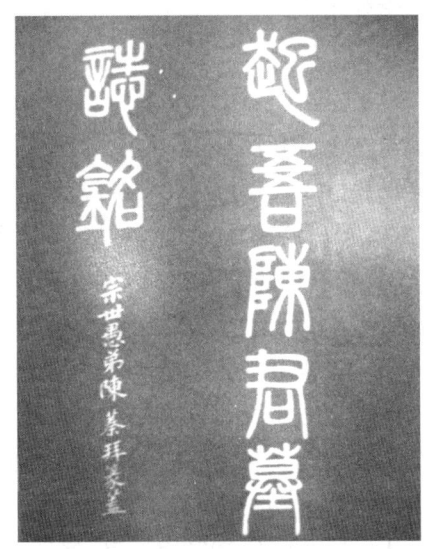

---

[*] 陈自强，陈盛明先生三子，福建省特级教师，漳州市第一中学历史教师。

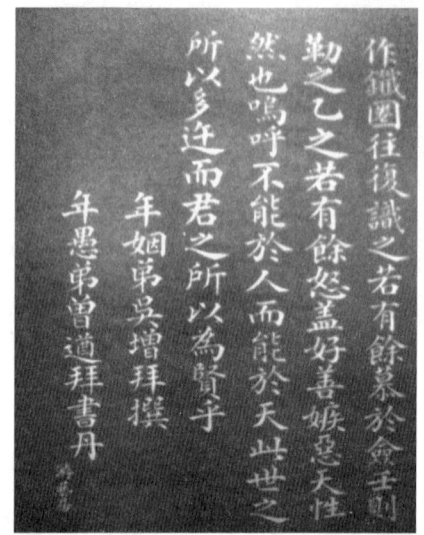
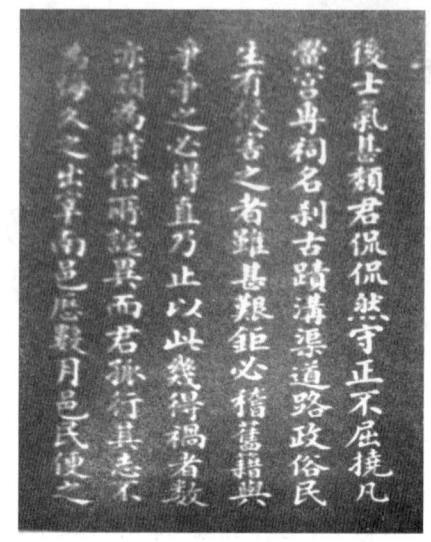

陈起吾墓志铭

  盛明青少年时代受到新文化运动和"五四"爱国运动的熏陶,思想进步。他信奉农业救国,故于民国13年(1924年)从福建省立甲种农业学校毕业后,在家筹建一个经济农场,但未获成功。次年(1925年),到厦门鼓浪屿普育小学任语文教员兼私立思明初中物理教员。其间,他化名陈刚,加入国民党。10月,奔往大革命中心广州,就学于广东大学农学院。经同学许曼(又名许世中,曾任福建师大图书馆副馆长,"文革"后旅居加拿大)介绍,参加旅粤福建左派青年团体"福建革命青年团",投入革命洪流之中,与共产党人交往甚密。民国15年(1926年)7月,奉父命退学回家,协助经营砖瓦厂。11月,北伐军东路军入泉。12月,东路军政治部在泉州设立兴泉永政治监察署,经共产党员朋友的邀请,盛明担任监察署民运指导员,协助开展工人运动与农民运动,并以"健夫"为笔名,在进步刊物上发表文章,抨击当时的社会现实和官场丑行。他还积极协助台湾籍共产党员唐生、黎明创办泉州地区第一家经销马克思主义著作的"泉州书店"。民国16年(1927年)4月10日,国民党晋江县党部召开"拥蒋清党"大会,宣布通缉共产党人和国民党左派人士,盛明也遭通缉,并被开除出国民党。

  从民国22年(1933年)起,盛明一直从事文化教育事业,曾在泉州昭昧国学讲习所(后改昭昧高中)、大田县立初中、晋江县立中学任教,任过《江声报》、《福建民报》、《永春日报》、《青年导报》等报编辑。盛明虽是学农,但由于家学渊源,更由于刻苦自学,具有深厚的文史素质。20世纪30年代初,他以先父的藏书,加上个人所购之书,办起私家图书馆,取名"起斋图书馆"。藏书达三四千册,其中不乏珍本,如《名山藏》、《闽书》、《正气堂集》、《籀经堂类稿》,等等。后来又利用在新闻界工作之便,积累剪报资料三四千件,其中大多数是有关闽南历史与现状的资料,涉及政治、经济、文化、华侨、外事等。

民国26年(1937年),抗日战争爆发,盛明以高度的热情参加抗日救亡运动。11月,经共产党员辜仲钊的介绍,担任晋江县后援会宣传委员会总干事,主编《晋江抗敌周刊》,撰写抗日救亡宣传材料,深入农村进行抗敌宣传及社会调查,取得良好效果。民国27年(1938年)9月,《江声报》在泉州复刊,他任该报新闻编辑。因在抗敌后援会和报社的工作中主张国共合作,一致抗日,以及与共产党人、进步人士关系密切,遂引起国民党顽固派的注意,把他列入黑名单。后为环境和生计所迫,曾一度加入国民党和三青团,但在党团合并总登记时,未去登记,从此脱离关系。

民国33年(1944年),盛明出自对家乡文化事业的关心、热爱,积极参与筹建晋江县文献委员会。翌年2月,该会成立,盛明被推为总干事。他在经费困难,人手不足的情况下,踏踏实实地开展工作。他以自家的藏书为基础,在岳父吴增(字桂生)、苏大山等乡贤的支持下,借出"养和精舍"、"红兰馆"的珍贵藏书,建立初具规模的泉州地方文献图书馆,并通过购买、抄书、募捐、征集等活动,不断丰富文献资料。此外,还编印《晋江文献丛刊》第一辑,组织编写《晋江大事记》,举办轰动一时的"晋江文物展览会"。这些工作,为泉州地方文献的搜集保存和普及作出了贡献。

抗日战争胜利后,盛明认识到闽南是主要侨乡,今后对外发展必定更为兴盛,因此有必要了解侨乡和华侨历史,了解华侨的居留地东南亚的情况,掌握充分的资料,开展学术研究,以便进一步开展对外交流活动,遂决定以"起斋图书馆"的图书资料为基础,创办一个以搜集、整理和研究东南亚、东南海疆和台湾省的学术资料为内容的机构,定名为"海疆学术资料馆"。民国34年(1945年)冬,在其弟陈盛智协助下,"私立海疆学术资料馆筹备处"在泉州中山路原"侨务局"旧址挂牌。随后,因得到闽南名流张圣才、黄其华、张天昊等人的经济资助,筹备处迁往厦门。民国35年(1946年)5月5日,在厦门虎园路21号洋楼正式开馆,取名"厦门私立海疆学术资料馆",盛明任馆长。王亚南、庄为玑、林惠祥、林英仪等专家学者均为馆内常客。该馆除设阅览室对外开放外,还先后举办了"万帧图片展览"、"福建文献展览"、"佛国图片展览"

等活动,编印了《厦门私立海疆学术资料丛书》。解放战争期间,盛明因痛恨国民党的专制统治,以添置资料为名,从香港秘密购进毛泽东的《在延安文艺座谈会上的讲话》、《论联合政府》等著作及国内外进步书刊,供进步青年阅读,并为中共地下党组织、进步学生的活动提供方便。对长子、长女参加中共地下党组织,从事革命活动,不仅全力支持,还鼓励他们阅读新闻记者艾思奇的《大众哲学》等进步书籍。故厦门解放前夕,他再次上国民党特务的黑名单,被迫离厦避往香港。

中华人民共和国成立后,盛明回到海疆学术资料馆。为使搜集的资料能发挥更大的作用,1950年,他向海疆学术资料馆董事会提出把该馆献给国家,并入厦门大学的建议,得到赞同。9月,经华东教育部批准,正式并入厦大,成为新成立的厦门大学南洋研究馆(后改称"南洋研究所")所属的资料室,盛明任资料室主任。此时,该馆已发展为拥有图书杂志3万册,剪报资料1000多册,图片万余帧,地图(包括海图)200多幅,文物数十件。其中有孤本、善本、拓本或原始资料,为研究海外交通史、华侨史、南洋史提供许多珍贵资料。在厦大工作期间,他勤勤恳恳,一心扑在图书资料、历史文献的搜集整理上,从不计较个人名利。

盛明热爱新中国。1949年,支持长子参加中国人民解放军。次年,又鼓励长女投考军大。抗美援朝期间,全国人民掀起捐献活动高潮,他主动提出减薪申请,表明爱国之心。即使自己最心爱的二儿子,人大党史系研究生陈健人在反右运动中蒙冤至死(详见附录:陈自强新浪博文《1957—1960年的一些事》),盛明仍拥护党的领导,努力工作。

1966年,盛明退休回家,仍不移素志,专力抢救、研究、整理泉州历史文献。1979年,被泉州文管会评为业余文物工作积极分子。他还参与倡组泉州历史研究会,议修泉州市志,关心《泉州文史》的出版,为"泉州学"的兴起作了大量开拓性的奠基工作。在其晚年,除为泉州历史研究会编纂《泉州地方文献联合书目》(初稿)外,还主持泉州市政协文史资料的编写出版工作。在4年中,计编印9辑,其中许多文章由他亲自整理或修改定稿。他还撰写回忆录及泉州地方史研究论文十多篇,成果丰硕。其最后一篇论文《晚清泉州世家"观口黄"置业契约选》于《中国社会经济史》(1985年第3期)刊发后,引起了海内外有关学者的重视。

盛明曾任政协泉州市第四届、第五届委员,市政协文史资料研究委员会主任,民盟泉州市委顾问,泉州历史研究会副会长、顾问。

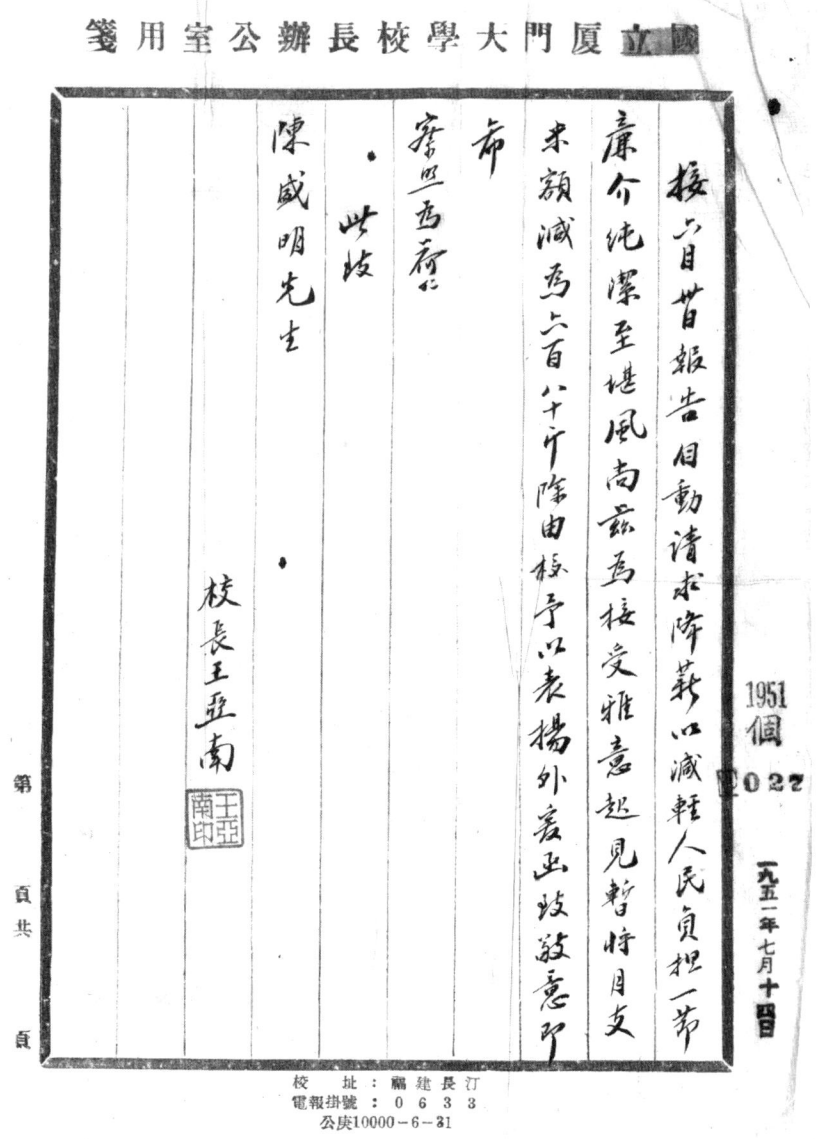

厦大王亚南校长表扬函

1985年8月2日,因肺癌去世,终年80岁。

(原载《鲤城人物传稿》第三辑)

附录:陈自强新浪博文

1957—1960 年的一些事

二哥陈健人之殇:戊戌年(1958年)春节过后,新学期开始,高三进入总复习。我家在厦门大学,离我就读的学校较远,因此在校住宿,周末才回家。一个周末,阳光灿烂,鹭岛洋溢春的气息。我踏进家门,只见卧病在床的继母轻声哭泣,而父亲锁着眉头,双眼呆滞,默默地递给我一封信。一看信封,天津来的。抽出信纸阅览,先是惊呆继而悲伤,这是二哥写给父亲的绝命书!大意至今依然记得。系的领导把他从农场召回,宣布他已经定为右派分子,开除党籍,继续回农场改造。他说辜负了父亲的培育与期望,无颜面对亲人和师友……

二哥出生于 1935 年。父亲于 1926 年间曾以"健夫"的笔名在进步刊物上发表一篇抨击官僚政治的文章,大概这个缘由,就给第二个儿子起名曰健人。二哥从小聪颖勤奋,提前上小学,又跳过级。1951 年,年仅 16 周岁的他,已考入厦门大学历史系。我小他三岁,而此时还是一位戴着红领巾的小学生。

他在厦大期间,曾任班长、系学生会主席,1954 年 11 月加入中国共产党。专业方面,主要是研究孙中山和辛亥革命,学校打算他毕业后留校任教。大概认为自己还年轻,想继续深造吧!且 1955 年,教育部引进苏联"老大哥"的副博士研究生制度。为此,毕业后,二哥报考中国人民大学马列主义研究班,被录取。在调干生为主的班级中,还担任班干部。1957 年研究生毕业,但据说在反右运动中犯有"严重错误"而未分配,被打发到北京郊区的一所农场劳动,听候处理。也许此时尚存一点侥幸心理吧!可是"右派分子"的帽子最终还是戴上,还是未能逃脱开除党籍、劳动改造的厄运。二哥从小到 20 岁,人生道路顺畅,怎能经得住如此挫折,于是自杀了。用执政党官员和左派的语言,此乃"自绝于党","自绝于人民"。

接到二哥的绝命书后,父亲分别给中国人民大学、天津公安局去信,恳切请求他们寻找遗体,代为安葬。然没有结果,至今我们也没有二哥用何方式自杀的确切信息,不过家人和亲友推测是跳海。他善游泳,曾从厦大海滨浴场游至鼓浪屿,后又游回。若是跳海,那应当是在夜半时分跳海,后一直游向大海深处,直至身体冻僵,精疲力竭……

遵照父亲的嘱咐,面临高中毕业的我,向班主任和团支部汇报二哥自杀之事。不必讳言,汇报中有"划清界线"的政治性表态。

1978年上半年,随着中共中央拨乱反正的进行,我给中国人民大学去信三封,严正提出应当为我二哥陈健人平反昭雪。头两封似泥牛入海,在第三封信中,明确表示若贵校不给陈健人平反,作为他的家人将向上级直至党中央提出申诉。这样,等来中国人民大学中共党史系的回复(日期是 6 月 13 日),告知"陈健人被划为右派,是属错划,予以更正,恢复一切政治名誉"。收信当天,我把它转寄给在泉州老家的父亲。他先后给该系党委去信两封,提出三点意见:(1)应正式宣布恢复名誉,撤销当年给予的一切处分。(2)对落实政策的有关决定不能只通知家属,还应当在全校或全系公开宣布。(3)鉴于"错划"给健人的兄弟、姐妹带来牵连,应当把平反决定寄发有关单位,予以消除。

关于陈健人同志一九五七年反右运动中
问题的复查结论

陈健人,男,四十五岁,福建省泉州市人,家庭出身自由职业,本人成分学生。一九五〇年一月入团,一九五四年十一月入党,一九五五年来我校马列主义研究班学习。一九五七年划为右派分子,给予开除党籍、工作中考察一年的处分。现已死亡。

根据中共中央〔78〕55号文件规定和陈健人同志在反右期间的言行,经复查认为属于错划,予以改正。并撤销一九五七年划陈健人同志为右派分子的决定,撤销开除党籍、工作中考察一年的处分。恢复党籍,恢复政治名誉。

中共中国人民大学委员会
一九七九年一月十一日

陈健人平反函

1979年2月，人大中共党史系终于复函，寄来中共中国人民大学委员会于1月11日做出的《关于陈健人同志一九五七年反右运动中问题的复查结论》。而给健人之兄弟、姐妹的"复查结论"，则迟至这年10月才由党史系寄给我父亲。从我于1978年春给该校党委写信到1979年10月收到父亲转来的"复查结论"，约一年半光阴。二哥之死已半个多世纪，但至今日，不仅死亡实情不明，而且被"错划"的实情也不明，作为家人只是猜测"右派不够右倾凑"。马列主义研究班绝大多数是调干生，有着丰富的革命阅历和高度的阶级斗争经验，而二哥出身于知识分子家庭，且生活于书堆中，因此在思想观念、思维方式等方面与这些老大哥老革命必然有差异或矛盾，在"反右"中被他们视为"右倾"是自然而然。不是有个"百分之五"的指标吗？从马列主义研究班的性质以及班级成员之构成来看，为达指标，由"右倾"升级为"右派"，也是自然而然。

二哥之死是时代悲剧的一个案例。当年有多少人被当权者圈进"百分之五"之内，有多少年轻的生命被淹没于这个陷阱之中？有位厦大教授的独子是武汉测绘学院高材生，被打成"右派"后，迎着奔驰的火车而去……

百分之五的指标是谁定的？其实，谁定的不重要，重要的在于，如何从当年众多鲜活的生命淹没于阴谋先生们所设计的陷阱之中吸取教训，思索21世纪如何避免反人性的阴谋运动在中华大地重演，如何防止喜好挥舞"阶级斗争"大棒，整人打人的幽灵在中华大地游荡。

记海疆学术资料馆

陈宪光[*]

20世纪40年代,在泉州曾存在过一家由私人独立支撑,研究南洋、台湾及闽南地方史问题的纯学术机构——私立海疆学术资料馆。它的出现与沿革,随着当事人的去世,许多人已不甚了解。但在闽南地方史研究中,它却是值得一书的极难得的文化现象。本文希望通过对这家私立海疆学术资料馆的介绍,为闽南文化研究提供一份历史见证。

一、海疆学术资料馆的缘起

私立海疆学术资料馆的创办人陈盛明、陈盛智兄弟,世居泉州鲤城聚宝街。曾祖起就是读书人,祖父陈槐三是个秀才,父亲陈育才为晚清举人,是民国初泉州地区有名乡绅。当年,著名学者《泉州访古记》作者张星烺来泉访古,就是陈育才当的导游,张星烺称之"既能干又有学识"。

因崇儒敬学,陈氏家中经几代人的收藏,书籍甚丰,尤以乡土文献为主,成为当时泉州重要藏书家之一。至20世纪20年代,已达三千多册,且不乏珍本、善本。其中有现存于厦大南洋研究院资料馆的陈育才以百元银元代价,从咸丰御史陈庆镛后人手中购得何乔远《名山藏》、《闽书》,俞大猷的《正气堂集》,陈允锡的《史纬》,以及陈庆镛自己的《籀经堂类稿》,苏廷玉的《温陵盛事》,手抄本的《大清一统志》近百册。还有现藏于厦大图书馆,当年陈育才任南安知事时收集的南安著名藏书处天白阁的清嘉庆刻本《淳庵诗文集》、明初刻宋本《横浦心传》残本及陈国仕手稿《丰州集》等珍贵藏书。20世纪30年代,为纪念父亲生前保存、收集乡土文献的热忱,陈盛明将自家两间祖屋改

---

[*] 陈宪光,陈盛明先生次女,华侨大学副教授。

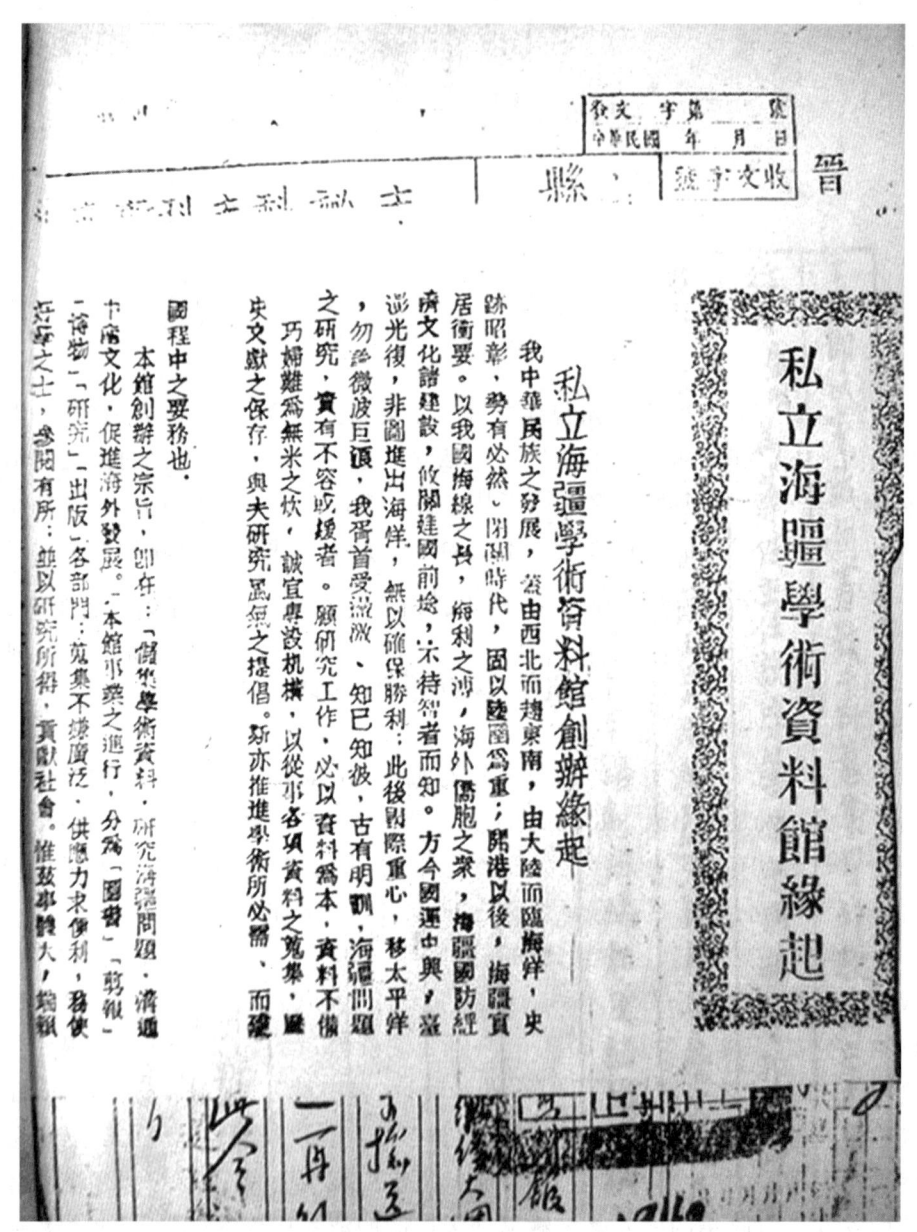

申办资料馆的呈文(1)

造为书库,办起了家庭图书馆,以其父号"起吾",命名为"起斋图书馆"。可惜匾额在"文革"中被毁。此间因教书生涯及在新闻界工作的需要,陈盛明剪贴了许多报纸,收集大量图书,使"起斋图书馆"的资料不断扩充。到20世纪

40年代,已有藏书图片、剪报四千多件。受家学影响,陈盛明自幼爱好文史,故藏书中多为闽南历史与现代资料,涉及政治、经济、文化、华侨外事等,为海疆学术资料馆积累了最初的家底。

1945年2月,陈盛明出任晋江县文献委员会总干事。他在人手不足、经费困难的情况下,开展工作。先以自家图书馆为基础,再借出其岳父晚清进士吴桂生"养和精舍",及乡贤苏君藻"红兰馆"藏书为补充,建立起初具规模的泉州地方文献图书馆。然后通过购买、抄书、募捐、征集等活动,不断丰富文献资料,编印了《晋江文献丛刊》。后虽因时局动荡,导致部分资料散失,但这些活动普及了乡土文化,推动了地方文史研究。陈盛明进一步立下献身家乡文化、文史事业之志,寻找机会,将所藏文献奉献社会,服务于学术,希望有朝一日能办个公众的图书馆。

抗战胜利后,台湾光复,侨乡与海外交通恢复,盛明以为从此中国强大,个人也有了发展机会。又认为福建是侨乡,与其办个普通的图书馆,不如办一个以闽南侨乡和南洋侨居国为题材的专门图书资料机构,开创一番事业,乃模仿日本人在台湾设置的、当时亚洲唯一南洋研究文库"南方资料馆",创办一个新型的图书资料机构,定名为"海疆学术资料馆"。

二、海疆学术资料馆的沿革

陈盛明筹建资料馆时,已经家道中落,他本人以文职工资谋生,在经费上面临困难。当得知盛明的计划后,其弟陈盛智当即汇钱回家,作为开馆费用。1945年冬,陈氏兄弟终于在泉州中山路(今355号)借一店楼,挂起了"私立海疆学术资料馆筹备处"的牌子。(1998年4月,泉州在整修中山中路时,发现了资料馆匾额,已加以修复保护。)筹备处牌子挂出后,先是聘了数名闽南名士为董事,本是想借以向外募捐筹书之用,但因资料馆僻处泉州,工作难以展开,一时未能得到大力支持。正感为难之际,陈盛明遇到老朋友,也是闽南名士的张圣才。当时张圣才与黄其华以抗战胜利后,要在家乡兴办教育事业为名,向菲律宾华侨募捐一笔款项,成立"现代文化教育基金委员会",并由张、黄二人负责。基金会成立后,在支持厦门双十中学的同时,正想进一步拓展一些其他文化事业。张圣才对陈盛明兄弟筹办的"海疆学术资料馆"很感兴趣,认为符合基金会的宗旨。经洽谈,决定由"现代文化教育基金委员会"支持资料馆。但张提出泉州相对闭塞,不利发展,而当时厦门已是闽南通往海外的枢纽,华侨出入的港口。且厦大刚从长汀迁返,学人云集,有一定的学术气氛,资料馆宜设立厦门,作为"现代文化教育基金委员会"的事业之一,经费由其提供,馆务由盛明按自己的意愿主持。于是盛明辞去泉州工作,把所有图书资料运往厦门,并以创办人名义聘基金会主要捐款人黄水源及张圣才、黄其华、张天昊等人为董事,正式成立董事会。董事会成员还有秦望山、陈村牧、梁龙光、郑玉书、张述、李述中等。由张圣才任董事长,陈盛智为副董事长,陈盛明为馆长。1946年5月5日,厦门私立海疆学术资料馆租用厦门虎园路21号正式开馆。不久,因业主收回房屋,资料馆于1947年秋改租鼓浪屿观海别墅为馆址。此处为华侨黄奕住私宅,内仅大厅、内室四间,缺乏发展余地。于是在厦门解放后的1949年冬,再次迁往日光岩西林别墅(今郑成功纪念馆)。这时,资料馆也知名度日高,为加强研究工作,提高学术水平,经董事会研究,决定聘请厦大林惠祥教授为馆长,陈盛明改为任副馆长。添设研究部,聘当时的《江声报》主笔陈一民为研究部主任,厦大副教授李式金为研究员。另有几位厦大助教及高年级学生也来帮忙工作,兼做学问。当时林惠祥的主要职务是厦大历史系主任,身兼两职,多有不便,加上资料馆出现经费危机,不久,林教授即辞去馆长职务,陈盛明重任馆长。

盛明办馆宗旨是奉献社会,资料馆纯属服务性机构,凡来查阅资料的均免收费,阅览报刊一律不必交钱办证,资料馆有支出,无收入。馆中的日常费用,每月由张圣才、黄其华以现代文化教育基金为资本开设的"互惠实业公司"(张天昊为总经理)拨出,图书设备购置费另行筹募。由于经费紧张,馆中工作人员长期不领薪金,都是义务或半义务,根本无法养家糊口,连馆长都得为报纸兼任编辑以维持生计。馆中曾出现不辞而别者,其他人员有兼职教师者,有为报馆供稿者,若不是出于对事业的热爱、执着,资料馆早已维持不下。解放前夕,"互惠实业公司"倒闭,张圣才又和林梦飞合伙开设"裕康行",经营香港船票生意。刚开始赚了不少钱,张圣才和陈盛明商议,添聘林梦飞为董事,资料馆经费改由裕康行负责。可是裕康行兴盛几个月后,因两岸战局影响,航运中断,也开始走下坡路,馆中经费又成问题。盛明先生年青时曾追求进步,投身于大革命洪流,如今亲身经历在国民党统治下文化事业不受重视,任其自生自灭的艰辛。而解放后,厦门军管会负责人常来看望,对海疆资料馆表示关注,人民政府对文化事业的重视使盛明深受感动,觉得不应再将资料馆看作个人的事业,于是萌发献出资料馆交由国家管理,以利于更充分发挥其作用的想法。

解放后，王亚南先生出任厦大校长。王先生在厦大任教时，即对资料馆深为重视，与庄为玑、林英仪、林惠祥、李式金等均为馆中常客。出任校长后，有意发挥厦大位于东南沿海的侨乡特色，开展南洋研究工作，正感资料不足。当陈盛明征得张圣才董事长同意，向厦大提出将资料馆归并厦大的建议时，立即得到王校长首肯。于是由厦大报请华东教育部批准，将"厦门私立海疆学术资料馆"并入厦大。

盛明先生就资料馆的归并厦大，拟就一份建议书，对建议归并旨趣，做了如此阐述："本馆为纯粹的学术研究机构，过去反动统治者轻视一切学术研究，我们感觉海疆研究事业的重要，不揣绵薄，起而设立本馆。四年来，在不良环境和经济拮据状态下，极力支撑。幸是初具规模，但终日在飘摇中，进度极为有限。现在人民革命基本胜利，在人民政府提倡下，新民主主义文化建设高潮即将到来，我们感觉学术研究事业，私人力量究竟有限。孤立探索，所见也不广，效率不会高，成果也不大。为着把工作搞好，使事业获得发展，应该把本馆献给国家，由公家来办理。"

建议书对为何交由厦大也做了说明："厦门大学是东南侨乡最高学府，对于东南海疆和东南亚的区域研究，无论人力、物力都能更有效地负担起这个使命，获得甚大的成果，无限地发展这个事业。因此在本馆创办人和董事会协议下，决定将本馆归并厦门大学。"

建议还对归并办法提出了意见：

"（一）海疆将所有图书资料暨附带设备全部无代价捐献与厦大。

（二）厦大应保持海疆致力区域研究的特点，就原有基础加以扩充，继续展开关于东南海疆东南亚暨华侨活动等项资料的收集、整理及调查研究工作。

（三）归并后的名义编制，由厦大定立，但海疆原有工作人员由厦大仍予量力录用。"

归并工作进行得相当顺利。1950年8月初提出合并建议，8月底，华东教育部部长吴有训的批复就下达。9月份合并手续完成，馆中图书资料、设备及一块十一亩多的由李献武先生赠与资料馆，准备建馆的地皮等财产，均无偿献于厦大，成为人民财产。于是厦大成立了"南洋研究馆"（后改为"南洋研究所"，现为"南洋研究院"），林惠祥为首任馆长。海疆学术资料馆成为南洋研究馆附属的"海疆资料室"，陈盛明任资料室主任。从此盛明先生服务于厦大，直至1966年退休返乡。

三、海疆学术资料馆的宗旨和事业

海疆学术资料馆创办于抗战胜利之后,当时陈盛明从台湾的光复,太平洋的恢复太平,华侨与祖国的恢复联系中感受到国内外形势的重大变化,认为闽南为重要侨乡,今后对外发展必更为兴盛,了解侨乡和华侨历史,了解华侨的老居留地——东南亚的情况,有利于闽南、福建的发展。为此必须在掌握充分的资料,开展学术研究的基础上制定出正确的侨务政策。本来这应是国家的责任,可此时国民党政府正专心于"劫收",准备内战,无人顾及文化事业。出于对家乡,对文化事业的热爱,陈盛明自思个人力量虽然有限,但不妨先开个头,同时寻求志同道合者的帮助,一步步地扩大此利国利民的事业,也算人生在世,留下一份业绩吧。

1946年的福建省晋江县敌伪档案中存有海疆资料馆向当局申请办馆备案的呈文,对办馆目的如是阐述,"我中华民族之发展,盖由此而趋东南,大陆而临海洋。史迹昭彰,势有必然。闭关时代,固以大陆围为重。开港以后,海疆实居冲要,以我国海

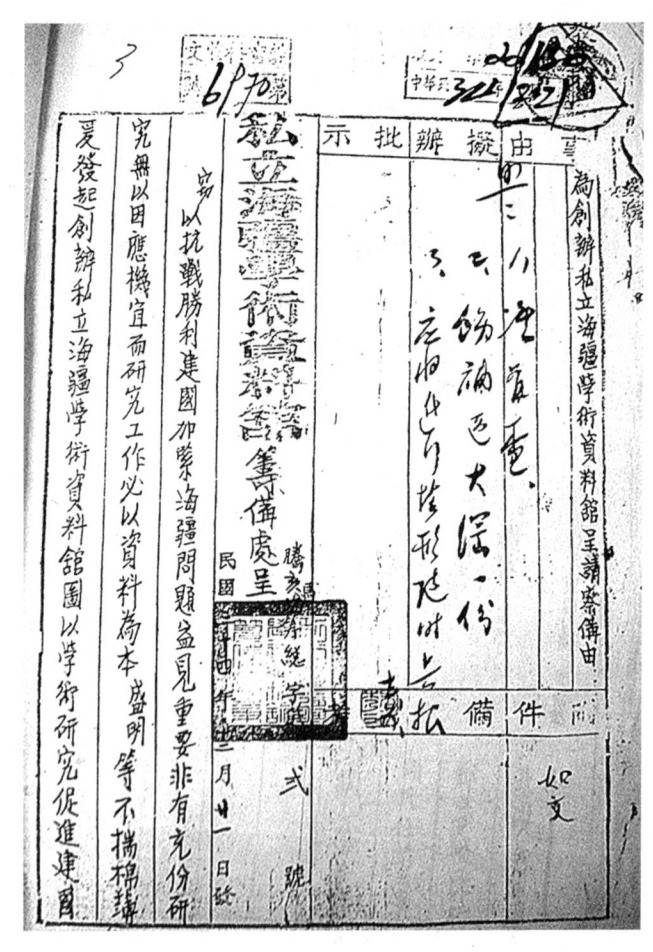

申办资料馆的呈文(2)

线之长,海利之薄,海外侨胞之众,海疆国防经济文化诸建设,攸关建国前途,不待智者而知。方今国运中兴,台澎光复,非图进出海洋,无以确保胜利。此后国际重心移太平洋,勿论微波巨浪,我胥首受荡激。知己知彼,古有明训,海疆问题之研究,实有不容或缓者。顾研究工作,必以资料为本。资料不备,巧妇难为无米之炊,诚宜专设机构,以从事各项资料之收集,历史文献之保存,与夫研究风气之提倡。斯亦推进学术所必需,而建国程中之要务也"。一片冰心,跃然于文中。由此可见,资料馆的宗旨,在于"储集学术资料,研究海疆问题,沟通中南文化,促进海外发展"。因之,资料馆取名"海疆"。其办馆目的的一段话,在改革开放,实施外向型经济的今天,不啻真知灼见,实乃先见之明。

1949年冬,资料馆在迁往西林别墅后,从各类资料室设置到方便查阅研究,扩充资料等,都做了进一步调整与充实。西林别墅有三层楼,除安排书库存、图书室、资料室、阅览室、办公室外,还专门设了文物室、研究室等,颇具规模。馆中资料,分为"图书"、"剪报"、"博物"、"研究"、"出版"各部门,收集不嫌广泛,供应力求便利,务使好学之士,参阅所有,并以研究所得,贡献社会。平时馆中工作人员主要任务是剪贴旧报纸,编制图书,编写重要图书摘要,出借书刊。

据陈盛明拟订的《厦门私立海疆学术资料馆归并国立厦门大学建议书》云,海疆资料馆迁厦后,举办了如下事业:

(一)进行关于东南海疆和东南亚文献资料的收集和调整。

(二)进行关于东南海疆和东南亚标本资料的收集和调整。

(三)从事东南海疆和东南亚的调查研究,并给馆外研究工作者以资料阅览和供应便利。

(四)进行关于东南海疆和东南亚文献和研究成果的编译出版。

为此,资料馆举办了多次主题展览。如在厦门举行"百帧图片展览",在集美中学举办"福建文献展览",在南普陀举办"佛教图书展览"。还编辑了《厦门私立海疆学术资料馆丛书》,出版了陈盛智利用馆中日文资料写就的《印度尼西亚民族运动史》。剪辑报刊资料,是资料馆的一大特色。几年来,资料馆剪辑了多册侨情侨史研究珍贵资料,如《菲律宾华侨人物志》(1936.5—1948.8)、《菲律宾华侨情况》(1946.6—1950.6)、《闽籍华侨事情》(1925.5—1949.3)、《侨汇统计》(1935.10—1950.7)、《侨汇情况》(1940.8—1949.11)、《民信局与侨汇》(1946.6—1950.7)、《归侨侨眷生活》(1942.2—1947.2)、

一 華僑與印尼民族運動（代序）

荷印的華僑和印度尼西亞民族，不但有久遠的歷史關係，也有極密切的血緣關係。晉朝高僧法顯由印度求經歸國，途經耶婆提，耶婆提即今日的爪哇島。元朝史弼曾遠征爪哇，擄其王以歸。明朝初年有梁道明據三齊佛（今巴鄰旁）為王，還有陳蘭芳據坤甸（百含 ntianak）為王，鄭和七次下南洋，足跡遍金島，今日印尼人猶知三保之威名，中國人和印度尼西亞發生關係，早在一千四百餘年以前，目下印尼僑數達二百萬，而華印混血兒[答含 (Baba)]有八十萬之多。

華僑在印度尼西亞的勞動貢獻，是對印尼資源開發上最大的貢獻，也是華印間密切關係的重心。在二百萬印尼華僑當中，站在荷蘭統治者一邊為印尼人民之剝削者，實鞍印尼人封建統治階級份子少而又少。一九四六年九月十七日，印尼共和國副總統達對中央社記者宣稱：「在目前之華本主義社會中，在印尼之中國商團，乃為荷蘭之資本家利用為繼紀人。」

固不論此類經紀人亦可變成印尼西亞獨立運動的經紀人，事實上表現了絕大多數的華僑和印尼人同樣，也是荷蘭統治者剝削政策之一對象，華工便是荷人眼中最順良的奴隸。自清朝

（1）

陈盛智《印度尼西亚民族运动史》代序

目錄

一 華僑與印尼民族運動（代序）⋯⋯⋯⋯ 一
二 印度尼西亞概說 ⋯⋯⋯⋯⋯⋯⋯⋯⋯⋯ 七
三 荷蘭的統治 ⋯⋯⋯⋯⋯⋯⋯⋯⋯⋯⋯⋯ 一二
四 印度尼西亞民族運動 ⋯⋯⋯⋯⋯⋯⋯⋯ 一六
　1 印尼初期民族運動
　2 左右翼政黨的活動
　3 印尼國民黨的演變
　4 青年、婦女、勞工運動
　5 民族黨派的團結
　6「政治聯盟」的成立
　7 日寇侵時的印尼
　8 獨立後的國際反響
　9 和不談判的經過
　10 印尼的內在問題
五 新的侵略戰爭 ⋯⋯⋯⋯⋯⋯⋯⋯⋯⋯ 六八
六 後記 ⋯⋯⋯⋯⋯⋯⋯⋯⋯⋯⋯⋯⋯⋯ 七四

莆雷雪夫斯基作

【封面畫】印度尼西亞共和國總統蘇卡諾塑像

陈盛智《印度尼西亚民族运动史》目录

《归国华侨及归侨团体》(1946.12—1948.2)及《陈嘉庚》(1940.12—1950.4)、《陈嘉庚生平》(1934.4—1950.4)、《陈敬贤先生纪念刊》等早期陈嘉庚研究的重要资料。1966年盛明退休后,返乡继续为家乡文史事业奉献余热,为"泉州学"的研究做出重要贡献。其中《泉州地方文献联合书目》等资料集的编订,多得益于当年海疆资料馆馆藏文献。

对馆中资料,盛明先生精心整理,按类编成有《馆务日记簿》、《报纸调查簿》、《图书分类表》、《剪报分类目录表》、《杂志调查簿》。其中剪报因素材较广泛,采用的是十进法分类,类下分纲、目、节、项。报纸剪贴后,依其性质分存封套,各附内码,依序排列。纲目之间,隔以大小木板,以便检查。某项资料到一定数量,就装订成册。归并厦大时,剪报已达十万余页。报刊上图书,也照样剪贴,在分类别码加"+"符号,如"2174"为苏联民俗,"+2174"就是苏联民俗图片。

因一切管理皆以方便学者查找为出发,虽有借阅资料不准携出室外等规定,却因馆中资料的丰富及便利,许多学人还是舍得往返,甚至自带干粮来馆查阅。据盛明自述,馆中阅览平均每天六十五人,请求借阅或提供专门资料的,每天平均三件,以报社、文化机关、侨务机关、建设机关、金融贸易机关、大学教授和学生为多,省外和南洋也有通讯提供。

馆中的资料来源主要来自三个渠道,一为起斋图书馆藏书,二为依靠董事协助外出募捐征购,三为海内外各界索赠。盛明先生曾两次外出募捐购书,一次是1946年秋去上海募捐,在沪董事郑玉书与秦望山除自捐巨款外,还协助向上海闽南帮商家劝募。所募款项就在沪购买大量图书,余款作为基金,寄存上海南侨实业公司生息。另一次是1948年冬,去台湾募捐,由梁龙光董事出面,向在台湾的永春帮商家劝募。此行主要采购日文图书,当时台湾旧书店积存不少日本蓄意南进时出版的有关南洋的书籍。其中不乏有价值的资料,如《菲律宾的矿物资料》、《南洋史纲要》、《白人的南洋侵略史》、《安南通史》、《大东亚海的文化》、《太平洋史》、《群岛之国——印尼》、《日本之南生命线》、《马来亚半岛与欧洲之政治关系》、《南洋政治地理史志》、《马来—日本语字典》……此行盛明跑遍台北、基隆、台中、台南、高雄各书店。边募捐边访购,收获甚丰。后来资料馆中的文物室就是这趟台湾之行的募捐所得而搭成架构的,内中大多是台湾省少数民族民情风俗文物,如台湾高山族连杯,台湾高山族土偶。

因经费拮据,资料馆自己订阅报刊极少,大多向外界索赠。向海外索赠的有《星洲时报》、《南侨日报》、《南洋日报》、《南洋商报》、《生活报》、《槟城日报》等,向香港索赠的有《星岛日报》、《华商报》、《文汇报》等。向上海索赠的有《新闻日报》、《文汇报》、《大公报》、《申报》等,向省内索赠的有《星光日报》、《大公报》、《泉州日报》、《江声报》、《立人日报》、《福建日报》、《中央日报》等,向台湾索赠的有《公论》。一度闽、粤、浙诸县都自印县图,海疆资料馆也先后去函索求,收到不少寄赠地图。

资料馆迁厦时,由泉州运去的图书近三千册,剪报图书约近千件。至1950年秋并入厦门大学时,有图书杂志近三万册,其中英日文本千余册,剪报资料装订本一千多册,图片万余帧,地图(包括海图)两百多幅,文物数十件,以及各种附带设备若干。实际馆中资料不止这些,解放前夕,因国民党军队占驻馆内,被毁损资料约两千册。

值得一提的是,陈盛明先生因痛恨国民党的专制腐败,向往进步,在添置资料时,曾从香港秘密购进毛泽东《在延安文艺工作座谈会上的讲话》、《论联合政府》、《新民主主义论》,艾思奇的《大众哲学》等国内外进步书刊,供进步青年阅读,并以资料馆作为进步学生的活动场所,提供方便。厦门解放前夕,陈盛明上了"国民党特务"的黑名单,曾被迫离厦避往香港。

泉州私立海疆学术资料馆从筹办到归并厦大,前后不过五年。但这几万册的图书、杂志、剪报、图片,却是陈盛明二十年来呕心沥血努力的结果。如现存于南洋研究院一套四册几十万字的《闽人墓志铭》中的一些拓片,就是当年陈盛明跑遍泉州、晋江民间石刻印社,一一预付订金,交待若遇名士、侨商、侨眷去世,凡由名家撰稿、书写之墓志铭,均请工人在安放墓碑之前先行将全文拓下,妥善保存。如今这些墓志铭拓片,不仅成为研究侨史地方史的宝贵史料,也是极为珍贵的闽人书法作品。

盛明先生从创办资料馆到把资料馆无偿献给国家,始终抱定一个宗旨,为国家利益,为专家学者的研究工作贡献自己的一份力量。他的愿望在新中国成立后得以实现。建国初期,中央对台工委会、省侨委等都从北京或福州派人来馆借用大批图书资料。资料馆收藏的珍本、善本及大量的珍贵文献文物,为研究东南亚历史,华侨、华人历史及福建沿海地区与海外交通贸易史,福建地方史提供了方便。在1992年,厦大出版了校勘《闽书》,作为主校本之一、藏于南洋研究院的《闽书》,也来自海疆资料馆。虽"文革"期间,盛明先生因此而遭冲击,被从老家泉州揪回厦大劳动年余,但每当念及一个出于个人兴趣爱好而辛苦支撑的事业,获得稳定基础,成为人民事业,大批的图书资料得以保全,免遭散失,至今仍在为南洋华人、华侨研究及地方史研究事业发挥作用,盛明先生总是深感庆幸。晚年常以此引以为慰。

原海疆学术资料馆藏书《丰州集》

参考资料:

1. 资料馆主要创办人陈盛明的回忆文章与"文革"期间写的交待材料。
2. 厦大图书馆古籍室藏书。
3. 厦大档案馆的有关文件。
4. 厦大南洋研究院庄国土教授提供的"晋江县敌伪档案"(案卷号51号)中的相关记载。
5. 南洋研究院藏书目录。
6. 陈盛明先生生前亲友忆述材料。

(原载《海内与海外》1999年第6期,第66~70页)

陈盛明先生与海疆学术资料馆影照

一、海疆学术资料馆旧址

编者注：1998年4月，泉州市中山路整修，在355号临街二楼立面上意外发现被沙浆封了半个多世纪的"私立海疆学术资料馆"匾牌。幸得时任泉州市副市长周焜民先生指示修复保护，为泉州留存了一处文化历史遗迹。

1945年海疆学术资料馆旧址,现泉州市鲤城区中山路355号

厦门私立海疆学术资料馆成立典礼摄影

1947年海疆学术资料馆旧址，鼓浪屿观海别墅

1949年海疆学术资料馆旧址，原鼓浪屿西林别墅，现郑成功纪念馆

二、海疆学术资料馆捐献部分图书目录
（现存于厦门大学南洋研究院）

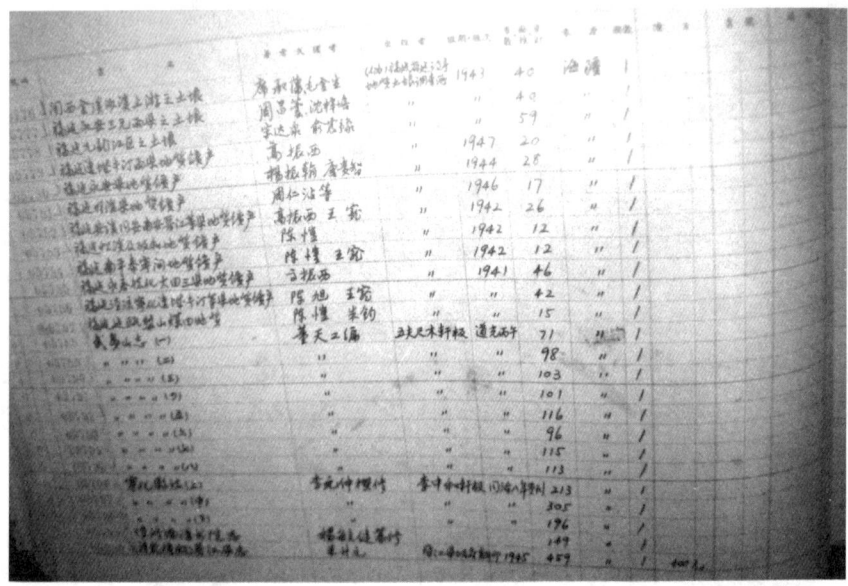

三、厦门大学档案馆存档资料

有关海疆学术资料馆归并厦大办理的函件

（二件）

华东教育部吴部长钧鉴：顷据厦门市私立海疆学术资料馆声请归并本校办理，并送归并建议书一份前来。查本校与南洋华侨间有密切关系，本校亦正拟设立是项机构，故对该馆是项建议原则上甚表赞成，兹拟予接收及其名称改为南洋研究资料馆，并拟加以充实以应研究需要，又该馆职员四名，本校接收后，拟留用陈盛明、陈一民两名，务恳请于本校现有教职额外准予增加两名俾便利接管，所有该馆声请归并本校及本校意见，理合检同该馆建议书一份，电请核准，以便办理，恳请先赐电覆，实为公便。国立厦门大学校长王亚南，1952年8月8日。

（录自校办档59——22）

查本市私立海疆学术资料馆建议归并本校办理，业经奉华东教育部教高行字第5417号批复核准在案。兹本校遵即接收办理，并将该馆改组为海疆资料室，附属于华东教育部批准设立之本校南洋研究馆中，聘海疆资料馆原馆长陈盛明先生为该室主任，原研究部主任陈一民先生为副主任，相应将接管经过情形函请查照为荷。此致

厦门市人民政府

校长　王亚南

1950年9月23日

另，本校奉部准设立南洋研究馆，聘林惠祥，傅家麟为正副馆长。

（录自校办档50——22）

华东军政委员会教育部（批复）

厦门大学

一、一九五〇年八月八日厦字第二四号呈反厦门市私立海疆学术资料馆建议书均悉。

二、所请接收厦门市私立海疆学术资料馆及留用陈嘉明、陈一民各节，应予照准，即希知照！

部长 吴有训

副部长 王亚南

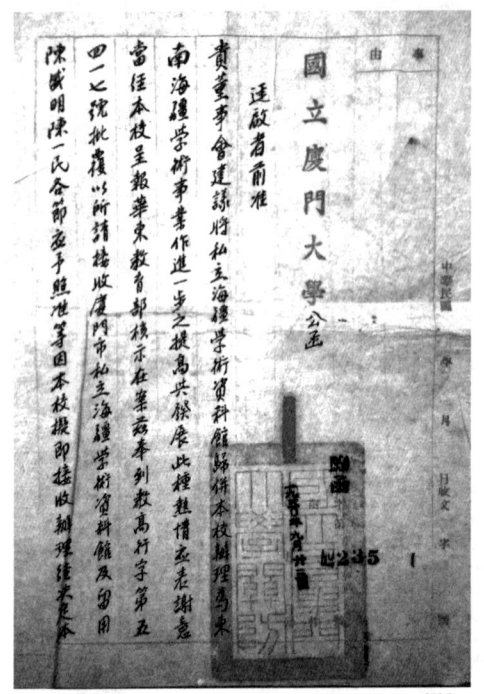

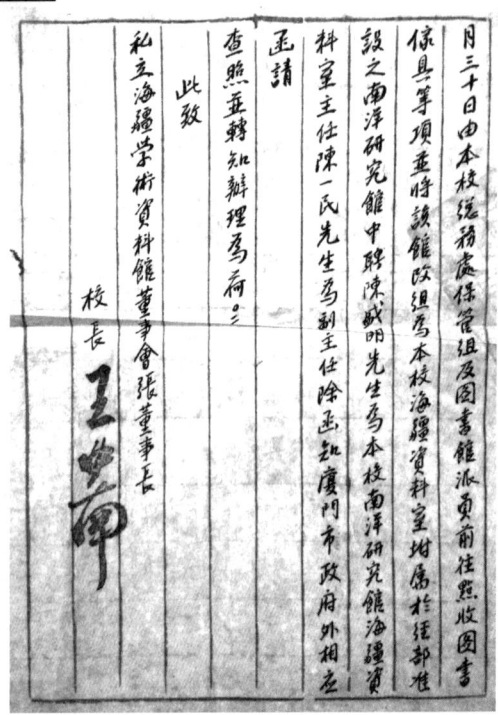

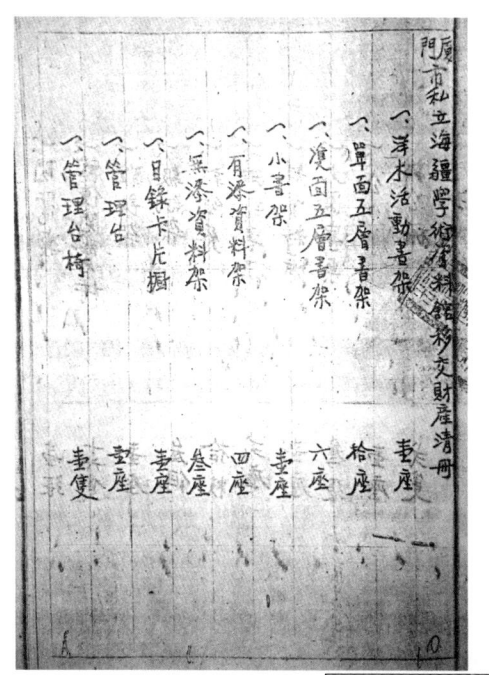

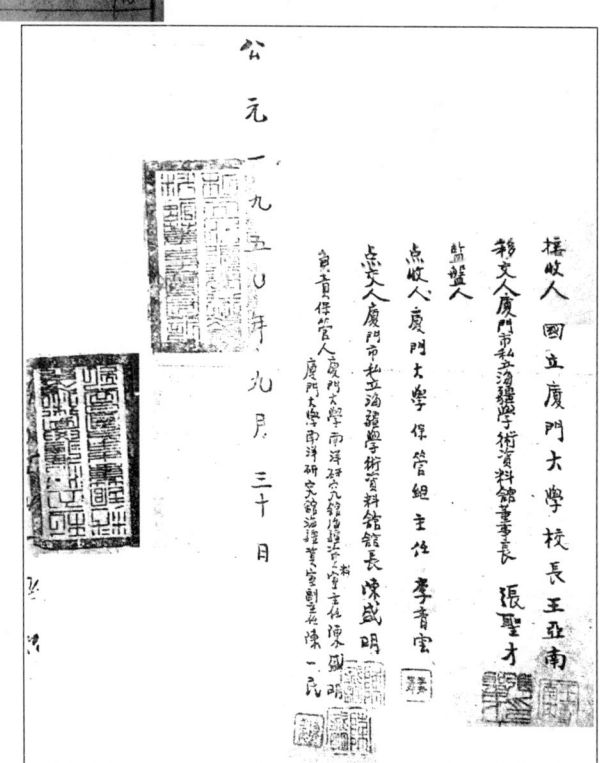

海疆资料室工作计划

陈荣明拟
陈一民

（甲）工作目标

一、關於東南海疆各省市和東南亞各地人文的和自然的資料的蒐集和整理。

二、關於東南海疆各省市和東南亞各地各種情況的調查統計，並製作有關圖表。

三、其他有關圖參考資料的蒐集和整理。

（乙）工作組織

一、圖書組：掌理圖書的採購分類編目保管出納等項，暨蒐集文物標本的蒐集保管。

四、盛明先生任职厦大部分聘书

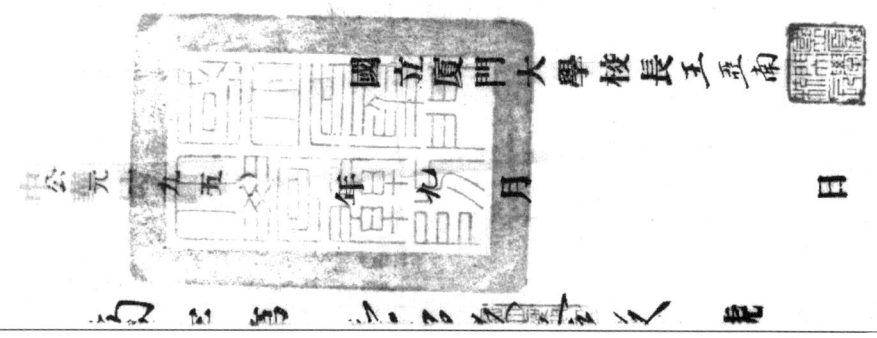

聘書

茲聘

使 戚 羽 先生擔任本大學　　學院圖書館資料組主任

請屆期希

查照後列聘約辦理為荷

（一）名義　專任　　專任教員兼學術等議委員會研究

（二）聘期　自民國拾年　月　日起至　月　日止期滿者得雙方同意再行續訂

（三）薪俸　每月國幣參佰拾元（港在職實支數額依　部定薪津新疆）

（四）一切待遇依照本大學教員服務規程辦理

（五）非經本大學特許不得在外兼職

國立廈門大學校長 王登甸 [印]

公元一九五〇年　年七月　日

厦門大學聘任通知書　厦人李字第027号

兹聘請

陳盛明同志自一九五六年九月二十八日起兼任本校南洋研究所資料室付主任特此通知。

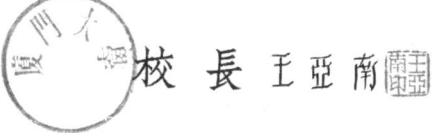

校長 王亞南

一九五六年九月三十日

五、盛明先生遗存手稿

部分文章手稿

"文革"中写下的交代材料

卷一 生平行略

大革命时期泉州国共合作情况杂忆

　　1925年春,我在厦门鼓浪屿普育小学当教员。那时国民党福建临时省党部设在鼓浪屿。六月间,我由普育小学校长孙印川介绍,化名陈刚,加入国民党(并没什么活动)。下一学期,我应小学同学许世中(即许曼)函招,往广州升学。许系广东大学(中山大学前身)文科肄业。我原毕业于福州中等农业学校,到粤后进广东大学农学院,经常到许的宿舍座谈,因而认识了一些福建学生。当时广州弥漫着革命气氛,青年政治思想明显分化,左派的福建学生有"福建革命青年团"的组织,与右派的"孙文主义学会"对抗。该团负责人有杨世宁、许世中等人,我也由许介绍加入该团。1926年暑假,我由粤回家,父亲怕我在粤参加什么活动,坚持不让我再去。及至北伐军入泉,秦望山等成立国民党晋江县党部筹备处,我便以回乡学生、国民党员的身份,参加搞宣传工作。

　　1926年12月,北伐军东路军政治部为加强进步力量,在泉州设立兴泉永政治监察署,由政治部主任江董琴任命陈文总为监察员,林环岛为秘书。署内的人员共产党员约居四分之三,国民党左派约四分之一。主要活动由不公开的共产党组织(据辜仲钊同志回忆,当时的组织为"中国共产党泉州特别支部",负责人唐沙白,即李松林)所发动,取得国民党左派的赞同与协助。北伐军入闽后,在粤的福建革命青年团同志,多数辍学来闽(主要在厦门)参加革命工作,并在厦出版《福建青年》半月刊,作为机关刊物。我曾以"健夫"的笔名,在该刊发表《我们要一个革命的省政府》一文,揭露和抨击那些投机革命的旧官僚土匪头子(如卢兴邦)企图篡夺省政权,分赃省府委员的丑行。这是这个刊物的言论方向。许世中曾由厦来泉,向我介绍当前形势,要我参加政治监察署的活动。我因而往来于晋江县党部与监察署之间,并接受和以监察署民运指导员的名义,协助监察署开展工作。由于县党部的人认为我是从广州回来的学生,可能受到左倾思想的影响,未必能和他们同心,遇事总是提防一点。而在监察署方面,我虽非共产党员,但共产党团结国民党左派人士,共同革命,以孙中山先生的三大政策为指导,目标一致,故能推诚相见。现在回忆当时的经历和见闻,可以说泉州大革命时期国共合作的形式有两种,一是以晋江县临时县党部的国民党右派为一方,和以兴泉永政治监察署的共产党人及部分国民党左派为一方的合作。这是形式上的合作(外合作而内斗争),表现在争夺民众运动的领导权。一是政治监察署里面共产党人和国民党左派的合作,这是真诚的合作。共产党员有自己的组织,而国民党左派则以个人身份接受共产党领导,表现为自始至终的步调一致,向共同目标携手前进。

自1926年11月22日北伐军入泉,到1927年4月中旬国民党实行清党,历时四个多月,时间虽短,而情况复杂。其急剧变革,在泉州地方史上,却是不平凡的时候。

事情可追溯到北伐开始。1926年7月7日,广东国民政府发表北伐宣言,9日正式出师。9月29日,国民革命军东路军分三路向福建进军。10月,兵临漳州。11月初,驻漳北军张毅部退至同安到安海一线。11日,北伐军占同安。18日,驻泉北军孔昭同部退走,张毅部入泉。22日,张部再从安海泉州北撤。23日,北伐军张贞部进入泉州,北军残部被收编为补充团,负责维持泉州治安。东路军政治部派康瀚任晋江县长,康子常任泉永财政处主任,周骏烈为泉永公路局局长,建立了新政权。

在北伐军入闽前,国民党福建临时省党部已派秦望山潜入晋江内地,秘密进行组党活动。秦为闽南国民党领袖许卓然的首要副手,人称许秦,在泉永地方有很大影响。北伐军入泉后,省党部即正式委派秦望山为晋江县党部筹备处主任,周骏烈、陈清机、康瀚等为筹备员,在泉州城内的北鼓楼设立筹备处,实际上党务全操在秦望山手中。1926年12月间,秦未经省党部批准,就自行召开全县临时代表大会,选出临时执监委,成立晋江县临时县党部。委员分工为,主委秦望山,秘书处孙泗孙、孙文华、吴非放,组织部秦自兼,宣传部黄哲真,工人部林植兰,农民部陈伯清,青年部郑剑雄,妇女部余佩皋(但对上级,他们仍用筹备处的名义)。县党部下设12个区党部,区党部下设区分部,大肆招收党员。

在北伐军入闽后,有不少共产党员和青年团员随军来泉,开展工作。这些随军来泉的党团员,似多安排在政治监察署这个公开的、带有统战性质的机构。主要是搞民众运动工作,组织工农妇青,引导他们走向正确的政治方向。如该署秘书林环岛(浙江温州人),政治宣传负责人杨骏(泉州北郊洋塘乡人,东南大学学生),民众运动总负责人谢歧(江苏人),民运指导员李松林(同安人,厦大学生),林超然(即辜仲钊,泉州人),左明亮(台湾人)、庄醒民(惠安人)、施岑侬(同安人)等是共产党员,王台晖(南安四都人)、侯汉雄(泉州人)等是共青团员。其中李松林、施岑侬、林超然等,在未入泉州前,就已在同安马巷一带展开工作,打下群众基础,为进入泉州做准备。

国民党晋江临时县党部,在监察署未设立前,就进行民运工作。秦望山看重民运。一进城就抓工会组织,在工人部林植兰之外,又以富恩潭负责总工会筹备处,派人分头组织基层工会,先后成立印刷、人力车、建筑、瓦窑、店员、码头等工会。但他们组织工会,多从上层入手,如建筑工会即动员包工头陈桂林、辛高升、傅维早等人发起;码头工会也以封建把头作骨干。表面上喊些漂亮口号,什么定工价、减工时、提工资、搞福利,等等,都是空雷无雨。监察署成立后,就向县党部了解民运情况,县党部也把各工会组织情况和负责人等,一一向监察署汇报,声称要进行合作。监察署鉴于泉州封建势力雄厚,所成立的工会未能真正代表工人利益,问题不少。为健全工会组织,打算进行改组,一方面派人参加县党部组织的工会,另一方面深入下层了解情况,对操纵在封建势力的原有工会,一时难以改组的,就把其中较为进步的成员拉出来,另立工会。如从建筑工会中又组建木器工会,在店员工会中另组店员协会等。在总工会筹备处,则派王台晖去当秘书,参与领导,但受到制肘。县党部感到监察署的压力越来越大,便设法破坏,散布监察署只应监察各县政治,不应和县党部争夺群众组织等言论,想造成反监察署的舆论。监察署也针锋相对,立即贴出布告,宣告组织民众是该署的职权,严禁造谣破坏。以后双方各分头活动,陆续成立一些工会,如竹器、理发、丝竹、缝纫、电气、水产等工会。有的为单方面所掌握,有的双方都有人参加领导,既有合作,又有斗争。如泉安汽车工会,双方均有人往安海筹备组织。后来协议作为工会筹备处,双方合作,但双方人员因目的不同,作风有异,常常引起冲突。嗣后县党部竟派总工会负责人之一的吴剑青,找泉安公司负责人吴警予联络,谋依靠吴的力量主宰该工会。结果泉安汽车工会成立后,即为资方所操纵。

在农运方面,秦望山未入泉州前,即在安海、石狮一带,组织一些农会,但未足够重视。而监察署由于共产党一向重视农民运动,在搞工会的同时,大力开展农运,在泉州南门外的清濛、柴塔、池店、浯潭,新门外的树兜、山后,北门外的洋塘、塔后各乡,筹组农民协会。一般从开办农民夜校入手,吸收贫苦农民学习文化,宣传革命道理,启发其阶级觉悟,然后成立农协。除派出署里民运指导员下乡外,还依靠当地进步知识分子协助进行,如洋塘乡农协由杨宗士、杨条篇为筹备员,塔后有陈世秩协助,池店有小教陈家篯帮忙。秦望山眼看监察署农运开展,不甘落后,就发动其手下,急起直追。一方面设法破坏监察署方面的活动,如林超然有一次往涂门外法石村一带发动农民,县党部的人就煽动当地封建势力加以阻挠,甚至以武力驱逐相威胁。为避免事态扩大,林等只好撤回。另一方面搞突击组织农协。秦望山为培养骨干力量,在泉城武庙创办宣传员养成所,秦自任所长,以梁龙光为政治训练主任,李良荣为军事训练主任,黄哲真为秘书,学员百余人。秦事情多,所务主要由李良荣主持。为把农会快速组成,秦令该所暂时停课,把学员另作一次特殊训练,然后编队分组,由干部带领下乡,组织农民协会。果然,没有多少天,全县"农协"便如雨后春笋般涌现,超过监察署所组织的若干倍。原来这些农民协会并非真正农民的组织,而是由乡长、族长之辈迫令农民报名参加的。各乡"农协"成立后,还联合组成区"农协",只差县农协还未成立。这些"农协"虽是冒牌货,委员多地痞恶霸之流,然对监察署的农运也起过打击作用。

此外,在妇运方面,有妇女解放协会的组织,主要掌握在县党部余佩皋的手里。学运方面,改组各校学生自治会为学生会,并联合组成全县学生联合会,形式上归县党部领导,和监察署关系不密。还有反帝大同盟的青年组织,成员多为进步青年,比较倾向于监察署。1927年初曾发动收回教育权运动,把天主教的启明女学,收回自办。另有非基运动的发生,反对基督教的传播。

商运方面,原有县商会是代表大商家的组织,一向以郊商为后台,忽视中小铺商的利益。过去军政派款派捐,多要通过商会进行。县党部成立后,遇到问题需要款项时,还是要找县商会。如市卫队的经费,就是找商会筹集的。但商会摊筹款项,不是按大中小户资财合理负担,往往偏袒郊商大户,将派款多转嫁给中小户,素为广大铺商所不满。县党部利用这种情况,拉拢中小商户,派吴祝民组织商民协会,铺商人数比郊商多得多,为与郊商抗衡,便纷纷加入商民协会。监察署成立不久,人手不多,以工农运动为根本,对商民协会较少干预。至于商会,它的背景是大资本家,对共产党有疑惧,对监察署抱敬而远之的态度。

当北军溃退,北伐军入泉之际,因主力急于跟踪追敌,便收编北军残部,借以维持治安。但却很不得力,弄得社会秩序大乱,散兵游勇流氓地痞横行,赌场满街头,时起冲突,入夜枪声四起,抢劫不断发生。秦望山为以毒攻毒,成立市卫队,收编一些流氓、歹徒为队员,以流氓头子王意为队长,豢养他们来减少混乱。在县党部与监察署摩擦日甚的时候,县党部曾有人建议,利用此辈把陈文总暗中解决,为秦望山所制止。秦为对陈文总表示"合作",曾请他兼任宣传养成所政治教官,教经济学。但又怕陈在所里拉拢学员,曾通知李良荣暗中监视,防范陈的活动。

监察署成立后,也主动与县党部进行一些合作,如1929年1月,曾联合举行"晋江各界人民欢迎国民革命军入闽祝捷大会"。大会所提标语口号,多属进步的,本自共产党的纲领主张,乃监察署方面所拟定。

监察署初期工作着重在泉州城内及郊区,其后开展到其他县份。而泉永各县县党部,多操在秦望山派手里。秦于是一再通知各县,加紧部署,突击组织民众,注意防范监察署派人活动,并告诫说:"我们国民党要和共产党来一场赛跑,看谁跑得最快,看群众站在哪一边。"他还对人说:"用三民主义反对共产党没有力量,只有无政府主义才有力量。"企图用无政府主义反对共产主义。秦本人早年就倾向无政府主义,自称为吴稚晖信徒,养成所所聘政治教官,第一位就是著名无政府主义者刘师复的弟弟刘抱真。其他如梁龙光、黄哲真,当时思想也都接近无政府主义。

这一时期,有台湾革命青年唐生,来泉创办"泉州书店",为共产党在泉活动的一个阵地,和监察署工作有联系。我是在广州的时候认识唐生的,交往颇深,比较熟悉。他祖籍惠安下坡乡,江姓,出生台北。在台湾读书时即参加革命活动,为日本警察所逮捕,坐了牢,遭受酷刑毒打。释放后和一些同志逃出台湾。时正值大革命时期,他们到大陆后,有的去上海,有的在厦门,他和爱人黎明去广州,在那里结识了一批革命青年,和中国共产党取得联系(他本身可能是台共,但未对我透露过)。1926年秋天,他和爱人突然到泉州,前来找我,说他在台时受过毒打,旧伤发作,需要往永春德化找名拳师(懂得伤科)治疗,就让他爱人暂住在我家,自己前往永德过了一段时间返泉,说在德化找到医生,治疗很见效,在那边寄宿在一个农民家里,还认识了当地民军头目,受到礼遇。随即带他爱人同去德化,继续治病。1926年11月初旬,北伐军进入闽南之际,德化民军涂飞龙部即宣布归附北伐军,似和他在德化的活动有关。北伐军入泉不久,他们俩由内地来泉找我,说准备在泉州开办一家书店,推销进步书刊,同时作为台湾革命同志的联络点,要我帮着搞。于是我托人向董姓租一店屋,址在南大街小泉涧巷口北边第一间。筹备就绪,取名"泉州书店",由唐生夫妇主持,还来了两名台湾人洪赤农和白海棠(女)为店员。监察署的左明亮,也是台湾人,经常和他们在一起。监察署的一些同志,都是书店的常客,因而引起县党部的注意。有一次,林植兰(我小学同学)问我:"你们这家书店是什么货色?"我说:"书店卖新书,传播新文化,自然是文化货色。"他哼了一声,摇摇头,看来有疑忌。然书店所售书刊,如《响导》、《新青年》、《政治周刊》、《共产党宣言》、《第三国际》、《辩证唯物论入门》等,以及一些新文艺作品,却顾客盈门,生意兴隆,尤其受到青年的欢迎。县党部也无可奈何,就把它记在监察署的账上,视为该署的外围机构。清党时就和监察署一同被"清"掉了。

兴泉永政治监察署成立不满四个月,就遇到反革命风暴。在"四一二"反革命事变前一天,秦望山接到福州冷欣(新编军政治部主任)电告,说清党工作已全面展开,嘱泉州立即动手逮捕共产党。时值许卓然在泉,秦与许商议,决定以缓和办法,避免流血。一面由许商得驻军团长张端方同意,清党由县党部主持,军队不参预;一面由秦召开泉永十县县党部联席会议,响应蒋介石叛变。会议通过"拥蒋护党,驱逐监察署人员出境"的决议,发表"拥蒋护党"宣言。会毕,即由县党部具函通知监察署全体人员,停止活动,限期出境。事实上厦门方面已先一天进行反革命行动,同安县党部来泉出席联席会议的代表傅学礼(共产党员),一到泉就把形势恶化的消息暗中通知李松林等准备应变,署内所有人员当即转入地下,或分头秘密离泉,仅留书记员陈廷瑚(国民党员)留守。陈收到县党部函后,即复一无签名盖章(印信已被带走)的信说:"署里的人都离开了,请来接收吧。"翌晨,县党部派人到监察署去,已空无一人,连家具也多被邻近的人搬走,办公室只留下烧毁文件的灰烬。

泉州书店那边,唐生夫妇事前已不在泉。洪赤农闻变,和左明亮等人走了,只有白海棠在店看守。在"接收"监察署的当日,县党部的人到店,将店标封,财产没收,带白海棠去党部问话,饬令离境。后黄哲真以白为台湾人,无路可走,乃把她送往安海黄家暂住。因她是女性,监视不严。唐生在德化时,住在农民张顺月家,张对唐生很关心,常来泉州书店探望。这时他刚好来泉相探,见店已被封,不知如何竟探知白的下落,就赶往安海寻找,终于找到了,并设法帮她从黄家脱逃。这是我后来听说的。

联席会议的翌日,晋江县党部在泉州南校场召开晋江县各界民众"拥蒋清党"大会,宣布通缉监察署人员陈文总、林环岛、谢歧、杨骏、李松林、林超然(辜仲钊)、左明亮、庄醒民、施岑侬、陈刚(陈盛明)等人,解散兴泉永政治监察署,封闭泉州书店,实行清党反共。但被通缉的人都早已离开,未曾逮捕一个,只有把国民党党籍的人,开除党籍,我是其中的一个。还有清濛乡归侨沈天渊,原秦望山朋友,国民党员。此次发现他给陈文总的信件,证明曾帮过监察署工作,也被开除了。后来秦望山对人说:"我们用不流血的办法对付共产党,我们的办法是文明的。"解放后,他看到共产党建立新中国,中国人民站起来了,走向富强康乐的社会主义国家。思想认识有了转变,终于从香港回来,投入社会主义祖国的怀抱。

  年老健忘,往事如烟,回忆所及,多属片断。抗日战争时期,我曾和当年参与国民党晋江临时县党部工作的汤文华先生,在大田县立中学,同事一段时间,谋余无事,私下闲扯,常谈及往事。他和秦望山关系密切,对我讲大革命时期秦的言行颇详。(解放后,他曾为泉州市政协写文史资料,有些内容和对我讲过的大体不差。)后来我又听过辜仲钊同志讲了当时一些情况,现根据自己经历见闻,参合当年知情者忆诉,拉杂成篇。差错之处,恐所难免,敬希同志们加以匡正。

(本文系参加1980年福建省党史研究学术讨论会论文,原载《党史参考资料》油印本第1期,第19~28页,1980年12月1日)

附录

陈盛明就"杂忆"引起的争议致友人一封信的手稿

接兄二号惠教,因春节前后,俗务缠身,至未即复为欠。承示关于《大革命时期泉州国共合作情况杂忆》一文的问题,谨将经过情况为兄陈之。

福建省党史研究会于去年十一月举行"福建党史科学讨论会",内容以大革命时期为重点。会前一年即开始组织论文(包括回忆录),通知各个地区都要准备参加。泉州方面也有任务,指定写关于大革命时期泉州国共合作的情况材料,由省党史研究会晋江分会及泉州小组负责准备。他们以大革命时期在泉州参加活动的人,有的早离开,有的已去世,目前仅有辜仲钊和我两人。而仲钊年耄久病,未能执笔,于是硬把任务加给我。我以自身并非(中共)党员,所知不透,而且所牵涉的人与事,若直笔恐有不便,而曲笔则非所愿。因此一拖再拖,不敢着手。及会期将届,仍未落实,地市党史会负责同志恐难产,无以应对上级要求,一再催促,以大义相责(弟为泉州历史研究会负责人之一,该会为党史研究团体会员,他们认为有此义务)。推辞不得,只得硬着头皮来写,不敢写专题论文,而要求写回忆录之类应征。此为拙文《杂忆》出笼的经过。

文章叙写内容,限在大革命时期(由北伐军入泉,至泉州清党这段时间,约四个月),专写此时国共两党的关系。具体来说,即国民党晋江临时县党部与兴泉永政治监察署的关系。当时晋江国民党的领袖为秦望山先生,所以文中说秦先生的地方不免多一点。材料除本身经历见闻外,主要参考秦先生的亲信汤文华先生所提供的材料以及仲钊兄所忆述的情况(详见拙文末段)。初稿完成后,经晋江地区党史分会的专职同志核对资料,才由该会打字油印,送省会参加省党史研讨会作为讨论材料。会后,只有由晋江地区党史分会在其《党史参考资料》(内部油印刊物)第一期刊出,未曾在其他刊物发表,所说见于《文史资料》,想系误会。弟之为人,兄所素知,对秦先生则视为前辈,尊为师友,加以尊重。文华兄为秦先生培养出来的,关系密切,绝不会对秦先生加以污蔑。由于我水平不高,拙文差错之处,在所难免,但请相信绝非抱有偏见,故意歪曲。既要写史,就得按历史唯物主义的原则来写,实事求是,根据史实下笔。窃以为世上绝无十全十美的人,即使对伟大的领袖人物孙中山、斯大林、毛泽东也应该抱一分为二的观点。同时,每一个人在其一生中,难免会有许多变化,仅在某一特定时期的表现,不能概括其一生的功过。拙文所写的仅仅涉及四个多月的时间。清党后,国共关系破裂,大革命失败,历史即转入一个新的时期。故根据省党史研究会的要求,清党后的事情不再写入拙文。我曾有过试写许卓然传,或许卓然、秦望山合传的计划,对他们的生平做总的叙写,包括辛亥革命、反袁斗争、民军以及清党后的种种。那大函所示的长安同志所说的那些事实以及清泉兄所提的类似话,都可以写进去,因我相信这些都是事实。写全传才能表现两公的历史全貌,而为党史会所写的仅是一个特定时期的史实,不能达到这个要求。有位赵先生既未看到拙文,也不了解发动写此文的单位,就跑到与此事无关的泉州历史研究会兴师问罪,令人齿寒。因而我已经把写全传的计划勾销,不愿再干此种吃力不讨好的事了。

我不掩饰自己的片面性和局限性,拙文不能说没有失实之处,但失实到什么程度,我诚恳要求知情者指点。我希望对拙文持不同意见的同志,把自己的看法写出来,寄到发表拙文的刊物上刊登,使不致"以讹传讹"(谢真语)。秦长安同志可能是看到我寄给叶清泉兄的那份,才知道有拙文这回事。长安看后,认为拙文有伤他父亲的声望,但情况不熟,于是致函在福州的谢真,询问当时情况,一面函告其在泉州的哥哥长江同志。谢真接函后,写了一篇回忆式材料寄给秦家兄弟。长江同志曾通过一位友人把那材料给我看过。那友人给他解释拙文写的只是那一段特定时期的情况,不是对秦先生的全面评价。他听了多少有些理解。我建议他们可将谢真写的材料,或写得更充实完整一些,寄给省、地两个党史研究会,请他们同样发表。

其实拙文对许、秦两先生的高尚政治风格毫无隐没。说到秦先生的,如他认识对共产党不能依靠武力,主要在争取民众;制止手下暗中解决陈文总的建议,清党时只是把共产党员驱逐而未捕杀,等等。但当时秦先生是站在国民党立场,与共产党有合作有斗争,实际上还是对立的;清党的确是用不流血办法,这点和厦门的李汉青不同。要是既然召开十县县党部联席会议,宣告拥蒋护党,主持清党大会,通缉共产党人,在逻辑上就不好说是国民党左派吧?当然,这指的是这个时期的秦先生,不能作为他一生的评价。兹将拙文打印稿附呈台阅,盼加指教。

舍弟不日赴厦,他会趋府拜谒。

盛明先生致友人信手稿

记泉州书店

1926年，我在广州广东大学（中山大学前身）农学院学习。初夏的一天，到"创造社"买书，听到一对青年男女顾客，用闽南话交谈。异地闻乡音，不免动了乡情，就用闽南话问："你们也是福建来的吗？"那男的一听，非常热情，就互通姓名，自称名唐生，女的名黎明。他们从厦门来的，初到不久，认识的人不多，问闽南青年学生在广州有多少？情况怎样？我因不知他们的身份，只略说一下。临别时，他要我把住处写给他。到星期天，他就到文明路我的寄宿处相访，谈得颇为投机。以后彼此不时见面，接触既多，相互间有进一步的了解，他才告诉我，黎明是他的爱人，他们是台湾人。因在台湾受到迫害，才逃到大陆的。以后又透露，他祖籍惠安下坡乡，江姓，家在台北，做生意。他读书时即参加革命活动，后被日本警察逮捕，坐了几年牢，遭受严刑酷打。释放后和一些同志设法逃出台湾，到了大陆，有的去上海，有的在厦门。他被酷刑时受内伤，原想在闽南找伤科医生治疗，因广州已成为革命策源地，气氛热烈，因此先到广州来看看，希望能结识一些革命青年，彼此取得联系。那时在广州的青年学生，有在黄埔军校的，有在广东大学的，由于当时革命形势，政治思想路线明显分化。左派学生有"福建革命青年团"的组织，右派学生有"孙文主义学会"的组织，彼此对立，斗争颇为剧烈。革命青年团的负责人，有杨世宁（清党时在闽牺牲）、许世中（"文革"后，曾任福建师大图书馆馆长。后移居加拿大）等。我与许为小学同学，是他介绍我加入该团的。我与唐生相知较深之后，就介绍他与杨、许等人联系，彼此合作。唐生本人可能是台共，到广州后也可能与中共组织取得联系，但他未曾对我透露，我当然也不加探问。

1926年秋，我辍学在家，唐生和他爱人突然到泉州找我，说他在台湾遭受毒打，旧伤发作，需要往永春、德化去找擅长伤科的拳师求医，就让他爱人暂住在我家，自己前往永德。大约一个月，他回来泉州，说已在德化找到医生,医效颇好,在那边寄宿在一位农友家中,还认识了当地民军头目,受到礼遇。随即带他爱人同往德化,继续治疗。1926年11月初,北伐军进入闽南之际,德化民军涂飞龙部即宣布归附北伐军,似和唐生在德化的活动有关。

北伐军入泉不久,唐生夫妇由内地来泉,说准备在泉州开设一家书店,推销进步书刊,以加强新文化宣传。同时也可让一些台湾同志有个立足点,要我帮助他办理。于是由我出面,向连理巷董家租一店屋,地址在南大街小泉涧巷口靠北第一间(现新华书店正门部分即其旧址)。筹备就绪后,取名泉州书店,大约在1926年12月中开张(具体日期已忘)。书店由唐生夫妇主持,还来了两位台湾同志洪赤农与白海棠(女)为店员,我则不时去帮忙一些需要对外联系的事。泉永政治监察署民运指导员左明亮也是台湾人,经常和他们在一起。监察署的一些同志,都是书店的常客。当时泉永政治监察署与国民党晋江县党部,外合作而内对立,县党部的人对泉州书店也"另眼相看",特加注意。有一次,县党部委员林植兰(我小学同学)问我:"你们这家书店是什么货色?"我说:"书店卖新书,传播新文化,自然是文化货色。"他哼了一声,摇摇头,表示不相信,存有疑忌。而书店所售书刊,如《响导》、《新青年》、《政治周刊》、《共产党宣言》、《第三国际》、《辩证唯物论入门》,等等,和一些新文艺作品,却顾客盈门,生意兴隆,尤其受到青年们的欢迎,县党部也无奈之何。在他们看来,书店与监察署关系密切,就把它记在监察署账上,清党时便把它和监察署一起"清"掉了。"四一二"反革命事变前一个多月,唐生夫妇已因事他往。泉州清党,洪赤农闻变,即和左明亮等人离开,只留女同志白海棠留店看守。县党部在解散监察署当天,也派人标封泉州书店,没收所有财产,带白海棠去党部问话,饬令离境。那时黄哲真以白为台湾人,且是女的,一时无路可走,乃把她送到安海黄家暂住。唐生在德化时,住在农民张顺月家中,张对唐很关心,常来泉州书店探望,对书店所有人,亲如一家。这时张刚好来泉相探,见店被标封,经邻居指点,即往县党部要求见白。得知她在安海,遂往安海黄家寻找,终于找到了,并设法帮她从黄家脱身。后又辗转找到隐蔽在同安的监察署几位同志,白即和他们一起设法逃往南洋。

泉州书店是泉州第一家出售马克思主义、共产党书刊的书店,它的创办是否为中共党组织所批示,开办后是否直接接受党泉州特支的领导,我系非党人士,不清楚。但从各种现象看,可以说和党组织有密切关系,特支负责人和一些党团员,都把书店看作自己的家那样,经常在店中聚集。而书店的工作,有意无意之间也体现了党的政策意图,传播马克思主义,起着党的宣传机构的作用。从这方面说,它是具有一定的历史意义的。

另一方面,泉州书店是大革命时期台湾革命者在大陆的一个重要联络点。他们分处在上海、厦门、广州各处,看来有个组织,似名为"人人社",唐生可能是他们的一个负责人。上海、广州情况我不了解,厦门的主要人物有洪平民,原在台北为店员,参加革命活动,主要搞海员运动。后在台湾站不住,逃来厦门,和罗扬才、杨世宁他们一同搞工运。我曾和唐生去厦门看过他,是位忠实诚恳的同志。清党时和罗、杨等人同被国民党反动派逮捕,罗扬才、杨世宁二烈士被解往福州杀害,洪平民则在厦门牺牲。在泉州活动的唐生、左明亮、洪赤农等人,在大革命时期也做了不少工作,是闽台同志并肩战斗的典范,值得我们怀念。这又是一个历史意义。

自国务院把泉州列入全国二十四个历史文化名城之一,人们更关心的地方文物保护问题,有关部门对本市的革命历史遗址也在进行调查,有些同志问起大革命时期泉州书店的情况,因就个人所知,记其始末,作个介绍。

(原载《泉州文史资料》第 12 辑,第 46~50 页,1982 年 7 月)

附录

关于《记泉州书店》一文的补充

辜仲钊[*]

阅《泉州文史资料》第 12 辑《记泉州书店》一文,使我回忆起往事。我在当时也是泉州书店的一个常客,这书店是唐生同志接受党的指示出面开办的。店里工作系在泉州特支领导下进行的,是党的一个外围宣传机构。本文作者陈盛明同志,是与党合作的党外人士,对党内的活动自不尽了解。兹特提供我所知道的情况,作为补充。

(原载《泉州文史资料》第 13 辑,第 214 页,1982 年 10 月 11 日)

---

[*] 辜仲钊,曾任泉州市委统战部副部长。

记晋江县抗敌自卫团

1937年"七七"事变发生,"八一三"开展全面抗战,晋江县成立"抗敌后援会",为群众性的抗敌救亡组织。1938年5月,金门、厦门沦陷,战火迫近泉州。那时第二次国共合作,共产党提出彻底发动群众,武装人民抗日的主张,产生巨大影响。国民党部队在各个战场上的表现,也使国民怀疑其战斗能力与抗战决心,在形势的教育下,更显得武装人民抗敌自卫的重要性。虽然抗战一开始,泉州就有"闽南抗敌自卫团司令部"的组织,实则大而无当,空雷无雨,没有多久就撤销了。这时候,"晋江县抗敌会"的主要领导者秦望山,认为抗敌后援会不过是群众性一般组织,担负不了武装抗敌的任务。而那种虚夸不实的机构,也确实发挥不了作用。因向国民党省政府建议,抗敌自卫团应以县为单位建立,才便于负责编组,训练群众抗敌武装。省方接受建议,并以此事为秦所倡议,秦在晋江有一定力量。而当时晋江县长何震,军人出身,曾任宪兵团长。因决定先在晋江成立这一机构,作为示范,遂在1938年7月成立"晋江县抗敌自卫团司令部"。由县长兼司令,内设政治、军事两科,科设科长,科员各一人。另指定一县政府秘书当司令部秘书。初期编制人员有县长兼司令何震,秘书杨××(名忘),政治科长叶清泉,科员陈盛明;军事科长林忠,科员伍泽仁,外配一名勤务兵。除林忠为何震的福州同乡外,叶、陈、伍均为秦望山所推荐。

1937年,我原在私立昭昧高中教书。11月间在路上,无意中碰到大革命时期兴泉永政治监察署的同事辜仲钊同志,自清党时我们同被通缉星散后,已十年不见面。动问间,才知道他近从海外回来,在抗敌会参加工作,并鼓励我也到抗敌会一同工作去,当即邀我同往抗敌会找秦望山。我与秦在大革命时期认识,曾合作一段时间,晤面时他热情地邀约我到抗敌会帮忙搞宣传。由此我即以抗敌会宣传委员干事的名义,在课余到会帮忙,主要是编《晋江抗敌周刊》,写些抗敌救亡的宣传文字。有时下乡参加群众大会,推动一些抗敌巡回剧团和歌咏队的活动。到抗敌自卫团成立,秦望山大概以我搞过宣传,便一再劝说我,要我辞去学校职务,到自卫团司令部去当个专职宣传人员,名义是政治科科员。我觉得如果抗敌自卫团真的能发挥作用,达到组织人民抗日武装的目的,倒比做卖膏药式的空头宣传好得多,便答应了。

司令部设在明伦堂,何震每两天来一个上午,杨秘书和各科长、科员在司令部办公。成立初期,政治科任务为编写宣传材料,拟订政治教育计划,我为此写了《抗敌自卫须知》的小册子,主要讲抗敌自卫的意义、形势、做法等,约两万字,印发各部门。当时县政府办有保长训练班和男、女训队,曾被邀以此作为教材去讲过。此外则拟些标语、传单之类。军事科任务为拟订队员的编组、训练计划。抗敌自卫队以联保为单位,每联保成立一个大队,联保主任兼大队长,下分中队或小队,以保长兼队长,乡队副、保队副负责编练。自卫队以战斗队为主体,凡免、缓役的壮丁都要参加。武器就用村中的鸟枪、牛腿枪,或其他现有的枪枝充用,以大刀、枪矛作补充。此外在宣传队,以小学教师及当地知识分子组成,侦察队由联保指定人员组成,担架队、运输队均以中年农民组成。各队定期进行训练,并有政治学习。如果能认真搞起来,也许可建立一支强大的抗日人民武装力量,形成坚不可摧的抗敌长城。可在当时国民党统治下的基层人员,有几个是真正为国为民的?什么联保主任、保甲长,多是些只知借征兵、征粮、征税,乘机舞弊敲索,填饱私囊的家伙,瞒上欺下的能手。什么抗敌救亡,保家卫国,在他们那算什么一回事。一件公文下去,不是丢压在抽屉里,就是弄虚作假,乱造表报。看来队伍不少,尽是纸上之兵,真的一旦有事,只能贻误战机。

同时,司令部内部,开始好像气氛热烈。过了不久,也就慢慢地冷了。何震初期还两天来一次,以后渐渐少见到他的影子,部务交给那个杨秘书,却是个典型的官僚,遇事敷衍塞责,只在公文上下工夫。叶清泉秉性刚直,看不惯这种作风,跟杨闹了几次,也心灰意冷了。叶清泉原为厦门《江声报》负责人之一,厦门沦陷后,他一心想在泉州复刊,主要精力在筹备报纸复刊的事情。及筹备就绪,就离开自卫团司令部,主持复刊的《江声报》。伍泽仁对军事不感兴趣,就不大过问,而部里准备阶段的工作,也基本完成了。我在抗敌会时,虽有机会下乡看看,时间究竟太少。此时觉得应该找机会到基层跑跑,因向何震建议,以单凭公文去组织基层队伍,绝对靠不住,应该走出司令部,到各联保实地了解情况,不妨以"检验"名义下去走走。林忠也很乐意去看看他的"直属部队",于是决定由杨秘书和伍泽仁留守,我跟林忠下乡,去作"检阅官"。从晋北山区的河市、罗溪、山顶坪到晋南沿海的永宁、深沪、围头、英林以及安海、石狮、金井……几乎踏遍了全县的乡镇。

普遍的现象是,所谓自卫队员,只存在纸上,平时的组织训练并没有落实,最多也只召开一次会,宣布有这么一回事而已。直到上面要派员前来检验的时候,才临时拉一些人到场充数,来时乱哄哄,连队都排不齐,点张三的名由李四喊"有"。散队后找个别人谈话,他说不知道自己编在什么队,是保甲长昨晚通知今天不准下田或出门,要来这里开会,不到要处罚。其实我都不会什么枪,怎能当兵呀,等等。"检验"时碰到的另一现象,即各联保主任对"检阅官"的隆重接待,那位林科长是喜欢奉承的人,在美言恭维和美酒佳肴的态势下,对这些现象也就视若平常,对我说:"现在联保的事情确实太多,也就差不多了!"记得当时永宁镇的联保主任为一女医生,富有交际手腕,林忠对她嘉奖的话,我至今犹有印象,尽管永宁的抗敌自卫队并未比别的联保出色。

但也不是所有的联保都把组建人民抗日武装不当一回事。当时在某些为地下党所能控制的乡镇,如新门外的树兜等,暗中本就有抗日游击队的组织。此时就利用抗敌自卫队的合法地位,进行活动。

"检验"归来之后,我曾写过《检验散记》和《续检验散记》,披露一些丑恶现象,并把各地社会调查,所见所闻,写了《沿海走马记》、《晋江的堪察加——山顶坪》等稿,在《抗敌行进》上发表。(我离开抗敌会后,《晋江抗敌周刊》停刊。我因与民生农校的叶非英商议,另办《抗敌行进》半月刊。由叶主编,仍用抗敌会名义,由抗敌会负责经费。)

在全县乡镇自卫队还有少数未进行"检验"时,何震就调离他任,杨××、林忠也随何离晋。继任县长王笑峰,是个老官僚,对抗敌自卫团不感兴趣,认为劳民伤财无济于事。但上级没有明令撤销之前,只好仍旧挂着招牌,司令部则由明伦堂迁往县后街三山会馆。他自己从不过问,只派一个姓王的秘书坐镇司令部,另派一姓蒋的北方人代军事科长,要我代政治科长。本地人在叶、伍走后,只有我一个了。因我已辞掉学校的职务,还未找到新的工作,只好跟着到三山会馆去吃闲饭。《江声报》在泉复刊,原由该报旧人李铁民、纪崑崙担任编辑。到9月间,李、纪均因事离开报社,报社另聘王宣化任总编辑,辜洪涛任电讯编辑(王、辜均系马共,被马来亚殖民政府驱逐回国),尚缺一新闻编辑。叶清泉邀我去担任,我于是改到江声报社。时"晋江县抗敌自卫团"已毫无活动,不久,就把在三山会馆的司令部撤销,把招牌改挂于县政府,究竟挂到什么时候才拿下来,已不清楚。但据我所知,到1939年秋天,德化县还有抗敌自卫团这名堂,那晋江县的抗敌自卫团,名义上的存在当也与德化差不多。不过这只是"名存"罢了,实际上的存在当也与"实亡"的。这便是当时国民党所吹的"武装群众"、"全民抗日"的真相。

(原载《泉州文史资料》第13辑,第28～33页,1982年12月)

抗战后期晋江县文献委员会始末

最近国务院批准北京等廿四个城市为中国首批历史文化名城,泉州名列在其中,使热爱家乡的同志感到兴奋鼓舞,更重视我市历史悠久的文化遗产,也更留心我市文献文物的搜集保护工作。在抗战后期,泉州一度有"晋江县文献委员会"的组织,做过一些文献文物的搜集整理工作。但那时候在国民党腐败统治之下,当局对这工作根本不予重视,成立不过一年多,终于停止工作,变成历史陈迹。我当时是躬与其事的人,有些同志问起此会活动的一些情况,因就记忆所及,追述其始末梗概。

民国三十三年(1944年)秋,徐季元来当晋江县长。一到任就大吹大擂,以"建设新晋江"作标榜,颇迷惑一些人。那时泉州地方各派系头头,争雄竞长,左右县政,徐季元见此情景,便想引用一些素未干预政治,没有党派关系的知识分子来打开局面。于是在中教界物色人物,曾邀请一些中学教员在培元中学开座谈会,征询对县政府意见。后又到处造访一些人,宣称要"请大学生下乡,改革基层政治"。首先硬拉晋江县中学教务主任庄为玑出任县教育科长,还拉几位中学教员任乡镇长。后又要拉县中训育主任黄福耀,教员林英仪、陈盛明。我们三人以不会搞政治,也不愿搞政治辞谢。不久,国民党政府颁布《市县文献委员会组织规程》,庄先生原是很关心地方历史文化的历史学者,感到近志失修,文物废坠,征文考献,日见为难,认为如能依此规程,在泉州设立同样机构来负责征集、保管地方文献,作进一步的整理发扬,对泉州文化事业很有好处。他知道林先生和我对此事也素感兴趣,因我对泉州藏书情况比较熟悉,便建议由我出来负责文献委员会的组织,而请林先生出掌民众教育馆,配合工作。我和林先生商议,觉得如能借此机会把泉州的文献工作搞一搞,以推动这个历史悠久的文化古城重新焕发青春,发扬先人留下的文化遗产,为今后作借鉴,还是有意义的。于是同意这个安排,徐季元也很赞成,表示要支持,便由县政府委林英仪为民众教育馆馆长,我以民教馆主任干事名义筹组文献委员会,于 1945 年 2 月,假县教育科开始工作。由县政府聘进士吴增(桂生)、进士林骚(淑潜)、举人曾遒(振仲)、廪生苏大山(君藻)及各中学校长、报社社长、教育科长、民教馆长和陈盛明为委员。2 月 10 日开成立大会,推选吴增为主任委员(吴老逝世后,由苏大山先生代主委),陈盛明为总干事。

机构是搭起来了,但时在抗战期间,且在当年度预算核定之后,人事和经费都未能照组织规程办理,既无正式编制,也无确定经费。所设总干事一人,系以民教馆主任干事名义调派,拿民教馆工资,此外无他员役。到 3 月间,把会所设在民教馆里,才获该馆人员的帮助,并借用馆里的设备家具办公,工作方得顺利开展。经费方面既未编入县财政预算,仅由徐季元指令在屠宰捐里月拨一万元供用,什么购置、传抄、办公等费,都在这一万元里开支。时在"法币"继续贬值中,开头一万元只合四担大米价格,拿到第八次,就够不上两担大米的价值了。1945 年冬,徐季元"建设新晋江"的肥皂泡吹破了,他也不安于位而去,庄为玑先生也在徐去职之前,转任海疆学校讲师而辞掉教育科长。接任晋江县长的为吴德露,县长、科长一换,县政府就对这一机构视而无睹,办屠宰捐的人,连那不够两担米的补助也拖而不给了。找新县长交涉,却是口惠而实不至,说可以催令履拨,结果一文没有。到了出版《晋江文献丛刊》的时候,我们说这刊物可以用你吴县长的名义发表"发刊辞",留个纪念,但印刷费一定请你县长想办法,他才高兴,叫财政科在预算外弄点钱来,《丛刊》这才得以出版。但经费还是无着,只能另想办法,自力更生。

既然成立"文献委员会",会里总得先有点"资本",掌握一些文献资料,才能取得社会的信任而获得支援。可是草创伊始,白手起家,在人力财力如此薄弱的情况下,怎么办呢?我和庄、林两位研究一下,首先只好运用个人关系,向藏书之家,借出若干乡土文献,寄存会中,作为示范。第一步先从我家做起。我的祖父(秀才)和父亲(举人)都是旧知识分子,爱好藏书,在我懂事的时候,家中藏书有三千多册,值得一提的是民国七八年间,我父亲曾以百元代价,向塔后村陈庆镛后裔购买所有残存的图书。陈庆镛为清咸丰间御史,藏书极富,与黄宗汉的"一六渊海"藏书并见称誉。死后其子孙不知爱惜,任虫蚁蚀,或卖作废纸,毁损散失殆尽。至此把残存的书,扫数卖出,整的残的,全的破的,全归我家。虽居多是破烂货,而也夹杂若干好书,如何乔远《名山藏》、《闽书》,俞大猷的《正气堂集》,陈允锡的《史纬》,以及陈庆镛自己的《籀经堂类稿》之类,还有部手抄本的《大清一统志》近百册。这些书虽都有残缺,却是难得的。父亲逝世后,我们兄弟把所有藏书建立一私家图书馆,取名"起斋(父亲号起吾)图书馆"。这时就把里面属于地方文献的图书,选出一些寄存会中。又再借出吴桂生先生"养和精舍"的,苏君藻先生"红兰馆"的。这三家都是近代泉州藏书较富的家庭,尤其是苏老先生收藏地方先贤著作最多。这样一凑,就显得颇有可观,粗具规模了。

其次,就进行购、抄、征活动。文献会经费既那么少,自然无法购大部书、善本书,只能不时到旧书摊、废品店巡视,看到有关的书,就把它买来,价钱一般不贵,几本王慎中、蔡虚斋、蔡道宪的著作,就是从这些地方买来的。想要而买不到的书,就向收藏家借来抄,多数是苏君藻老先生提供原本,如蔡鸿儒的《晋水常谈录》,庄俊元的《里方徵》,富鸿基的《瑟园诗草》等,抄得二三十部。抄书的钱主要利用封建宗族观念,抄某姓遗书,就找那姓有钱的人捐钱,如所抄蔡鸿儒的两种书,就是一位商人蔡文图出的抄工费,书后写"此书由某某捐抄"的字眼,让出资者名与书俱存,以示鼓励。捐书是向热心的人士,或著者本人捐募,如陈埭乡丁姓就捐献了清丁炜的《问山诗集》《问山文集》,丁拱辰的《演炮图说》等书。当代作家也捐赠各自的著作,如吴增的《番薯杂咏》,林骚的《半屯诗集》,苏镜潭的《东宁百咏》,苏大山的《红兰馆诗钞》,等等。征集资料主要是泉州近、现代出版的报纸杂志、报告、小册、照片之类。即断简残篇也在搜集之列,用文献会名义函征,也以个人关系索讨,一年多来也获得颇多。

关于文物方面,所收较少,只有一些石刻之类,但却是泉州海外交通史上的实物史证。有景教的、伊斯兰教的、印度教的、佛教的宗教石刻,有阿拉伯人的墓石,有唐墓古砖。还有一面铜鼓,据说是清代泉州有人在广西做官带回来的,陈棨仁曾作过考证,早时存在镇雅宫,后移藏关帝庙,是庙董曾振仲先生转交文献会保管的。在准备举行"晋江文物展览会"的时候,还由林英仪先生绘制泉州先正遗像二十幅,从唐代的欧阳詹到民国的许卓然,线条分明,形象逼真,受到观者赞赏,也算是一种文物吧。

此外,为收集地方史料,还做了一些报纸剪贴。编写《晋江大事记》,先完成 1945 年一年的。为总结一年来的工作,还做了两件事,一为编印《晋江文献丛刊》第一辑,一为与民众教育馆联合举行"晋江文物展览会"。

《晋江文献丛刊》第一辑,内容分甲乙两部分,甲部系刊载本会搜集前人未刊或绝版的遗著,要目有明林如源的《何司徒佳话》,明林孕昌的《清源洞游纪》,清黄宗汉《粤事奏疏》,清蔡鸿儒的《晋水常谈录》,清陈棨仁《铜鼓考》,清龚显曾的《亦园脞牍》,以及《近代泉州人墓志汇存》,收有蔡鸿儒、陈庆镛、曾玉明、庄俊元、许祖芳、黄贻楫、龚显曾、陈荣仁、吴鲁、许卓然等人的墓志。乙部系时人关于本县乡土研究写作,要目有苏大山的《晋江私乘人物列传稿》、曾遒的《桐阴旧迹诗纪》、吴文良的《泉州在中西交通史上的地位》、吴堃的《洛阳桥史谈》、丁德辉的《泉州回教概说》、庄为玑的《泉州唐墓古砖图说》、林英仪的《泉州最古石刻——释迦密宗立像》、尤国伟的《泉谚拾存》等,共十五万字,白报纸印刷十六开本。当时限于经费,只印五百本。今已很难看到,知有此刊的人也极少。

至于民众教育馆联合举办的"晋江文物展览会",可说是晋江县文献委员会事业的最高潮,曾轰动一时。这次展览会的详细情况,当时泉州的《泉州日报》、《福建日报》、《群力报》,厦门的《江声报》、《厦门青年报》都有详细报导。现在还存留有《江声报》和《厦门青年报》关于这事的通讯特写。兹作为附录,转刊在本文之后,不再叙述。

另外在晋江县文献委员会成立以前,庄为玑先生已在教育科翻印乾隆版《晋江县志》(乾隆版《晋江县志》在当时全城只查有两部,濒近绝版)。及文献会成立,翻印(排印)工作已完成十分之九,庄先生把它移交给文献会收尾,故后以文献会名义出版。可惜当时担任校对的教育科科员林某,由于工作生疏和不力,错字百出。后来得行复校,勘误表长至数页,殊为憾事。但若非当年庄先生毅然翻印,今日并此而不可得了。书印出后,徐季元批由文献会拨一部分义卖,卖款收入除清还短缺印刷费外,余充文献会经费。结果义卖成绩不佳,所入仅够还印刷厂欠款,文献会只有"望梅止渴"。在文献委员会一次临时会议上,还通过筹建晋江文献馆和建立碑林的计划,结果也只成为一纸空文。

及抗战胜利,台湾光复,太平洋恢复太平,华侨与祖国重获联系,出入国的络绎不绝。我因而感到国内外形势有了重大变化,闽南为重要侨乡,今后对外发展必更为兴盛,时代催促我们,不但要发扬泉州这个文化古城的传统文化,为泉州人的前途计,还要深入广泛地研究闽南华侨传统居留地——东南亚各国和地区的各种情况。而要进行这种研究,首先要大量搜集这方面的材料,因而不自量力,想对这方面做点工作。而泉州朋友重视地方文献事业,愿意为"晋江文献委员会"贡献力量的也有其人,便逐步腾出手来,一方面在泉准备创办一个收集、整理研究东南亚,东南海疆和台湾省的学术资料机构——私立海疆学术资料馆;一方面征求接办文献会的人。尤国伟先生是个对泉州地方史有兴趣,作过研究的人,于是把我的意图向苏大山主委和尤先生表达,他们两位表示同意,我遂决定辞职,去厦门主办海疆学术资料馆,报请县政府另派尤国伟为晋江文献委员会的总干事。我在去厦门之前,将经手借存的各家图书捡还原主,以清手续。会里所有购、抄、捐、征的图书资料文物,以及会中工作文件,移交给尤国伟。文教馆那座楼屋,原系体育场所有,其后要求取回一部分,文献会只好搬家,迁往开元寺。可是这一来便失却了文教馆的协助,对外活动变得困难,尤先生乃以保管为主,把所有图书文物锁存在一间屋里。时间稍久,竟受白蚁啃蚀,损失一部分。兼之县政府不再过问此会,经费无着落,变成了空架子。尤先生心灰意冷,宣告辞职。苏代主委,因任其族侄苏省暂代总干事,并把会址迁往泮宫蔡文庄公祠,以便就近照料。除石刻、铜鼓等笨重文物留在开元寺外,图书资料都搬存蔡公祠。该处低洼,一次洪水,祠淹数尺,架翻书倾,浸湿多日。水退往检,已损失不少,苏省乃将残损之书移置苏主委家中保管,复以工资无所出,苏省也辞职不干。"晋江县文献委员会"也就无形停办了。"文化大革命"中,苏老已去世,有同屋一族侄,在梨园剧团工作,被该剧团"造反派"抄家,连苏老家所有遗书全给抄走,放在剧团里。武斗时,被整包整袋堆在楼上走廊作"防御工事"。"战后"无人收管,任雨淋日晒,数年后才由市图书馆收去。幸而还存一小部分,内有原文献会抄的《晋水常谈录》等几种残本,算是硕果仅存的了。这是一个经验教训,搞文物文献工作,只要有心去做,集中还是不难,而不能坚持,散失却容易。尤其在旧社会,当局不重视,凭少数人的热情,事业是难以巩固下来的,结果昙花一现,效果适得其反,所谓爱之反以害之。如果当时没有文献会进行收集,文献仍分散在各家,也许不致因集中后不能善始善终,而大批毁失。我曾把此引为生平一憾事,这也是时代条件造成的恶果。其后我在厦门办海疆资料馆,开初也是经营不易,困难重重,可是一解放,便得到党和人民政府的重视和支持。后来还与厦门大学合并,成为国家事业的一部分,所有收集的图书资料,得安全无恙地保存在厦大,对校里的教学与科研活动,尤其是开展华侨问题、南洋问题的研究工作,有所贡献,不辜负我的一番苦心。这和当年搞晋江文献会的工作,是个明显的对比。

附录:当时相关媒体的报道

民国35年1月21、22日厦门《江声报》
海滨邹鲁文风重振——记晋江文物展览会

记者 以民

〔晋江特约通讯〕 晋江自古为闽南重镇,文化本来就很发达,唐宋以后,人才辈出,且为中古世界巨港。宋元之际,外国人居留在此的,很是不少,经过马可·波罗的介绍,刺桐盛誉更驰名世界。在国内则被称为"海滨邹鲁"、"泉南佛国",文风之盛,可想而知。可是近数十年来,这文化古城却日见衰落,除东西塔、洛阳桥还屹立不动外,一般文化经济都大不如前。尤其是抗战期间,侨汇不通,民生困苦,文化遗物,散失不少。故家的藏书称斤论担地卖作包纸,古代建筑被拆作柴薪,真是伤心惨目之至!去年一月间,因文化界几个有心人的倡议,才组织一个晋江文献委员会,负起征集保存地方文献之责,为亡羊补牢之计。当时推选吴桂生为主任委员,陈盛明为总干事,经过一年工作,成绩已有可观。除所编的《晋江文献丛刊》第一辑,已付印外,并于本月十三日至十五在民教馆举行第一次晋江文物展览,来纪念该会成立一周年。

记者事前在报章和朋友的谈话中,得闻这次展览的内容新颖丰富,早已心向往之。十三日吃了早饭,就赶到中山公园该馆,一睹盛况。可是陈列的东西太多了,而且各件都得用一些时间去鉴赏研究,但参观的人把馆场挤得水泄不通,使得记者没法子从容记录。第一天、第二天、第三天记者不厌其烦,一共到了四次,所以这一篇报道文字,到今天才能写好寄出。

会场在中山公园民教馆,是一座二层楼,楼下大厅陈列古砖石刻,石刻共二十几方,都是中西交通史上的珍贵文物。阿拉伯文的、蒙古文的都有,阿拉伯文石刻就有十几方。泉州出土唐代景教十字架石刻三方,最为重要,其一即德国人艾克博士发现,而为顾颉刚、张星烺、陈万里等人所称赞。此外如元也里可温古文石碑(此碑乃前几天陈盛明、吴文良在东门近郊所发现)、蒙古人墓碑,回教徒墓石(回教徒墓东门外很多)、喇嘛教石刻等。若在欧美,均当为博物院上珍。古砖三十多方,有唐的,有宋的,内泉州唐墓古砖十三方,各有图文,均有拓片说明。瓦当数个,瓦棺一个,都是宋明遗物。又有铜鼓一个,面大二尺多,花纹细腻,却是苗人的东西,清初一个在广西做官的泉州人带来的,现也归文献会所有。两旁厅壁上,悬挂了旧明伦堂的匾额,宰相、学士、状元、榜眼、都督、提督,各种各色的人物不少,使人一见不觉要向这古城致敬,好一个人文鼎盛之乡呀!

楼上中厅,两壁又挂满了晋江先正遗像,乃文献会特制,陈盛明撰传,林英仪绘像,从唐代的欧阳詹到民国的许卓然,民族英雄俞大猷,思想家的李卓吾,文学家的王慎中,理学家的蔡虚斋、陈紫峰、林素庵,汉学家的陈庆镛,政治家的朱鉴,忠烈的蔡道宪、周天佐,这一些晋江的杰出人物,也是地方的光荣。瞻其遗容,读其传记,又何能不生景仰之心呢?厅中四周圈围着一排桌子,陈列着晋江人著作百多种:唐欧阳詹,宋苏颂、梁克家,元释大圭,明何乔远、俞大猷、王畿、林孕昌、王慎中、曾异撰、张瑞图、蔡虚斋、陈紫峰、苏濬、丁自申、李卓吾(计五种,有《初潭集》等)、周天佐、薛天华、何运亮、蔡道宪、蔡鼎,清柯辂、黄道泰、陈允锡、丁炜、薛龙光、陈一策、陈大玠、施琅、富鸿基、陈庆镛、丁拱辰、黄宗汉、黄贻楫、庄俊元、蔡鸿儒、蔡鸿捷、苏廷玉、杨雪沧、李峥嵘、陈钦尧、陈榮仁、龚显曾、陈启仪、黄谋烈、吴鲁,民国黄启太、吴桂生、林骚、曾振仲、苏大山、苏镜潭等人的著作。简直目迷五色,不知看哪本好。书城中间排着两大桌古物,有汉代铜器、玉器,中有汉玉印两颗,乃本县一华侨在安南西贡附近见土人发掘古墓所获,向其购索带回。又有吴慕农送展的柴窑樽,乃稀世之珍,而在晋江发现的。陈家楫的明何朝宗观音塑像,亦颇名贵,端溪古砚多泉故家遗物。先烈许卓然第五军长委任状、军旗,为难得的革命史料。还有孙中山亲署给陈伯清、李秉传的任命状,也挂在许先烈遗物之旁。厅前则有有名的开元寺东西塔的各种浮雕照片,其伟大壮观,早已闻名世界了。又有晋江剧人张一朋展出的晋江戏剧史料六大本,为青年观众所集视。左室为志料室,有县志、府志、一统志、安海志、开元寺志、晋江乡土志,泉人墓志拓本、抄本、泉人殿试、会试、乡试闱墨,近代晋江出版的报纸、杂志、报告、小册数十种。又有盔甲一套,乃泉州人,清福建提督曾玉明的遗物。右室为珍本室,泉人著作的原稿、抄本至五十多种,中如《王遵岩全集》抄本,《黄尚书公全集》(黄宗汉)原稿,《闽中金石略》及《岑嘉州诗注》稿本(均陈榮仁著),《淳庵诗文集》原稿(柯辂著并亲笔书),均系稀世之珍。而文献委会以一年时间抄了那么多书,着实可以称许。墨迹方面,则有王慎中、何乔远、黄克晦、黄景昉、张瑞图、蔡虚斋、黄人彦、柯辂、陈庆镛、庄俊元、黄贻楫、吴鲁、黄搏扶、黄鹤等的书画。又有开元寺的血书《法华经》,三十二体篆《金刚经》。又有金书《三教经》一本,乃宋时开元寺建塔安置于塔顶,前年修塔取下者。满壁琳琅,美不胜收。

此次参加展览的,虽有多家,而主要为文献会收藏。该会成立不过一年,而且会务只有总干事陈盛明负责,除了名誉职的主任委员外(吴桂生氏谢世后,由县聘苏大山代理),别无员役,可说是陈君一人的独脚戏哩。但经费方面,万分困难,除前县长徐季元任内拨给几万元外,近数月不再给一文,而购书、抄书、印书已无法应付了。晋江县的文献工作,如果给中途夭折,未免太可惜吧。

民国35年1月20日《厦门青年报》
文化的花果——写晋江文物展览会
记者 无逸

〔本报晋江通讯〕 晋江夙誉"海滨邹鲁",自唐以后,文物盛出,文化发达,不仅足以辉煌八闽,且泉州湾古称"刺桐港",亦为古时中外交通著名海港,为中西文化交汇地,为西方文化输入接纳站。然而尽管它在中国文化史上占有辉煌的一页,但对晋江乡土文化的发扬,文献的整理与保存,却极少惹人注意,而这项工作,除了有系统地表现于《泉州府志》与《晋江县志》外,百十年来似无足以值得重视的成就。

晋江县文献委员会成立于(民国)卅四年一月间,它是负着发扬乡土文化,整理乡土文献,保存晋江文物等重大的使命。成立以后,在短短一年时间内,它完成了县志的翻印,《晋江文献丛刊》的辑印,且搜集了晋江先正的著述遗物,以及晋江的一般乡土资料而保存之。但这一些工作的收获,并没有满足该会主持人的理想,于是从本月十三至十五日举行的"晋江文物展览会",便在该会邀同民众教育馆联合主办下,在晋江六十万民众之前,开幕展出了。

假民众教育馆为展览会场与环境的布置,是相当恰当的。不过由于观众的拥挤,这会场却显得不够宽敞。

在全部展览品之中,楼下正厅陈列的石刻最为名贵。在那里陈列着廿六方古石刻,有唐时的景教石刻,北宋的狮子石刻,阿拉伯文的回教石刻,佛教与基督教合流的石刻,以及阿拉伯人回教墓的石棺、碑志,和三数日前才发现的元代"也里可温教"的石碑。这些先后在晋江出土发现的断残的石刻,都非常具有历史价值,在过去并为国内考古学家顾颉刚、张星烺、陈万里所盛誉的历史遗物,而配合十年前在中山公园发掘的唐初古墓所得古砖和王铁英所藏宋砖的展出，正无异向着今日的参观者。不独指出晋江自唐以后文化发达的一斑，即当时西方文化流入晋江的情形，亦可概见。

欧阳詹、何乔远、王慎中、蔡虚斋、陈紫峰、苏濬、李卓吾、丁自申、蔡道宪、丁雁水、柯辂、黄宗汉、陈庆镛、苏廷玉、蔡鸿儒、陈允锡等先正的著述，也在会中占着一重要的地位。虽然这藏书并非纲括了晋江历朝先正的著作，可是如明何乔远先生的《名山藏》《闽书》，明抗倭名将俞大猷的《正气堂集》，清陈允锡的《史纬》，在现在却都是很难多得的了。同时像丁自申先生的《三陵集》，陈庆镛先生的《籀经堂集》，郑孩如先生的《易经意言》，郑正邹先生的《郑成功传》，陈棨仁先生的《闽中金石略》等稿，与富鸿基先生的《瑟园诗草》，蔡鸿儒先生的《寻石录》和《晋水常谈录》等三十多种抄本，都在该会一起无留地展出。而楼上四壁悬挂着王慎中、蔡虚斋、张瑞图、洪承畴、陈庆镛、庄俊元、柯辂等人的遗墨，以及欧阳詹、王慎中、蔡虚斋、俞大猷、蔡道宪、吴鲁等人的遗像，恍若集千古先正于一室。我们看他们在学术上的成就，一边瞻仰他们的遗容，的确可以使人生一种景仰之心。

在这一回展览中，先正的遗物比较少，但像孙中山先生颁给里人先烈许卓然任"中央直辖第五军军长"的委令和书信，以及许卓然第五军军旗的展出，都非常名贵。同时如清时邑人曾玉明提督的全副盔甲、青龙刀剑、箭鞘，以及吴鲁的遗砚，也使会中生色不少。至于清帝给邑人黄宗汉的"上谕"，康熙帝旌表陈迁鹤继母的"诏书"，如果不在这次会中展出，的确为一般后人所无缘看到的。

剧人张一朋历年所辑的《晋江戏剧史料》，在会中也相当受人注意的。该项史料全部分为六册：(1)晋江戏剧史略，(2)剧人略历，(3)剧评汇集，(4)入场券小集，(5)特辑汇集，(6)杂存。有图有字，有剧人的肖像，有舞台的照片。从这里使人可以看出晋江剧运的发展，亦为晋江新剧仅见的史料辑存。

开元寺的镇国塔(东塔)和仁寿塔(西塔)为晋江第一名胜，两塔东西对峙，巍然壮观，大可引为晋江之象征代表。该石塔建于南宋，塔上各层皆镶以石刻，深具文化价值。唯两塔皆无阶梯设备，以供人游览，致使游人均有未能攀登之憾。但这回展览，不仅文献会有该塔数十张石刻照片的展出，同时还有德人艾克博士对这两塔全部石刻的摄影研究集《刺桐双塔记》一册，以任参观者翻阅，使一般人虽乏身登之机缘，亦可窥该塔石刻艺术之全貌。

楼上左室为"晋江志料陈列室"，这一室可以说是文献会一年来搜集工作成绩的具体表现。在那里，有晋江数十年来出版的各种期刊小册，和各机关刊发的报告、刊物,有三百多种民歌、民谣的集纳,有历代晋江乡贤先正墓志铭的汇集,有分门别类的晋江乡土志料的剪存汇辑。这都是散于四方,集自四方的东西。而此一室曾比较不能引起一班走马看花的观众的兴趣,但却大可为有心研究乡土文化的人所重视。

据该会主持人谈,这回参加展览的,除一些私人外,有晋江文献会、海疆学术资料馆、陈氏"起斋图书馆",庄氏"看二树斋",苏氏"红兰馆",吴氏"养和精舍"等一般晋江乡土文献的珍藏。因此在这多方面襄助之下,不特使这展览会相当充实,而且有若干展览品,的确是稀世之珍。

晋江自东晋衣冠南渡,即日见开化。唐宋以降,文物愈盛,科第不绝,可供展览的,论理何止百倍于今日之数,惜历来都乏人作有系统的辑存,随致湮没散失。这次的展览会没有使观众失望,在文献会这么努力于文献工作的情况下,观众们是希望明年再来一次的"文物展览会",会更充实更出色,让晋江乡土文化更有大放光辉的一天!

(原载《泉州文史》第 6、7 期,第 131~134 页,1982 年 6 月)

我与海疆学术资料馆

我家在泉州,父祖辈都是读书人,藏书颇多。20 世纪 30 年代,我以父祖辈藏书,加上个人历年购置新书,办个家庭图书馆。因父亲号起吾,取名"起斋图书馆"。20 世纪 40 年代,我在新闻界工作,为了积累参考资料,曾剪贴许多报纸。这个小图书馆不仅有图书,还有资料。

抗日战争胜利,台湾、澎湖光复,福建侨区与海外恢复交通。了解侨乡和华侨历史,了解华侨的老居留地——东南亚的情况,掌握充分的资料,开展学术研究,以便制定正确的侨务政策,这本是国家应做的事情。但当时国民党政府忙于"劫收"、打内战,无暇顾及此事。个人因有兴趣,自忖力量虽微,不妨先开其端,然后逐步求得关心此道者的帮助。1945 年冬,遂决定以"起斋图书馆"为基础,办个私立的"海疆学术资料馆"。那时我的弟弟陈盛智在外地工作,征得他的赞同,并汇来一点钱作开办费,在泉州中山北路借一店楼,挂起"私立海疆学术资料馆筹备处"的牌子。

20 世纪 20 年代,我到福州念书,在旅省闽南学生会认识协和大学的黄嘉德、张圣才两位,毕业后各奔东西,不通音讯。抗战胜利后,张圣才从南洋回国,1946 年春来游泉州,我在朋友家里碰到他。在叙谈旧情之中,提起了海疆学术资料馆的事,他很感兴趣,说他和黄其华等在南洋募到一笔"现代文化教育基金",想在厦门办些有意义的文化事业,海疆学术资料馆的设想很符合他们的要求,鼓励我把机构设在厦门,"现代文化教育基金"保管会可以负责经费。筹备期间,我曾与盛智以创办人的名义聘请郑玉书、秦望山、梁龙光、陈村、李述中诸位为海疆学术资料馆董事。但时在草创,且僻处泉州,董事会未曾开会成立,自己在志长力绌之际,得到圣才学长的热诚支持,便决定辞去泉州的工作,把所有图书资料运往厦门。恰好盛智也卸去广东的职务返厦,便共同筹办,觅得虎园路 21 号洋楼为馆址,增聘张圣才、黄其华、张天昊、黄水源、张述诸位为董事,正式成立董事会。推张圣才为董事长,陈盛智为副董事长，我任馆长，聘吴云为总干事，于1946年5月5日举行开馆式，开始工作。

本馆事业是搜集关于东南海疆——福建、台湾、广东及东南亚各国和地区的图书资料，以供学术研究之需。馆内工作有图书的采购编目，资料的剪贴分类，各种图片的收集整理，设阅览室对外开放，编辑《厦门私立海疆学术资料馆丛书》，出版《印度尼西亚民族运动史》一册（陈盛智编写），还在厦门市区举行"万帧图书展览"，在集美中学举办"福建文献展览厅"，在南普陀寺举办"佛教图书展览"等活动。

馆里经费由"现代文化教育基金"按月拨付，图书设备购置费另行筹募。1946年秋去上海募捐，在沪董事郑玉书、秦望山除自捐巨款外，还协助向上海闽南帮商家劝募。所募款项就在沪购买大量图书，余款作为基金，寄存上海南侨实业公司生息。1948年冬，又去台湾募捐，用以采购日文图书，捐款主要由梁龙光董事函介，向在台湾的永春帮商家劝募。此时台湾旧书店还积存不少日本蓄意南进时出版的有关南洋的书，其中不乏有价值的资料。我边募款边访购，跑遍台北、基

隆、台中、台南、高雄各书店，收获甚丰。在厦开馆时，由泉州运来的图书近三千册，剪报图片约四千件。及至1950年秋并入厦门大学，有图书杂志近三万册，剪报资料装订本一千多册，图片万余帧，地图（包括海图）两百多幅，文物

数十件,以及各种附带设备。

原在虎园路的宿舍,1947年秋,经业主收回,改租鼓浪屿观海别墅为馆址。1949年冬,迁往日光岩西林别墅。迁鼓以后,为加强研究工作,经董事会决定,聘请厦门大学林惠祥教授为馆长,我改任副馆长,原《江声报》主笔陈一民任研究部主任,厦大李式金副教授兼任研究员,还有几位助教和高年级学生也来馆帮忙工作。

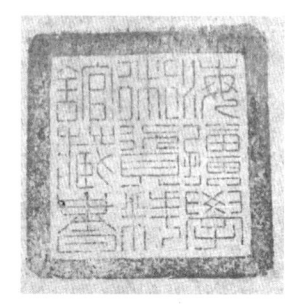

本馆主要收藏供研究东南海疆和东南亚的专门性图书资料,但解放前知道重视并能利用的人,除厦门大学几位师生外,寥寥无几。解放后,这些书才得以发挥作用,好多有关部门都派人来馆查阅资料。解放前王亚南教授在厦大任教时,即对本馆事业深为重

视,尽力支持;解放后,他任厦大校长。我想到过去他对本馆事业的关心,人民政府也很重视,觉得这一事业不宜继续由私人办理,应该献给国家才是。这想法受到张圣才董事长的热烈赞同,立即表示同意。于是由厦大报请华东教育部批准,将"厦门私立海疆学术资料馆"并入厦门大学。1950年9月完成合并手续,图书资料和设备财产全部由厦大接收,成立"南洋研究馆",以林惠祥教授任馆长。私立海疆学术资料馆改为该馆附属"海疆资料室",我任主任。一个出于个人兴趣而辛苦支撑起来的事业,才获得稳定的基础,成为人民的事业,不负自己过去一片苦心。现在想起,深觉庆幸!

(原载《闽南乡土》1985年第2期,第28~29页)

卷二 闽南文化

晚清泉州一个典型世家

——黄宗汉家族试探

世家,指的是封建社会中门第高、世代做大官的人家。这种世代显贵的家族,早期多为拥有庄园采地的世袭贵族,《史记》把记述诸侯王的传记称为"世家",孔子不是诸侯王,而司马迁以他"以布衣传十余世,学者宗之",也列入"世家"。科举制度施行后,虽寒微之士,只要十载寒窗,一举成名,进入仕途,飞黄腾达,便可跻上地主官僚阶级之列,簪缨相继,构成一个世家,居于当地社会的上层。在外居官任职,一纸书札可以左右家乡的官府;回家作为乡绅,对地方上的一切便拥有发言权,地方官须另眼相待,敷衍周旋。所谓世家豪族的形成、发展与衰落,影响到当地政治、经济、社会各个方面。要了解当地社会历史的全貌,有必要对其进行考察、探讨,作为研究地方史的一个课题。

泉州这个地方,自唐以来,人文日盛,科第联翩,宋元明清翰苑的士夫,执笏的官宦,绵绵不绝。明季有一时六相九尚书,两元十八学士的盛况;清代有祖孙父子兄弟翰林,父子兄弟同榜的佳话。一人得道,鸡犬升天,子孙袭余荫,绳祖武,家族就昌盛起来。虽官有高低,绅有大小,能量不尽相同,而其地位特殊,不等于一般平民。当然也有子孙不肖,一两代而破败的,但多数门庭却能维持数代,保其世家。即使外强中干,表面上还是油漆未褪,仍可粉饰一时。这种家庭,泉州大有其人,找个典型来剖析一下,探讨其兴衰过程及对地方上的关系影响,对于泉州地方史的研究,不是没有意义的。

清中叶以前,离我们远一些,讲起来比较生疏,因此选择黄宗汉家族作为标本来试行探讨。因为:(1)该家族的主干黄宗汉,为清中叶后官阶最高的泉州人,其家族后昆作为官绅,也多有一定地位;(2)这一家族的形成与发展,处在鸦片战争前后,正是中国社会性质趋于变化的时代,有特殊意义;(3)被称为"观口黄"(黄宗汉家住在泉州元妙观口)的这一家族,至今还为老一辈的泉州人所熟悉,较易理解,有其代表性。

据该家族世系,属于紫云黄分支,先辈移居泉州涂门外法石乡,世业农,兼作手艺(补鞋)。后族中有转为商贩的,在莆田涵江一带行商,家以小康。其第八世,遂进城卜居集贤里(今打锡巷一带),建有住宅,送子弟读书,渐露头角。第九世起,编出宗族辈分十六字,即"宏耀祖宗,贻谋孙子。永承家庆,世受国恩"。第十世耀字辈分为三房,长三两房仍在集贤里,第二房移住登贤里(今元妙观口一带),出有举人黄念祖(第十一世),逐步发展"观口黄"这家族。到目前已传到第十九世"家"字辈了。本文研究的对象,断限自十一世"祖"字辈到十五世"孙"字辈,大抵由清嘉庆初年到民国初年这一百二三十年间,就"观口黄"这家族的形成、人物、生活、社会关系与影响方面,进行考察,借此窥探这一时期泉州社会的一些情况,为写近代泉州社会经济史提供若干资料。

一、奠定基业黄宗汉

黄宗汉是奠定"观口黄"这一家族的主要人物,自先要了解其人其事。

黄宗汉,字寿臣。父亲黄念祖为一读书人,清嘉庆辛酉(1801年)科举人,在本城设塾任教。他有点名气,就读的多大家子弟,一般是为求深造而来的,教的是经书、诗词、制艺之类。因他善于教诲,学生中多有中秀才、举人的,所以从游口盛,束脩收入不恶。兼之家中原有一定的经济基础,所以他虽是教书先生,而过的是缙绅生活,有一妻两妾,共生六男。宗汉为其第二妾郑氏所生,是最小的儿子。

宗汉生于嘉庆八年(1803年),七岁丧父,由其嫡长兄宗澄教养成人。他自幼聪颖,四五岁时,父亲就教他认字念书,在他父亲临死的前天,"犹于膝下背诵《尔雅》、《仪礼》,不遗一字"①。父死后,随宗澄学习,十一岁遍读群经,能写文章。十七岁中秀才,十八岁考举人,只中副榜。此后十年间,在家勤学苦读,作为宗澄的助教,不干预外事。道光十四年(1834年)才正式中举,第二年联捷成进士。在这以前,是他刻苦力学、谋求功名的阶段。

---

① 《黄寿臣传略》。

自三十二岁中进士，进入翰林院，散馆改兵部主事，先后充军机章京，历员外郎、郎中，迁御史给事中。在都十年，是他作京官的阶段。

道光二十五年(1845年)，出为广东督粮道，调雷琼道，历山东、浙江按察使。咸丰初，迁甘肃布政使。咸丰二年(1852年)擢支南巡抚，未到任，调浙江巡抚。咸丰四年(1854年)，擢四川总督。六年，调京任内阁学士，兼署刑部侍郎、顺天府尹，出为两广总督。九年(1859年)，由粤调京。这十四年，主要是他做外官的阶段。

黄宗汉是在第二次鸦片战争，两广总督叶名琛被英军掳去后，授以钦差大臣关防督粤的。由于他的主战，为主和派所恶，以其在粤有梗和议，被调为四川总督。进京后，又改为侍郎候补，一年后才补吏部右侍郎。1861年，奕詝(咸丰帝)死于热河后，慈禧发动宫廷政变，夺得政权，把当时掌握清朝政府中央实权的满洲贵族载垣、端华、肃顺等"赞襄政务王大臣"处死，消灭了政敌。宗汉因平时接近肃顺，被加以迎合载垣等罪名，革职永不叙用。在京两年，杜门谢客。同治二年(1863年)，得泉州同乡陈庆镛等函，促回里，主讲清源书院，才挈眷南归。到上海得病，寄寓泉漳会馆。越年(1864年)正月，殁于上海寓所，终年六十二岁。这是他宦海风波，作为皇室夺权斗争牺牲品的阶段。

宗汉任御史，数上封事，多所弹劾。云贵总督桂良，昏庸废事，然其女为皇弟恭亲王奕䜣的福晋(王妃)，声势显赫，无人敢言，宗汉独弹纠之。任广东督粮道，因政见不合，敢于"疏论该省大吏"。在浙抚任上，参加镇压太平天国，调浙军援苏，为江南大营尽力筹饷。小刀会在上海起义时，宗汉建议海运改于浏河受兑，以利漕粮北运。对浙江一些地方的农民起义，也加以镇压。以其效忠清室，获得奕詝(咸丰帝)褒奖，赐御书"忠勤正直"匾额(革职时被缴回)。在四川总督任内，则镇压少数民族的反抗。但也严于吏治，裁撤一些陋规，平反冤狱，整顿钱粮，做了一些事。

宗汉的出督两广，主要为处理对英军事。时广州已为英军所据，巡抚柏贵在城中为英人胁制。他出京赴粤前，咸丰帝召见数次，陈述对英方略："请勿听信和议，宜许广东绅民自集团练讨夷。众志成城，痛加剿洗，巩固疆土，断不可稍为遏抑。"①到粤后，支持粤绅罗惇衍等办理团练抗英。当时广东民气激昂，乡团四起抗击英军，但朝臣畏外，多主和议，宗汉虽加反对，而自身只

---

① 《黄寿臣传略》。

能驻在惠州。在敌人面前,缺乏有力措施,其联络团练多空言鼓励,未收实效。然在清廷君臣畏葸,惧外求和的压力下,宗汉独主激扬民气,抗御外侮,不失为一爱国主义者。陕西布政使署巡抚闽人林寿图有信给他说:"自海氛多事,彼所畏者我乡两人,昔之林文忠,今之阁下。愿加努力,尽所能力,是中外所属望也。"①把他与林则徐并举,可见对他的推崇。但清廷既命奕訢、桂良与英人议和,遂循英人要求,疏请去宗汉及广东三团绅,于是宗汉乃被内调。

宗汉是"观口黄"这个家族的主要创业者,其当京官时虽油水较差,然也不无额外收入。而多年外放,位至封疆大臣,财源就滚滚而来。有了他的政治地位和财政基础,才得以建立"观口黄"这世家豪族。

二、兄侄后昆保门楣

"观口黄"这世家,由黄念祖开其端,黄宗汉奠其基,然所以能保持其门楣于不坠,也有赖于后昆有人,能簪缨相继。这一家族的其他骨干人物,对于世家的构成,各起其作用,特为介绍。

黄宗澄,黄念祖嫡长子,生于乾隆四十七年(1782年),嘉庆廿四年(1819年)中福建乡试第二名举人,继其父为高级塾师。因学问渊博,能因材施教,受业的人比他父亲更多,不但遍及八闽,远而台湾、浙江也有人闻风前来。取得功名的门下士,有两进士,十余举人。道光甲午科(1834年)福建乡试,即有五人同榜中举,被誉为"五凤飞桐城"。曾先后任过福州、漳州训导,都获得士子爱戴。因负有时誉,为当局看重。鸦片战争时,英军侵厦门,泉州告警,七城门都派官绅督守,闽浙总督颜伯焘,特把他调来泉州,分守南门。其后告老回家,成为有名乡绅,在地方上拥有力量。宗汉七岁丧父,由宗澄教养成长,因他自幼聪明而顽皮,宗澄对他管教特严,宗汉从小就很怕他,"事兄如事父,出告反面。不称意旨,恐惧无所容。迨后受官归,不命之坐不敢坐"②。宗澄对他既如严父,又是严师,宗汉能得成名,是宗澄一手培养的。所以宗汉对他非常尊重,在官所有收入,除自用者外,都寄交宗澄支配。宗澄既拥巨资,就把所居邻右旧屋,成片收买,建立宅第,鳞次栉比,成为"观口黄"的"特

---

① 《黄寿臣传略》。
② 《黄寿臣传略》。

区"。他死于道光廿四年（1844年），年六十三。死后有悼诗称他"家事恒心恒产计"①，可见其对家庭经济经营的心神。还有他的一个同年致哀辞说："善岂可诈？没世而称，自有定论，兄其可无虑。"②反映当时有人指他"诈善"。虽然他对社会公益事业多有捐献，对穷困亲友也有所资助，可有人议论他是伪君子，而他生前对此也有所不安，故死后朋友提起此事，安慰他的亡灵说"其可无虑"。这也表露旧时乡绅面目的一个侧面。后来宗汉既为大官，就列举宗澄生平的"高风亮节"，请地方官把他祀于乡贤祠，成为一个"乡贤"。还向宗澄的门生故旧，征集悼念诗文五百多篇，作者达三百人，编为《悼鹏吟》问世。

黄贻檀，宗澄长子。宗澄既掌握黄家经济大权，即交由贻檀管理，成为家族的财政负责人，经营擘划多出其手。曾出资为自己捐个候补知府，有了顶戴，也算"厕身仕宦之列，便附庸风雅"。在六十寿辰时，遍征当时文人学士撰赠诗文，作《采芝图》，刻石拓送，以示荣耀。

黄贻杼，宗澄第三子，举人，南靖训导。文名不及父祖，教书门徒也不如父祖之盛。赖家有生息，衣食无忧，主要协助其父兄建置房产，开设商行，以振展家族的财富。他自己也出资捐官。

黄贻楫，宗汉长子，生于道光十二年（1832年）。十七岁中秀才，补廪生，即随侍其父于山东、浙江、四川、广东各任上，襄助幕中。所至览形势，访利病，究吏治，交时贤，有用世之志。只是功名不利，两次回省应乡试，都未考上。后来奕詝（咸丰帝）为照顾黄宗汉，特赏给贻楫举人，得一体会试。复授内阁中书，充方略馆复校，以侍读候补。因他具有才华，在京与一些名士多有交往，意气风发，谈锋纵横，论世务，衡人才，往往因而得罪于人。六考进士都不中，郁郁不得志。到同治十三年（1874年），已四十多岁，终于第三名及第，中了探花。据传，本来拟拔充状元，以慈禧记恨黄宗汉，才仰居第三。授翰林院编修，充国史馆协修。二百多年来，福建中状元的有数人，而迄无探花，他鼎甲第三，反传为佳话。散馆时，因在试卷中误写一个字，被改授郎官，分刑部主事。按例，鼎甲出身是不当助贰的，这也是恭亲王奕訢为献媚慈禧而借此给以打击。值河南大旱，他随侍郎袁保恒前往办赈，亲巡灾区，审核利弊。因灾民众多，赈款不足，他特致函家乡，请亲友殷商富侨助赈，募得巨款，惠及

---

① 《悼鹏吟》。
② 《悼鹏吟》。

灾区。赈完回京,就以母老请假归里。中法战争,以大学士徐桐疏荐,奉旨召见,多所陈奏,受载湉(光绪帝)赏识,诏军机处存记,拟予任用。以母病驰归,母殁,遂家居不出。历掌清源、崇正两书院讲席。倡办地方公益,如疏浚八卦沟,设立育婴堂等。光绪二十一年(1895年)因病去世,年六十四。所著有《柔远纪略》十二卷,《招鸥别馆文集》十六卷,《救荒法戒录》八卷,《治河概论》四卷,《救时高论》四卷,《静妙轩诗钞》二卷。病笃时,交其长婿常熟杨同升校对付梓,但迄未出版。他还辑录黄宗汉生前奏疏诗文稿,编为《黄尚书公全集》二十八卷及附录等共十巨册,尚无付印。现稿存厦门大学图书馆。

黄贻梁,宗汉仲子,荫生。因本籍团防叙功,加五品衔;劝捐晋豫赈款,赏戴花翎。随父宦游十余年,参助幕中事务。

黄贻果,宗汉庶子,生员。书法学卫夫人,为泉州名书法家。

黄谋烈,黄宗汉侄孙。祖宗澄,父贻檀。生于道光十八年(1838年)。十五岁中秀才,二十一岁中举人,同治二年(1863年)二十五岁成进士。自宗汉被黜,家族一时受挫,谋烈四弟谋扬,因事入狱。及谋烈中进士,立获释放。以进士授内阁中书,同治五年(1866年)转礼部,派署精膳司掌印,受命校勘官韵字划。因潜心韵学,三年完成《春部字韵校勘》,将字体论俗、切音糅杂的摘录出来。复派总校官韵。旋派襄办大婚典礼,题补主客司郎中,协修《学政全书》,则例馆帮纂。光绪二十一年(1895年)告归,民国四年(1915年)逝世,年七十七。家居二十年,创办义仓,以平抑米价。中法战争出任渔团总办,以保障海防;主讲清源书院,以培育士子;举办乡约,以清弭械斗。光绪三十一年(1905年),泉州遭特大洪水,灾区广阔,主办急赈,函致南洋华侨及沪宁诸郊商劝募,得赈款五万以上。曾辑录泉州风俗,编为《从先维俗》一书,送礼部礼学馆备参考。宣统间被选为福建省咨议。

黄谋烰,字萍秋,同盟会会员。辛亥光复泉州,参与其谋。反袁之役也参加活动。

黄孙坚,民初入海军学校学习,参与许卓然的凤巢山起义。由教练员升至闽南靖国军团长。

黄谋焜妻陈铁梅,善诗词,有女诗人之目。早寡,以教书培养子女,曾任佩实小学校长、泉州华侨女子公学教员。著有《填海石》诗集,为黄家媳妇中的佼佼者。

黄松,贻檀孙女,谋扬女。自幼从名师学古琴,成为著名南派古琴家,蜚声乐坛。又擅工笔画,所绘花卉有名于时。适湖南湘潭世家子黎桐曾,早寡,以从侄黎烈文为嗣子,卖画教琴培养儿女成长。解放后,任上海文史馆馆员。晚年回泉州故乡,卒于1982年,终年九十五。为黄家女儿中的杰出者。

黄家以科第显的,除上述这些人外,还有举人谋焘、谋熙、孙垣等。至于生贡之类,不复列举。

三、富贵相连重货殖

世家的成形,主要靠才与财。"观口黄"的人才略如上述,其家族的财富也很可观。

"一任清知府,十万雪花银","升官发财"为封建官吏的口号。黄宗汉历任官职,都有子侄随往,管理财务的主要是自己人,如非收入可观,哪能源源寄钱回家,让宗澄父子广置产业,建立这一家族的经济基础?

黄宗澄死,宗汉为撰墓志,说"府君之殁,家无植垄"。好像他父亲念祖未拥有土地,是个穷书生,其实不是这样。虽然封建时代的官僚,多同时为地主,宦囊所入一般购置田地,告老回家作乡绅,主要靠地租收入来颐养天年。明代泉州的乡绅即多为地主,以大斗入,小斗出压榨农民,才引起"斗栳会"之变。清初大官如靖海侯施琅家,也拥有大量土地。但泉州原是商业城市,中古时且为对外贸易大港,具有商业活动的传统,即使是地主,也往往在城镇兼营商业。清中叶后,中国社会经济形势有了变化,有较地租收入更有利可图的事业,有钱人投资方向,由农村转向城市,自营或与人合资开店铺开典当,置房产,以至经营手工业。他们的兴趣,由"田连阡陌"转而为房屋栉比,或行号相望,财富的衡量已不在田地多少,所以"家无植垄"不等于穷人。

黄念祖以一教书先生,能够养一妻两妾六子,还要维持"教廉公"的家庭场面,就不简单。及黄宗汉宦囊收入可观,黄宗澄才得以大肆经营,在观口一带建了十多座三间张四落有护龙的大厦,以及书斋别墅——六渊海、梅石山房、静妙轩,等等。由观口、后巷扩展到敷仁巷、镇抚巷,连在一起,显示着世家大族的派头。但这些是作为住宅用的,还不是经济收入来源,来源之一是广置店屋出租。有个老泥沙匠蔡金司,虽不是黄家的专用建筑工人,而他父子两代数十年间,主要是为黄家修缮店屋。据他说,泉州闹市的店屋,观口黄与万厝埕王(大典当商)两家占近半数(指两家兴旺时期)。因为是业主,还可左右租户的营业,黄家原开设晋源绸缎庄,后有人向其租附近店屋开布行,就指定只能开布行,不能卖绸缎与其竞争。其次开典当,泉州的乡绅富室,不少人经营高利贷的典当业,如与黄宗汉同时代的四川总督苏廷钰家,就开有元祥号等大型典铺,被称为"元祥苏"。道台庄俊元、翰林张端等,也都开有典铺。"观口黄"的典铺就更多了,在河市有源美,安海有胜美,南安溪尾有锦美、黄胜美,安溪有和安、和裕诸号。商行方面有长合号宁波郊,自己置船往返接洽甬沪,"糖去棉花返"地经营着。后营业不佳,改为长合干果行。糖房(囤积、加工蔗粮)在泉州也是一大行业,黄家有怡美、悦津两家,后来缩小范围,改为糖品店与粿炊店。此外有长美纸行、恒昌碗行、百和堂香店、协美金纸店,商业经营面相当广阔。规模较大的还有晋源布郊,经营顶盘,一度专营绸缎,后改称晋源布庄,历史达七八十年。在厦门,除自营胜义号外,还以诗记(长房贻檀的代号)、书记(三房贻杼的代号)的名义,与人合股开设联昌号,前往香港置办洋货来厦销售。又与人合股开设锦昌号,置办浦南等处纸货来厦销售。所营行店一般雇请熟悉业务的人为"当事"(掌柜、经理),而派家族子弟去巡视监督。

清中叶后,泉州最大的商业为郊商,即大宗批发南北各埠土产的商行。道光至同治间,经营郊商的多为有财有势的官绅,如观口黄、元祥苏、象峰陈、钱头吴、万厝埕王,等等。郊商中以宁波郊规模最大,财力最厚。他们成立宁郊会馆,馆址设在南门天妃宫。每年古历三月二十三日为天妃(妈祖娘娘)诞辰,为该途商聚会日期,演戏开筵,热闹十多天。与会行东多为穿花袍,戴圆顶的有功名的官绅,人们称该途为"五龙袍郊行"。黄宗汉胞侄黄贻檀(号香圃,长合号宁波郊行东)在世时,就是这个会馆的领袖。

黄谋烈在清末还经营手工业,在象峰巷开设晋记织布局,拥有旧式织布机四十多台,吸收男童工四十多人,聘请外地纺织技工传授技术,专织土布。后又分设后巷布局,在晋源布庄设染房,自己漂染和销售。终因英日洋布和上海、天津机布大量销泉,晋源土布无法竞争,而把布局停办。

黄家没有置买田地(祖墓附近略有薄地,系供看墓人耕种,不作家庭收入),但有买"龙眼宅"。龙眼是泉州特产,种龙眼比种田费省而利久,而为子孙世业,因此城里富户多置有种龙眼树的"龙眼宅"。雇夫守顾,每年龙眼熟时,卖得款项,业主得八成,守顾人得二成。业主一投资,不必什么劳动,就可逐年坐收其利。黄家在鲤洲等处,拥有"龙眼宅"多处,作为一种收入。

还有一种可能别处罕见的财源,即置礐(厕所)出租。旧时粪便为主要肥料,厕所都属私人所有,有一种以买卖大粪为业的粪户,向礐主租礐,雇工每天收粪,卖给农民,获得甚丰。人烟越稠密的地点,厕所出粪越多。但厕所既脏又臭,非强有力者无法在闹市设厕所,所以砻主多为当地豪强。黄家也有厕所出租,不过为数不多,不是重要财源。

"观口黄"族大丁多,子弟会读书的专心攻读,求从科第出身;不善读书的,就去从商,分管行店。这样以货殖收入来哺养族众,以家庭势力去支持经济经营,从而保持世家望族的地位。家财既富,为收名望,对一些公益事业常捐资帮助。如陈庆镛倡办育婴堂,黄贻楫、黄贻檀都捐巨款助其成;顺直水灾,贻楫独自捐赈二千元。修洛阳桥,修天妃宫,黄家都有捐款。贻檀、贻杼、贻梁、孙增等,都花过钱财去捐买官阶官衔。

四、交游联姻多名家

地方上的世家大族,往往不止一个,尤其像泉州这样人文荟萃的地方,同一时代出现不少人物,彼此之间,或为世交亲戚,或为门生故旧,在社会上结为集团。其中也可能有矛盾,闹宗派,但主要的还是有其阶级的共同利益,促使他们至少在表面上要合作互助。

在黄宗汉及其前后的时代,泉州的乡绅望族,如四川总督苏廷钰家(通政巷苏)、翰林道台庄俊元家(甲第巷庄)、翰林御史陈庆镛家(塔后陈)、翰林京卿许邦光家(三朝许)、御史叶题雁家(下淮叶)、提督曾玉明家(廊池曾)、袭爵李润堂家(玉犀巷李)、武侍卫林高飞家(奎章巷林)、翰林张端家(水心亭张)、翰林王式文家(纱帽石王)、翰林李清祺家(新坊脚李)、翰林王寿国家(水尾楼王)、翰林陈榮仁家(象峰陈)、翰林龚显曾家(三朝龚)、翰林杜士元家(凤栖坑杜)、道台王大贞家(新府口王)、状元吴鲁家(钱头吴)、部郎龚显鹤家(旧馆驿龚)、部郎王戟门家(傅府口王)、部郎黄抟扶家(后城黄),等等,都和"观口黄"有关系。有的关系还很密切,彼此"扶持遮饰,俱有照应"(《红楼梦》语)。即在京都或外省,有些旧寅相知,也对黄家多有关照,如徐桐之于黄贻楫,就经常书信来往,加以扶持;湖南名士道台何绍基与黄家为姻亲,也往返密切。

各个世家之间,除平常友谊往来外,复多互缔婚姻。旧时代,儿女婚配必求门当户对,黄家这巨族自不随便,请看他们各代娶妇的对象。

黄宗澄妻,为举人杨师程之妹。

黄宗汉第五子贻相妻,为庄俊元次女。

黄谋烀妻,为何绍基之女。

黄谋抝妻,为陈榮仁之妹。

黄谋焘妻,为举人陈锡圭之女。

黄谋灼妻,为部郎陈家徽之女。

黄谋焜妻,为举人陈钦尧之女。

黄谋燎妻,为新府口王女儿。

黄孙增妻,为张端长女。

黄孙垣妻,为张端次女。

黄孙圻妻,为陈荣仁之女。

黄孙堪妻,为王式文长女。

黄孙场妻,为吴范志家女儿。

黄孙津妻,为举人张大河堂姊。

黄孙戴妻,为下辇乡富侨曾姓女。

黄孙圻长媳,为举人张大河之女。

黄孙增次媳,为举人陈育才之女。

黄孙津次媳,为举人陈德薰之女。

至于黄家女儿,也多配与名门子弟。如黄贻楫长女保艾,嫁与无锡世家子杨同升。黄谋拵长女黄松(安姑),嫁与湘潭世家子黎桐曾。其他嫁与本地的也多名门世家,不一一列举。但可一提的即世家与华侨的联姻,日见其多,这是泉州侨乡的特点。"观口黄"的例子,如黄孙增有一女,即嫁与新加坡著名华侨南安人林志义(林露)为媳,及上述黄孙戴所娶的华侨女儿。不过这种事例较典型的还是后城部郎黄抟扶家,抟扶的媳妇为菲律宾华侨,曾任甲必丹的下辇乡人曾天眷之女,其孙媳为印尼富侨南安人李功藏的女儿。

另外还有一种联谊方式,也值得一提。如黄宗汉和许邦光,在朝都是京卿之类的大官,交往频繁。两人之妻刚好同时怀孕,便互相指腹为婚,结果生下来都是男的,即黄贻楫与许祖涝(官刑部员外郎,系大理寺卿郭尚先之婿),于是结拜为兄弟,世代以亲戚往来。

所以构成世家豪族,主要是这家族自身有人才和家财,同时这一家族的亲戚故旧也多当地的名门巨族,这才能相得益彰,互相扶持,而得以站在当地社会的上层。

五、乡绅阀阅有权势

《红楼梦》第四回写门子告诉贾雨村的一段话:"如今凡作地方官者,皆有一个私单,上面写的是本省最有权有势,极富极贵的大乡绅姓名,各省皆然。倘若不知,一时触犯了这样的人家,不但官爵,只怕连性命都保不成呢。所以绰号叫作'护官符'。"这虽是小说的情节,却反映封建时代官场的实况。在泉州历史上有资格列入"护官符"的乡绅,不乏其人,就黄宗汉家庭一些情况来看,也有条件取得这个资格。黄宗汉官至两广总督,历任京卿给谏,封疆大吏,虽晚年遭遇"辛酉政变"的厄运,而在此之前,他的一言一行是可以左右地方的。他死后,簪缨相继,后昆继起,仍不失其世家豪族的地位。他的长兄黄宗澄,虽不过一广文冷官,然既是孝廉公,又是大老爹(旧时泉俗称大官的兄弟为老爹),自不失其乡绅的身份,与其子贻檀都为当地所推尊,地方有事必向其咨询。贻楫、谋烈叔侄,蜚声翰苑,历任京卿,先后家居二三十年,更成为泉州乡绅的班首,地方官遇事必造府请教,当地绅士也唯他们的马前是瞻,地方公益业必请其主持。霁翁(贻楫字霁川)和佑翁(谋烈号佑堂)的大名,在那时候几乎泉人皆知。

左宗棠爱将孙开华,以镇压太平天国有功,擢福建陆路提督,驻在泉州。恃功而骄,日事声色犬马游乐,不恤民艰。提督衙门养马,放任外出践食庄稼,北门执节铺半村半郭,居民以种蔬菜花卉为业,不断遭到督署马匹践踏咬吃。驱之不走,损失不小,民愤甚大。一天,铺中少年愤怒难忍,持棍棒驱打,不意用力过猛,把马击伤致死。兵丁报告孙提督,霎时声势汹汹,派兵数百包围该铺。不分皂白,抓去居民三百多人,声言要处为首的极刑,其他都发县衙监禁。贻楫闻讯大愤,即通过府县官转达孙开华,如再横行无忌,即报告兵部为民申冤。时兵部尚书徐桐,素重贻楫为人,书信往来不断。孙开华受到警告,自觉孟浪,立将所拘村民释放,并到黄府道歉。贻楫拒不与面,执节铺民得免一场大祸。骄横的孙提督大概忘带"护官符",以致屈于黄探花。

又如法石宁波郊富骆子燕,光绪八年(1882年),因豪强勒索未遂,受诬陷入狱,数年不得直。后骆托许祖涝的女婿陈张荣向黄贻楫求援,黄向官厅解释,骆即被释出狱。

科举时代,设有书院以培训士子,任书院讲席的"山长",必须是德高望重学深的乡绅,他不是一般的教书先生,而是地方士绅的表率,有很高的社会声誉。当黄宗汉得罪慈禧而杜门养晦的时候,泉州乡绅陈庆镛等即联函请他回里任清源书院山长,后以病殁未果。及黄贻楫、黄谋烈家居,就先后当过清源、崇正两书院的山长。

其后,这家族虽渐趋衰落,但民国时代,其族人在泉州教育界任校长、教员的仍不少,至今老一辈泉州人还记得有"观口黄"这家族。

六、族众行藏与家规

黄宗汉任御史,不畏亲贵,弹劾桂良;任广东粮道,敢于疏纠大吏;做外官,不肯馈遗京官内侍。黄贻楫谈世务,论人才,率直抒己见,不怕触时讳,得罪人。黄谋烈在礼部,曾因事谒万尚书于私第,万须缠于扣不得解,他不学丁谓趋媚长官代为解须,三代为人都有点骨气。这三代人也都从少年就孜孜为学,家中藏书之富,冠于泉州。黄谋烈钻研韵学,也有成就。

封建士大夫家,守礼教,重宗法。宗澄任福州训导,首先搜罗节孝,旌表四千多人。这种伦理观念,深入家门,黄宗汉病笃,其女婉卿割腕肉和药以进,尽其愚孝。甚至到了民国,黄家还出现两个"烈女",黄孙圻有一弟一子,都未婚而死,其弟未婚妻安海叶姓女,其子未婚妻陈姓世家女,都与神主成亲,先后进黄家做烈女,甘守空房以至年老去世。

封建世家既重宗法,望宗支繁衍,遇儿子夭殇无嗣,必立其兄弟之子承继,或以一子兼奉两祧,不能"倒房"。黄念祖有六子,次子宗清夭,以宗汉之子贻楫入继;三子宗汀夭,以宗澄之子贻杼入继;贻檀次弟夭,即以其子谋烈入继;谋烈长兄夭,即以其子孙堪入继,以"顶房头"。族规许娶妾不许买子,迫不得已,要买子的,必须是本宗合辈分的人。

为慰夭亡子女于地下,并借以拉社会关系,黄家还有冥婚之举。有董吉官者,为黄家商业上得力大伙计,有子夭亡,黄谋烈就把一亡女配他作鬼媳,将神主嫁过去。这位老伙计攀上东家黄部爷做亲家,自更感激效忠。黄孙坦有子十岁而夭,就找华洲乡陈姓一亡女配亡子,结下冥亲,把神主迎娶入门,以保一房祧,这一房的承继男认"鬼母"的父母为外祖父母,两家姻亲往来不绝。这是两个例子。

黄宗汉这一代,兄弟有六房,以宗澄为家长,过着大家庭的生活。到下一代,即十三世贻字辈,才析产分居,但不是按六房分,而是以宗字辈所有的儿子十一人,按年龄大小为秩,分作十一房。如贻檀为长房,贻杼为三房,贻楫为六房,贻梁为七房,贻桥为八房,贻果为九房,贻相为十房,贻榮为十一房等("文革"中家谱遗失,致难详考)。其中宗汉的儿子占五房,大抵以家财主要为宗汉发的,故如此分析。这十一房称为大房祧,各房子孙一多,又各再分为小房祧。

家产虽分给各房,但尊祖敬宗,祭祀不能缺礼,因在产业中留一部分做公业,推最高辈分中的年长者为族长,主持族中事务,管理公业。每年的年节祭祀,做公忌(共同祖妣的生卒纪念日)、扫墓等祭典,则由各房轮流值祀。公业收租息册,交轮值者收款备用,连同祭典登记簿,轮流移交。祭时在祖厝(祖先最早建筑的家族住屋)设供,届时全族子孙男丁不论老幼,人出一元购鞭炮,到集贤里的祖厝参与祭宴。大放鞭炮以祝族盛丁旺。因年久宗支繁衍,同辈行的人一多,所起名字难免有雷同,族长必于这时把与祭的各辈行中的年少者,逐人问其名字,发现有起名与同辈年长者相同的,年少的人必须改名。又清明祭扫祖墓,为鼓励子孙参加,除可用公款坐轿外,每人还津贴一元。凡此种种,自然非有大笔公款不可,这主要由公业的店屋租金支付,可见其公业不少。大宗有大宗的公业,小宗也各有小宗的公业。

家规不许买子而允许娶妾,但妾的地位是卑下的,死后出殡,棺材不能从大门抬出。黄宗汉生母为其父次妾,死后棺材按规矩要出偏门,宗汉时已中进士,据传是宗汉卧在其母棺上才得从大门抬出去的。

旧时代的名门世族,把其帷幕揭开,里面五花八门,美丑互见。因各家生活条件,社会处境相差不远,故其门风大抵近似,诸如娶姬妾,蓄婢仆,养尊处优,任情使性,以致嫖赌饮吹(抽大烟)等行为。子弟中有这些事例的不独一家一族为然,不用多赘。

据《黄佑堂小传》,讲述黄家一铺张排场的情况:黄贻檀六十寿辰,广收礼品,大宴宾客,供献的山珍海味至"里门填咽,乡人羡之"。豪华之举,也见其族众行藏的一端。

七、剖析现象看本质

对黄宗汉家族里里外外各现象进行剖析,大抵可以反映近代泉州世家豪族的面貌,从而对它的本质有一定的认识。"观口黄"这一家族,虽属于封建世家,但由于它已处于中国封建制度的末期,不仅已非封建领主制经济,以劳役地租形态剥削的典型封建制度时期,而且也已不是纯粹地主制经济,以土地的私有制度的产品地租形态剥削的经济结构的时代了。这一家族的经济基础,主要建筑在房产租赁和商业经营以至高利贷的典当业上。虽然同时代泉州有几个住在农村的世家,也拥有若干土地,但数量有限,绝不是什么"田连阡陌"的大地主,他们的家庭收入,仍然大部依靠参与城市的商业活动,或者于收成季节贱价收购农产品,囤积居奇牟利。有些则有家属出洋,寄回侨汇。地租(实物地租或货币地租)收入并不居于重要地位,这是和早期的世家不同之处。对这类人,概念上视为地主官僚阶级,实质上已近于近代的官僚资产阶级。它的最初资本积累虽来自宦途所得,而其经营发展已是属于资本主义方式。

不过从意识形态看,近代泉州这些世家,还是属于封建社会的范畴,他们多数是由科举出身而发达起来。他们所作所为,脱不出封建社会的传统观念,那也是可以理解的。

所谓的封建世家,已成历史陈迹,我们今天加以回顾,记其史料,旨在对其进行考察,借以探讨近代泉州社会演变的情况,作为泉州地方史一个课题来研究。

本文材料除参考有关文献外,主要出自调查访问,黄子銮、黄子锴两先生,帮助不少,谨此致谢。享年九五的女画家黄松在世时,曾多次对我讲述其家族的遗闻轶事,也多所引用,并以此文表示对她老人家的悼念。

(原载《泉州文史》第8期,第29~39页,1983年12月)

参考资料:

1. 《清史稿》,北京:中华书局,1977年。
2. 黄宗汉撰,黄贻楫辑:《晋江黄尚书公全集》,未刊手稿,厦门大学图书馆藏书。
3. 黄舫西撰:《黄寿臣传略》、《黄霁川大事记》、《黄佑堂小传》,均为未刊手稿。
4. 《悼鹏吟》(未刊稿)。
5. 《采芝图》(未刊稿)。
6. 苏大山撰:《晋江私乘人物列传》,《晋江文献丛刊》第1辑。
7. 《泉州黄贻杼家置业契约抄》(抄本)。
8. 佚名辑:《清末泉州黄宗汉等祭文墓志杂录》(抄本)。
9. 陈祖泽撰:《女诗人陈铁梅》(未刊稿)。
10. 黄永砡撰:《享年九五的琴画名家黄松行述》,载《泉州文史资料》第12辑。

编者注:《晋江黄尚公全集》原由黄家后人黄孙戴保管。孙戴(黄贻果孙),民国时曾任仙游枫亭税局职员。解放后受管制,因担心祖先典籍难保,求教于姻亲陈盛明(盛明的姨妈与大姐先后嫁入黄家为媳)。时盛明先生已任职厦大,遂建议孙戴捐于厦大图书馆。1953年,全集原稿22本及黄宗汉画像一幅捐交厦大图书馆。画像"文革"期间失踪,文集保存至今。

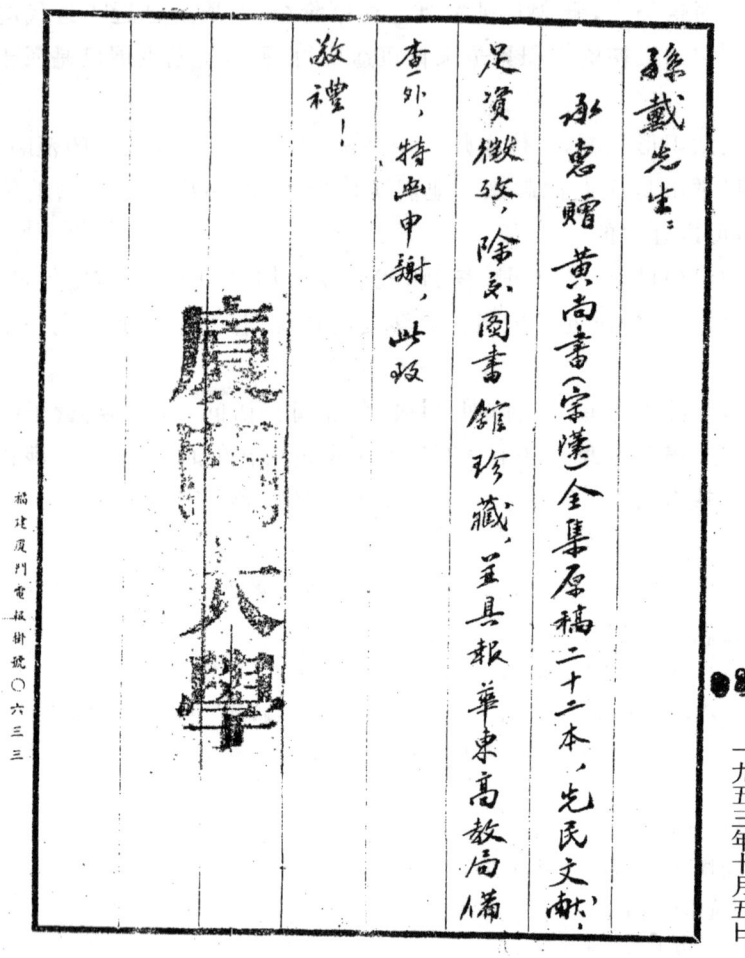

厦门大学致孙戴先生谢函

从《泉俗激刺篇》看清末泉州黑暗面

一、《泉俗激刺篇》的写作背景

中国封建社会到了晚清,已在崩溃前夕,加以帝国主义者的入侵,使社会又带上半殖民地的性质。固有的封建陋习仍然阴魂不散,吹来的西方资产阶级歪风,又开始传播浸染,整个社会益形腐朽。官场淫威专制,贪赃枉法,以百姓为鱼肉;社会以强凌弱,以众暴寡,讲势不讲理;上层者提倡迷信以愚民,苦海众生既感人间难得安然,也只有向神佛天主祈求庇护。富者争奢斗侈,不惜物力;穷者无以为生,则寄望于行险侥幸,用烟酒来陶醉,终陷毒窟无以自拔。种种现象,黑云滚滚。泉州也是清王朝统治的地方,在大环境影响下,怎能独善其地?再说每个地方,因地理历史条件的差异,多少有其特点,小环境随大环境恶化的时候,原有地方的不良现象,难免更加突出。如泉俗械斗,明已有之(见清末黄谋烈著的《从先维俗》),清初还惊动了雍正皇帝,诏谕责斥。然到清王朝快完蛋时候,械斗之风仍盛,便是一个例子。清末泉州确实存在许多恶风陋习,产生不少社会问题,当正气下降,邪气上升的时候,于是乎"佛国"沦为鬼域,满街出现魔影,泉州就不像过去文献上所称道的风俗之厚,如何如何了!不过,我们要全面地历史地看问题,不能把这个文化古城,看得一团漆黑,它有其宝贵的文化传统,有其值得歌颂称扬的光明面,但也有其应予批判、革除的阴暗面。到了清季,由于社会政治制度的腐败,统治阶级的昏庸,以致光明面被缩小,阴暗面被扩大。而这种阴沉黑暗,使得社会风气败坏,习俗恶陋,民智闭塞,百姓痛苦。可是这种情况是不能长期下去的,它激起爱国有识之士的不满和愤慨,并与黑暗势力作斗争。有抱民族、民主主义的志士,奋起革清廷之命;也有具正义感的知识分子,用笔杆作武器,进行笔伐。光绪末年,古丰州人著的《泉俗激刺篇》便是一部代表作,它以诗歌的形式,对当时社会上种种黑暗现象加以揭露和抨击,对官给以狠狠的鞭挞,对民给予亲切的同情。生存生(笔名,正名未详)为该篇作序言,说作者"怜此睡梦,怒焉忧之,大声疾呼,长歌当哭",颇有光天化日谴责小说的"揭发优藏,显其弊恶,而干时政,加以纠弹"(鲁迅:《中国小说史略》)之意。这是一部研究清末泉州社会史者值得重视的文献。

作者"古丰州人",即吴增先生的笔名。先生字桂生,生于清同治七年(1868年),卒于民国三十四年(1945年),原籍南安(古称丰州),其父迁居泉州。家世寒微,幼入塾读书,因家贫时读时停。十五岁丧父,更加穷困,到商店为学徒。性好学,夜里常就店中灯下读书,老板骂他损耗灯油,不准再读。愤而回家,靠母亲为人缝补洗衣度日,自己努力自学,十八岁出当塾师。后应科举,中光绪壬寅(1902年)举人,甲辰(1904年)进士,点"内阁中书"官职。在京看到清廷腐败现象,弃官回泉。曾应友约,往游菲律宾。因为人撰联,被指为语讽朝廷。又对侨胞演说,稍为激烈,为清廷驻菲领事馆迫令回国。归后以教书卖文为生。因出身贫寒,自幼受苦,为人比较开明,对黑暗的现象感到不满,对被压迫的平民寄予同情。但由于所受儒家教育的影响及自身社会地位的上升,使其思想有局限性,虽敢于揭露封建制度下的罪恶,描述下层人民的痛苦,但又往往把希望寄于旧制度维护者的"良心发现";恨官之为恶,而仍冀为官者的从善;思挽颓风抨恶俗,而仍怕恶势力的反击。《泉俗激刺篇》发表时,不署作者本名,当时是有所感忌的。他的政治思想似较接近改良主义。其著作除《泉俗激刺篇》外,有《蕃薯杂咏》近两百首,刊于1937年。其他诗文杂著又多数散失,有一部分残稿保存在泉州市图书馆,尚待编集。《蕃薯杂咏》作于晚年,歌颂蕃薯有神民食,描绘平民靠薯为生的情景,充分寄予同情,和《泉俗激刺篇》同为作者思想的反映。

我们今天重新把《泉俗激刺篇》介绍出来,不是把它作为一篇文艺作品来研究,更不是在宣扬作者的改良主义思想,而是把它作为一种地方文献,一篇反映清末泉州社会现象的历史资料来看待,让它帮助我们了解当时的一些历史事实,为研究泉州近代社会史提供有关材料。同时也可以用它来对照今天泉州社会的情况,今昔对比,了解所以今胜于昔,是由于我们已走向社会主义新社会,体会出社会主义制度的优越性,而更加爱护它。

诗篇发表的时间,距今已七十多年,所揭露出来的问题,在目前一般是不存在了,但它是否已完全彻底地消失了呢?却也很难说,若干旧风习,旧渣滓,可能还有某些阴魂不散地方。要知道,封建社会在中国存在那么久,它的影响是那么深。诗篇揭露的黑暗面,主要是封建社会的产物,有其社会历史的根源,不可能一下子就涤荡干净。我们当前最大的任务是建设现代化的国家,而要完成这一伟大任务,就必扫清所有前进中的障碍。事实表明,最大的障碍出于封建制度的残余势力、封建的官僚体制、封建的思想意识等一些又脏又臭的东西。那么现在我们再来读读《泉俗激刺篇》,看看近百年前的污泥浊水,有没有还在沾污我们行进中的脚板,需要我们再洗涤的?对照一下,不无好处。因此重温这些诗篇,又多少带有点现实意义。

二、《泉俗激刺篇》内容评介

《泉俗激刺篇》,刊于1908年。印数不多,流传甚少,今已绝版。全篇收诗歌四十六首,大抵可分为三类:

(1)写政治黑暗的有《诬命案》、《验尸费》、《轿班》、《买差》、《慢押放》、《卡蠹》、《衙蠹》、《主家》、《无契税》、《门签》、《狱卒酷》、《悬案》、《官出门》、《禁烟》等,计14首。

(2)写社会问题的有《鸦片》、《缠足》、《赌》、《酒》、《械斗》、《混掳人》、《说演义》、《戏剧》、《阁旦》、《流差》、《鹭子》、《首饰》、《丧戏》、《早婚》、《医误人》、《村塾》、《论聘金》、《大妆奁》、《小彩票》、《呆钱》、《鼠疫》、《洋客》、《不种植》等,计33首。

(3)写迷信恶习的有《风水》、《神姐》、《跳童》、《盂兰会》、《贡工》、《烧纸》、《佛讨药》、《上香山》、《多淫祠》等,计9首。

原书没有分类,各题编次,可能是按完稿先后为序。现从史料的角度出发,为研究方便,把原著目次加以变动,即不再按原书的次序编排,而按上举三大类的题目次序编排。每题照录原文,下附以按语,旨在介绍原作时说明史实,或加点评议,有些地方并酌附注释,以助理解。以下分类介绍。

(一)写政治黑暗的诗词

《诬命案》

真命案,假凶手。诬告许多命,总从有钱人下手。衙蠹利我财,官府下乡来。发封条,封厝屋。凶手任作逍遥游,吓得有钱人毂觫。虎而冠,飞食肉。琅琅锁去真惨酷,为渊驱鱼丛驱雀。何怪窜名洋籍中,誓将去汝恐不速。

按:遇杀人案,不去追捕真凶,而是诬告有钱人为凶手,封屋抓人,使其惶恐不安(觳觫),从而进行勒索,简直像猛虎凶鹰一般。写出清末官府的黑暗罪恶。有的人不堪欺压,就进教会,入外籍,借帝国主义的势力来抵抗,巴不得快点脱离本国政府的统治。好像獭子把水里的鱼赶走,老鹰把树丛的雀子吓跑。

《验尸费》

验尸费至数百千,为祸百姓殊可怜。仇未报,鬻儿卖女家先破。死者长已矣,又为官所误。强者不愿自寻仇,斗杀多年死不休。弱者生心变诬告,转以死人为奇货。械斗祸一重,诬重祸一重。积此两重祸,民气已大伤。呜呼民气已大伤,敢告你官场。

按:人被打死,告官验尸,要先纳贿数百千,只得卖儿卖女来应付,弄得家破人亡。否则只有不告官,自己去寻仇,打杀不止。或者诬告他人为凶手,以死为奇货来敲钱。如此政治,民气哪得不伤?可是那些官老爷,哪管你民气伤不伤!

《轿班》

官长下乡去,轿班难驾驭。夫价一款数十元,犹嫌乡人无去处。勒索未到手,抵死不肯走。怒言狺狺声如狗,我不耸双肩,看汝官去否。要挟一何多,官亦无如何。不怕鞭笞与谴诃,嗟呼为官谈何易!此辈尚敢恣无忌,何况奸胥与猾吏。

按:轿班(抬轿的)在旧社会是下层的苦力,但衙门里的轿班,身价便自不同。因所抬的是官老爷,"脚踏马屎傍官气"。仗了官势,可以任意勒索老百姓,不满足就如恶狗般地狂吠骂人。当官的也没有办法,怕打了(鞭笞)骂了(谴诃),他不走,自己跑不回衙门。轿班之所以敢这样肆无忌弹,还不是当官者纵容的吗?小小轿班尚且如此,那些狡猾的胥吏(衙门的办事人)欺侮老百姓,更不用说了。

《买差》

咄咄真怪事,官差出钱买差事。差有钱,不怕饥。何苦作犬马,任驱驰,时时供鞭笞?噫嘻,我知之。日前某乡里,官府去验尸。所控主命与凶手,大半出洋年已久。除却妇孺更无人,铜元银元无不有。此差买得来,转眼就发财。衙门九弯十八曲,以钱买差未为错。

按:在封建官僚制度下,衙役借差事谋利。一个衙门的差役,每每超出定额,有个在编制里的,就有几个不在编制里的,他们也是靠办差事过活。明代就有这种情况,在衙门里承办差事的是一个人,在外面等待差事的就有十几个人。有了差遣,一个人领到差事,一出来可化为十个人的差事,大家就靠办这个差发财来赡养家人(见乾隆《泉州府志》卷二十注引《明晋江令陈清上抚按文》)。清季演变到官差出钱买差事,把别人承办的差事用钱买过来,就可以借此敲剥勒索那些有钱的人(在泉属主要是侨眷,像诗中所举的事例)。出钱买差事既是生财之道,就没有什么可怪异的了。

《慢押放》

掳人请押放,难得批准见字样。批准发票来,又苦差无状。说起马,说伙计,欲去不去故迟迟,草鞋饭食无定例。勒索到手下乡去,又是怱然说公事(衙门人谓需索人钱为说公事)。公事说了腹膨胀,管汝将人掳何处。吁嗟乎!押放之难难如此,枉费卖妻与鬻子。不知是活与是死。死活不知奈官何,惟有归去弄干戈。

按:从前械斗风盛,双方互相抓人,被抓的人一方报官押放(派官差到对方那里勒令放人),差役乘机勒索,未出发前,故意慢吞吞,要草鞋饭钱,等等。下乡又是气势汹汹(怱然)地吓人要钱(说公事),肚子装满了却又把事情丢下不管。当事人被敲得倾家荡产,还不知被掳者的生死,官府如此靠不住,只好准备再去械斗了。

《卡蠹》

关卡有关蠹,厘卡有厘蠹,为害津梁苦行路。阚如虎,狠如羊,黠如鼠,贪如狼。明明无则例,勒索相牵制。明明有定章,刻削饱私囊。废国法,蔑公理,惟有洋籍堪制抵。君不见往来南北大商家,纷纷挂旗英日美。

按:清王朝末年,更加强对人民的剥削,在交通要点遍设关卡(收税的检查站,收关税的为关卡,收厘税的为厘卡)。主其事的多为贪污不法人员,对通过的客货,不遵税制,随意估征,或借口违章,任行处罚,拦路勒索,苦扰商贩行旅。迫得有些人托庇帝国主义者,入外籍作抵制。一些大商家就挂外国旗作护符,躲避苛征。内政腐败,引起丧权辱国,势有必然。

《衙蠹》

官为欺,民为误,衙中著名恶胥吏,铜臭熏心变为蠹。谓汝蠹无角,势能速我狱。谓汝蠹无牙,力能破我家。啮人骨髓吮人血,贪囊涨大欲破裂,无厌犹如古饕餮。岂知头上有青天,蠹贼终归化为烟。伤心若辈多不悟,欲广韩非《五蠹篇》。

按:旧衙门里的下级办事人员(胥吏),处在官民之间,案件要经过他们的手头去办理,可以利用其地位上下其手,上欺官,下害民,从中取利,是官场的害虫(蠹)。它虽无蠹的角和牙,可它能使人破家入狱,而且贪得无厌,有如饕餮(传说中一种凶恶贪婪的野兽)。韩非子写《五蠹篇》还不够,应该添上这一蠹——"衙蠹"。事实上,这衙蠹正是官僚制度、腐朽统治的产物,制度不改,头上青天也奈何他不得的。

《主家》

相告到县衙,就城觅主家。初来相见相执手,胜似旧时好朋友,接待异常鸦片酒。状师状作完,批差批委员。和盘一打算,田园去一半,痛不能堪乃长叹。此时主家变面来,反将结局难下台。讼再缠,无饘粥。愿调停,又当戳。尊自作来无地买,唯有归去卖妻儿,送汝主家买鱼肉。

按:主家,即诉讼时的保家。旧时到衙门诉讼,呈文要找保家盖保印,就有人以此为业,不但代人作保,还经理诉讼事情。乡下人进城打官司,情况不熟,只好委托主家代办,好像后来的委托律师。这主家多是讼棍,或勾结讼棍的人搞的。他一揽到官司,就串通衙门吏役,上下其手,把事主弄得"田园去一半",欲罢不能,难以下台,只好再设法筹钱,去孝敬主家,谋求解决。这是因当时政治腐败,法制不严造成的。据作者自注,"此弊南安最甚"。

《无契税》

无定制,用白契,二百余年大流弊。流弊剧可哀,汝不往,税差来。差来太无赖,逐乡去摊派。摊派一何苦,鱼肉诸小户。毒则如蛇猛如虎,到底国计终无补。最惨摊派完,无契可缴官。造假契抵司单,又为后日大祸端。安得贤有司,清查澄其源。往者不汝咎,使汝投税皆欢颜。

按：当时税制紊乱，民间证明房地产所有权的契纸，也无明确制度，一般多用白契（未曾纳税盖过官印的叫"白契"，纳了税盖过官印的叫"红契"，投税后官厅再给张证明书叫"司单"）。这就给如蛇似虎的税差有孔可钻，借口验契，乘机敲剥，不是真的凭契收税，而是糊里糊涂地向村里摊派。派款的负担多落在小户身上，派来的款则装进税差的钱包。摊派后，没有契纸送官给凭，便乱造假契抵塞，给百姓留下后日的祸根。

《门签》

门签太无悼，敢卖差，敢鬻案。卖差差愈喜，百姓真是死。鬻案官不知，剥去也无皮。官曰："我廉。"百姓曰："你贪之又贪。"官曰："我苦。"百姓曰："汝甘之又甘。"内外情隔绝，不过居中作梗人二三。吁嗟乎门签乎，汝为官奴仆，民为官子弟，汝何无礼？吁嗟乎官乎，纵汝奴仆辱汝子弟，你何无体。

按："门"是衙门里管传达的人，"签"是得到官长批示承办案件的人，都不过是下级的差吏，但因有权在手，便可肆无忌惮。门房这关进不去，你就有冤无处诉。差吏把案接到手，就是财神爷临门，可以把承办的权转卖给别的差吏，自己坐收其利。买差的人办差时，就尽量地刮，收回本钱外，还多捞一把。甚至"鬻案"，把所承办的案件，瞒着上官，与当事人私做交易，只要荷包满，管你是和非，谁花的钱多谁胜利。昏庸的官，把案交下去就算尽了责任，自乐其乐去了，不再管它三七二十一。这是当时衙门的黑幕，空口感叹是没有用处的。

《狱卒酷》

官刑未为酷，狱卒私刑酷而毒。画眉笼，快乐床，任是铁汉也销亡。猴吹箫，魁吊斗，那怕有钱不出口。此外名目尚纷纷，旁人见之为惊魂。淋漓血腥满牢狱，哀哀求死苦不得。似此野蛮蛮到极。请君试往一调查，那个累囚有人色。

按：诗篇揭露的情状，惊心动魄，而这是当时牢狱的写实。牢狱的黑暗，不正表现时代的黑暗吗？画眉笼、快乐床、猴吹箫、魁吊斗，都是当时狱卒惯用的酷刑。用这种私刑来敲剥犯人的钱。

《悬案》

新案旧案，悬而不断，为父母贻民患。幕中何公干，麻雀声杂乱，对酒看花半夜半。翻身起来日已旰,眼又生花身逆汗。死气日深生气散,那有功夫去裁判。此行况且暂摄篆,为时未久官又换。管汝冤仇结不断,管汝百姓訾且怨。涓涓祸水成河汉,长夜漫漫何时旦。

按:原作在本题后有作者附注说:"前某邑某令卸篆之时,经管办交卸之案计至二千余起,何其悬案之多也!"这些官老爷在干什么呢?原来每日花天酒地,吃喝玩乐,就是他们的"公干"。夜玩日睡,到天晚(旰)才起床,弄得昏昏然,"死气日深生气散",那还能替老百姓办什么事?所以"卸篆"(去官时把印交出)的时候,难怪有那么多"悬案"(挂着未决的案件)。至于非正式职位的摄篆(代理的官),是暂时性的,自更无心办事,只是得过且过,糊涂过日罢了。

《官出门》

官为民父母,情谊如一家。如何官出门,必带许多之爪牙。使人惊避如蝮蛇。爪牙又无赖,强半杂流丐。人格大卑污,有玷高牌与大盖。头蓬葆面囚房,其身豕负涂,其言犹粪土。傍官使势咸如虎。吁嗟乎!官虽尊,汝亦人,与其使民畏,何如予民以可亲?父母斯民之谓何,劝你排场勿贪多。

按:旧时官府出门,必讲排场,高牌(大牌)大盖(凉伞),前呼后拥,鸣锣开道(打锣在前引路),要路人肃静回避(悄悄地躲开)。为助显威风,衙役不够,还临时雇些"头蓬葆"(头发像乱草)"面囚房"(脸面像囚徒)、"豕负涂"(猪样满身泥土)的流丐之类作为随行爪牙,吓唬百姓,使人怕得像碰到大蛇那样。那时当官的就是要"使民畏",作者劝官"予民以可亲",未免对牛弹琴。

《禁烟》

胥吏与差役,大为禁烟之阻力。无公事暂且吞烟屎(俗名烟灰为烟屎),有公事有钱使,卷烟便如龙卷水。烟斗声沙沙,过瘾时去调查,只知卖法不知他。呜呼,官长嗜烟且休置!此辈嗜烟何无忌?毋亦在官官袒庇。官如识公理,请官行法自近始。

按:清廷迫于舆论,也曾宣告禁吸鸦片。但奉令查禁的吏役,本身就是鸦片鬼,没有差事无钱赚的时候,只好吞吞烟屎过过瘾,一有差事,便拼命吸个饱,跑去调查,就卖法私放。官也鸦片鬼,且不说他,这些吏役怎么也嗜烟而无顾忌呢?因为是在衙门做事的人,得到上官的包庇。这就是清季一幅禁烟图。

(二)写社会问题的诗词

《鸦片》

  人吃鸦片,鸦片吃人,销膏血耗精神。鸦片之瘾入骨髓,未死先成鬼。新鬼瘾小故鬼大,新鬼面焦黑,故鬼无人色。

按:英国统治印度后,东印度公司进行鸦片贸易,19世纪初即不断地输入中国。地处东南沿海的泉州地方,鸦片更易走私入口。鸦片战争之后,以厦门为转口站,流毒闽南益甚,吸食者日众。清末,城乡烟馆林立,有高级的,有低级的,不少人家备有烟具,应酬客人,如今之请纸烟。上而官绅豪富,下而贩夫走卒,很多鸦片成瘾,到处是烟鬼。诗中描绘鸦片鬼的形象,入木三分。

《缠足》

  人为万物灵,圆颅方趾天生成。悲哉我中国,女不读书瞽其目。眯其心,乃复缠其足,坐使人种弱。其骨拗之断,有肉揉之烂。跬步不能行,四万万人减一半。如此野蛮真可叹。

按:缠足相传始自南唐,是统治阶级玩弄妇女的花招。沿袭成风,清末在泉仍盛,父母强迫幼女拗骨烂肉,把脚缠得越小越"美"。好在农村劳动妇女仍然天足,明《闽书》说:"乡村妇女,芒屩(草鞋)负担,与男子杂作。"清代也是这样,缠足的一般是城镇不事劳动的妇女,但在习惯势力影响下,城镇贫苦之家,女人也缠足,乡村中也有少数人缠足。有"耕者天足,织者缠足"之说。

《赌》

  赌之为状言之丑,输时面发热,目睛如瘦狗。赢时又无厌,赌胆大如斗。不事生涯,甘为游手。你室你田,终归乌有。君看累累狱中囚,大半旧时赌场友。

按:以疯狗(瘦狗)喻输家,很逼真。当时赌博公开,赌样不少,屋里道旁,到处聚赌。官差借此抽头,赌棍设局诱骗。以此倾家荡产,或逼而犯罪的不少。

《酒》

酒可饮不可醉,醉酒饮酒为酒累。秘密话醉中泄,温柔性醉后热。灌夫骂座死,一醉作之孽。劝君诵《酒诰》,勿唱《提胡芦》。曾合六州铁铸错,我亦高阳一酒徒。

按:作者现身说法,以亲身体会,劝人不要饮酒为酒累,把嗜酒看作生平一大错事。汉代灌夫虽做了大官,只因吃了酒就骂人,以此为被骂者所陷害,犯了死罪,就是酒醉作的孽。所以劝大家读《酒诰》(《书经》篇名,戒人不要好酒),不要唱《提胡芦》(曲名,胡芦古用以装酒)。西汉郦食其自称是"高阳(地名)酒徒",作者用以自况,表露悔恨之情。

《械斗》

蔑天理,无人心,械斗祸最深。彼此同一乡,既分大小姓,又分强弱房。东西佛,乌白旗,纷纷名目何支离。械斗祸一起,杀伤数十里。死解尸,冢发骨,乡里毁成灰,田园掘成窟。伤心惨目有如是,不知悔祸不讲理。劝君快设小学堂,学堂不兴祸不止。

按:《温陵风土纪要》说:"郡属械斗最为恶习,有大小姓会、东西佛会,勾结数十姓,蔓延数十乡。"清季申翰周的《闽南竹枝词——咏械斗》有句:"两姓相争严伍阵,拼将人命作收场。"注云:"两方械斗,认族不认亲,虽翁婿、甥舅,相持不让。乃死伤多人,始罢战议和。双方推除死者人数外,按名给恤了事,并不报官,各亲串仍往来吊唁。当争斗时,虽兵警亦难禁阻。"那些按名给恤的钱,多数靠有钱人,尤其是华侨,解囊乐输。光绪十九年(1893年),泉州南门外名侨曾天眷回国,值近乡大械斗,就赔费巨金,为之和解,才使得"附城一带无南乡之衅连祸结,戕命数百"。(宋应祥撰《诰授奉政大夫曾公墓志铭》)械斗之祸,确是伤心惨目。

《混掳人》

干卿甚事,不识姓字。南北风马牛,汝我各一处,何得将人混掳去?掳去又惨酷,凿壁为桎梏。一身分两界,有痒搔不着。生平讵必有深仇,只为东西与强弱。谁知彼此皆野蛮,活人当作死人看。葫芦依样画,互掳不控官。

按:双方械斗,互抓对方的人作"人质"。所抓的人平时互不牵涉(风马牛),不知姓名,也无仇怨,只因为东西佛或强弱房不同,碰着对方的人,不问是谁就抓。抓来关在屋里,将墙壁凿个洞,人在一边,双脚拉到另一边绑着,使动弹不得,非常残酷。对方也照样(画葫芦)办,彼此互不报官,野蛮极了。诗篇作者曾为晋江旅菲华侨蔡明盘的父亲蔡文德作墓志,志中说:"光绪庚寅(1890年),乡(指晋江马坪乡)与乡械斗,文德坐被掳。禁之一室,失火延烧,系急(缚紧)不能自脱,体几焦烂。乃纵归,舁(抬)至家,则奄然一息(气息微弱)。医药已不可为,遂殁。"这便是一个实例。

《说演义》

酿钱说演义,迷乱人心志。变化太离奇,妖精能游戏。说汉武说秦皇,说宋祖说唐宗,朝代皆不通。姓名又是无是公。游手千百辈,职业甘坐废。倾耳听其言,如见形与态。终日喃喃手一篇,如呓又如颠,安得秦坑火作烟。

按:讲古说书也是一种群众教育,说得好会使听众获益,应该帮助说书人提高水平,讲说好书,不好一笔抹杀。但当时不受重视,无人管理,说书者又多不学无术,乱讲一通,自有害处。这是当时腐败政府的罪责,不宜专怪说书人。

《戏剧》

演剧须演古忠义,不可如前点淫戏。《荔镜传》、《会亲记》、《潇湘店》、《相国寺》,戏谑荒淫乱人意。真男假女好姿首,千媚百态无不有。看他微笑传秋波,勾尽少年魂不守。既使人心坏,又使风俗败。劝君戏剧须改良,优孟衣冠寓劝戒。

按:旧戏女角多由男的扮演,"戏子"被看作下贱的人,而演员教育差,认识低,有些不自重的"真男假女",卖弄风姿,引起台下风波。民国《石码镇志·民俗志》说:"俗尚鬼神,故多演戏。或教小童登台演唱,谓之七子班。十余岁美童,浓装艳抹,声色俱佳。子弟辈观之,神迷魄夺,挥金结识,谓之'做戏箱';妆旦者登台时,以眼波送情,谓之'落魁'。能获二三送情,则群以为荣。光绪间,此风最盛。"说的虽是漳州石码的事,在泉州也同样有此情况,因"落魁(科)"、"接魁"而争风吃醋之事,经常有之。这应归咎于旧社会的落后黑暗。至于《陈三五娘》之类的戏,不合士大夫的口味,那是时代认识问题。作者毕竟是科举中人,自有他的一套见解。但建议改良戏剧,用优孟衣冠(演戏)来教育群众,还不是全盘否定戏剧的作用。

《阁旦》

迎神装阁旦,游行使人看。娼优百十人,如花相斗粲。琵琶度曲又铜琴,短调唱来《荔镜传》。曲声柔,人意乱,如蚁附膻来不断。雏年面目不解羞,任汝看杀轻薄汉。结此香火缘,神而有知应长叹。

按:《闽书》说:"泉中上元后数日,大赛神像,妆扮故事,盛饰珠宝。"这种事,清以前就盛行了。《温陵旧事》说:赛神时"妆为神像,名曰'赛笞'。假面装饰,高擎其座,及于楣檐……位置既高,道上转折,凝然不动,足称绝技"。这是游行时的一种"板阁",板阁多节相连的叫"蜈蚣阁",而阁旦所坐的想是"抬阁"。同上书说:"好事者又或摘某诗句,或某传奇,饰稚小童婢而为之,名曰'抬阁'。"后来争奇斗艳,踵事增华,就用成人的娼妓代替"稚小童婢",弹弹唱唱,招摇过市,难免引得有些观众心动意乱,莫怪作者看不惯。

《流差》

浪子变流差,饮博不顾家。人野蛮,性凶暴。强为劫,弱为盗。刺人惯用刺仔刀,硬砍头颅如脱帽。狼群与狗友,翻云覆雨须臾久。你饱我老拳,我餍你毒手。聚赌窝娼,取火接香,弄成械斗数十乡。谁欤宰斯土,此辈不除祸未殃!

按:"流差"又叫"阿散"、"铺赤",即今之流氓,为不良社会的产物。当时每个街巷铺境,几乎都有流差铺赤。结党成群,为非作歹,搞乱社会秩序,欺侮善良百姓。有集团,有帮派,他们的头儿和官府吏役多有勾结。宰(官)斯土的老爷们,总是装痴作聋,听之任之,谁来除呀!

《鬻子》

乡中大冬祭,今年我当,明年你替。猪羊酒食有定例。贫者轮到此,势迫不得已,夫妻商议便鬻子。鬻子买酒肉,备办请乡族。大盘对面不相见,如此方能餍口腹。呜呼,葛藟犹能庇本根,祖宗无不爱儿孙。劝汝乡人勿饕餮,此风急急宜断绝。

按:作者在本题后注说:"此俗惠安有之。"这是当地封建宗族观念特重的表现。为了祭祖飨宗族,逼得卖(鬻)子买酒肉,族权淫威怕人,习惯势力害人。作者指出宗族不能保存后代,还不如那种"葛藟"的草,伸着长蔓保护它的本根。

《首饰》

旧年首饰新,今年首饰陈。一年变一款,彼此相效颦。点翠羽,缀明珰,金镂凿,银雕镶,花样尔许忙。为时未久又更动,费工太多多,无用传流波。物力消灭不顾惜,戚戚忧贫奈你何!

按:首饰式样不断翻新,是社会风气使然,所写反映当时妇女生活的一个方面。翠羽(翡翠鸟毛的饰物)、明珰(有明珠的耳坠)、用金银镶刻的首饰,贫苦的劳动妇女是置办不起的。争奇斗艳的多属上中层妇女,她们不顾惜物力,也不知忧贫。首饰业者为搞好生意,更相推陈出新,推波助澜。

《丧戏》

流俗是非太倒置,作大功德竟演戏。大小班无不备,男女眷,无不至。嬉谑笑言,嫌疑不避。毫无哀痛心,大有欢乐意。破费计百又计千,人都称其孝,戚友称其贤。呜呼,其然岂其然!

按:做大功德的是那些能花上计百计千的富人,可还有些中下人家,办丧事也置酒请客,有的猜拳欢笑,"毫无哀痛心"。现在丧事演戏的可能极少见了,而置酒猜拳的却还大有其人。作者当年感叹,不以为然的事,其残迹犹未尽绝。

《早婚》

速成者易坏,早婚最为人种害。而子而早婚,子必弱于汝。而孙而早婚,孙必弱于子。弱种递相续,愈生而愈弱。脑力未满气未足,人事未通艺未熟。自治尚不能,焉能宏宗谋嗣续?行年十四五,儿女便嫁娶。名为爱之实则误,殷鉴不远五印度。

按:当时早婚盛行,十四五岁结婚多的是,不仅对生理、能力有危害,对整个社会也产生很坏影响。作者在当时就痛论早婚之害,是有其可取之处。旧时印度通行早婚,弄得种弱民穷,沦为殖民地,故举以为戒。我们今天提倡的晚婚,作者在七八十年前已有论及。

《医误人》

药有方,脉有理。得师承,经考试,医生谈何易?嗟哉,医术坏,医人将人害。手辣心粗,胆又大。朝请先生看,病说是伤寒。暮听先生语,病说是伤暑。伤暑犀角与羚羊,伤寒附子又桂姜,一剂投下如砒霜。医生到此不改良,人间真有活无常。

按:泉谚形容庸医杀人说:"东街医倒床,西街医出门。"清时政府不关心人民生活,不重视卫生措施和医务管理,让那些活"无常"(勾魂的鬼)的庸医杀人,而不加过问。

《村塾》

鲁读鱼,帝读虎,塾师自叹教书苦。一日曝,十日寒,村童犹泣读书难。怒骂日几许,先生如猫徒如鼠。夏楚挞一场,先生如狼徒如羊。束脩薄,馆地恶,勉强相束缚。学者以学为桎梏,教者以教为牢狱。呜呼,私塾不改良,何怪读书种子亡!

按:作者年青时就当塾师,体验深刻,写来活灵活现。塾师识字不多,教得苦;学生时读时停,学得苦。老师打(夏楚)骂学生,关系如猫与鼠、狼与羊。教书的地方(馆地)不好,学费(束脩)很少,只是互相勉强搞去。学生把学习看作镣铐(桎梏),先生把书馆看作监房(牢狱),这怎么能教好学好呢?所以作者呼吁要改良私塾,要多办小学。

《论聘金》

女大便当嫁,聘金讵论价。生女须为计长久,三两百元莫须有。婚论财,终出丑。谁家父母太无良,嫁女如卖猪牛羊。弄成笑话一大场,娥娥红粉女,甘配白头郎。

按:明《惠安县志》说:"乡里小民,嫁娶论财。"买卖婚姻,由来已久,不仅"乡里小民",即所谓大户之家,也要变相聘金。泉属皆然,不仅惠安如此。清末社会昏暗,此风更甚。就是现在,也还有买卖婚姻的事例。

《大妆奁》

绝世豪家女,来作新嫁娘。金织衣银织裳,黄白数十箱,价值何止千万强。妆奁如许大,夥颐相惊怪。扛此宝山来,变成银世界。讵知晏安即鸩毒,生于忧患死安乐。坐使好男儿,志气日衰落,甘受咤叱如奴仆。

按:上举《惠安县志》又说:"婚嫁颇计资送,唯一二大家为甚。"富贵之家,互相夸耀,以嫁妆(妆奁)大,金银(黄白)多,取得人家赞叹声(夥颐)为荣。风气所趋,中小人家嫁女,也要多办嫁妆以张门面。至今歪风未止,尤以侨乡为甚。最近还出现用汽车满载嫁妆,招摇过市的怪现象。

《小彩票》

小彩票,买来仅百钱,中彩银满千。举国如醉又如颠,看花灯,占喜鹊。求仙梦,抱佛脚。听香猜笑谑,坚如操左券,终归又无着。侥幸顷刻间,此事真大难,大家勿得贪心肝。君不见局内银计万,按期无误缴上官。

按:清末财政困难,不惜用剥削人民的手段以广财源,设彩票局,发行彩票。引得想侥幸发财的人,如醉如颠地求神问卜,企图一本万利,影响正常生产,破坏社会风气。当局只求有利可图,不管造成什么恶果。

《呆钱》

用呆钱,呆钱薄于马口铁。风吹能飞去,着手恐破裂。奸商银一元,买得三四千,贩来流毒遍市廛。大生意,尚可为;小生意,窘杀我。一府五县中,各处之钱各不同。财政如此太腐败,不知整顿真不通。

按:清季财政腐败,金融紊乱,歹徒私铸薄钱,奸商借以牟利。贩入街上商店(市廛)流通,使钱的多系小商贩,受害最大。官府不闻不问,无人整顿,是不为也,非不通也!

《鼠疫》

年年疫气行,到处有死鼠。病疫无药医,坐以待其死。太息苍天何太酷,其实卫生法未熟。不洁之物满行路,纵无天灾亦生毒。君不见鹭岛鼓浪屿,相去仅咫尺。岛中鼠疫涌如潮,屿中鼠疫淡如水。

按:鼠疫流行不是天灾,而是人祸,问题在于政府不重视保健制度,人民不讲究卫生。厦门和鼓浪屿,近在咫尺,厦门在清廷统治下,不重视卫生,不事防疫,就"疫气涌如潮"。鼓浪屿为外国租界,在帝国主义管理下,讲究卫生,环境清洁,就"疫气淡如水"。解放后,人民政府重视人民健康,医疗卫生设备完善,就消灭了清代及民国流行不断的鼠疫。这是一个很好的对比。

《洋客》

洋客来乡里,使用太奢侈。兴土木,筑大屋,神工鬼斧久雕琢。大妆奁,大聘金,一嫁一娶费沉吟。乡人相惊美,风俗靡靡从此变。各乡虽多过洋人,过洋愈多地愈贫。

按:华侨中不少爱国爱乡的人,对家乡文教公益等事业作出贡献,大量侨汇也活跃侨乡经济。可是旧时代官绅之流,只知向华侨劝捐募款,极少给华侨以应有的引导和帮助。不肖者还以华侨为敲索对象,或为拜金而崇侨媚侨,又怎能发挥华侨的积极作用?有些归侨侨眷,花钱不得其当,影响社会风气,也是有的。再,过去侨客一心想出洋发财,轻视本地生产。有洋客一多,田园抛荒之势,不如今日华侨较能重视家乡生产,大部分归侨侨眷也能参加劳动。

《不种植》

山之有树木,比如人之有衣服。童山赤立遍西北,地无生气人贫弱。枝条数尺高,斧刃便砍割。非无萌蘖生,牛羊从而牧。从而牧,是以若彼其濯濯。呜呼人要人皮,山亦要山皮,此理至浅而易知。快种植,培养地脉多生机。

按:泉地多山,旧时不知造林,自然林稍长就被砍掉。长了芽(萌蘖),又放牛羊乱吃,以致山上无树(童山),光秃秃(濯濯)地,水土严重流失。晋江及各支流洪水成灾,年或数次。作者呼吁种树,可是当时社会闭塞,响应者少。

(三)写迷信恶习的诗词

《风水》

迷信之为害,风水最谬祸最大。后截龙,又断脑;前抽脚,又穿心,有劫有曜辨分金。相去千百丈,彼此不相让。小则启狱讼,大则持械相打仗。不知此俑谁创始?谬说害人有如此。焉得国民进步多,不凭地理凭天理。

按:乾隆《泉州府志·风俗志》说:"风水之说,惑人尤深。"明代有个淮右和尚,把泉州的风水地脉绘写成书,遗毒不浅。清末此风仍盛,因争风水而打官司(启狱讼),起械斗(相打架)的事,经常发生。什么"截龙"、"断脑"、"抽脚"、"穿心"、"劫"、"曜"、"分金",都是风水术语。

《神姐》

燃香火,烧金纸。神姐闭目坐,顷刻鬼来语。身摇手复摇,先话奈何桥,急泪坠潸潸。又说亡魂山,觅新亡,觅旧亡,真人假鬼哭一场。无人心,无人理,丑态堪冷凿。骗尽乡村痴妇女,将钱买得泪如水。如此伤风化,安得西门豹,投之浊流死无赦。

按:描写巫婆(神姐)丑态,淋漓尽致。这些巫婆把那些死了亲人的妇女,骗得泪流不止(潸潸)。而当时此辈却门庭如市。作者慨叹无西门豹(战国魏国的县令,破除迷信,把害人的巫婆丢入河里)那样的人来,把这些害人精"投之浊流"。

《跳童》

跳童,跳童,裸身颠倒如发狂。瞋其目,披其发,挺剑自砍肩。画符又割舌,不为国民甘流血。左手签刀右刺球,咬牙忍痛跳不休。口中啾啾作鬼语,羞恶之心已尽死。似鬼非鬼恶形状,本来面目已尽丧。是何心,恶作剧,想是前世作孽来,今生过此活地狱。

按:以跳神为业的男巫,叫"童子"或"跳童",在迎神赛会,或有人因病因事求神时,常有出场。赤其上身,瞪目(瞋目)散发,腰围红肚,下系白裙,手拿剑斧和钉球(刺球),自砍其背,或刺肩割舌,乱舞乱跳。在大规模迎神,如"王爷公"出巡时,则以五尺铜条贯其面颊(两边有人用叉子托着),站在神轿两杠上,口中喃喃作神话,装作鬼神附体的昏迷状态。但神轿边总有几个壮汉拿木板护着,不让真的砍伤。还装作画符,敷上麻醉止血药剂以骗人。搞这行当的人,人数不如神姐之多。

《盂兰会》

流俗多喜怪,不怕天诛怕鬼害,七月竞作盂兰会。盂兰会,年年忙,纸满筐,酒满觞。剖鱼鳖,宰猪羊。僧拜忏,戏登场,烟花彻夜光。小乡钱用数百万,大乡钱用千万强。何不将此款,移作乡中蒙学堂。

按:盂兰会,即盂兰盆会的简称。盂兰为梵语,意为救倒悬,佛教说用盆装食物供养诸佛,可救众生倒悬之苦。传说七月地狱门开,饿鬼出来求食,因请和尚诵经施食,作盂兰盆会,俗称普度。传袭成风,劳民伤财。贫者因习惯势力,到时凑钱借债也要做普度,因此反而陷自己于"倒悬之苦"。除每年七月"正普"之外,五六月就要"竖旗",八月又要"重普"。此外有"水普"、"大普"等名目。龟湖大普度,承天寺万缘普,是最有名的。普度时不仅敬神宴客,还有演戏聚赌。时生事端,不仅无人禁阻,官绅之流还出为倡导。恶习流传,甚至1980年的普度节,还有不少人普度宴客,猜拳吆喝,声震四邻哩!

《贡王》

有病药不尝,用钱去贡王,生鸡鸭,生猪羊,请神姐,请跳童,目莲傀儡演七场,资财破了病人亡。此时跳童又跳起,说是王爷怒未已。托神姐再求情,派刀梯,派火城,五牲十六盘,纸船送王行。送王流水去,锣鼓声动天,吓得乡人惊半死,恐被王爷带上船。

按:旧时认为"王爷公"是位高而凶恶的神,怠慢不得,要用丰盛的供品和隆重的仪式敬奉,向它进贡,叫作"贡王"。得了病是得罪王爷所致,更要加倍买好它。托神姐、跳童这些"力能通神"的人,向它求情,请跳童表演登刀山(用刀扎成梯子爬上去),跳火城(用柴草堆成圆圈,烧着跳进去),让神息怒。然后用纸(或木片)糊扎的船,放在溪流上送它远去,以免再在当地肆虐。送"王爷船"时,要大锣大鼓,严禁小孩观看,怕魂魄被王爷带上船去。这种闹剧,清末民初还常看到。

《烧纸》

痴妇女,好烧纸。烧纸谀鬼神,鬼神反怒汝。生前真金银,死不带之去。况复假金银,死后用何处。如此荒唐太无据,舍旃舍旃,汝其毋然。费汝有用钱,不过变为烟。

按:作者对当时各种迷信恶俗,痛心疾首,大呼罢了罢了,不要这样(舍旃舍旃,汝其毋然)。而痴妇女们,烧纸之风,至今不绝。君不见街上摆摊,还有金纸买卖吗?迷信举动有它的社会根源,非正本清源,难以杜绝。

《佛讨药》

病人病势剧,请佛去讨药。好药不必人人有,总是佛爷好妙手。轿进步,药则可。轿退步,药则叵。有时不进亦不退,颠来簸去吓杀我。百虚无一实,十分煎成七。毒如钩吻根,咽之甘如蜜。甘如蜜,嗟何及,宛其死矣啜其泣。

按:明嘉靖《惠安县志》说:"乡村之民,病则扶鸾抬神。"后由抬神问病进到抬神讨药,用神轿的进退,定药味的可以,或不可以(叵),把病人生命交给木偶去摆布。吃错了药只好认命,除了啜泣,还敢怨神吗?

《上香山》

东佛去取火,西佛去接香。旗鼓各相当,最怕相逢狭路旁。狭路相逢不相让,流差蓦地相打仗。打仗打死人,石片弹子飞如尘。东家妇,西家叟,茫茫丧家狗。孩子倒绷走,神魂惊去十无九。后年五六月之间,怪汝又去上香山。

按:上香山是引起械斗的一个重要原因。把本境的菩萨抬到另一处有名的佛庙,将那边的香火取点迎接回来("取火"或"接香")。对立双方(东西佛)的队伍,半途碰着了各不相让路,就触发了械斗,丢石开枪,把路人吓得惊慌失措,错把孩子倒翻绑着急跑(倒绷走)。而那些主持迎神的人(多为"流差"之辈),则唯恐不争不斗,失了谋利的机会。于是下一年又再鼓动上香山了。

《多淫祠》

淫祠多无算,有宫又有馆,捏造名号千百款。禽兽与水族,朽骨与枯木,塑像便求福。人为万物灵,自顾毋乃太菲薄。呜呼!人各有祖宗,人各有孙子!不惜媚淫昏,家祭薄如水。若敖之鬼泣馁而,此罪通天不容死。

按:旧时泉州滥设的祠庙(淫祠)确实不少,僻巷荒郊到处有神,什么阴公、班头公、虎爷、狗舍爷,名目很多。神棍巫婆捏词造谣,枯木发磷光,朽骨堆路边,也妄指为神灵显圣,煽动塑像立庙奉祀,搞得乌烟瘴气。至作者在斥淫祠的同时,又为"祖宗"抱不平,怕无祀之鬼(若敖之鬼)会哭饿(泣馁而),要人重视"家祭",是其思想有局限性。

(原载《泉州文史》第5期,第8~22页,1980年10月)

编者注:20世纪90年代,吴桂生后人将先人文集整理,自印成《养和精舍诗存》一书,收录有《泉俗激刺篇》,是本文整理时校对本。

叶题雁、吴鲁记八国联军暴行的诗文

帝国主义者联合对我国侵略的八国联军之役,为中国近代史上一件大事。记述这一事件的历史资料,为史学界所重视,如《中国近代史资料丛刊》的《义和团》部分,就收辑好多篇。当年泉州有两个在京做官的人,正好住在北京,联军陷京都的时候,身历其境,对清廷的腐败无能,丧权辱国,联军的野蛮残酷,杀人抢劫诸暴行,亲见亲闻,义愤填膺,曾为诗文以记痛。他们的著述实为有关八国联军的第一手资料。只是他们写后,或遗稿在家,未曾发表;或身后始由其遗属在泉付梓,没有广为流传。故为国内治史者所不知,后人编辑这一类史料的时候,致成为遗珠,未得入选。兹特作个介绍,以供史学界参考。

其一为叶题雁的《外侮痛史》。叶师雁,字映都,号梅珊,泉州涂门外霞淮村人。清光绪辛卯(1891年)科举人,越年壬辰联捷成进士,点户部主事。由主事而员外郎,而郎中。光绪二十六年庚子(1900年),八国联军占北京,叶题雁时正任职户部郎中,侨寓京城南柳巷晋江会馆,亲见侵略军在京暴行,因写《外侮痛史》一文以记之。文短,仅五百多字,但对"洋兵破都城,焚毁劫掠,惨无天日"的情况,基本上给以揭露。反映帝国主义者的狰狞面目,兹录全文如下:

> 庚子七月二十一日,洋兵破都城,焚毁劫掠,惨无天日。至二十五日,各国会议分段管辖,出示安民。御史某被洋兵捉去,勒令扫地;内阁某被洋兵捉去,勒令由彰仪门外拉炮车赴琉璃厂。西兵每日己刻到处捉人,勒令作苦工,或挑水,或洗衣,或擦炮,或拉车,至申刻释放。

> 镖车厂王五,以义侠闻,甘军攻使馆,匝月不破。王五请开地道,以火药轰开。都城破后,西兵闻知,将王五捉去,闭诸幽室,勒令赎金三千。五王怒斥之,竟被枪杀。

> 闰八月十五日,保定藩司廷雍,出郊迎接洋酋。酋取雍冠掷之于地,拿

入保府,锢诸耶稣教堂。九月初八日,驱至南城外,扑杀之。

德国带兵官驻安徽会馆,有人从后面掷石,破其窗棂。西兵逞愤,焚毁兴胜寺及东南园东北园民房。有二人在沙土园,见火光陡起,意欲逃避。德人疑为掷石之人,遂捉而投入火坑中焚毙。

至若内府御书被洋兵搬出,在街头售卖;洋兵开銮仪库,将仪仗搬出,沿街游戏。德兵在崇文门外演巨炮,法兵在宣武门内演汽球,日兵在午门内演军乐队。护国寺铅佛为前明内监所监造,日兵爱其铜质极佳,锯成三段,运往东洋;西苑御用汽车,雕镂精致,都人谓之花车,法兵以铁轨驱入西华门等处,乘坐出入,来去自由。大内重器均被日兵攫去,美兵在天坛设停车场。以上各节,在时各国视之,直为纤微小事耳,有何国际公法之在目!

辛丑和约签订,和议告成,清帝回銮,重庆升平,叶题雁也于是年考选合格,擢升广东道监察御史。当时庆亲王奕劻主持和议,自居首功,把持朝政,与其子载振上下其手,卖官鬻爵,颠倒是非。题雁弹劾庆亲王父子执政弄权,疏凡三上,均留中不发。光绪三十年(1904年)因母丧回籍,不复出山。光绪卅一年(1905年)卒。

其二为吴鲁的《百哀诗》。吴鲁,字肃堂,号且园,泉州南门外钱头村(今晋江县池店公社)人。清同治辛酉(1873年)举拔贡,考授刑部七品官。俸满升主事,总秋审。公余肆力于学,书法精绝,名噪都下。光绪丙戌(1886年)考军机章京,戊子(1888年)中顺天乡试。庚寅(1890年)年四十六,始以进士及第(状元),授翰林院修撰。后典陕西试,督学安徽,又为云南主试学政,以提学吉林为强有力者所挤,召入学部,以丞参用,兼图书馆。落落不合,致仕而归。卒于民国元年(1912年),终年六十八。遗著多种,稿存于家。

庚子之变,吴鲁以翰林被委总军委处案牍,困守在京,与叶题雁同寓南柳巷晋江会馆,亲历其境。因在军务处见闻较广,感愤之余,陆续为诗百余首以志事寄愤,后编为《百哀诗》上下两卷。其自识云:"庚子拳匪之变,余困处都城,闻见之间有足哀者,愤时感事,成诗百余首,命曰百哀诗。甲辰视学滇南,巡试之暇,偶检旧稿,汇为一帙。盖以志当日艰窘情形,犹是不忘在莒之意马。后之览者,亦将有感于斯诗。"上卷四十五首,主要记义和团抗击帝国主义事;下卷八十三首,除写和议后个人出都,沿途见闻观感外,多半写八国联军暴行及清廷君臣丑态。加以讥斥,具有爱国主义精神。但也流露一些"忠君"之忱。他作为地主阶级知识分子,崇守儒家正统观念的封建士大夫,对义和团的活动是不会理解的。历史上统治阶级视农民革命为"匪",利用宗教迷信集众起义为"妖",吴鲁也习于这种论阔,称义和团为"拳匪",为"邪教",为

"妖氛"。他的诗虽然表现了爱国反"夷"的思想,但不了解义和团反对帝国主义,勇于自我牺牲,维护民族尊严的精神,而加以抨击,这也是他的局限性。

试读《百哀诗》上卷第一首《义和团》:

圣皇御宸极,太岁次庚子。邪教倡山东,妖氛遍涞水。①
巨祸谁酿成?大官夫巳氏。②畿辅牧民流,食肉半猥鄙。
民怨相沸腾,凡事有缘始。昏蒙涞水令,虐民等犬豕。
赳赳雄一方,讼庭冤莫理。负屈心不甘,昕夕思雪耻。
策骑山东来,登坛习拳技。归来煽谣言,应者遂四起。
村民愚无知,联络为臂指。③星星致燎原,萌芽基诸此。
始念在仇官,鼠窜伏闾里。狓狓游手徒,憎服供役使。
转希意外危,恃众肆谲诡。咒语喃喃传,神兵阴符佹。
离卦为主张,祝融任驱使。煜煜树旌麾,灭洋标宗旨。④
设坛奉拳神,熏香日缱绻。蔓延遍畿疆,昏迷入骨髓。
尊为师父兄,道途肃拜跪。⑤须臾举国狂,无分遐与迩。
来势日益横,贻害伊胡底。搔首问穹苍,世运丁极否?

原注

①团匪起自山东,蔓延直隶之涞水县。
②东巡抚毓贤纵民传习拳术。
③己亥冬。涞水县武举为县令所辱,愤赴山东习拳报复。庚子二月,在涞水县设坛,集众滋事。
④团旗中画离卦,旁书扶清灭洋。
⑤拳匪相称为师父师兄,路人遇之,皆伏地跪拜以尊之。

这首诗说出义和团的起因出于政治腐败,各地官吏虐民,百姓负屈不甘,才为仇官反抗,而设坛集众起事。对义和团虽多贬辞,对牧民者流也多谴责。

《戕官》一首写直隶总督裕禄,视民如蚂蚁,轻听部属谎报,派兵剿杀百姓,反被义和团打得一败涂地。反映清当局的昏聩残民。诗云:

武夫贪天功,危词大师绐。大帅聩而昏,视民如蝼蚁。
轻听营弁言,举兵肆焚毁。①讵知无辜者,愤愤切其齿。
誓必复此仇,拼力死无悔。咻咻狐鼠群,勇气增百倍。
聚众伏深林,控弦相角犄。营弁勇无谋,持戟蹈前轨。
先驱入彀中,抄掠遍闾里。号炮闻一声,四面伏兵起。
营弁困垓心,部曲皆瓦解。群鹰扑孤兔,合围无离趾。
赳赳称干城,一刺坠马死。谁实酿祸胎,天刑当其罪。②

大吏任疆圻,斯民皆赤子。黜邪愧无术,清夜宜反已。

　　不教杀为虐,先圣有微旨。手管军中符,凡事慎诸始!

原注

①涞水县义和团初起,营弁杨祖同遇事生风,以危词耸直隶总督裕禄,请兵剿办。三月十七日黎明,赴邑西郊,枪炮齐施,毙十七命,伤者无数。涞民心恨不平,联络数十村,阴购军火,誓必复仇。自是义和团之风日炽矣。

②团匪聚众埋伏要隘,杨弁未及侦察,邀功大举,坠其术中。众刃交加,杨弁坠马殒命。

其次《毁铁路》一首,写义和团防官兵进攻,拆铁轨以断其来路,烧毁丰台车站房屋器具。有句云:

　　官差缩颈尹丞逃,兵弁逡巡困鼠穴。

　　匪徒知官无能为,柴炬牛刀竹竿揭。

　　大帅闻风唤奈何,官激民变空嗟咄。

生动地揭露清王朝官兵的庸劣。

还有一首《日本书记遇害》,写日本使馆书记官小杉彬假清官衣帽、翎顶、辫发,出永定门,被拳民杀死事。

《毁教堂》一首,写北京的天主、耶稣等教徒,"黠狐假威蓄众怒,狒狸肆虐为民仇"。及义和团进城,便"一朝失势皆鼠窜,空堂阒寂阴霾稠。怨家攘臂图泄愤,赤櫶一扫蒸烰烰。五城经堂数百座,楼灰屋烬无人收"。

《正阳门城墙》一首题注说:"五月二十日,团匪毁大栅栏屈臣氏中西药房,火连广德楼戏园。黄雾四塞,火光烛天。须臾东北风发,延烧西河,沿煤市街一带民房铺户三千余家。未刻转西北风,延烧正阳门城楼,东西月墙荷包巷悉付一炬。惊心惨目,莫可言状!"这是北京一次大火灾的史料。

《直督奏捷》、《德使克林德遇害》,写直隶总督裕禄妄奏天津义和团攻紫竹林,毁洋房无数,洋人歼灭殆尽。都城军民人等喜闻捷报,举国若狂,儿童逐队首帕红巾,沿街游行,遂引起杀害德使,围攻使馆之举。后查明天津攻紫竹林,并未毁一洋房,伤一洋人,乃直督捏报捷音邀功冒赏之故,叹"中国军政之坏,悉坐此弊"。

《毁宣武门内天主堂》一首,写天主教徒凌虐闾里,致遭群众焚毁事。有句云:

　　教民恃护符,横行肆其党。凌虐闾里中,无分直与枉。

　　众愤不能平,挺身慨以慷。积薪高如山,一炬祛魍魉。

　　踉跄三五群,活命辄稽颡。槎枒十字架,灰烬乏灵爽。

　　飞陞高巍峨,一朝委土壤。

叙述当时天主教徒的横行,引起众愤的情况。

《天津失守》写洋兵假饰官军,骗开城门。居民狼狈逃难,而清军统帅马玉崑、宋庆竞相出逃,全军崩溃事,斥这些临难苟免者说:"大官之肉,其足食乎!"

《义和团攻东交民巷各国使馆》一首,记围攻实况,提供史料。诗云:

甘军劲旅三十营,① 貔貅列队鸣铙钲。
外人鼠窜困都城,使馆孤立无援兵。
无数雄狮扑狐兔,夷炮一轰死无数。
甘军归咎义和团,临事胡为转疑惧。
团匪愤愤气不平,各握空拳奋一怒。
挥旌誓必歼此酋,五城络绎听调度。②
白日鸣鞭走地雷,灵符神纛悬高台。
帕巾握剑争罗拜,跪迓离神南方来。
神咒喃喃出天竺,熏香纆纆闻上台。③
圜立如墙束短褐,凌厉无前向空阔。
神拳跳踯锐莫当,一注力图全采奋。
斯须洋炮破空来,倒卓旌旗行辟蕝。
前锋歼尽尸隐人,后队狂奔如飞鹘。
炮声砉騞惊飞涛,错愕交奔同掷梭。
衣襦不完面焦黑,大海无风翻巨波。④
遗骞堕巾气颓惫,赫赫神兵遭毒蛋。
神不灭鬼鬼灭神,呼吸顿分人鬼界。
东西使馆巍然存,火局于今更败坏。
街谈巷议多咨嗟,黔颐沈沈饰聋聩。⑤

原注

①武卫后军董福祥统带甘军三十营。

②甘军围攻使馆未能得手,死者无数,归咎义和团为首祸,何得袖手旁观。由是团首调集各团,定期攻使馆。

③是日,义和团集众在正阳门内棋盘街,焚香念咒,向南叩首请"拳神"。

④义和团进攻使馆,外人发炮轰击歼百余人。后队狂奔,自相践踏,复毙数十人。

⑤义和团攻使馆,溃败之后,市井中人皆栗栗危惧。政府复多方掩饰,附和藩邸,不顾大局,实从古以来未有之奇变。

《停攻使馆》一首,原注文:"天津失守以后,主之者恐大局难支,请旨饬黄福祥停攻使馆,并饬庆邸(庆亲王奕劻)赴总署,备文慰藉。嗣各使臣回文,倔强逾恒。先是甘军攻使馆时,外间谣言,皆谓使臣皆死于火坑。至是始知无一受伤,使馆惟法、日焚毁,以外皆无恙。"

又《送瓜果》一首,写二十日停攻使馆后,庆亲王即于二十三日致瓜果十二车,送各使馆。这两首诗反映清廷处理国家安危的大事,如此反复无常,失策误国。

《勤王师》题注云:"则记统带勤王师山东。夏辛酉,至沧州,闻天津失守,逗留请旨,不敢前进。"河南蒋尚钧,陕西升允,到保定不敢前进。江南张春发所部沿途溃散,临时招募。湖北姜桂题始终全无信息。讥这些"勤王敌忾,统雄师"者的"发愤称雄,竟伏雌"。足见清末军政的败坏。

《三督封章》(题注:"两江两湖闽浙,七月初一日。")指斥张之洞、刘坤一等的"空言塞责,骑墙意见"。有句云:

三督联衔陈上策,老臣尽有回天力。

理宜痛哭扶颠危,抵死力争死不惜。

胡为词气多嗫嚅,空言塞责同迂儒。

骑墙意见存两可,审时度势为良图。

原注还说:"联衔会奏折中,只云现在兵力不足,请旨审时度势,隐约其词,依阿塞责。"斥其"夙负物望犹如此,中国安得谓有人"!

《关中会馆》一首,咏甘军董福祥部在北京东西牌楼劫掠官宅,寄囤于关中会馆,箱箧堆积如山。诗云:

天地皆昏黑,官军变盗贼。

盗贼可执王法诛,官军横行谁捕缉。

官法周济天理穷,白昼劫掠京都中。

主人旁睨不敢动,发匮胠箧倾箱笼。

官厮轮蹄争夺取,香车油碧马青骢。①

原注

①甘军劫夺车马无数,以为事急之时搬运脱逃。

《杨村失守》题注云:"十二日,日本以二千兵从后路袭陷杨村,裕禄殉难。宋庆脱逃。北仓闻杨村已破,全军溃散,马玉崑不知去向。"有句描述说:"后军摧陷前军逃,文臣殉难武臣走。死如密巢焚聚蜂,生若狭巷逸疯狗。"

又《都城戒严》一首说:

巨石当头压卵危,全师溃败势难支。

渡河突骑来金虏,夺地先驱肆鲜卑。①
海掣长鲸谁抵御?疆收逸马故纡迟。②
八旗弱旅争逃溃,无复悲笳越石吹!

原注

①联军定期破都城,日兵包打前敌。

②十六日,联军逼近通州。太后召见军机大臣,定期十七日早驾幸宣府,派徐刚相留守,庆王及军机大臣随扈,荣相跪求,圣意稍回。此时宜合武卫军登陴守御,乃徒托空言,甘军闻风溃散。

此首与《杨村失守》参照,看出清军溃败之故。

《都城失守》一首,写侵略军入北京的情况,是篇长歌当哭泣的史诗。全篇录下:

强胡十国联军来,阵云黑压黄金台。
巨炮连环竞攻击,十丈坚城一劈开。
两宫闻变仓皇出,枪林弹雨飞氛埃。
东城火鸦拍烟起,炮弹开花恣焚毁。
赤榄一埠成灰尘,千家万家火坑死。
印度悍兵如妖魔,劫掠横行灭天理。
北城日兵奋貔貅,图劫圣驾争奇谋。
圣驾突出西门外,直指海淀驰骅骝。
悍捷日兵气百倍,绕出西城截御邮。
神骏片刻驰廿里,日酋入宫遍搜求。①
日月为轮龙为驭,穹苍默宥蒙神庥。
须臾联军入大内,天地昏黄日光晦。
千军万马驰惊飙,巷雾捎云飒蛇旝。
狰狞奇怪红衣魈,颀长身蒙虎皮缋。
满城白昼飞赤燐,广厦华堂起妖孽。
奉旨守城武卫军,惊悸驰出彰仪门。②
中军统帅弃繻走,幸脱虎口飞惊魂。
京营旗兵十余万,什什佰佰投戈奔。
临难全躯保妻子,自向毋乃辜天恩!
嗟余微命等蚁虱,兀坐空斋同桔梗。
手无寸柄空激昂,搦管高歌负强崛。
两宫圣驾且蒙尘,微生何敢抱忧恤!

翘首遥望天西云,宫车何处驻鸾跸?
　　我来当哭长歌篇,庚子七月廿一日。

原注

①二十一日黎明,印度兵破我东便门。日兵趫捷独绕后门,图劫圣驾,以巨炮轰开地安门,毫无影响,遂由城根绕至西城,惟时圣驾已出西直门,至海淀矣。

②董福祥穷日之力,奔两站至易州。

　　下卷第一首《武卫军》,写清军的士无斗志,狼狈奔逃。
　　武卫十万军,闻风悸战魄。
　　纷纷向西逃,勤王师络绎。
　　狂飙扫秋箨,京营弃矛戟。
　　事变起须臾,谋臣乏良策。
　　传闻万乘出,西征赋行役。
　　兵气荡晨烟,衣声裂地轴。
　　衣冠成土苴,东倭最充斥。
　　九庙皆震惊,热焰城堙赤。
　　谁掌神策兵?甲仗委荆棘!
　　……

又《分段管辖》一首,写侵略军在京的暴行,有句云:
　　胡尘滚滚扬腥风,狼心兽行天理穷。
　　搜仓掘窖倾盎缶,驱男挞女鞭疲癃。
　　赤槛一炬地维裂,满城燐火绿不红。
　　……
　　鸷忍枭雄执矛戟,势如吃狗声如狨。
　　瞋目戟指张馋吻,富室寒门一扫空!

另《扫地》、《拉炮车》、《藏身》各首,写西兵拉清朝大官去扫地,拉炮车,及每日捉人做苦工的事实。《穷途》一首题注说:"西兵凶暴,日日劫掳,不堪其苦。有老仆,素与东月墙东光裕车厂相识,请到贯市赁舆赴西安。乃与璞生中翰出城,行二十余里,被武卫军截途抢掠,并衣履亦将夺去,仆人饵以甘言乃止。……长途困顿,步行四十余里,薄暮至贯市,囊空如洗。住数日,又复入城。"

又《回城》一首,诗云:
　　道边老稚半鸠形,宫殿巍巍作虏廷。①
　　陵寝东西雁杀气,②宸垣内外动妖星。

我因避乱鬓添白,人获酬金眼转青。③
举目河山非昔日,有谁流涕泣新亭?

原注

①日兵住颐和园。

②洋兵争赴东西陵劫掠宝物。

③贯市村人有驮苹果入城售与使馆者,手执洋旗,城下兵不复稽察。余随之入城,到馆酬以数金,惟谢而去。

写京城破后的一些侧面的诗。

《庆邸入都》云:

亲藩顾盼懔雄风,前导胡旌映日红。①

我愿越王思雪耻,人欣魏绛善和戎。

全权诏许盟城下,狡计谣传入彀中。

挟制多方争鼓舌,强胡难御泰西东!

原注

①敌兵排队在颐和园,护卫庆邸入城。

叙述奕劻的无耻,借敌兵护卫。清廷的卖国,决心作城下盟。帝国主义者多方挟制,清廷却狡称敌已"入彀中"。

《全权大臣入都》一首,则刺李鸿章以能"和戎"自诩,实则"本乏良猷",只能使天地变色。有句云:

上相威仪入京国,都人默计将和戎。

天地黯惨忽变色,自诩整顿乾坤功。

本乏良猷况衰老,位高权重谋易穷。

最可耻的是竟有华官传谕北京百姓跪留美国带兵官不要回国,演出一场大丑剧。

《留美带兵官》一首,题注说:"都城破后,美国占据骡马市大街以南,凡官宅、民房、铺户美兵保护,概不骚扰。日来街谈巷议,谓美国带兵官戴大人将于十七日回国,宜传知各铺户齐赴湖南会馆乞留。是日巳刻,集千余人在烂面胡同湖南会馆,异常拥挤。有华官冠四品翎顶,由馆中出来,识之者谓为翰苑中人,谕曰:尔等既欲乞留戴大人,候面谕之时,应长跪以表诚意,众皆唯诺。须臾,兵官偕翻译出来,掀髯语众云:'余初破城时,以尔等为仇雠。嗣后见尔等趋承兵弁,曲尽礼意,今以尔为朋友矣。'众皆跪云:'蒙大人保护,得庆更生,恩同父母。闻大人不日回国,小民等依依不舍,为此环跪乞留。'兵官曰:'余奉命遄回,势难久留。俟电达政府,再行定止。'众皆号呼乞留,兵官曰:'余见尔等如此真诚,亦不忍舍去,惟须电知政府。'众皆叩首称谢,由译人传语。维时有在门首摄影者,有登高悬镜而照者,兵官、华官、翻译洋洋得意,众遂叩首而散。闻乞留前列数十人,皆华官指授而来。"诗句云:

  羯胡市惠民腾欢,都人戴鬼逾戴官。
  ……
  须臾华官出传谕,谓宜环跪诚输丹。
  ……
  吁嗟乎! 愚民无知强解事,胡为败类来衣冠?
  张机摄影现真像,如狂如醉环聚观。
  愿叩九阍诉真宰,整饬满俗锄汉奸。

今天重温此诗,遥想当年那些衣冠禽兽的败类汉奸,真是一百个该杀!
《哀折津》一首,写天津沦陷后的情景。兹摘录若干句,以见其惨遭状。

  天津桥上鹃啼血,旅客惊魂欲断绝。
  谯楼四面飞黄埃,瓦砾如山辗车辙。
  道边积骨同一丘,横竖槎枒白如雪。
  ……
  败兵失色争狼奔,腰佩弓刀逾河走。
  维时天地皆晦冥,蹻足高登一回首。
  津城虐火扬焰炉,万千财货埽一帚。
  通衢阛阓铺如鳞,立尔消亡向乌有。
  ……
  十万官兵无守心,羯胡未到军先墨。
  一望焦土无人烟,下车搦管写悱恻。

此外,还可以摘录其他各首诗中的断句,以作补充资料。
《润八月》云:
  殿版佳编堆马矢。①

原注
①骡马市大街粪土中,堆积殿板书。
  街衢破壁挂貂裘。①

原注
①洋兵劫掠貂褂,挂在壁间售卖。
《雨雪》云:
  胡马纵横穿禁闼,阙门左右任驱驰。①

原注

①正阳门、大清门、天安门、端门各门限均札开,洋兵自永定门骑马直至午门前,分驰阙左、阙右两门。

《王五》云:

　　胡房行刑戕侠客,①
　　越祠演剧狎先贤。②

原注

①义侠王五。
②浙江京官某,以越中先贤祠,集优伶演剧。

《书摊》云:

　　异类几人谙译语,①
　　通衢两面拥书摊。

原注

①通洋文洋语者皆为洋兵作爪牙。

《后点名》云:

　　百尺龙楼标敌帜,①
　　两行鸾驾导夷兵。②

原注

①东单牌楼两面均悬各国旗帜。
②洋兵开鸾仪库,将鸾驾仪仗搬出,以一黑夷踞坐其上,沿街戏游。

《愁感八首》之三云:

　　发箧群狼贪莫餍,①
　　入笼孤鹤奋难飞。
　　危城未破降幡树,
　　大帅先奔众志违。

原注

①寓中衣物被洋兵劫掠一空。

之四云:

　　随扈从官争便捷,①勤王怯将故纡迟。

原注

①京官先时避难出都者,闻圣驾西巡,皆由汴梁随扈入潼关。

之五云:

　　争传献策和戎魏,无复捐躯骂贼颜。
　　銮御匆匆驰海淀,护军不见羽林班。

之七云：
>斗极芒腾妖慧赤，梵宫火炽鬼磷红。①

原注
①洋兵毁兴胜寺。

之八云：
>舆情久切回銮望，廷议未闻讨檄移。

《花车》云：
>都人颜厚不知耻，通衢摇曳夷服夸。①

原注
①都人多易洋服。

《杂感八首》

之一云：
>上相亲藩迷左道，天球大训落东倭。①
>琳琅秘册堆泥土，严邃天坛慨黍禾。②

原注
①大内重器均被日兵攫去。
②美兵在天坛设停车场。

之三云：
>橐驼输运满京都，龙种王孙走避胡。
>过市招摇嘆左衽，惑民谬妄咎中枢。
>抱才纵大原难用，建议虽高却近迂。①

原注
①江鄂两督电致各国使臣，"城破之时，毋惊我两宫"。不知夷兵杀戮，惨无天日，两督置身事外，空言何益。

之六云：
>纵横胡骑遍畿郊，搜掠村庄索酒肴。①

原注
①洋兵赴近畿勒取牛酒。

《鸿雁》云：
>上相执迷倾社稷，亲藩贻祸惨戈兵。
>悲风欲卷胡尘去，斜日偏留禁闼明。
>骐骥驽骀同一踬，中枢谁是握均衡。

《岁暮》云：
>碧瓦朱甍杂砂砾，社稷宗庙生蓬蒿。

闺闼仓皇裹稚乳,舆儓绚烂披绮罗。

战地严霜照白骨,一丘坟起如山高。

《新年》云:

诸君竞建偏安策,烈士空歌薄代篇。

台阁恩光今已远,嗤他吉语耀春联。①

原注

①阁学某,依旧大书"台阁恩光近,门庭喜气多"春联,贴于门首。见者皆掩口而笑。

《伤春八首》之四云:

剜肉医疮夸上策,①卧薪尝胆托空言。②

诡随巧作全躯计,蚊脚夷符贴相门。③

原注

①全权大臣议割东三省以畀俄人。

②行在谕旨有卧薪尝胆,徒托空言之语。

③相国某门前高标洋文,藉资保护。

　　这些词句描绘当时上相执迷,亲藩贻祸,中枢无策,权贵竞逃,致胡骑纵横,杀人放火,宫阙为墟,劫掠公开。甚至树降幡悬敌旗,穿夷服讲洋话以媚敌。还有堂堂相国门前高标洋文,以求保护;身为阁学,大贴"恩光近"、"喜气多"的春联而恬不知耻。感叹只有献策求和的魏绛之流,而没有捐躯骂贼的颜真卿。所写都城破后的社会百态,现在读来还令人气愤。而《百哀诗》却为我们保存了这些史实,使我们进一步了解导致这一痛史的一些因素。

　　本文目的在提供有关义和团、八国联军的史料,供治近代史的同志作参考。至于诗文中的用词引典,限于篇幅,不一一作注释。

(该文为1982年泉州市历史研究会学术研讨会论文,原载《泉州文史》第9期,第118～127页,1985年12月)

编者注:本文编校时,叶题雁《外侮病史》与汪毅夫先生发表在《东南学术》2003第3期的《地域历史人群的研究:台湾进士》一文互为比较。吴鲁《百哀诗》则以泉州文库丛书编委会点校的影印本为主,同时参考台湾新文丰出版公司,1980年2月版本。

吴状元愤写《百哀诗》

1900年,八国联军发动侵华战争,义和团英勇抗击。由于清廷的投降卖国,侵略军攻占了北京,肆意烧杀抢劫,无恶不作。当时,有一个名叫吴鲁的泉州人,以翰林身份被委办军务案牍,困居京城,亲历其境,对八国联军之滔天暴行,清廷君臣之丧权辱国,深感愤恨。因就耳闻目睹之事,缀以史实,成诗百余首,命名曰《百哀诗》,以志事寄愤。

吴鲁(1854—1912年),字肃堂,号且园,泉州南门外钱头(今属晋江县池店乡)人。光绪十六年庚寅(1890年),以一甲第一名及第,成了清代闽南侨乡唯一的文状元,也是福建科举史上最后一个状元。他的文章和书法在清末颇为著名。他像当时许多有识之士一样,关切时事,忧虑国家命运,深为列强侵凌,清廷腐败,民用艰难而痛心疾首。《百哀诗》正是集中地表现了他哀国哀民的思想感情。

诗集分上、下二卷。上卷四十五首,主要记义和团抗击帝国主义之事;下卷八十三首,多半是揭露和抨击八国联军暴行及清廷误国丑态。

《百哀诗》第一首《义和团》,就指责清朝地方官庸碌虐民,"畿辅牧民流,食肉半猥鄙。……民怨相沸腾……虐民等犬豕"。《戕官》一首,写直隶总督裕禄轻信下属谎报,派兵剿杀百姓,"武夫贪天功,危词大帅绐。大帅聩而昏,视民如蝼蚁。轻信营弁言,举兵肆焚毁。……"

联军攻陷大沽炮台,清廷宣布对各国宣战,两江、两湖、闽浙三总督联衔陈奏,内容空言塞责,意见骑墙,吴鲁写《三督封章》以讥之:"三督联衔陈上策,老臣尽有回天力?理宜痛哭扶颠危,抵死力争死不惜。胡为词气多嗫嚅,空言塞责同迂儒!骑墙意见存两可,审时度势为良图?"斥张之洞、刘坤一辈"夙负物望犹如此,中国安得谓有人?"《都城失守》一首,写侵略军入北京的情况,真是长歌当哭,"强胡十国联军来,阵云黑压黄金台。巨炮连环竞攻击,十木坚城一劈开","赤橄一扫成灰尘,千家万家火坑死","京营旗兵十余万,什什佰佰投戈奔"。《武卫军》一首,写清军的士无斗志,狼狈奔逃的丑态,"武力十万军,闻风悸战云。纷纷向西逃,勤王师络绎。狂飚扫秋筜,京营弃矛戟"。

慈禧太后携带光绪帝和王公大臣西逃后,派庆亲王奕劻和李鸿章为全权大臣,向侵略军乞和。《全权大臣入都》一首,讽刺李鸿章以能"和戎"自诩,实则是丧权辱国。有句云:"上相威仪入京国,都人默计将和戎。天地黰惨忽变色,自诩整顿乾坤功。"吴鲁在《愁感八首之五》感叹说:"銮御匆匆驰海淀,护军不见羽林班。"揭露了清廷官兵只有卖国的投降派,没有拼死抗敌之人。

由于时代的局限,《百哀诗》也难免有一些缺陷,如对义和团运动持否定态度,但它不失是我国近代文学史上一部颇有价值的史诗。诗作所记述的历史内容,诗人所抒发的爱国情感,至今依然可以给那些卖国者以启发和感染。这犹如作者在《自识》中所说:"后之览者,亦将有感于斯诗。"

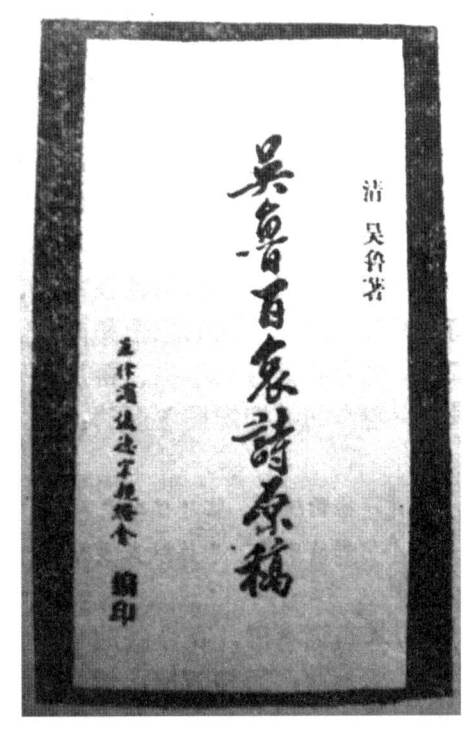

《百哀诗》原稿影印本

民国初年,吴状元谢世后,其子钟善客居台湾,始以《百哀诗》付铅印出版,使之得以流传。然事隔已久,传本已稀,读者鲜见。福建省地方志编纂委员会主任张立,于1964年在泉州街头购得《百哀诗》原稿一册,视为珍宝,妥善收藏。最近菲律宾让德堂吴氏宗亲总会又委托泉州志编纂委员会办公室,把这本原稿影印出版(见照片)。这样,人们不仅得以读到吴状元的爱国诗篇,而且能够欣赏到他那部珠圆玉润的书法艺术,真是值得庆幸!

(原载《闽南乡土》1985年第3期,第24～25页)

十九路军驻泉的前前后后

1932年,十九路军进驻福建。1933年,发动"福建事变"。这是中国新民主主义革命时期的一个重大事件。虽然"福建事变"很快就失败了,却有它的历史意义。

十九路军入闽,先头部队(六十一师)首先开进泉州。"福建事变"时,"人民革命政府"把泉州与福州、南平作为三大据点,在整个事变中,泉州也处于一个重要地位。六十一师开到泉州,为1932年6月8日,距今恰好五十周年。及"福建事变"失败,全军投降,部队于1934年1月27日开离泉州,前往受编。十九路军驻泉时间,计十九个月又二十天,历时不久,而它的前前后后,却是泉州地方史上重要的一章,也是"福建事变"史的一个组成部分,值得史学界重视。在泉州市政协过去征集的文史资料中,有几篇关于这方面的稿件,未曾发表。现在根据这些书面材料,并再访问当时亲身见闻的老同志,把他们的口述材料与这些书面材料综合整理成篇,供研究这一史事的同志作参考。由于掌握资料不够全面,遗漏差错在所难免,希望知情的同志给予补充和指正!

一

英雄的十九路军,不顾南京政府妥协投降的卖国政策,毅然奋起抗击入侵淞沪的日军,给日本军国主义者以沉重打击,英勇爱国,名震中外。泉州人民和泉州旅外的侨胞,莫不衷心拥护,积极支援。当淞沪抗战捷报不断南传的时候,华侨欢欣鼓舞,各埠自动捐献巨款,支援十九路军抗战。尤以泉人居多数的菲律宾华侨最为积极,除捐款外,还组织救护队、医疗队,回国参加抗战。并携带大量药品、物资,慰劳前方将士。泉州人民,尤其是青年学生,纷纷上街宣传,发动群众,同仇敌忾,支援我爱国英雄、卫国勇士。十九路军的英名,深深印在泉州人民的脑海中。

及南京政府卖国妥协的"淞沪停战协定"签订,十九路军被迫调离战区,且有调驻福建的消息。海内外闽人闻讯雀跃,函电交驰,要求十九路军调闽,欢迎十九路军驻闽。由于南京政府成立后,福建即形成封建割据的局面,政治腐败,地方纷乱。海外华侨爱国爱乡心切,不忍坐视家乡糜烂,菲律宾华侨开展救乡运动最早,成立菲律宾闽侨救乡会;新马华侨继起响应,为拯救桑梓,同声呼吁。对于肃清匪患,安定地方,刷新政治,建设家园,成为福建人民最迫切的要求,所以寄望于十九路军入闽者甚深。于是由海内外闽人共同组织"福建海内外民众团体代表联席会议",其中主要人物,海外有李清泉、许友超、王泉笙、桂华山及香港的庄成宗等,国内有秦望山、郭祺祥、许春草、梁龙光、王雨亭、林和清等。1932年6月初,在香港召开会议,表示欢迎十九路军入闽,并通过一些救乡议案,如改组省政府,刷新政治;肃清土匪,安定地方;保护华侨利益,实行地方自治,发展实业,普及教育;改编杂牌军队,统一指挥;取消苛捐杂税;整肃吏治,严惩贪污;鼓励华侨投资建设等数十条。会议结束,适值蔡廷锴抵达广州,因推秦望山等二十人为代表,往粤谒蔡,呈送请愿书及全部决议案。蔡廷锴与陈济棠、萧佛成同见代表,表示采纳,代表们满意而归。

1932年6月初,十九路军奉命调闽的消息即在报上发表。当时福建人民欢迎十九路军调闽,目的在于救乡,而南京政府把十九路军调闽,在于去京沪肘腋之患,利用它来剿共,使两败俱伤。故十九路军调闽,得以实现。

二

十九路军入闽的先头部队为六十一师,由上海乘轮直达泉州。泉州各界在部队到达之前,已先集会筹备欢迎事宜。1932年6月8日,正好旧历端午节那天,兵船抵达后渚港,泉州农工商学各界及机关团体代表,都到后渚港码头迎接,无数群众沿泉秀公路夹道欢迎。当部队登岸时,鼓乐声、爆竹声、欢呼声响彻云霄。军队陆续上岸进城,精神饱满,英姿勃勃,泉州人民以敬仰之情,欢迎抗日英雄的到来。成千上万的市民,挤满南大街两旁,万人空巷,争以一睹抗日英雄的风采为快。沿途摆设香案,置香花鲜果,并象征性地摆上一碗清水,一面铜镜,用来表示希望十九路军如过去的清官那样,清如水,明如镜。满街贴着欢迎标语,跨路结着彩牌,悬挂大幅横标,仪式隆重。不仅如此,当十九路军运载军械辎重的轮船在秀涂转卸民船,运至南门码头时,船工踊跃工作,坚辞不取工资。在富美码头卸货搬运,历时十天,码头工人也都自愿献工,除伙食费外,坚决不收工资。一个城市如此倾城热烈地欢迎进驻部队,诚所少见。

部队进入泉州的翌日,各界在中山公园(今体育场)开欢迎大会,参加的各界代表及学生、群众,人山人海,挤满会场。大会主席致欢迎词后,毛维寿、张炎二师长讲话,报告淞沪抗日经过情况,并对国内同胞与海外侨胞的大力支援表示感谢。后各界代表演说,赞扬十九路军英勇抗战的伟大爱国精神,会场气氛热烈。散会后,中山公园即出现多人在散发传单,宣布陈国辉祸国殃民的罪状,并张贴"打倒土匪陈国辉","清查匪产"等标语。有人要求立即逮捕陈部特务营营长李忠。因十九路军入泉,陈国辉部即撤往仙游及南安、永春,其在城的机关也尽撤,只留一特务营留守,李忠便成为众矢之的。结果当局不同意,李忠才得无事。但是反陈空气却极浓厚,至此,陈国辉的气焰为之稍杀。

三

由于十九路军军纪严明,加以群众对淞沪抗日功勋,铭刻在心,所以十九路军驻泉期间,军民关系是良好的。表现在军队不强占民房,百姓热情对待军队。当部队开抵泉州时,来不及当天分驻外地,有些部队就在中山公园搭起帐幕。后来有部分因为营地不够而住民房,也以协商态度,取得主人同意。移防时,自觉地将房屋四周打扫干净。向居民借用器物都原件归还,借时由借用单位出具借条,不随便乱拿,有损坏的也照价赔偿。

十九路军借住民房的部队,一般都能注意和群众保持良好关系,有时还帮助群众做点事。有一支部队,分住在涂门街刘姓家中,当借住时只要求借大厅,后虽人多挤不下,还是遵守借约,不随便扩大借用范围,只在厅外檐下安排床位,勉强住下。兵士也不敢登堂入室,扰民安居。当时刘的兄弟得病,卫生队自动为他诊治,赠送药物。这样相处了一段时间,彼此建立了感情,刘家也很好对待部队,军民和洽,是其一例。

由于十九路军英名深为闽南人民所崇仰,群众对十九路军官兵,也多能爱护。六十一师有一军械员庄永新,在部队失败后,不愿受蒋军收编,留在泉州谋生。据其所述,他在镇童关战役中,军溃被冲散,只身退至惠安白水呤附近,遭土匪拦劫。该村村民闻有十九路军受劫,即集众对土匪说:"钱物你们既抢去,不准害他的性命。十九路军是爱国军队,你们如杀他,我们就要对你不住。"土匪因而不敢加害庄永新,村民还自动护送他出境。他走到山腰乡,有个庄姓乡民,把他留在家中四天,临走时怕他穿军装路上有危险,特送他一套汉装穿着,又送他四元作路费。到了钟厝乡,也有一钟姓盐民送他四元作路费。庄永新的经历,反映出当时十九路军在群众中有崇高的威望。

军民之间所以有鱼水深情,主要是军队有良好的军风纪,才能取得群众的拥护。十九路军在当时南京政府所有部队中,它的军纪确是出类拔萃,值得称赞的。但也要看到,整个国民党部队普遍存在的不正之风,也不会毫不吹到十九路军中,而不受到污染。淞沪抗战之后,十九路军成为爱国英雄部队,英名传播海内外,人们敬之卓而爱之深,甚至有点把它神化。各式各样的人都想对十九路军高级将领拉拢,不无过分的吹捧,其实他们也有其不足之处,这是毋庸为讳的。远者不说,入闽之后,尤其在高举抗蒋义旗,成立"人民政府"的时候,"在各军、师长发表后,各军多请客,夜夜有宴会,忙不暇接,大有不是革命而是宴会之感"。(何公敢:《"福建人民政府"和"生产人民党"片断》)其在泉州,曾发生过六十一师副官处长谢再安勾结地方土劣,非法敲索。经人控告,被撤了职。也有官佐为捐蠹利用,包揽捐税,副官处书记徐静,抽大烟,在鸦片烟馆结识一个"烟友",受其教唆,竟发生盗用副官处印章,向警察局要求承包花捐(妓女捐)的事件。还有个少尉服务员田仲海,因受摊贩贿赂,帮助该贩抗拒市容整理,也受到告发。这些是传到民间的事例。同时,军阀作风也未能完全消除,六十一师参谋长赵锦雯,有一次在中山南路,所乘汽车撞倒一骑自行车的陈姓童子,腿部受重伤,血流如注,当送往附近医疗所医治时,赵也表示医药费他要负责。及孩童伤愈出院,医药费数十元,其家长持账单到师部请领,遇一值星官,问明来意,态度傲慢,把账单一丢,厉声说:"你小孩自己撞汽车,还来要什么医药费?真是想得美,走!不能给!"家长与其理论,竟被卫兵赶出。这事一传开,也影响了十九路军的名声。

四

十九路军入闽后,南京政府迫于福建人民的强烈要求,并考虑十九路军将领的安排问题,于是改组福建省政府,撤掉方声涛省主席的职务,任命蒋光鼐为福建省主席,蔡廷锴为绥靖主任,刘通为民政厅长,何公敢为财政厅长,许显时为建设厅长,郑贞文为教育厅长。并委菲律宾侨领李清泉为省府委员,许友超为厦门市长。同时,省政府则委周骏烈为晋江县长,黄哲真为安溪县长,梁龙光为惠安县长,叶松生为南安县长。这些人都和华侨有关系,其目的在给予华侨以参政机会,想和华侨合作治理闽政。

省政府改组后,逐渐改编杂牌军队,谋消除地方割据局面,进而剿灭土匪。当时陈国辉盘据泉永一带,倒行逆施,民怨沸腾,海内外民众团体,控陈案牍堆积如山。为着军政的统一,满足人民的要求,十九路军领导认为首先要解决陈国辉问题。1932年9月26日,陈国辉应方声涛及省委林知渊的邀约到省,即被扣押。二个月后,枪毙于福州。而作恶十多年的匪军高杨罗(高为国义弟),也在惠安伏法。地方秩序渐见好转。

过去民军驻守地方,捐税如毛,尤以陈国辉部剥削最为厉害。名目繁多,有烟苗捐、赌捐、花捐、烟灯捐、新屋捐、铺捐、修路捐、建狱捐、拆城捐、飞机场捐、飞机捐、给养捐、特别给养捐、"剿共"捐、迷信捐、嫁娶捐、棺木捐、屠宰捐、猪仔捐、番薯苗捐、果树捐、百货捐、桥梁捐,等等,至此均分别废除或调整。并宣布禁烟、禁赌、禁娼,进行一些政治上的改革。虽流传下来的污泥浊水,一时无法干净,而饥者易为食,泉州人民总算获得喘息,耳目为之一新。海外华侨以家乡有了好转,也纷纷回国探亲,或新建楼屋,或兴办学校。西门外塔后村缅侨陈碧峰,回乡建筑大厦,六十一师还派队加以保护,陈也在乡独资创办小学。马来亚侨商邱岩衡,曾拟筹资一千万元,回国投资建设。槟榔屿侨领刘惟明、许华岳也组织考察团回闽考祭。原泉州华侨公会是民国初年海外归侨组织的,因地方变乱,停顿已久,十九路军驻泉后,为了团结华侨,即大力支持复办,维护华侨利益。

十九路军虽调闽,而抗日救国之志未衰。以闽南为侨乡,民众和华侨始终拥护十九路军抗日主张,除派翁照垣赴南洋宣慰华侨,并发动捐款购机外,复在泉州设立"党政军民联欢社",以联络华侨及各阶层人士。六十一师特别党部及政训处并与国民党晋江县党部合办"晋江县农民自卫干部训练班",为培养将来领导农民武装抗日的骨干,一方面推动民众运动,先是改组反日会,加强反日会的组织。所以当时泉州反日运动,搞得轰轰烈烈。又整顿民众团体,如泉州总工会、农会、渔会、妇女会、学生会等,都得到十九路军的支持开展活动,民气有了蓬勃的气象。在这种情况下,泉州社会经济逐渐复苏,物价稳定,一个银元可买大米二十三斤,市面繁荣,工人也较容易找到工作。在泉州城内虽还有少数劫案,但经六十一师师部严令限期破案,匪徒为之敛迹。

五

十九路军领导人陈铭枢、蒋光鼐、蔡廷锴等,与蒋介石原有矛盾。及淞沪抗战,矛盾加深。十九路军入闽,陈铭枢就多方活动,酝酿反蒋,认为准备成熟后,乃于1933年11月20日在福州发动"福建事变"。22日正式成立"中华共和国人民革命政府",改元"中华共和国元年"。国旗改为上红下蓝二黄条,中嵌五角星的新旗。脱离国民党,另组"生产人民党"。在"人民政府"各部、会之下,只有一个"福建省人民政府",省会设在福州。到12月12日,把福建省划为闽海、兴泉、汀漳、延建四个省,兴泉省辖有莆田、仙游、惠安、晋江、南安、同安、金门、安溪、永春、德化等县,省会设在泉州。以戴戟任省长,陈公培任副省长。戴戟未来泉,省务由陈公培负责。各省政府编制分设秘书处及民政、财政、建设、文化四局。省政府经费每月五千元。并规定公务人员制服样式,订于"中华共和国"二年元旦起,一律穿蓝色制服。

军事方面以蔡廷锴兼任第一方面军总司令,成立五个军,一个独立师。一军沈光汉,二军毛维寿,三军区寿年,四军谭启秀,五军张炎,独立一师赵一肩。六十一师扩编为第二军,泉州属第二军防地。另设"泉州警备司令部",负责治安。

"人民政府"成立后,泉州人民为表示庆祝,街上贴满了"反对卖国的南京政府"、"打倒卖国残民的蒋介石"、"打倒法西斯反动势力"、"拥护生产的大众"、"拥护人民的革命政府"等标语。

由于政局发生巨变,泉州市场波动,四行负责的中南银行纸币,一度被挤兑。警备司令部严缉造谣,商会议决一律通用。但因"中央银行"于19日宣告停业,市面金融复受影响,而发生21日中国、中南两行再被挤兑的风波。25日,市上又谣传中南银行上海总行被蒋介石标封,以致中南复被滚支。钱庄公会特开紧急会议,讨论稳定金融事项。中国银行27日再一次被滚支,经禁止后才归平静。仅中国银行一家,先后计被滚支近三十万元。银行滚支之外,米价也有波动,据1933年12月17日《泉州日报》载:"第二军军部因本市米价奇涨,饬令县府转商会密查。商会转饬申宁厦郊同业公会查复,据云:米价每包涨一元左右的原因,是申轮竞争载货,每包折卸五角。现由外轮专载,绝无折卸的可能。又因申米过去是直接运泉,现在转厦运泉,运费增加;再因泉汇申现款贴水,每包多一角。并非利用时机居奇云云。"

在文化方面,1933年11月29日,成立"泉州文化运动大同盟"。通过《文化大同盟组织大纲》,发表《创造革命新文化宣言》,大会主席黄英,演说者有第二军政治部代表陶若存等。《组织大纲》十五条,以促进"革命文化"为宗旨。《宣言》称:"革命的青年们瞧吧,大地的轮子已经转到我们呼唤自由的时代了……泉州文化运动大同盟在时代需要之中成立了……"(全文见1933年11月30日《泉州日报》)大同盟成立后,即由第二军政治部接收国民党晋江县党部,在该地址(威远楼)设文化大同盟总部。

当时时局动荡,泉州教育事业受到影响,泉州省立中学经费无着,校长每日垫一二十元的教工伙食费,部分教职员离校他往。同时,各中学接到通知,改革教学内容,采用"人民政府"文化委员会通过的"中等学校暂行课程",有政治、军事、劳动、艺术四类。政治有社会进化史、中国革命史等课,军事有人民武装自卫法,劳动有军事工程,艺术有音乐等课。但时届学期末,多未及照办。越年初"福建事变"失败,就成为历史文件了。

12月19日,第二军政治部召集农民代表开会,讨论农会组织及农村问题,认为农村政权应由农民掌握,农民应组织自卫军。还主张减轻农民捐税负担及制止"东西佛"的械斗,契税应作价抽税。会议还认为"人民政府"是代表生产大众的剩益而奋斗的,农民组织起来,才能铲除土劣,解除自身的痛苦。可是不过个把月,"人民政府"就垮台,谈不上这些了。

六

1933年12月1日,泉州各界在中山公园举行"庆祝人民政府成立大会"。十时开会,到会的近万人,各界代表正在演说时,忽有三架飞机从秀涂方向飞来,均为灰色,漆有青天白日徽,在会场上空低飞盘旋,然后陆续掷下炸弹数枚。会场群众初以为成束传单,尚举头观看。及第一枚炸弹落下于主席台前约六丈处(幸未爆炸),众始惊觉。登时秩序大乱,四散奔逃,会场四周围布置以铁丝网,攀越的人无不皮破血流。因泉州人从未见到飞机炸人惨剧,有的竟呆若木鸡,不知所措。有的则躲在公园大榕树下,冀托庇树荫。场外看热闹的人,不少为妇孺,惊呼叫苦之声,凄厉不忍闻。事后场上到处是丢弃的鞋帽木屐杂物,场边的小贩摊担,或被推倒,或弃担而走,极尽混乱之状。那些无辜死伤的人,原热腾腾,活泼泼,前来参加大会,哪知转眼间粉身碎骨,血肉狼藉,父母哭子,稚儿呼娘,凄凄惨惨,难以描述。当场上群众惊逃时,有一部分人从主席台后跑往新街,距主席台不过数十丈,适一弹落在该处尤邦珠住宅前,炸死十人,其中有十二三岁小学生五人,成年市民四人,士兵一人。另一弹落在鼓楼前帽巷肉店内,毁屋三间,死一妇人名叶首娘。又一弹落于井亭巷许情司宅中,毁大厅一间,平房一间,伤朱金塔等四人。又三弹落于新门和南门交界的三堡溪边,伤一妇人。这次轰炸惨案落十弹,死伤十六人,为自有泉州以来,第一次遭受飞机轰炸。大会当即发出通电,声讨南京政府滥炸无辜人民的残暴罪行。厦门《江声报》为此发表社论曰:"泉州炸弹,民族耻辱。"予蒋介石以严厉的谴责。福州各界也通电全国,请共申声讨,并致电"反战同盟",控诉这一惨案。轰炸之后,十九路军即出来安顿人民,并广泛宣传防空常识,在公园树下挖掘沟形防空洞,供人民参观仿效。大家害怕飞机再来,有钱的人多在家中挖个防空洞,也有迁家到郊外的。数日后,蒋机仍来滥炸,在西门一带死伤十九路军士兵多人,在南门聚宝街水巷之间炸死群众十七人,伤者更多。

七

十九路军决定反蒋之际,虽对各方多所联络,然均未成功。陈铭枢原以为可拥胡汉民反蒋,取得国民党元老及粤系的支持,及"人民政府"易帜改党,却受到胡汉民的强烈反对,指为"乱党",联粤之谋失败;联桂系夺广东为根据地,也未获成功。联合红军共同作战计划,也因对共产党尚存疑忌而不能真诚合作,终于形成孤立。而蒋介石却集结海陆空三军进行镇压,海军封锁海口,空军飞炸福、泉、漳等城市,动摇军心民心;陆军则分三路进兵,以十五万兵力对付六万多人的十九路军。而且"人民政府"外无援兵,内有隐患,当时主要领导人意见未全一致,信心不足,军事、政治上决策偏于消极。省内地方势力,自陈国辉被杀,卢兴邦、张贞、刘和鼎等人人自危,相继向蒋介石靠拢,以求自保。更失策的是起事之前,对中下级部属宣传不够,失却群众基础。事变一起,许多官佐及士兵多感到突然,不能理解。六十一师驻泉,官佐多借住民房,有一湖南籍营长借住西街甲第巷口赵家,与房东感情颇好,曾对房东吐露思想,说:"闽变太突然,毫无思想准备,我们三天前还崇拜孙中山,每人都有一本《三民主义》的册子,每星期都举行纪念周,向孙中山遗像行礼。突然下令撤去孙像,换了旗帜,事前上级都没有知照过,说明过,连我这个营长都莫名其妙,下级官佐以至士兵老百姓,自然更未弄清道理,大家只是服从命令，跟着走就是。"一个营长的思想状况如此，其他可知。既然理解不够，决心就不坚，不会像淞沪抗战那样，知道为什么要抗日，非拼死战斗不可。势必导致整个战局的失败。

蒋军攻闽，先在浙江温州打了一仗，由于刘和鼎附蒋，闽北重镇邵武、建瓯一带，不战而得。随后攻陷延平、水口，占了古田，福州危急。十九路军原以延平、福州、泉州为三大据点，因各军兵力多调往前线，兴泉各属空虚，由翁照垣以收编的"人民自卫军"布防，泉州地区便从后方变为前方。在福州的十九路军高级将领毛维寿、张炎等，还请蔡廷锴离榕，意在准备与蒋军进行谈判。1934年1月13日，南京政府任命蒋鼎文为"讨逆军总司令"，陈仪为福建省主席。蔡廷锴时已飞来泉州，福州放弃。蒋鼎文、陈仪先后入福州，分兵南下。"人民政府"主要人物李济深、陈铭枢、蒋光鼐、黄琪翔也坐飞机抵泉，何公敢、林植夫、华振中等，则由陆路逃泉。1月14日，十九路军全部约四万人，仓促由福州沿莆田南退，集中泉州。"讨逆军"以卫立煌部为前锋，跟踪南追，双方在洛阳桥最后一战。1月20日，蔡廷锴由泉坐飞机去漳州，李、陈、蒋、黄、何、林、华等，也都由陆路奔漳。是日下午，遂由毛维寿坐专车挂白旗往洛阳，与卫立煌谈判。1月21日，毛维寿、沈光汉、区寿年、张炎等人，在泉州发出通电，电文云："各报报馆转全国同胞均鉴：同室操戈，贻害邦国，智者不为。光汉等决议，一致脱离人民政府，拥护中央，促李、陈、蔡诸公先行离开，并推戴载出任维持，一切政治问题静候解决。化干戈为玉帛，保邦国之安宁。全国明哲，谅表同情。除令各部队集结，停止军事行动，静待和平处理外，谨闻。十九路军六十师师长沈光汉、六十一师师长毛维寿、七十八师师长区寿年、四十九师师长张炎暨全体将士叩。马，未印。""福建事变"至此结束。

1934年1月27日，留泉的十九路军全部开往惠安、莆田集中，听候改编。这时却有一支插曲，使泉州人民感到稀奇而有讽刺意味，当十九路军向东开往惠安受编时，卫立煌部也向西开入泉州城。两军在东门相遇，一队靠左走，一队偏右行，得胜的中央军为三人纵队，军容不整，有的士兵身穿军服，头戴便帽，队伍中还杂有穿长袍束布条的，穿红色女裤的，五光十色。失败的十九路军作四人纵队，却服装整齐，俱穿皮鞋，步伐有节奏，背钢枪，束子弹，外表仍然威武。两队擦肩而过，路旁观者俱有诧异之色，从双方军容看，实辨不出谁是胜军，谁是败兵。

十九路军离泉，中央军开进，大军云集，城中民房多数驻兵。中央军纪律差，又不讲卫生，随地大小便，居民深受其扰。进城第二天，有个"老将"向东街头一花生摊买熟花生,原价一堆两个铜板,他只给一个,小贩不肯,被一脚把摊踢翻。但这只是小事,最动民愤的是强奸妇女,有个半老妇人,遭七个兽兵轮奸。此事一传开,全市哗然,无不愤怒,而迫于淫威,无可奈何,只能互诉"来了中央,百姓大遭殃"的怨言。以后部队陆续他调,留三十六师宋希濂部驻泉,兼警备晋江、惠安、南安、安溪、永春、德化等县,泉州地区复落入蒋军手中。

十九路军改编后,番号改为第七路军,以毛维寿、张炎分任正副总指挥,辖四十九、六十、六十一、七十八等四个师。原十九路军团长以上军官,都资遣回籍。当部队调离泉州,开往改编时,走到惠安,士兵知是要受改编,多不愿随往,许多人就把随身枪支子弹贱价卖给当地人,换点钱做盘费走回家。有的乡民不敢买,就说明卖枪理由,要求帮忙。因为太便宜,一杆好枪连同所配子弹,只要二三十元,买的人便多了。当官的同情士兵,便装痴装聋,不加干涉。有些下级军官,也和士兵同样,把武器卖掉,得款各回原籍。据当地人估计,那一次流落在惠安的枪支,不下数千支,就这样不哗而散,走了不少。在十九路军由福州撤退到泉州的时候,还有四万左右人,到编为第七路军,仅有两万人而已。一代英名的"十九路军",终于成为历史名词。

八

十九路军驻泉期间,军事上最重要的一件事,是解决陈国辉部。十九路军入闽,所以备受华侨的欢迎,除由于它的抗日英名外,则为迫切希望十九路军能消灭福建土匪,安定地方。闽南地区自民国八年(1919年)以来,沦为土匪世界,搞得民不聊生,所以南洋华侨早有救乡会的组织,谋求拯救水深火热中的侨属与乡亲。十九路军入闽,正好符合华侨最大的愿望。十九路军入闽后,对所有民军、土匪的处理,内部意见初未尽一致,一派偏重于抚,一派偏重于剿。重抚者认为十九路军要贯彻反蒋抗日主张,必须先在闽积蓄力量,以备出闽推倒蒋介石。为安定后方,使无后顾之忧,对民军、土匪可暂予安抚和利用,俟大局一定,如其再怙恶不悛,自不难彻底解决。主剿者以福建为侨乡,建设福建,扩充军力,都不能无华侨的支持。而华侨最寄望于十九路军的,首为剿匪以安定家园,如对匪不剿而抚,势必大失华侨期望,没有华侨的支持,对于闽省政局和十九路军本身都有不利,杀掉陈国辉就在于取得华侨的信任与拥护。

陈国辉死后,所部即拟撤出仙游,向德化突进,再转往安溪湖头。但六十一师已派队进迫仙游,陈部看形势不妙,纷纷将队伍拔回老家,并将武器收藏起来,但沿途遭六十一师部队追击及德化土匪张雄南部的截袭,最后退入南安八都、九都(陈国辉老家)。洪文德、陈佩玉、陈育才等分别逃往香港、上海,彭棠在山顶坪深山潜伏。陈部在仙游撤走时还有八千多人,流为散匪,扰乱地方,剿不胜剿。时十九路军已决定起事反蒋,需要安定后方,于是改剿为抚,派翁照垣来泉州,设立"泉永剿匪司令部",名为剿匪,实为编匪。陈维金、施德成等先来受编,翁把所编民军称为"人民自卫军"。接着彭棠、陈育才也出来接洽就编。原来陈国辉旧部扶洪文德出面收拾,藉归顺十九路军的机会,集结旧部,准备重整旗鼓。彭棠和陈育才都各编为一团,郑明智、李忠各编为一独立营。陈育才、彭棠分任"人民自卫军"第一、第二支队司令。收编工作粗定,在泉州成立"兴泉永警备司令部",翁照垣任司令,由前陈国辉参谋长余承尧(翁照垣在日本士官学校时的同学)任参谋长。收编各部的军械服装均由警备部发给。翁照垣还进一步想把"人民自卫军"扩编为一个军,于是陈育才、彭棠均被擢升为旅长。翁以陈、彭出身农民,比较戆直,不似陈佩玉知识分子狡猾,故拟以此两人作为基本力量。当十九路军积极准备出发讨蒋时,六十一师各部陆续调集泉州,致永春、德化及南安诗山、金淘、码头等地区空虚,翁照垣即令陈、彭两旅进驻。可是彼此之间本是同床异梦,翁把这些重地让与陈、彭,无异为虎添翼。陈、彭就利用这有利条件,扩展地盘。彭棠势力延伸至南安洪濑、晋江大罗溪一带,陈育才势力则伸入安溪湖头及南安一部分。于是陈国辉的旧部复活了,结果不是翁照垣收陈国辉旧部为己用,而是陈国辉旧部利用翁照垣来个东山再起,在"闽变"失败后,连翁自己的实力也给彭棠与陈维金瓜分掉。

闽北战事一动,蒋介石即派人在鼓浪屿,秘密召集闽南各部民军头子开会,洪文德、陈佩玉也代表陈国辉旧部出席。组成"闽南讨贼军",由南京政府委洪文德为"闽南讨贼军"第一路司令,下辖第一支队陈佩玉,第二支队陈育才,第三支队彭棠,第四支队刘超然,独立第一总队郑明智,独立第二总队李忠,这些都是陈国辉旧部。另有黄克绳任第二路司令,下辖陈昆、李昭言、叶定国等支队,这些都是张贞旧部。此外还有"晋南惠讨逆军",另树一帜,系秦望山旧部王振南等组成的。矛头都指向十九路军。

1934年1月中,十九路军失利,仓促由福州向兴、泉一带退却。洪文德即下令所属,破坏公路,沿途伏击,十九路军受严重损失。仙游、惠安、晋江、南安、同安、长泰、华安、漳平各处，大小民军蜂起，各乡各里的封建地主武装——民团，见十九路军节节败退，也都乘机捞一把，截劫枪械物资。翁照垣不愿随毛维寿投降蒋军，自带一卫队营离开泉州，另谋出路。奈何四面楚歌，不知何去何从？只好奔往南安找彭棠、陈维金，满以为自己有恩于彼两人，或可得其帮助。唯散匪四布，路上辄遭袭劫，武器行李沿途丢失。后虽到溪美找到彭、陈等人，终被他们骗往其诗山根据地，残余队伍都被彭、陈吞并，只保证翁的人身安全，让他离开诗山，乔装前往厦门，转途去香港。十九路军这个尾声也就结束了。

（1982年6月，据庄为玑、苏秋涛、庄永新、赵祖培、闵子南、李忠、陈程芳各位所写材料及口述，综合整理。）

（原载《泉州文史资料》第12辑，第1～21页，1982年9月）

闽南华侨史资料一脔
——华侨墓志所反映的史实

一、墓志的史料价值及华侨墓志

墓志是记叙死者的家世及生平。过去社会上稍有地位的人,死后其后嗣必请文人学士之流,为其撰写墓志,来表彰其先人。撰写的人,受人请托,其笔下难免带有"谀墓之辞",为死者涂脂抹粉,扬长避短。但既要写其生平,就不能太脱离事实,叙述可能有夸张或掩饰,基本上还得有所根据,表露出其本来面目。只要用历史唯物主义的观点,加以分析研究,去伪存真,去芜存精,仍有不少史实,可供稽考。即使不纯是第一手资料,有的也接近第一资料,不应因为它杂有瑕疵,而忽略轻视。墓志、族谱之类,对于治史者来说,还是应该肯定它具有一定的史料价值。

解放前三年间,我在厦门私立海疆学术资料馆,曾注意搜集近代福建人墓志的拓本,收得一百多种,装帧为《闽人墓志拓本集》四册(编者注:此书现存厦门大学南洋研究所资料馆)。绝大多数是闽南人士的,属于华侨及侨眷的近二十种。兹为提供闽南华侨资料,特把该集中华侨墓志的抄稿,并增补编集后所收的几种,初步整理一下,作为华侨墓志的抽样调查。剖析内容,钩引排比,分为若干问题,加以引述,以见一脔。有条件作墓志的,多属华侨社会中上层人物及其眷属,这里收集的计24篇,志26人,旁及其子孙。他(她)们的时代,最早的生于1841年,卒于1906年;最晚的生于1893年,卒于1950年。为清季至民国时代的人(其实两人死于1950年,基本上还是生活于民国时代的人)。籍贯为泉州市和晋江、南安二县,在当时为晋南两县籍人。所写的虽只两县二十多人,而千百华侨中,其际遇、情况有不少和这些人类似之处。这二十多人,在华侨社会历史中,尤其是上中层华侨中,自有其代表性。

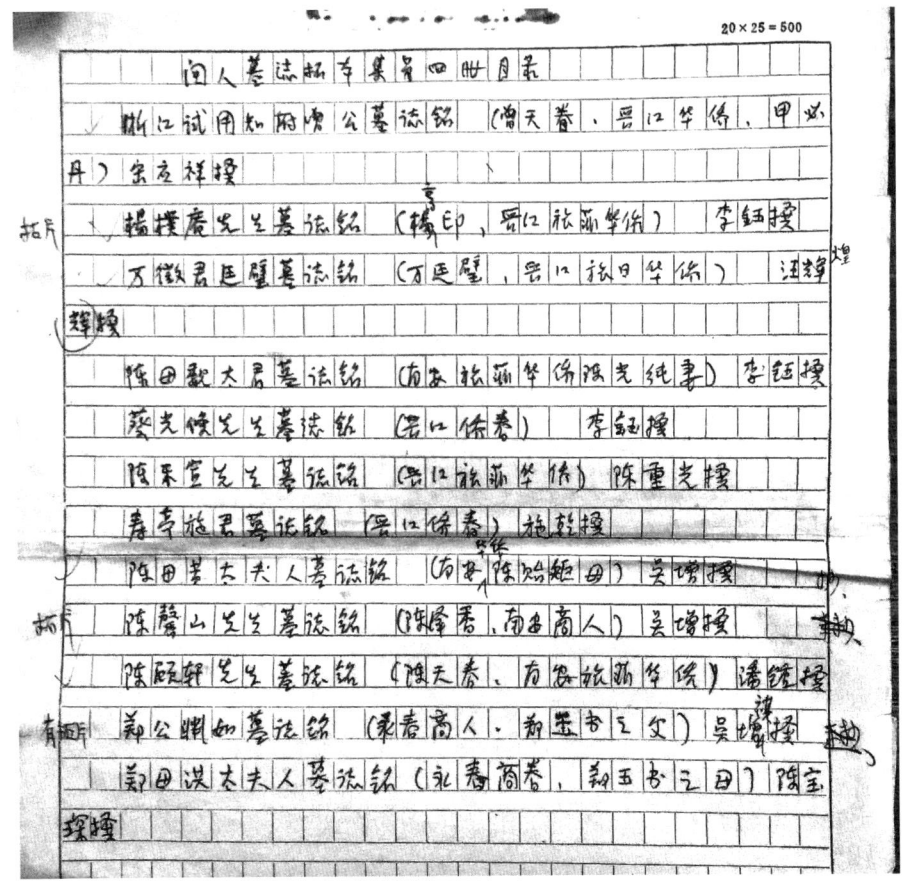

盛明先生写作本文的手抄资料

这 24 篇墓志的标题及作者如下。

(1)诰授奉政大夫,诰封朝议大夫赏戴花翎试用治府曾公墓志铭(晋江旅菲华侨曾天眷,1841—1906 年),宋应祥撰

(2)曾母梁太淑人墓志铭(曾天眷妻梁氏,1850—1908 年),黄搏扶撰

(3)皇清例授征仕郎,累封修职郎,诰封资政大夫赏戴花翎晴岩黄君墓志铭(原籍厦门,迁居泉州,旅越华侨黄文华,1845—1901 年),李清琦撰

(4)清一品夫人黄母郑太夫人墓志铭(泉州旅越华侨黄文华妻,黄仲训母郑氏,1855—1915 年),吴增撰

(5)惠蒋母黄太宜人墓志铭(泉州旅印尼华侨蒋刚峰妻黄氏,1863—1916 年),吴增撰

(6)陈顾轩先生暨德配黄太夫人墓志铭(南安旅菲华侨陈天眷夫妇,陈1851—1920年),潘锺撰

(7)怀德柯府君墓志铭(晋江旅菲华侨何怀德,1833—1922年),庄子鹤撰

(8)寿亭施君墓志铭(晋江旅菲华侨施至添,1860—1923年),施乾撰

(9)檗庄黄君墓志铭(晋江旅菲华侨黄秀娘,1859—1925年),吴增撰

(10)清诰授中宪大夫紫亭李君墓志铭(南安旅印尼华侨李功藏,1869—1928年),吴增撰

(11)守耕庄先生墓志铭(晋江旅菲华侨庄汪乞,1864—1932年),庄崑撰

(12)守耕庄君暨德配陈孺人合葬墓志铭(晋江旅菲华侨庄汪乞夫妇,妇1866—1933年),苏大山撰

(13)文德蔡先生暨德配林太孺人墓志铭(晋江旅菲华侨蔡明盘父母1860—1932年),吴增撰

(14)柳步坚先生墓志铭(晋江旅菲华侨柳步坚,1871—1933年),曾遒撰

(15)万征君廷壁墓志铭(泉州旅日华侨万廷壁,1855—1933年),汪煌辉撰

(16)陈母洪太孺人墓志铭(泉州旅印尼华侨陈正宗母,1869—1933年),吴增撰

(17)陈母魏太君墓志铭(泉州旅菲华侨陈光纯妻魏氏,1870—1935年),李钰撰

(18)陈母黄太夫人墓志铭(南安旅马来亚陈贻矩母,1845—1937年),吴增撰

(19)陈厚德先生墓志铭(晋江旅菲华侨陈明印,1861—1938年),陈重功撰

(20)杨朴庵先生墓志铭(泉州旅菲华侨杨亨印,1871—1941年),吴增撰

(21)清濛孟威沈君墓志铭(晋江旅菲华侨沈宣令,1867—1941年),吴增撰

(22)南安奕住黄先生墓志铭(南安旅印尼华侨黄奕住,1868—1945年),苏大山撰

(23)吴母慈慎杨太君墓志铭(泉州旅印尼华侨吴星槎妻,1873—1950年),黄樾撰

(24)晋江雷山御林朴原尤君墓志铭(晋江旅菲华侨尤芳积,1893—1950

年),周韫山撰。

二、几篇华侨墓志所反映的问题

本节分为几个问题,摘引所收各篇墓志的材料,先综述,后归述,再归纳,来看看他们的历史情况,并按上节各篇墓志的编号,作为注明材料出处的号码。如引用材料下附(1)的,即引自第一篇曾天眷的墓志。下同。

(一)家世、出国原因和情况

曾天眷:"考愧吾公,操儒业。"(1)

"公甫冠,即渡南洋之珉希朒。"(1)

"先是翁(指梁氏之夫曾天眷)以生计绌,贾于珉,二十余岁始归娶……翁以家贫亲老,出处难以计,太淑人(梁氏)毅然怂之行。"(2)

黄文华:"幼失怙恃(死了父母),家贫甚,乃弃觚(不作读书人)就市(到商场),习计然术(学做生意)。弱冠渡安南,依同乡黄少涛。"(3)

蒋刚峰:"家故贫,谋生泗水。"(5)

陈天眷:"因家贫辍学,渡菲岛谋生计。"(6)

柯怀德:"祖表安公,父垂轩公,俱业农……长成后,垂轩公逝,公承先业……治家克勤克俭,余积假于乡……奉母终年,始经商菲律宾。往返数次,囊均不虚。"(7)

施至添:"习举子业……连不得志于有司(屡考不中),愤懑牢骚,去而学贾菲律宾……与佣保(雇工)杂作,见者不知其为读书种子也!"(8)

黄秀烺:"幼失怙恃,读书未卒业,随兄秉猷商于甬(宁波)。兄殁扶榇(棺)归,而家渐落。于是发愤往菲律宾,为族人记室(书记)。"(9)

李功藏:"旧有商业,在荷属之吧达维亚。年十余,父廷芬公挈之往。"(10)

庄汪乞:"生八月,父国珍公卒,以家贫故,不得终学。则勤稼穑以助母。既长,以力田所入,但资事畜(只够养父母妻子),无以行其志。遂辍耕往游新加坡,改习商业,因水土不服归。乡有商于菲律宾者,乃从之往。"(12)

蔡明盘:"(幼孤家贫)年十一,(母)即命渡菲学商。历二十年之久,家始小康。"(13)

柳步坚:"少贫甚……及壮往珉,操计然术。"(14)

万廷壁:"尝一游沪甬,不获展所抱……岁二十八渡日。"(15)

陈光纯妻魏氏:"年十八为翁(陈光纯)配,旋随翁侨商于菲律宾。"(17)

陈贻矩:"民国六年(1917年)冬十二月初九夜……(丰州)城中枪炮声突起。时驻军仅数十,势危甚,贻矩乃子身乘城,跳出请救。事旋息,讹言迭至……贻矩乃脱身往南洋柔佛丰盛港。"(18)

陈明印:"少孤,起家于贫苦之中,十数岁渡菲。"(19)

杨享印:"少贫故,辍学而农。年二十七,始渡菲律宾,学计然术。"(20)

沈宣令:"年十五,南渡菲律宾。"(21)

黄奕住:"世业农……以家贫辍学……买轮渡新加坡,而棉兰,而苏门答腊,就时(做生意)于爪哇之三宝垄。"(22)

吴星槎:"少嗜读,奈家贫亲老,膏火无资(缺学费)。乃弃儒就商,远渡星洲,后赴勿里洞。"(23)

尤芳积:"八岁而先君见背(父死)……甫属成童,即偕族叔往菲学商。"(24)

据上摘引材料,稍为分析归纳一下:

1. 出身农家,自己种过田的有4个,其中柯怀德还"有余积假于乡",有力放债,当系中农以上。农民看到同乡归侨的满载荣归,比较之下,终感"力田所入,但资事畜,无以行其志",就要辍耕出洋了。华侨中这种人看来不少。在农民中也包括有手工艺人,如黄奕住曾是剃头师傅,志中未提及。陈明印出身木匠,谅在国前就学过手艺。

2. 出身于没落的知识分子家庭的也有4个,当过甲必丹的曾天眷,父亲就是"操儒业"的读书人,但"生计支绌",只好让儿子"过番";黄仲训的父亲黄文华,也是"弃觚就市"的失意读书人;吴星槎也因家贫而弃儒就商,远渡星洲。本身苟举子业的施至添,只为考不上秀才,愤而出洋做生意,而且丢掉读书人的架子,"与佣保杂作",撰墓志的人为他感叹说:"见者不知其为读书种子也!"

3. 未出洋前就曾在国内做生意,如黄秀烺曾随兄经商宁波,万廷壁也在上海、宁波做过生意,只因所业中落,或"不获展所抱",才转到国外去。

4. 家中原来就在南洋做生意,本人由家长带去自己店里学习,然后发展的,如李功藏、陈正宗、尤芳积等都是。

5. 其他原因出国的,有随夫南渡的陈光纯妻魏氏;有在故乡有点名气,因避祸而去南洋的陈贻矩。

6. 绝大多数的人,是由于"家贫"或"少孤贫",被迫出洋谋生的,著名富侨如曾天眷、黄文华、黄奕住,都是因贫而去国。不少华侨为贫驱使,不惜冒风险,飘泊海外。其挟资而归的固多,但穷途落魄,客死异域,或空手回乡的可能更多,可是这类人不会有墓志传下。

7. 出国年龄最幼者为蔡明盘,才十一岁。十数岁就出国的有5人,二十岁以上出国的有8人。其余未记出国年龄。

8. 往菲律宾最多,计13个;印尼次之,有6个;新马、越南、日本,各1个。

(二)在海外的事业建树

曾天眷:"时小吕宋,我国未设领事官,而西人(西班牙)之辖殖民地,曾例苛烦。侨岷者亟筹对付之策,请以华人自治,略如我桂、滇两省土司之例,译曰'甲必丹',得西政府认可,投举(推举),以公应选。公亦以保护华侨为己任,削苛例,拓利权,造病室,辟坟场,凡有利于华人者,知无不为。遇交涉事,尤毅然力争,不稍退让。"(1)

黄文华:"月得辛金,铢积寸累,乃归娶,配郑氏。不及期月,再渡南。"(3)

"越中有地曰厚芳兰者,纵横十余万尺,久荒不治,莫之顾也。封翁(黄文华,即黄仲训之父)往来相度,知为后日商贾扼要之区,意欲得之……于是斩蓬刈藋,乃疆乃理。久之,而气象一变,车阗马骤,铁轨四通,顿为绝大商场,地价比之于昔,或倍蓰,或相十百,经营未能十之一二,岁率所息不下十余万。为之于二十年之前,收效于二十年之后,拓此百世不敝之业,何其识之远也!"(4)

陈天眷:"当时(19世纪80年代)邮政未兴,华侨通鱼雁(寄信)者必择人而任。翁忠诚素著,计程按期未尝或爽,人以是多称赞之。光绪壬寅(1902年),航泉厦轮没于秀涂,由信局汇兑受损失者皆诿之天数,甚或藉词而干没之。翁是期寄汇之款二万有奇,洪乔之沉(丢失的)四千而弱,独以信义为重,一一如数补偿之。"(6)

柯怀德:"经商菲律宾,往返数次,囊均不虚。"(7)

施至添:"以谨愿为众所信,入独丰,铢积寸累。与人合营商业,不数年而腰缠万贯。"(8)

黄秀烺:"有林姓者见而器之,出资畀君贾。则赢利十倍,益大奇之,遂与合资,欢好无间。将殁,且以孤托之。林姓之孤,菲产也,以累系狱,几不免。君力为上下营救,卒脱其难,保其富厚。"(9)

李功藏:"(在吧经营先业)精勤过人,化居(做生意)之息恒数倍。积十余年,复增设一营业所曰德和,以扩充其物力。资本益厚,信用大著。"(10)

庄汪乞:"时(菲律宾)初改隶美利坚,君思乘时以展其具,苦无资,则积锱累铢以为之阶,兢兢业业,莫敢暑刻懒。与人期约必践,久之信义孚远近,所业亦隆隆起。"(12)

柳步坚:"(在珉)生意蒸蒸日上,商界中推巨擘。"(14)

万廷璧:"(在神户)营新瑞兴号,商业隆隆然……君则效忠于盟(同盟会),仍逐物居时……(做生意)后神户改盟组党(国民党),君以革命先进为之魁。"(15)

陈正宗父笃实:"于南洋泗水,以咖啡、糖发业。"(16)

陈光纯妻魏氏:"(随夫至菲后)知翁(陈光纯)终非困厄无成就者,则旦警夕厉为翁助,不五稔而翁业大振,侨界中甲乙目之。"(17)

陈贻矩:(在柔佛)"建设柴厂,未几,而信用大著。……被举为华侨会长,中国国民党柔佛邦支部执监委、分部常委。"(18)

陈明印:(渡菲)"习输子业(木工、建筑),规步矩随,刻苦自励,积资累万。"(19)

杨亨印:"(渡菲后)不数载,遂集资创设福联昌公司。复自营联昌号,渐丰所入,家以小康。"(20)

沈宣令:"(在菲)建和兴号腊灼厂,于时资本无多,而物品精良为各家最。由是驰名全埠。"(21)

黄奕住:"(在印尼)初事负贩,自力以食。久之,习其语言,谙其民情、土俗,察其地宜蔗,乃专营糖业,历三十年。虽间有折阅,而旋蹶旋兴……终能志遂而业成也。"(22)

"闻珉里剌华侨多泉人,金融之权操于外国银行,损失甚巨。君至,倡设中兴银行,以挽回利权。"(22)

尤芳积:"(往菲后)居之既久,彼地语言娴熟,商务精明,乃与兄弟辈合组生理……数十年来,营谋顺利。"(24)

据上摘引材料,可略见各人在海外的活动。比较突出的有曾天眷、黄文华、黄奕住等人。曾天眷以晋江人为珉里拉侨领,与杨尊亲(南安人)、陈谦善(同安人)先后任"甲必丹",为华侨做了一些好事,有如墓志所述;黄文华在越南,开拓厚芳兰那地方,变荒野为闹市,既帮助越南人开发土地,自己也发了财,奠定黄仲训家族"地产大王"的基础;黄奕住在印尼以糖业起家,发财以后,眼光远大,能注意建立华侨金融事业,以抵制外国银行的操纵剥削,难能可贵;侨汇业关系侨属生活至大,不守信义的侨汇业者,每有借机干没的情况,陈天眷能不乘机昧心,值得表扬;黄秀烺不负故主之托,也为人称道。多数华侨在国外,以佣工开始,铢积寸累,或以"忠信劳苦",或善"观时达变",或熟习当地语文民情,经历数年以至数十年,遭受波折蹶兴,或致小康,或腰缠万贯,发财致富,然后参加华侨社会活动,捐助公益教育事业。有的赞助孙中山革命,也有的在国民党时代,当了海外党官,形形色色,表现华侨各种历史面貌。

(三)对祖国和家乡的贡献

曾天眷:"公以贩洋起家,独眷恋祖国之心,老而弥挚,以故远而畿辅之赈捐,近而厦防之炮饷,首倡报款,动溢千金。"(1)

"癸巳(1893年)春,市轮归,适值邻近乡间斗气甚炽,公……排难解纷,赔费糜巨金,不少吝惜。十年来,附城一带无南乡之畔连祸结,戕命数百都,皆公力焉!"(1)

"拳拳好施济……倡修桥梁,助筑道路。"(1)

陈天眷:"族(南安莲塘陈姓)既大而繁,蹊田夺牛(譬喻争吵)之事,恒不能免。翁为喻以义理,教之礼让,使各得其平而去,乡人咸乐从之。"(6)

"建来紫轩为义学,充书田助膏火,延名宿为之师,命族中群季肄业焉。"(6)

柯怀德:"民国八年(1919年),(子)孝助将谋称觥(为父祝寿),公(令)谕以吾家素主节俭,为吾寿糜费不资是胡为……移作兴学之费。孝助体公志,立设学校,颜其名曰怀德,志公命也。复毁家得五千金,寄殿户生息,作学校基金。"(7)

施至添:"于乡党周恤,挥斥金钱,绝无吝容德色。"(8)

黄秀烺:"乙丑(1924年)五六月间,安平一带居民相攻杀,意外疑误(把来镇压的官兵误作对方攻打),官兵死者二十余人。祸且不测,有议罚锾以解之者,强余(撰志者吴增)谋之君。时君病已数月,惫甚(很憔悴)。闻之,慨诺三千金,曰:'兹事关于乡族(指安海黄姓)生死也!'同行者皆叹君雅量。"(9)

"泉城开元寺有仁寿塔,石盖坼裂,中层亦间有折损。有外来浮屠三人(指圆瑛和尚等)欲治之而无力,求之君……君遂独任之。"(9)

李功藏:"光绪季年,陈弢庵(陈宝琛)先生创办漳厦铁路,到吧募股。初

则认者绝少,君闻之,力为四出吹嘘。一时投资者遂多至巨万。"(10)

"泉之府学文庙,规模宏丽,历年既久,大成殿梁柱雨漏蛀损,倾欹之度在二尺外。岁丙寅(1926年),当道委吾(撰志者吴增)募修。余谋之,君慨然……请独力任之……越明年而告竣,计费银七千。……其两庑及他部以军事阻碍……复别储银三千,为将来续修之用。"(10)

"凡振荒救灾,捐助养老、慈儿、中小学校,修筑桥梁、道路、堤岸、祠宇,以及舍药施椟(棺)诸善事,多以千计,少亦百计。"(10)

庄汪乞:"侨民有失业者则量力资之,或助使归以免失所。"(12)"设学校以教乡之子弟。里有事,难与排,纷与解。"(12)

柳步坚:"君与(柳)清涟君同侨珉地,二十余年,来凡清涟君为善事筹捐,君无不相助为理。"(14)

"泉南械斗,成为恶俗,牵连常至数十乡。君则延请调人出为解息,并为垫补,此其关心地方所全者。"(14)

"居乡之时则倡办学校,重建祖祠,续修族谱。"(14)

万廷壁:"归故里,斥资兴学(浔江小学),辟瑞浔公路,建新埭,挹充常费。"(15)

陈光纯:"崇天主教……(女)慈义……倡办女学。"(17)

陈厚德:"里中学校以及其他公益事,莫不慨捐巨资,以为人倡。对于族亲,凡夫嫁娶、丧葬、兴灭继绝,尤多有所匡助。"(19)

杨亨印:"以乡校未立,子弟失教,捐资倡办惠群小学,被推为董事长。"(20)

"近岁暴寇侵陵……解囊输将。"(20)

沈宣令:"至于乡邦善举,尤多所注意。如修桥梁以济行人,筑隘栅以御寇盗,皆量力捐资之。"(21)

黄奕住:有为君策者曰:"中原多故,不如此间(指印尼)乐。君雄于资,何地非吾土,为终焉计,不亦善乎?君谢之曰:我为中华民国之国民……安能托人宇下?"……遂括所积蓄,归装抵厦门,曰:"此地与港粤毗连,沪淞亦带水之限,闽南商业之枢纽地也。"爰创立日兴银号,以与南洋群岛通呼吸……上海为五口通商之一,外商云集,皆行使其国币。君与商界名流组织中南银行,自行输股金数百万,复别存数百万为护本金,向财政部立案。政府稔君才,遂予发行钞币,视同中国、交通二行。(22)

"君每以少时失学为憾,故创办斗南学校于(南安故乡)楼霞乡,慈勤女子

中学于鼓浪屿。厦门大同中学、英华中学,北京大学、广东岭南大学、上海复旦大学,均倡捐巨资不吝。"(22)

"创办厦门自来水公司,以重卫生;协助厦门市区之开,以便交通;收回鼓浪屿日人电话权,以尊国体;独修泉州开元寺东塔,以存古迹;组建厦门江厦堂,以联族谊。"(22)

据上摘引材料,归纳为下几点:

1. 捐献国家财政:如曾天眷捐助畿辅赈款及厦门炮饷,黄文华助赈捐,杨亨印献抗日经费之类。

2. 协助经济建设:如黄奕住毅然归国,参加祖国建设,在厦办自来水公司,协助市政开辟,收回鼓浪屿日人电话权,创办中南银行,等等;李功藏帮助漳厦铁路招股,万廷壁辟瑞浔公路,筑海堤等。

3. 办理教育事业:如柯怀德父子办怀德学校,陈光纯之女协助天主教办女学,万廷壁办浔江小学,杨亨印办惠群小学,黄奕住办斗南学校、慈勤女中,捐助各大中学校经费;陈天眷建义学助膏火等。

4. 帮助公益事业:如柳清涟、柳步坚为花桥善举公所捐款,李功藏捐助温陵养老院、开元慈儿院。至于修桥、造路、舍药、施棺、济贫、恤亲各种善举而解囊的,就比较多了。

5. 修缮文物古迹:如黄奕住、黄秀烺分别独资修缮泉州开元寺东西两塔,李功藏独资修缮泉州文庙大成殿等。

6. 为乡里排难解纷:如曾天眷、柳步坚调解械斗,并垫赔款项以息事;黄秀烺为安海黄姓因械斗误杀官兵案,赔付罚款,以解乡旅之祸。陈天眷为乡人纷争而尽力排解。

(四)家庭、社会生活及思想意识

曾天眷:"(因捐赈助饷)奖叙同知,以子焕章浙江试用知府,封如其官。……妾例绵候氏、罗把示氏。"(1)

曾天眷妻梁氏:"(曾天眷)以家贫亲老,出处难为计,太淑人(梁氏)毅然怂之行,家政一以身任之……且数十口而同居共食,凡四十年。"(2)

"翁(曾天眷)以太淑人课子严而有法,命(菲妇所生)诸子自珉归而就抚之,太淑人视犹所生。"(2)

"子六,太淑人出者焕章,附贡生,浙江试用知府……焕文花翎同知,则其簉(妾)例绵候氏出也……绍元同知衔,则罗把示氏出也。"(2)

黄文华:"晚境日丰,僅役星列,无富商颐指态。"(3)

"子苏器(黄仲训)等,年才成童,以外域少硕儒,难习举子业,因令旋里就傅……慕桐城(泉州)朴素,士大夫多长厚君子,有邹鲁风。并令子先择仁买宅,为他日退老计,兼为后人縠式谋(好榜样)。"(3)

"纳粟太学,加中书科中书衔。……次子苏器,邑庠生,候选训导;三国器(黄仲赞),助赈捐,授道衔,赏戴花翎。援例,君(黄文华)得资政封典。"(3)

黄文华妻郑氏:"年十七,归同里文藻社黄秀荣(文华)封翁。家故贫,少时游越南,归娶不期月,即复去。太夫人(郑氏)持家十余年……年三十二,封翁挈之南。"(4)

"殁于鹭江之鼓浪屿……以封翁前得一品封典,诰封一品夫人……(子)仲训奖四等嘉禾勋章,仲赞奖五等嘉禾勋章。"(4)

蒋刚峰妻黄氏:"年十四,归刚峰蒋君……刚峰家故贫,谋生泗水。宜人为之持家数十年,视田畴,筑庐屋,课耕织,款洽乡族,经营钱布,井井有条。"(5)

"刚峰君观时达变,中年积资数十万,而世俗衰薄时,有无赖藉事侵牟,宜人辄持之以理,不为威屈势夺。卒得以无事,如是者非一端。"(5)

陈天眷:"昧爽而起,课督耕读,居行不以仆从随,服用不染豪华气。"(6)

"德配黄太夫人……翁将远游,属之曰:'上有母,下有子,悉付汝矣!'太夫人以妇道而兼子道,母道而兼父道。"(6)

"(子)维垣,福建官立法政学校毕业,援例加道衔。代议制兴,获选省议会议员,两宰永春县篆,省政府谘议。"(6)

施至添:"腰缠万贯,归营第宅,犹短衣至骭,督课农桑,见者不知其为侨商巨贾也。"(8)

"(子)性统,中国国民党菲律宾支部监察委员,为侨商巨擘;逸生,立法院委员。"(8)

黄秀烺:"年四十,即归隐于鼓浪屿。"(9)

"清诰授中宪大夫,民国五等嘉禾章。"(9)

李功藏:"(在乡时)举家大小百人,彼此欢洽无间。……晚年避乱泉城,居数岁,复避厦之鼓浪屿。"(10)

"为善不近名,畏人知而人亦莫之知。徒见其勤无暇暑,俭无废物,终日高高以汰侈诘责其家人。疑其俭啬太过,而不知君于义所当为者,固尽力为之而不吝也。"(10)

"清时以输财急公,诰授中宪大夫……子锺元,县学生,己酉选士。"(10)

"配陈恭人,俭以济人,与君合德。君治生于外,恭人内理家务三十余年。……在吧结婚者康氏。"(10)

庄汪乞:"性刚直,与人交不作依阿态。有所期约,重然诺,不知者谓其傲,知者则称其直。"(11)

"先遣长子材允来筑大厦,己则仍经营海外。"(11)

蔡文德(蔡明盘父):"光绪庚寅(1890年),乡与乡械斗,文德先生遭被掳。禁之一室,酷甚,几殆。而掳者之家失火,延烧室中,系急不能自脱,体几焦烂。乃纵归,舁至家,则奄然一息。医药已不可为,遂殁。"(13)

"明盘年十一,(母)即命渡菲学商。历二十年之久,家始小康。庚戌岁(1910年),重建新居。"(13)

陈正宗:"去岁(1932年)三月(吴增),避难鼓浪屿,僦屋与友人陈正宗毗邻。"(16)

万廷壁:"君曾充中国国民党神户支部委员及任国民政府侨务委员顾问。"(15)

陈光纯:"翁崇天主教,太君信仰尤笃,女慈义守贞奉教(作修女)。"(17)

陈贻矩:"中国国民党柔佛支部执监委,分部常委,复为中央侨委会顾问。"(18)

陈厚德:"积资累万,归建营巨厦,置良田……课仆耕作。"(19)

"自奉甚约,虽富而不失其素习,人或疑其吝。"(19)

沈宣令:"建筑一事尤精……自建三层楼居,测量绘画,咸出其手。"(21)

黄奕住:"故乡多匪患,迎(母)萧夫人于鼓浪屿居焉。观海别墅,饶水石之胜。"(22)

"叠受政府二等大绶宝光嘉禾章,一等大绶宝光嘉禾章。"(22)

"配王夫人,在南洋娶者蔡夫人。"(22)

吴星槎:"负朱公之奇策,开财源于外夷。家道小康,大厦始建。"(23)

"抗日战生,侨汇断绝,家庭陷于绝境。太君(吴星槎妻)则惨淡张罗,变卖衣饰田产,三餐减两,茹苦含辛,历涉数载。幸获胜利,侨汇虽通,物价仍昂,汇来侨款,难敷家用。"(23)

尤芳积:"数十年来,营谋顺利,建置田庐。"(24)

据上摘引材料,略归纳如下:

1."商而优则官"的思想:封建半封建时代的华侨,多有仅仅"富"还不够,要富而又"贵"才算耀祖荣宗的想法。他们捐输助饷不纯出于爱国,还有借此谋封典,奖官衔的动机。尤其清季卖官爵,有钱人想买官做。曾天眷奖叙同知是空衔,他儿子焕章的试用知府是捐班,分发浙江可谋实缺。他的两个混血儿,也都捐得"花翎同知"、"同知衔"之类。黄文华本身"纳粟太学,加中书科中书衔",他的两个儿子一个候选训导,一个捐到道衔,他夫妻俩也因而"得资封典",都是醉心官衔的好例子。黄秀烺、李功藏在清代也都受过诰封。入民国没有诰封了,却有大总统颁发勋章,黄仲训、仲赞兄弟,黄秀烺等都获得嘉禾章;黄奕住还得到一、二等大绶宝光嘉禾章。国民党时代则混个党官,万廷壁、陈贻矩及施至添的两个儿子,都当了委员、顾问之类。时代不同,而思想本质是相近的,都有官瘾!黄文华教子习举子业,迁居"海滨邹鲁"的泉州,也无非为晋身之阶。

2. 置田园建大厦以遗子孙:在辛苦粒积,不论小康之家或腰缠万贯者,另一个思想是回乡置田建屋。晋南侨乡,红砖白石的高楼大厦,毗连相接,无不是华侨产业,在蒋刚峰、施至添、蔡明盘、庄汪乞、陈厚德、沈宣令、吴星槎、尤芳积的墓志中,均提到建屋事。黄文华、陈光纯、李功藏由外县迁来泉州时建新居;黄奕住、黄仲训在鼓浪屿,正屋外有别墅,"观海"、"瞰青"都居鼓岛胜地。住在农村的归侨,则多置田课耕,蒋刚峰、陈天眷、施至添、李功藏(在乡时)、陈厚德、尤芳积等都有置田的记载。陈厚德还"课仆耕作",可能是雇长工下田的。蒋刚峰妻还有"经营钱布,井井有条"一事,也许是放债收息的。

3. 勤俭作风富而不改:华侨致富,多由勤敛起家,挟资归里,性格不改。陈天眷"昧爽而起,督课耕读";施至添归后,"短衣至骭,督课农桑";李功藏、陈厚德都因俭约,被人视为吝啬。李功藏更有典型意义,他对公益事业,捐上千百元无所谓,在家中却一钱如命,经常嘀嘀咕咕,嫌这个不惜物力,骂那个奢侈浪费。自己也"日无暇晷",劳劳碌碌,惹得家人暗恨,邻右窃笑,他却吾行吾素,毫不在乎。

4. "妇代子职,母代父职"的侨眷生活:曾天眷妻劝夫出洋,自己担负起"家且数十口,同居共食"的大家庭,"几四十年",还要抚养菲妇的儿子;黄文华妻十七岁出嫁,婚后一个月,丈夫就一去十多年;李功藏年少出国,妻子在乡要处理"举家大小百人"的大家庭生活;蒋刚峰妻为丈夫出洋后,持家数十年;陈天眷妻"以妇道而兼子道,母道兼父道",侨眷生活自有其辛酸委屈之处。华侨远离家庭,孑身在外,在生活上,也有出于业务上需要当地人的帮助,每与当地妇女结婚,唐山和"番邦"都各有家口,墓志上对此也有反映,而蒋刚峰妻遭到乡里无赖侵欺,好在能据理对付,才得无事;吴星槎妻在太平洋战争时期,侨汇断绝,家庭生活陷入绝境,受尽艰辛,这也表现侨眷生活的另一面。侨眷即使满身珠光宝气,生活上也有其难言苦衷。内心空虚,则精神要求有所寄托,如陈光纯妻笃信天主,其长女并作修女。一般侨眷多信奉神佛,侨乡迷信之风特盛,有其社会根源,但各家墓志很少述及此点,也许是视为平凡小事,无庸着笔吧。

5. 华侨的社会关系:首先是华侨和地方绅士的关系,绅士以势,富侨以财,互相倾慕,或结交为友,或缔成姻亲。以本文所引各墓志为例,作者多为绅士,他们和所写对象,多数非亲即故,如黄搏扶与曾天眷为儿女亲家,吴增和黄仲训、黄秀烺、陈贻矩、陈正宗、沈宣令都是故交,施乾和施至添为族兄弟,潘锺和陈天眷为世交;曾遒和柳步坚,苏大山和黄奕住也是旧友,陈重功与陈厚德为村邻。这些在墓志中都有叙及。另一方面,即社会上存在着以华侨为侵凌敲索的对象者,不乏其人,蒋刚峰在南洋,其家即遭无赖欺侮;蔡明盘就因其父在两乡械斗时无辜被掳,终致惨死,迫得他不得不于十一岁时就出洋谋生,表明当时侨村情景。至于华侨与宗族、亲戚、邻居、朋友的往来,往往带有经济因素,馈赠、借贷或抚恤,几乎人各有之。由于财产带有声望,归侨往往被请为"公亲",替人排难解纷,有时还要解囊贴赔,并不少见。

6. 华侨乐土鼓浪屿:民国时代,军阀混战,内地土匪纷起,华侨在故乡更无法安居,只好避地闹市。厦门鼓浪屿当时为公共租界,托庇帝国主义势力,比较安定,被视作"世外桃源",富侨纷纷卜居此地。屿中高楼大厦,绝大多数为华侨所建,墓志中对此也多述及。黄奕住挟资归国,即定居厦门鼓浪屿;黄仲训也弃泉而迁居于鼓;黄秀烺四十多岁即作为此地居民;李功藏、陈正宗、蔡明盘都曾避乱来鼓,或自己买屋,或租宅而居。鼓浪屿的繁荣,就建立在华侨经济的基础上。

(原载《泉州文史》第 4 期,第 83~92 页,1980 年 12 月)

晚清泉州世家"观口黄"置业契约选

第二次鸦片战争时期,两广总督黄宗汉的家族聚居在泉州元妙观口,人称"观口黄"。在一百年间,"观口黄"数代科举,或进入仕途,或居为乡绅,簪缨相继,飞黄腾达,是泉州的一大世家。黄宗汉的父亲黄念祖家无田地,从黄宗汉起以官途所得财富,交由长兄黄宗澄管理,经营商业(包括典当业、布局)、房地产、龙眼宅(种龙眼树的场地)以及署礜(厕所)收租和放高利贷等,以货殖收入哺养族众,过着养尊处优的生活。现将"观口黄"置业契抄按类选辑如次,供研究者参考。

一、商业(4件)

第一件

全立约字人,泉城登贤铺黄诗记,泉城登贤铺黄书记,同安厦门火烧街联美号,同安厦门内柴市街黄潜记,同安厦门双连池吴安记。盖闻裒重千金,谋成须集夫狐腋;利市三倍,置本先务于鸠资。期全始而全终,经营罔懈。愿协心而协力,正直无私。义以相孚,此心乃堪共信。言必可复,立约尤重久要。兹者诗记等丽泽凤占,本属相声之应。财源共浚,因为同道之谋。任事归于一人,权有专属;得利分为叁拾叁股,情亦至公。即就于厦岛火烧街建立联昌号丰记生理,前往广东香港等处置办洋货,来厦销售。诗记出陆股,本银贰千肆百元,折库砣壹仟陆百贰拾两;书记出四股,本银壹仟陆百元,折库砣壹仟零捌拾两;联美出拾股,本银肆仟元,折库砣贰仟柒佰两;潜记出柒股,本银贰仟捌佰元,折库存砣壹仟捌佰玖拾两;安记出叁股,本银壹仟贰佰元,折库砣捌百壹拾两。计共叁拾股,合共本银壹万贰仟元,折库砣捌仟壹佰两,交与黄青龙官,专手管掌贸易各事宜。明约每年得息银两,除开用行费外,按股均分。就中加荫叁股,内黄青龙官得壹股贰格,黄鉴舍得玖格,王长官得九格,以为诸伙任事酬劳。所有各股应分息银,均听支用。倘年景不齐,或有亏本,亦财运使然,毋得别生异议。黄青龙官等责任经理,自当竭力尽心,调度一切。当不至稍存私意,有碍规约。若将来有欲抽起本银者,亦应先期会议,不得私相授受。诗记等气谊交孚,望营财之大进。休戚与共,本立念之无私。惟愿本大道以生财,广收江河之利。垂百年而永好,不渝金石之盟。爰立纸五张,约言一律,并加花押,各执为凭。此约。

公亲 王道箴老

吴有全老

代书 王敷澄

同治叁年叁月 日 同立约字人 黄诗记

黄书记

联美号

黄潜记

吴安记

第二件

同立约定人,泉城登贤铺黄诗记,泉城登贤铺黄书记,泉城登贤铺胜义号(在厦恒胜街开张字号),同安厦门内柴商街黄敏记,同安厦门内柴市街黄潜记,同安厦门前围宫林文记。盖闻裘重千金,谋成集夫狐腋;市利三倍,置本先务于鸠资。全始而全终,经营周懈。愿协心而协力,正直无私。义以相孚,此心乃堪共信。言必可复,立约尤重久要。兹者诗记等丽泽凤占,本属同声之应。财源共浚,因为同道之谋。任事归于一人,权有专属。得利分为拾叁股,情亦至公。即就于厦岛恒胜街开张锦昌号生理,置办浦南等处纸货,在厦售卖。诗记出叁股,本银叁仟元,库平贰仟零肆拾两正;书记出贰股,本银贰仟元,库平壹仟叁佰陆拾两正;胜义出肆股,本银肆仟元,库平贰仟柒百贰拾两正;敏记出壹股,本银壹仟元,库平陆百捌拾两正。计共拾贰股,合共本银壹万贰仟元,库平捌仟壹百陆拾两正,交与王盛舍,专手掌管贸易各事宜。约明每年得息银两,除开用行费外,按股均分。就中荫加壹股,内王盛舍得六格,黄鉴舍得四格,以为诸伙任事酬劳。所有各应分息银,均听支用。倘年景不济,或有亏本,亦财运使然,毋得别生异言。盛舍等责任经理,自当端力尽心,调度一切。当不致稍存私意,有碍规约。将来若有欲抽起母银,亦当先期会议,不得私相授受。诗记等气谊交孚,望营财之大进。休戚与共,本立念之无私。惟冀本大道以生财,广收公司之利。垂百年而永好,不渝金石之盟。爰立纸五张,约言一律,并加花押,各执为凭。此约。

公亲　王道箴老
王盛舍
代书　许志仁
同治五年正月　日　同立约字人　黄诗记
黄书记
黄胜义
黄潜记
黄文记

第三件

　　同立分约定人,泉城登贤铺黄诗记,泉城登贤铺黄书记,泉城登贤铺黄胜义,同安厦门内柴商街黄敏记,同安厦门内柴市街黄潜记,同安厦门前围宫林文记。窃以合志同方,原望生财有道。而知止不殆,尤属因时制宜。诗记等于同治五年各出资本,诗记付出六八兑本银叁仟元,书记付出六八兑本银贰仟元,胜义付出六八兑本银肆仟元,敏记付出六八兑本银壹仟元,潜记付出六八兑本银壹仟元,文记付出六八兑本银壹仟元,计共六八兑本银壹万贰仟元,合做锦昌号浦南生理。在厦门恒胜街,交与王盛舍等掌管。经立有合约字六纸,一样誊写,各执一纸为据。嗣后生理少振作,不免亏蚀。因公议换人持筹,交与陈松官掌管,冀营谋得利。讵料月消日蚀,资本愈亏愈甚。至同治壬申年二月,公同查核账目,计亏蚀资本伍仟伍佰伍拾玖两捌钱叁分。公议此途生理实难营生,若不急停,势已难支矣! 遂即将锦昌号生理停止,所蚀本银,照股均摊。余悉各人另行别图,并将前约字各取出,公同焚化。其账目公同核结清楚,并无分毫轇轕不明。但思有合有分,固随机而应,而全终全始。斯退无后言,自当再立分约字六纸一样,仍分各人收执,庶几道义之交,不致别生异议。而分析之后,亦可藉为存查也。谨此申明,合再具约为照。

公亲　王道箴老

		王盛舍
	代书	许志仁
同治十一年二月　日　同立分约字人		黄诗记
		黄书记
		黄胜义
		黄潜记
		黄文记

第四件

同立分约定人，泉城登贤铺黄诗记，泉城登贤铺黄书记，同安厦门火烧街联美号，同安厦门内柴商街黄潜记、同安厦门双连池吴安记。窃闻联财创业，本谊气之交孚。协力谋利，亦情意之相投。物宜则合，合久必分，理之常也。缘泉城黄诗记、书记与同厦联美、潜记、安记等于同治三年三月间，在厦岛火烧街合建联昌丰记洋货生理，鸠集资本壹万贰仟元，交黄青龙官管掌贸易，黄鉴舍、王长江舍佐之。荫股抽分，按额酌量分与在本股分，俱载在原立合约，各纳一纸为凭。数年经营，尚见获利。兹因诗记、书记有自营在厦胜义号生理，当事黄鉴舍不幸病故，行务乏人接管，遂行停歇。联昌生理势难兼顾，是与股伙商议，将诗记、书记在本及未支得息，结至辛未年底截止，照数抽起别图。诸股伙深知其情，俱已乐从。核结细数，按其就本银及得息，尚应分银陆仟玖佰叁拾玖两壹钱七厘，立限立期凭单支付。此后联昌丰记生理及应收应还账目，悉归联美、潜记、安记等协力设法营为，得失概与诗记、书记无干。此系三面公同商议，妥洽情愿，交割明白，各无异言。除诗记、书记原合约取出公同焚化，余联美、潜记、安记原合约字，逐一批明外，合再立分约字一样五纸，仍加花押，各执一纸为照。

内注一愿字，批明再照。

	公亲	杨绍周老
		丁孙明老
	代书	辜存宽
同治拾壹年正月　日　同立约字人		黄诗记
		黄书记
		黄潜记

联美号
吴安记

二、房地产(11件)

第一件

　　立典卖契人，南门外新巷林子溥，有明买店屋壹座贰落，坐在南门外聚津铺水仙宫桥下左畔第叁间，坐东向西。内第一进壹店面，壹通柜，贰天井；第二进壹火库，后一船亭；店后右畔壹旷地通河沟，三姓公同出入。前至街，后至林宅行，左至王宅店，右至黄宅店，四至明白。上及厝盖，下及地基，门窗户扇窗枋竹窗瓦木砖石，一尽损坏。兹因欠银别用，托中引，就与黄衔上典卖，出佛番银壹百大员，每员库平陆钱捌分正。银即日同中收讫。其行屋听衔上重新起盖修理，管掌招租为业，不敢生端异言。面约修理为银若干，登记账簿。限至拾年足，听溥备契面银及修理银一齐取赎，不得刁难。保此店屋系溥明买物业，与房亲伯叔兄弟侄无干，亦无重张典挂他人不明为碍。如有不明，溥自抵当，不干衔上之事。今欲有凭，合立典卖契为照。

　　上手契年久失落，日后查出自当缴执。再照。

中人　杨励老

王箴老

咸丰十一年五月　日　立典卖契人林子溥

第二件

　　立卖断尽绝契人，在城阳义铺熙春境杨雪友，有已置民行屋壹座，坐在泉州城南门外语渡铺，土名土地后，土地宫左畔第六间，坐西向东。内壹店面，贰柴房，壹灶下。前至街，后至蔡宅行屋，左至林宅行屋，右至王宅行屋，四至明白。今因年久倒坏，仅存地基壹所，无力修理，托中引进，与黄衔上卖断尽绝，出佛番银壹百大员，库平陆拾玖两正。银即日同中收讫。其地基听银主前去重新起盖掌管，永为己业。保此行屋系友已置物业，与房亲伯叔兄弟侄无干，亦无重张典挂他人不明为碍。如有不明，友自抵当，不干银主之事。从此一卖千休，日后断不敢言及贴赎滋事等情。恐口无凭,立卖断尽绝契为照。

并缴上手司单印契计贰纸,再照。

中保　王箴老

　　　郭猷老

代书　侄杨光绎

咸丰拾壹年拾壹月　日　立卖断尽绝契人杨雪友

第三件

立洗贴尽绝契人,在城阳义铺熙春境杨雪友,有已置民行屋壹座,坐在泉州城南门外浯渡铺,土名土地后,土地宫左畔第陆间,坐西向东。其间声四至,登载原卖契明白。今因价值未敷,再托原中,向衙上洗贴尽断绝,出佛番银贰佰大员,库平壹百叁拾捌两。银即日同中收讫。其地基听衙上前去重新起盖,永为己业。今价已敷足,自此一卖千休,日后不敢言贴言赎。保此行屋系友已置物业,与房亲伯叔兄弟侄无干,亦无重张典挂他人不明为碍。如有不明,友自抵当,不干银主之事。恐口无凭,立此洗贴断尽绝契为照。

中保　王箴老

　　　郭猷老

代书　侄杨光绎

咸丰拾壹年拾壹月　日　立洗贴尽绝契人杨雪友

第四件

立典卖契字人,在城胜得铺林士銾,有承父阄分店屋壹座,毗连贰间,坐在南关外浯渡铺吊桥顶左畔第一间,连第二间,坐南向北。前至桥面,后至黄衙店,左至黄衙店,右至黄陈两宅店,四至明白。上及厝盖,下及地基,门窗户扇瓦木砖石楼阁天井等项俱全。今因欠银别置,将此店屋壹座毗加连贰间,托中引,就与黄衙上典卖,出佛番银叁佰贰拾大员,库平共重贰佰贰拾两零捌钱正。银即日同中收讫。其店听衙上前去管掌收租为业。其店屋现已破损,公估贴修理银叁拾贰大员,每员平重陆钱玖分正。言约限叁年满,听銾备契面银及修理银一齐取赎,不得刁难。倘有风水不虞或倒坏,三面公估,听衙上起盖,登记在账。赎时銾自应坐理,不得异言。保此店屋系銾承父阄分物业,与房亲伯叔兄弟侄无干,亦无重张典挂他人不明为碍。如有不明,錸自抵当,不干衔上之事。今欲有凭,立典贷契字为照。并缴上手司单印契计贰拾壹纸,再照。

中人　吴添五世

陈和世

代书　陈和世

咸丰拾壹年拾贰月　日　立典卖契字人林士錸

第五件

立洗贴尽断契字人,胜得铺林士錸,有承父阄分店屋壹座,毗连贰间,坐在南关外浯渡铺吊桥顶左畔第一间,连第二间,坐南向北。其间声四至,登载前原典卖契明白。今因价值未敷,再托原中,向与黄衔上洗贴尽断,绝出佛番银壹佰叁拾大员,库平捌拾玖两柒钱正。银即日同中收讫。其店屋听衔上前去管掌,重新起盖,永为己业。今价已敷足,自此一卖千休,日后不敢言贴言赎,亦不敢生端滋事。保此店屋系錸承父阄分物业,与房亲伯叔兄弟侄无干,亦无重张典挂他人不明为碍。如有不明,錸自抵当,不干衔上之事。今欲有凭,立洗贴尽断契为照。

中人　吴添五世

陈和世

代书　陈和世

同治四年十二月　日　立洗贴尽断契字人林士錸

第六件

立尽卖并洗贴绝契王秋官,有已置店屋壹座,坐在育才铺萝果巷内南畔第七间。内一店面,一管棚,一大库房。内右畔房仔一间,后左畔一天井,一水井。大库房外右畔火库一间,前后天井二,水井一。又一库房闸内厅屋三间,二雀翼,一天井。前至巷,后至林宅店,左至谢宅店,右至蔡宅店,四至明白。上及厝盖,下及地基,门窗户扇,砖石瓦木,窗枋通柜俱全。今因欠银别用,将此店屋托中引,就与黄衔上尽卖,并洗贴绝,出佛争贰佰贰十大员,每员库重六钱九分正。即日同中收讫。其店屋听衔上前去管掌收租,重新起盖,永为己业。价已敷足,自此一卖千休,中后不敢言及贴赎。保此店屋系秋己置物业,与房亲伯叔兄弟侄无干,亦无重张典挂他人不明为碍。如有不明,卖主抵当,不干衔上之事。恐日无凭,立尽卖并洗贴绝契为照。

并缴上手契二纸,再照。

中人　薛山老

同治四年正月　日　立尽卖并洗贴绝契字人王秋官

第七件

立认批字人,在城溪亭铺张隔观。今认得泉城内黄衙上店屋一座,在溪亭铺南门月城大城门边左畔第一间,连第二间,坐东向西。内第一进二店面,一通柜,一天井;第二进二间相通,一天井,后掩仔二间,一灶下,一后尾,一厕池。前至街,后至城墙,左至陈宅,右至城墙,四至明白。上及店盖,下及地基,门窗户扇,瓦木砖石等项俱全。今隔观认来开张顺兴号磨房生理。全年载租钱贰拾肆仟文,分作拾贰个月交纳,逐月交清钱贰仟文,不敢挨延短欠,亦不敢借称招伙私卸他人,分租别号等情。如有此情,听衙上召起别租,不敢异言。此系空手承交,并无店底佃根批匙等礼。倘隔观日后若要别图生理,立即将店送交衙上管掌,不得迟缓。其店如有上漏下湿,自应报衙上修理,不得擅自修理,借口扣租。恐口无凭,立认批字一纸为据,此照。

中保人　吴文使

同治八年七月　日　立认批字人张隔观

第八件

立认批字人,南关外浯江铺金免号。今认得黄衙上行屋一座,坐在南关外浯江铺新桥头铳城左畔第十间,坐西向东。内第一进一店面,第二进一土库,前一房仔,后一客厅,上楼阁一座,内一厅一房,并周围走马楼及栏杆,又扁梯一张;第三进一大火库,第四进一火库,后一掩仔,一厕池。前至街,后至溪,左至陈宅行,右前至林宅店,右后至林宅行,四至明白。上及厝盖,下及地基,门窗户扇,竹窗通柜,瓦木砖石俱全。金免号分租过第一进一店面,第二进内一房仔,第四进一火库,后一掩仔一厕所。认来开张金免烟店生理。全年载租银叁拾大员,每员重陆钱玖分,拨作十二个月,逐月交纳租银贰员伍角。不敢挨延短欠,亦不得借称招伙私卸他人等情。如有此情,听衙上吊起别租,不敢异言。此系空手承交,并无店底佃根批匙礼。倘日后若要别图,自应将行立即送交衙上管掌，不得迟缓。其行屋如有上漏下湿，约明自行修理。倘若倾榻损坏，自应报衙上修理，不得擅自修理，借口抵租。恐口无凭，立认批字为照。

中保人　粘芝舍

咸丰九年拾壹月　日　立认批字金免号

第九件

　　立认批字人，在城大门铺南岳境大郎巷黄滔观。今认得黄衙上行屋壹座，坐西向东，在南门外浯渡铺新桥头铳城左畔第十间。内第一进一店面，第二进一土库，前一房仔，后一客厅，上楼阁一座，内一厅一房，并周围走马楼及栏杆，又扁梯一张；第三进一大火库，第四进一火库，后一掩仔一厕所。前至街，后至溪，左至陈宅行，右至林宅店，四至明白。上及厝盖，下及地基，门窗户扇，瓦木砖石俱全。今认过第二进一土库，上楼阁一座，内一厅一房，并周围走马楼及栏杆，又扁梯一张；第三进一火库，又店口行路一所，公同出入。开张承源号布庄生理。全年载租银叁拾陆员，分作十二月交纳，逐月交纳租银叁员，每员重陆钱捌分实平。不敢挨延短欠，亦不得借称招伙私卸他人。如有失约，限二个月听衙上召起别租，不敢异言。此系空手承交，并无店底佃根。倘日后若要更换字号，应请衙上主裁。如别置生理，立即将店送交衙上管掌，不得迟缓。其行屋如有上漏下湿，应报宅上修理，不得擅自修理，借口抵租。今欲有凭，立认批字为照。

同治九年九月　日　立认批字人承源号

第十件

　　立认租字人，在城行春铺黄阿团。今认租得黄衙上店屋一座，在中华铺观东巷右畔第拾伍间，店前坐西向东。一大门路厅，一进屏门，左畔一店面，一后厅；后三进，坐北朝南，第一进四向厅房，一连五间，一卷棚；第二进一大厅，一后轩，两边二大房。二后房，左畔一天井，一厨房，水井一口；右畔接连一大房，一后房，一雀翼房。第三进一天井，两雀翼，一大厅；两边二大房，右畔接连一小房，后一通巷，一厕所。南至吴家宅，北至鹧鸪司衙门，东至街，西至元妙观墙壁，四至明白。上及厝盖，下及地基，门窗户扇，砖石瓦木俱全。整开客寓，全年载钱叁拾捌仟肆佰文，每月交纳钱叁仟贰佰文，逐月交纳，不敢挨延短欠。如有短欠等情，听衙吊起别租。若无短欠,亦不容重租别人。其店听团永远生理。如遇上漏下湿,报衙雇匠修理,不得擅自扣租。此系白手承租,并无致送锁匙批礼以及压佃银元。日后团如歇业别途生理,自当将店交送业主,不敢私卸他人,借称招伙延搬等情。今欲有凭,立认租字为照。

中人　吴阿仕
代书　周青
同治五年正月日立认租字人黄阿团

第十一件

立认批字人,在城万厚铺龚麻观。今认得黄衙上店屋壹座,坐在育才铺梦粿巷内南畔第七间。内一店面,一大火库,内右畔一房仔,前左畔壹天井,一水井。后左畔一小天井。前至街,后至林宅,左至谢宅店,右至蔡宅店,四至明白。上及厝盖,下及地基,门窗户扇,通柜窗枋,瓦木砖石等项俱全。今麻观认来开张新合成号草花店生理。全年载租清钱贰拾贰仟捌佰文,分作十二月交纳。逐月交清钱壹仟玖佰文。不敢插和小钱,亦不得借口折扣清钱,并不敢挨延短欠等情。如有此情,听衙上召起别赁,不得生端异言。此系空手承交,并无店底佃根批匙等礼。倘麻观日后要别图生理,立即将店送交衙上管掌,不得迟缓,亦不得私卸他人,分租别号。倘有此情,被衙口察出,愿听议罚。其店屋如有上漏下湿,自应报衙上修理,不得擅自修理,借口扣租。今欲有凭,立认批字为照。

中见人　林基官
同治五年正月　日　立认批字人龚麻观

三、龙眼宅(2件)

第一件

同立典卖契人,晋江县新门外柳通铺鲤洲乡郑日牛等,有承父祖已置地基壹片,龙眼树贰拾丛,坐在本乡,土名过埔。东至郑日习园,西至岸,南至郑兆忍园,北至郑日出龙眼宅,四至明白。今因欠银别置,将此龙眼树并地基全宅,奉母命,托中引,就与黄衙上典卖,出佛银贰百肆拾大员,计库砣重壹佰陆拾伍两陆钱正。银即日同中收讫。其龙眼树并地基全宅，听衔上前去管掌为业，不敢异言等情。面限至捌年满足，听牛等备契面银取赎，不得刁难。保此龙眼树及地基，系牛等承父祖已置物业，与房亲伯叔兄弟侄无干，亦无重张典挂他人不明为碍。如有不明，牛等自应抵当，不干衔上之事。今欲有凭，立典卖契为照。

中见人　许和淡官
　　　　林财官
　　　　郑咸官
知见　　母洪氏
秉笔人　郑日牛
同治四年二月　日　立典卖契人郑日牛
　　　　　　　　　　　　郑日配
　　　　　　　　　　　　郑日粟
　　　　　　　　　　　　郑日绥

第二件

立守顾约字人，晋江县新门外鲤洲乡郑日牛，领得在城黄衔上明买地基壹片，栽种龙眼树贰拾株，坐在本乡，土名过埔。东至郑日习园，西至岸，南至郑兆忍园，北至郑日出龙眼宅，四至明白。前去小心守顾，明约成熟之时，听衔上招客发卖。所长利息，衔上的八分，日牛的二分，以为守顾工资。日牛自当日夜梭巡，不听外人采取，亦不敢私自采取。如有听外人或私自采取，被衔上察出，情愿听衔上议罚，召过别人守顾，不敢异言生端。恐口无凭，合立守顾约字为照。

中人　许和淡观
　　　林材观
　　　郑咸观
同治四年三月　日　立守顾约字人郑日牛

四、砻(2件)

第一件

立卖契字人，在城盛贤铺王门张氏，有承夫已置砻二所，一坐在观后前田巷右畔第一间,坐北向南。东至观墙,西至石彻,南至衙上墙,北至黄宅罄。一坐在武安王宫边左畔第三间,坐北向南。东至衙上罄,西至街,南至街,北至墙,四至明白。厝盖地基墙、罄桥等俱全,内各三孔。今因欠银别置,托中引,就与黄衙上卖,出佛番银肆拾大员,库陀[砣]贰拾柒两贰钱。即日同中收讫。其罄听衙上管掌,召起别租,永为己业。不得生端异言,并不得言及贴赎等情。保此业系王门张氏承夫己业,与房亲伯叔兄弟侄无干,亦无重典他人不明为碍。如有不明诸事,卖主抵当,不干买主之事。恐口无凭,立卖契字为照。

上手契失落,查出无用,再照。

添注玖字,涂改叁字,又照。

代书　英　烈
中人　蔡院司
高厚官

同治四年　月　日　立卖契字人王门张氏土名气官

第二件

立认批字人,在城阳义铺黄基官。今认得黄衙上罄贰间,各叁孔。壹座在妙华铺前田巷砌脚第一间,坐北向南,前至黄衙墙,后至黄宅罄,左至砌,右至墙,四至明白。壹座在登贤铺隘门脚左畔第一间,坐北向南,前至街,后至墙,左至街,右至衙上罄,四至明白。上及屋盖,下及地基,石板短墙俱全。今托中引,就与黄衙上租,出清钱全年柒仟贰佰文,分作十二个月交纳,逐月交纳清钱陆佰文。不敢爽约,并不敢挨延短欠,私卸他人分租。若有此情,听衙上召起别租,不敢生端异言。倘日后生理照前,亦听衙上如旧起租清钱捌仟肆百文。此系空手承交,交无致送压佃银礼。如有上漏下湿,自应报衙上修理。不敢擅自扣租。今欲有凭,立认批字壹纸为照。

中人　蔡院司

同治四年二月日立认批字人王门张氏土名气官

(原载《中国社会经济史研究》1985年第3期,第105～112页)

谈谈编写《泉州市志》的三个问题

我赞成庄为玑同志编写《泉州市志》的建议。修志是我国的好传统,历代修纂的地方志是我国非常庞大的一宗珍贵文化遗产,在今天仍然有必要继承过去定期修志的办法,继续编写各地方的志书。但时代不同了,今年所要编写的地方志,自然和旧时代的地方志有本质的不同,不能无批判地继承旧方志的做法,必须一方面进行新方志学的探讨,创立一个社会主义新方志学的理论体系,作为编写方志的指导。另一方面,由于一种新的理论的形成要有个探索过程,如果定要等到确立一整套理论体系之后,才来动手写志,恐怕也不符合当前客观的要求。事实上,一种学术理论的产生,也要建立在实践基础上。假如有些地方能够在当前一定条件和认识水平之下,编写出地方志来,互相观摩,取得经验,同时就会以实践的结果促进新方志学理论的形成。两者是相辅相成的。今天,不妨把理论的探讨和修志的实践结合起来,同时并举。

泉州是个文化古城,前人为我们积累不少资料,只要我们解放思想,大胆创新,还是可以进行市志编写的。虽然写出的稿子未必臻于完善,但在编写过程中,边干边学,逐步探索,逐步提高,在实践中,从不够完善到逐渐完善。这总比观望等待,徘徊不前为好。现在就如何具体落实庄同志的建议,着手进行《泉州市志》的编写工作,提出三个问题,谈谈个人的看法。

一、原则问题

用什么思想作指导,遵循什么原则来写,是编写《泉州市志》的先决问题。我们说封建时代以至半封建、半殖民地时代所修的方志,和今天社会主义时代所要修的方志有本质的区别。区别之处,就在于立场、观点、方法的不同。旧方志是站在当时统治阶级的立场上,用唯心主义的观点和方法来写的。今天则要站在无产阶级的立场,用阶级观点和阶级分析,在马克思主义历史科学的指导下,写出历史唯物主义的新方志,这是个总原则。遵循这个原则,编写时注意做到:(一)要本着实事求是的精神,如实反映情况,以一分为二的观点,正确看待事物,避免主观化和绝对化。(二)要把问题提到一定历史范围之内,不用现代的标准苛求古人,或把古人现代化。(三)要把被旧方志颠倒的历史颠倒过来,如称农民起义军为"寇"、"盗"之类,必须推倒,还其历史的真面目。(四)要透过现象看到本质,如旧方志关于烈女、节妇的记载,不必都视为糟粕而删弃,可运用此种材料点出其本质——当时礼教吃人的情况。(五)要达到三个反映:1.反映出当地的阶级、阶级矛盾和阶级斗争;2.反映出当地劳动人民的生活斗争和各阶层生活面貌;3.反映出当地的地方特点。(六)要贯彻"古为今用"的方针,注意抓住典型,把握主体,总结本地区历史经验,为当前社会主义现代化建设服务。

二、体例问题

体例要服从于原则,当前编写《泉州市志》应根据今天修志的原则来拟订体例。初步设想如下。

(一)名为《泉州市志》,所写史实自应以今泉州市所辖区域(市区四公社、郊区七公社)为范围,虽一个地方发生的事件会有其全国性背景和与毗邻地区的联系,但涉及之处只能适当带出,避免喧宾夺主。

(二)叙事时间,起于泉州地区始见于文献记载(包括地下发掘报告),讫于中华人民共和国建国三十周年纪念日。由于历史时代不同,可分为上下两部,上部写封建时代及半封建半殖民地时代,下部写社会主义时代。具体时间以1948年8月31日泉州解放为界线,解放前归上部,解放后归下部。

(三)全志以记事为主,列传、编年为辅。每一门类的记载,以此项史实有可稽考开始,一线直下,逐代叙述,以明其沿革演变。

(四)全书名为"志"(《泉州方志》),记事名为"篇"(如《地理篇》),列传名为"传"(《人物传》),编年名为"记"(《大事记》)。志名全称冠以完稿之年,如《19××年泉州市志》,以别于其他年间所修的志书。

(五)记事顺序,先经济基础,次上层建筑。以经济、政治、文化为序,分写地理背景、劳动生产、交换分配、社会结构、历史统治、反统治、政制、法制、军制、财赋、文化教育、学术思想、文学艺术、宗教等。

（六）泉州地方比较显著的特点三：(1)保存汉语古音，(2)曾是世界大港，(3)著名华侨家乡。为突出此三者，先将方言、海港、华侨各立专篇。

（七）遗闻轶事、掌故丛谈，或具有记载价值而又不适纳入各篇的材料，可另立《杂俎篇》。

（八）对国家或地方有所贡献，或一定影响的人物，收入《人物传》，记其生平大要。传的编排以时代为序，不分门类，事不离人，如其人某一方面比较突出，即记其事于有关篇章，而附注"另有传"。于传中则注某事见某篇，避免重复。其他名见记载，事迹一般的，则编入《人物简表》，只记其姓名、时代、简历，按姓氏笔画排列，以备查考。对籍非泉州而寓居于泉有一定时间(包括家在今晋江县属而其人活动多在泉城者)，或者在泉任事有所表现者，视同泉州人处理。

（九）自本志记载史实开始，至结束年间，凡属需要记录下来的大事，另依编年体裁逐条简述，以与记事各篇互为经纬。但选材从严，勿类流水细账。记年概用公元，下注朝代年号。为记述方便，清宣统三年(1911年辛亥)以上的，仍照旧史记载，凡月采用农历，不再改算阳历的月数。

（十）上下两部，时期不同，重点有异，记事门类自不能雷同。上部以新观点写旧时代，可参照本体例五至九条，设立篇章；下部主要写社会主义革命和社会主义建设，大体可按中共泉州市委及市革委会所属部、委、科、局等单位的性质任务，分类立篇。有些事项已载上部的，下部就不重复，如地理方面可改立《设市篇》，记设市经过及行政区划等；历代统治及反统治方面，可改立《领导篇》及《建政篇》，前者记党的组织领导，后者记新行政机构的建立。接着另立一篇写历次政治运动，再把政治、经济、文教等方面的具体工作，分别立篇。至于方言基本未变，海港已现沧桑，下部均不再立篇，只将近三十年此两者的有关情况，收入有关篇里。《人物传》因时在当世，人多健在，可以不立，但某人涉及某事时，记此事实仍要提及其人，以明真相。编年记事专写解放以来的大事。

（十一）要"详今略古"，虽上部记述时间超两千年，下部所写不过三十年。但两部篇幅分量不宜因时间长短而悬殊，下部写解放后事，要求详尽；上部写古代，可较为简要。同属上部，也应依时代的远近，详细有所区分，清乾隆以前(乾隆《泉州府志》、《晋江县志》修纂前)，可略于乾隆以后；乾隆至宣统，可略于民国时代。

（十二）每篇之下可酌分章节。各篇有一事两见的，应注明"互见某处"。

有的举其事而不必详的,注"详见某处"。

(十三)编写文字务求简练,忌虚词空话;措辞务求生动,忌教条八股。凡可用图表来表达的,尽量采用图表,附于有关篇章。实物照片也应适当穿插,图文并茂。

(十四)引用文献资料,概要注明出处。比较难懂的古文,要译成白话。

根据上述体例,试拟上下两部篇章如下。

上部二十篇:

1. 地理篇:包括位置、地形、山川海湾、气象、物产、疆域、城置沿革、铺境街乡、名胜古迹、自然灾害、地名别称等。

2. 生产篇:包括开拓、农耕、渔牧、水利、工艺、特产、交通等。

3. 分配篇:包括土地、财富、劳动、贸易、金融、物价等。

4. 社会篇:包括民族、宗族、户口、阶级阶层、生活、民俗等。

5. 统治篇:包括历代(唐以前、唐、五代、宋、元、明、清、民国)统治者统治泉州的基本情况(作提纲式的记述,至各朝代为实现统治而采取的制度、措施等方面,则分立专篇)。

6. 反抗篇:包括反阶级压迫(农民起义、秘密会党、旧民主主义革命、新民主主义革命),反民族压迫(反元、御倭、抗满、反帝、抗日)等。

7. 政制篇:包括政区、官制、自治、警政、市政、外事等。

8. 法制篇:包括司法、监察、刑狱、诉讼等。

9. 军事篇:包括军制、营汛、海防、保安、兵役、民军、战事等。

10. 财赋篇:包括财政、粮赋、盐治、商税、关税、专卖、杂税、摊派等。

11. 文教篇:包括文化概况、书院、学塾、科举、学校、民众、教育、出版、体育、卫生等。

12. 学术篇:包括哲学思想、历史考古、舆地、历算、科学技术、医药、建筑工程等。

13. 文艺篇:包括文学、艺术、美工、戏曲、音乐、民间游艺等。

14. 宗教篇:包括道教、佛教、摩尼教、伊斯兰教、基督教、杂神崇拜、破迷运动等。

15. 方言篇:包括源流演变、语法、音韵、国语传播、外来语等。

16. 海港篇:包括港口、海上交通、对外贸易、市舶司、外侨居留、海禁、台澎移居、兴衰变化等。

17. 华侨篇:包括历代华侨、出国背景、侨居地、国外生活、归侨与侨属、华侨与家乡、侨汇等。

18. 杂俎篇。

19. 人物传。

20. 大事记。

下部二十一篇：

1. 设市篇：建市经过、疆域、行政区划等。

2. 领导篇：党在泉州的组织领导，团的组织，统一战线，工农青妇运动组织等。

3. 建政篇：民主建政、市级机构、基层组织、人大政协等。

4. 改革篇：历次政治运动开展情况及其对各个方面改革的促进作用。

5. 民政篇：社会福利、优抚安置、救灾及其他民政措施。附外事。

6. 司法篇：法院、检察、监察、重大民刑事案件等。

7. 公安篇：公安、社会秩序、消防、民警等。

8. 军事篇：军政机构、民兵组训、兵役等。

9. 财经篇：国民经济概况、财政、税收、金融、物价等。

10. 农业篇：农村工作、农林业、渔牧、副业、水利、农田基建、气象水文等。

11. 工业篇：工业布局、轻工业、重工业、手工业、社队街道企业等。

12. 交通篇：陆运、水运、人力运输、邮电等。

13. 商业篇：工商管理、市场供应、各种行业、对外贸易、集市等。

14. 城建篇：市政规划、道路、房屋、桥梁、水道、建筑行业等。

15. 社会篇：人口变迁、社会阶层、劳动工资、宗教信仰、社会风尚等。

16. 文化篇：文化概况、文博事业、文学艺术、戏剧歌舞、文化组织、科研、报刊出版、文娱活动等。

17. 教育篇：教育行政、学前教育、初等教育、中等教育、高等教育、师范教育、技术教育、业余教育、体育运动等。

18. 卫生篇：卫生行政、保健事业、医院医生、药品管理、计划生育、环境卫生等。

19. 侨务篇：侨务工作、归侨组织、华侨出入国、侨汇、侨办事业等。

20. 杂俎篇。

21. 大事记。

三、方法问题

旧时地方志有官修,有私撰,绝大多数为官修。在今天,个人修志条件不足,难求完善,应由公家来修,在当地党委领导下,成立修志机构,负起全责。同时也要发动群众协助,征询群众意见。专责与群众相结合,而以专责为主,按下述步骤进行工作。

(一)"未行军先备粮"。编纂之前必须先搞好资料的收集与整理,充分拥有资料,这是第一步。这一步的重要不亚于撰写工作,假定写一部五十万字的方志,可能要准备三两百万字的资料,才能得心应手,足供对照鉴别,核实校正,去粗取精,去伪存真,以保证所写方志的质量。

方志材料有文献资料、实物资料,近、现代方面还要采访口头资料,进行社会调查。

文献资料是志料的重要来源,写《泉州市志》首先要利用旧志及有关史籍,如《福建通志》、《泉州府志》、《晋江县志》、《晋江新志》及《清史稿》、《东华录》暨其他史书及前人文集、笔记、族谱、近代报刊、报告,等等,都应该尽量搜集,以供参考。泉州历史研究会的工作规划,资料工作方面有《泉州文献联合书目》、《接洽州地方史料报刊目录索引》、《泉州地方史料图书析题索引》及泉州地方史料抄录等计划。搞得好的话,对编写《泉州市志》很有帮助,修志机构可与其配合工作,以加快步伐。

实物资料如金石碑刻、出土文物等也是重要的,这方面,泉州海交馆、文管会都有相当的保存与整理,可加强协作,以充实史料。

口头资料可说是第一手资料。泉州历史研究会计划发动会员进行"访老谈往"活动,访问阅历较丰富的年老人士,对其亲身经历和所见闻,加以记录整理。这办法值得推广,修志机构也可配合进行。"文革"前,泉州市政协曾用这办法征集一些文史资料,可供今天修志参考。但还有不少史料有待发掘,而日月不居,才成凋谢,往事随而失传,再不及时抢救,损失无可弥补。现要写志,更需做好这一工作,或因人问事,或就事找人,列个对象名单,分头访问。

(二)积累一定资料之后,即进行撰稿。第一步确定体制、篇章,组织专人分头撰写。写成后分别组织讨论,修改补充,完成各篇初稿。第二步,各篇撰稿人交换审阅初稿,发现内容的论点、体裁有分歧出入之处,即互相研讨,取得一致,以加强集体写作的整体性。第三步,全书布局粗定,各篇稿件经再次修订后,复由主编从头审阅,作必要的综合平衡,调整补充,务使全书脉络贯通,浑然一体。第四步,全书初步定稿,再广泛征求意见,组织讨论,最后修订定稿。

(三)下部材料主要以纪念建国三十周年泉州市各单位所写总结性文章为素材,再按方志的体例和体裁加以剪裁,参照上条处理,编纂成书。

我自己从未搞过研究工作,少接触资料,缺乏理论修养,是个方志学的门外汉。不过作为一个泉州人,热爱自己的家乡,盼望这一文化古城焕发青春,前人留下的文化遗产得到科学的整理,总结历史经验,使其有助于现代化新泉州的建设。觉得为玑同志建议编写一部新的泉州志是个好主意,因而不顾自己的水平,也来说些外行话,为促成这一事业的早日实现而摇旗呐喊。讲得不对之处,请同志们多多指教!

(在编写《泉州市志》问题座谈会上的发言稿。
原载《泉州文史》第 1 期,第 80～85 页,1979 年 7 月)

卷三 泉州文史

忆辛亥年泉州保安会

吴大璜口述　明诚笔录

武昌起义之前,泉州已有革命党人在活动,许卓然、叶青眼是主要人物。武昌起义消息传到泉州,革命党人更跃跃欲试,但限于人力财力,没能建立有力的武装力量。另一派人就寄望于清朝文武官员的反正投诚,求不战而胜,做了一些策反工作。当时驻泉州的陆路提督衙署已撤销,提督洪永安改任福建水师提督,移驻厦门。泉州的最高武官为绿营中协统带唐万胜,人称唐协台,所部系湘勇,分驻泉州府属各县,在泉州城厢的不过一百多人,都是些羸弱不振的鸦片兵,但武器在当时还算是好的。最高文官为泉州府知府管元善,满洲人,老耄昏庸,只会抽鸦片,不会理事;晋江县知县黄逢年,湖南人,比较能干,善观风色,看到清廷已临末日,采取敷衍拖日子的态度。在革命风声日紧,大势所趋的局面下,那些官员觉得自身难保,都惶惶不安,无心办事,政府陷于瘫痪。清末政治腐败,民生疾苦,失地失业的人日多,强悍之徒,不甘坐以待毙,多铤而走险,因而盗贼四起。泉州南门外及南安三十都各处,都有匪帮组织,或数人一股,或结社立会,强乡大族的人,更肆无忌惮。如青阳庄姓,出有大小庄武兄弟二人,称霸一方;安海到娘仔桥一带,有个以志参和尚为首的"白旗仔会",为洪门会党的支流。会众不少,入会的家中挂一白旗为标志。后因志参手下的人绑架南安富侨林露未成,被洪提督派高扁(高义)、赖乾(赖忠)带队进剿,攻破白旗仔会根据地一片寺,志参和尚不久被捕处斩。志参的副手杨居,原为一牛贩,参加白旗仔会后,在娘仔桥到山头城,招兵买马,形成一股势力。志参死后,他收拾残部,继续活动。当时革命党人,因鉴于自身武力薄弱,比不上唐万胜所部,同盟会起义原多联结会党力量,泉州党人也拟联络杨居和大小庄武,以壮声势。因此这些人在泉州光复前后,曾公开进城,老百姓不明底细,看到这帮"凶神恶煞"入城,无不心惊胆战,纷纷关门闭户,商店停市。本地歹徒乘机活动,市民迫切需要得到保卫。可是官府既瘫痪无力,革命党人也未深入群众,一般市民对他们比较疏远,看到这些"年轻无须"之辈,也不够信任。有些街巷居民就自动鸠资雇人守卫、巡更,在街头巷尾设立栅门,按时关闭。那时富侨黄仲训住在新门街,就曾出钱帮街巷建树栅隘。在这种情况下,有些地方人士就倡组保安会,维持治安。绅士(举人)而兼革命党(同盟会会员)的陈仲瑾,奔走尤力,出而邀集绅商学侨各界有代表性的人物一百多人,在考棚开会,府县官和中协统带也出席参加。正式成立保安会,推举两位进士林冲鹤(佑安)和吴增(桂生)为正副会长,华侨陈光纯和蒋报策为正副财政,陈篯为保安队长,李璇玑、吴祖芳、陈祖烈、王孝翰、叶修篁、吴藻汀、傅维斌一班人都参加此会,分担职务。这些人都是绅士之流,按当时群众的认识程度,对于绅士是较为信服的。但也不是所有绅士都乐于承担责任,也有胆小怕事的人,有位林资美老,在要推举人选时,就站起来向大家拱拱手,说:"偏劳各位,偏劳各位!"而溜之大吉。另一进士林骚(叔潜),也借口情况不熟,不参加工作。

  林佑安会长每以客气态度,把一些实际工作推给副会长——我的父亲吴桂生身上。父亲告诉我,为了安定地方,不能不勉为其难。但自己不是武人,哪来队伍?后来想到依靠延陵乡吴姓宗亲的力量,来维持泉城治安,一来乡中青壮年平时有些训练,二来离城近,便于呼应。于是派我去延陵,找乡里主事人。我到乡里,首先找开"店仔"(乡间食杂商店)的德洲伯,转达我父亲要借兵的意图,他二话没说,就召集各角落房头的"老大"商议,决定派出乡丁相助。翌日就派一百多名壮丁,背带鸟枪铺盖进城,并分作几队,由李璇玑、陈篯轮流带往各街巷巡逻,我也常常跟队伍出巡。保安会除有延陵乡丁来城协助外,会里另招有六十名保安队,由陈篯带领,住在考棚。这些队员多系市上游手闲散之徒,不惯受纪律束缚。有一夜,部分队员因犯规遭陈篯责斥,竟群起哗变,枪声不绝,市民大惊。唐万胜闻警,亲自骑马带队,冲进考棚弹压,哗变队员才逃匿于外。后由叶青眼把他们招抚,带往外县。而延陵乡丁,在保安会接管火药库时,有一岩浦人被派往看守,不料火药库爆炸,这人也被炸死。我父亲感到很难过,说对不起乡中父老,但死者不可复生,只好由保安会给以抚恤。

  在泉州光复前夕,还有一个插曲。有个革命党人,曾持刀威吓知府管元善,问他降不降?管本府吓得面如土色,说不出话来,有个叫山先的衙役随在身边,就向本府说:"降吧!降吧!"本府只好战战兢兢地说:"要降、要降!"本府说完,山先接口说:"恁爸(你老爸)也降,恁爸也降!"听的人哄然大笑。

后保安会因经费困难,把保安队遣散。延陵乡丁也感给养难继,撤回乡去。光复不多天,许卓然、蒋报料等,由厦门带同安义勇队来泉协防,地方秩序逐渐安定。保安会林、吴正副会长,也宣告辞职。虽经改选李璇玑等继任,而事情已接近尾声,不久无形解散。泉州光复时,仿各地设军政府,由唐万胜任统领,黄逢年任民政长,执政的仍是清朝原班人马,只有管元善于光复前夕逃跑,没有留任。革命党人则没有当官的。不久,军政府名义也取消,按民国的官制设县知事了。

吴大璜,辛亥泉州光复时保安会副会长吴桂生的长子,历任泉州各中学教员,年老退休。现已九十高龄。

(原载《泉州文史资料》第9辑,第78～80页,1981年9月)

享年九五的琴画名家黄松行述

黄永砡口述　盛明笔录整理

享年九五高龄的著名女画家,被称为"南派古琴名师"的黄松,不幸于1982年5月30日去世了。笔者作为她的内侄孙,在近十多年来,她老人家返回故乡,安度晚年的岁月里,有幸得随侍左右,对她老人家慈祥和蔼,疼爱后辈的音容笑貌,训诲教导,时刻不能忘怀。在悲痛之中益增孺慕之忱,因就闻之长辈及自身所知,不揣浅陋,略述其生平行状,以告关怀她老人家的同志们。

黄松,字渔仙,泉州市人,晚年自号温陵老人,闺名安治。故人多亲热地叫她"安姑",晚一辈则称为"安姑婆"。在解放前,她仍遵旧制,在姓名前加夫姓,与人书信和题画,自署黎黄松。到1953年受聘为上海文史馆馆员,才直称黄松。

清光绪十三年(1887年)农历九月十六日,她出生于泉州元妙观口黄家,即泉州人称为"观口黄"的家族,为两广总督寿臣公(宗汉)的再侄孙女,探花霁川公(贻楫)的侄孙女。祖父香圃公(贻檀)候选知府,父谋扬公从商。黄松自幼聪明伶俐,为伯祖霁川公及伯父佑堂公(谋烈,进士)所钟爱,故其父虽从商不事文墨,而她却六岁即得进家塾,与兄弟叔侄辈同受业于名秀才徐泽普。那时儿童启蒙,读的是"三、百、千、千"(《三字经》、《百家姓》、《千字文》、《千家诗》),进而及四书五经,学作八股文。女孩子识字,则要念《女儿经》、《女论语》之类,受"三从四德"的妇道教育。可黄松认字之后,除《千家诗》外,对那些圣贤之书,却不感兴趣,她羡慕古时一些多才多艺的女才子,恃长辈的宠爱,提出学琴学画的要求。终于获得允许,得从泉州著名古琴家周振音学琴,并向一画师学画,又进而学棋学书,奠下琴棋书画的基础。年稍长,接触到一些维新派的书刊,思想益开展,她看不惯大家庭中某些腐败、愚顽、虚伪、荒唐的现象,憧憬于不受封建枷锁的新生活。但在环境势力的压制下,究还无力跳出礼教的藩篱,她只好寄情琴画,以艺术自遣。

十七岁那年,她受父母之命,远嫁于湖南湘潭黎家。黎家也是世家大族,丈夫黎桐曾,清贵州巡抚黎培敬(谥文肃)的曾孙、台北知府黎伯鄂的孙子。父早故,其祖由台转来福建做官,因在福州为他们完婚。婚后,返回湘潭老家。这一所谓"门当户对"的闽湘姻缘,使她由一个仕宦之家的大小姐,作为另一仕宦之家的少奶奶,在当时是为一般人所称羡的。但在黄松心里,却不认为这是幸福。由于她早在娘家就看不惯封建大家庭中的种种行径,如今又再看到另一封建大家庭中同样的腐败、愚顽、虚伪、荒唐的现象,心存不满。因而对大家庭中所重视的繁文缛节,有所忽视,晨昏定省,礼数不周,失却家长的欢心。尤其她敢于扯掉千年来束缚中国妇女的裹脚布,毅然解放双脚,遭到一家上下的指责与讥笑,渐而在家庭中受到歧视,甚而虐待。更不幸的是在二十四岁那年,丈夫突然病故,所出仅两个女孩,大者不过六岁,小者才三岁。因无男儿,就把她丈夫堂兄弟的儿子作为嗣子,即后来有名的新文学家黎烈文。

她既素不得家长欢心,尤其丈夫的祖母,成见最深,不断虐待。丧夫之后,更遭受欺凌。倔强的黄松,受不了委屈与苦楚,决定离家自谋生活。她丈夫有义父梁碧垣,为长沙世家,见此义媳的凄凉遭遇,深表同情。因说服黎家,把她接去长沙暂住,黄松因将长女交给其姑,嗣子暂交其生母,自带幼女往长沙,并由梁碧垣介绍,先后在湖南汉寿、湖北宜都两县当小学教师,及教人琴画。母女两人,孤苦伶仃,度过八个寒暑。她丈夫的另一义父陈南桢(黎、梁、陈为通家友好),时在上海,听说她处境坎坷,即请梁碧垣把她送到上海居住,并接其长女与嗣子来沪团聚。黄松在沪以教琴卖画为生,抚养其子女。沪上妇女界听说她古琴弹得好,纷纷登门拜师,向其学习。在沪的湘籍闻人,如谭延闿为黎家亲戚,章士钊、程潜为黎家世交,他们本人及其家属子女,都对她很尊重亲切,而她不亢不卑,只是以琴会友。《申报》总经理史量才及其夫人沈秋水,在一次琴会上听到黄松的演奏,大为钦佩,双双往黄寓拜访,虚心求教。从此三天五天就到黄寓弹琴,双方过从亲如家人。由于史量才的介绍,她还为著名华侨黄奕住的子女和湖州名藏书家刘翰怡的夫人教琴。越剧名演员袁雪芬、徐玉兰也是她的高足。

1932年,上海有十八省古琴演奏会,邀请全国各地古琴名家来沪参加,黄松也在被邀之列。她所奏《胡笳十八拍》、《梅花三弄》、《关山月》、《阳关三叠》、《平沙落雁》、《归去来辞》等名曲,演奏纯熟,独具风格,造诣出众,赞不绝口,被誉为南派古琴名师。因她自幼从名师学琴,即琴不离身,弦不离手。远嫁湘潭时,一架陪嫁的古琴,远胜那些绫罗绸缎、珠宝金饰的妆奁。她把琴看作闺中良友,贴身知己。她不是为鼓琴而鼓琴,而是把悲愤冀望、万千思绪靠它来发泄与表达,把思想感情融化在绕梁的琴声中,或低徊倾诉,或激昂慷慨,或高山流水,或雷鸣电闪。她就是这样地与琴相依为命,而且以琴会友的。1959年10月,她参加全国音协在京举行的《胡笳十八拍》打谱演奏会,这次参加演奏的才得十四人,而她为其中佼佼者。《半邨诗集》作者泉州诗人林骚,在《听渔仙女士弹琴》一诗中,赞道:"缟衣淡沐谢铅华,香草离离是婿家。抱得乡心随明月,归装闲傍刺桐花。文姬鬐龄便知音,操缦安弦解咏吟。偶向人间挥一曲,飞鸿目送海天深。"颇能为这位古琴名家写照。

黄松的生活支柱,琴之外就是画了。画也是她幼年时就致力学习的,擅长工笔绢画,作品谨严工整,清雅古朴,传统功力深厚。尤长于花卉,牡丹与玫瑰是她的代表作。构图新颖,布局奇趣,充满浓厚生活气息,表现爱生活,求美好的愿望,使人受到亲切愉快、明朗和谐的艺术享受。她的作品受到名画家贺天健、樊少云、张乐平的好评。她的《牡丹图》在香港的福建中国画展览会上,有很高的评价。粉碎"四人帮"后,她看到拨乱反正,国家重现光明,深受鼓舞。在"文革"中搁笔十年之后,她立再挥毫,作一宽六十厘米,长二米的工笔绢画《百花齐放图》献给党中央。象征粉碎"四人帮"后祖国前程百花齐放、繁荣昌盛的景象。虽已在耄耋之年,而笔力未减,笔下牡丹或怒放竞艳,或含苞待发,朵朵绰约多姿,跃然画上,使人感到光明在望,前途美好,更激发爱党、爱国,奋发前进之情。

自少性格开朗,兴趣广泛的黄松,还于古稀之年,学习舞剑。当时有名国术家蔡龙云,向她学古琴,她就提出要向他学剑。两老互教互学,她勤学苦练,终于由一个白发苍苍的老裙钗,成为一个英气勃勃的女剑手。

黄松长期寄居上海,教琴卖画生活无忧,即留心培养子女。黎烈文自幼随她在沪读书,得她尽心培养,在中学毕业后,黄松售卖饰物送他留学日本。后又得跟她学琴的刘翰怡夫人的资助和史量才的支持,让烈文去法国留学。1932年回国,得史量才赏识,聘其主编《申报》副刊《自由谈》。烈文锐意改革,得到鲁迅、茅盾、巴金、瞿秋白、胡愈之、郁达夫等人的支持,把"鸳鸯蝴蝶派"的黄色文学堡垒,变为进步的新文学阵地。但也因此受到反动派和报馆中保守分子的仇视,在黄色小报上加以攻击,连黄松也被作为谩骂对象。但黄松不为所动,鼓励儿子坚持斗争。及史量才为蒋介石特务暗杀,黎烈文终被挤出申报馆。抗战期间烈文来闽,在永安任改进出版社社长,主编《改进半月刊》,黄松告诫他说:"福建是我的故乡,你要好好地干。"及抗战胜利,台湾光复,陈仪任台湾行政长官,邀烈文赴台,任《新生报》社长。后因言论受限制,愤而辞职,改任台湾大学教授。烈文在台期间,黄松以台湾为黎家先人宦游之地,割台的时候她丈夫的祖父黎伯鄂正在台北知府任上,被迫挟印仓皇内渡。从此台湾同胞,沦为异国奴隶。今国土重光,旧耻得雪,因想前往一游,遂东渡台湾。居住台湾时,以乡音相同,得与一些台湾的父老姊妹接触,深悉台湾同胞向往祖国之情,而南京政府对这收复故土,不能妥善安抚、尊重台湾人民利益,导致人心浮动。她对此感到不安,谆嘱烈文要善于自处,自己即买棹返沪。其后烈文病殁台北,母子从此永别。三十多年来,又被人为地把台湾与大陆割断,无视台湾同胞与大陆同胞的骨肉亲情,她对此不胜愤慨。1981年重九,她偕亲友登清源山,举首东望,感慨万端,告诉同游的人,希望能于残暮之年,亲见台湾回归祖国。那时再往一游,探问故旧,凭吊亡儿,也了一件心事。可她还未达到心愿而与世长辞了。

黄松为人内刚而外柔,倔强疾恶,而平素待人却慈祥平易,乐与人为善。虽出身大家,而能耐清贫。她所收门徒,不少名门闺秀,富室千金,而她淡装素服,周旋于珠光宝气、花团锦簇之间,不骄不馁,文雅庄重,受人尊敬。但她得过舒适生活,还是在解放之后,党和人民政府重视其才华,加以尊重和照顾,她对此深为感激和自豪。1953年,陈毅市长聘她为上海文史馆馆员的证书,她珍重保藏,临终还嘱其女儿要慎重收好。在党的亲切关怀下,她生活安定,精神愉快,经常以弹琴、作画、舞剑、下棋自娱,并广收弟子,传授后进。十年内乱中,她挂琴藏笔,闭门隐晦。及局势澄清,乃束装南归,返泉州故里,就其寡居在泉的长女而居。而母家为泉州大族,内侄、内侄孙、内侄曾孙辈,人多户众,争相侍奉。她老人家经常临视各家,讲旧闻,述轶事,谆谆告诫后辈,要随时代前进,听党的话,走社会主义道路。琴棋剑画,不以耄耋之年而有所松懈。对登门求教者,从不拒绝。她对乡土历史与文艺,特为喜爱,曾参加泉州历史研究会为会员。而每逢各剧团有新戏演出,或南音会奏,不以路远夜深,都乐于亲临观赏。文艺部门的同志,也都给以热诚的接待。逢年过节,地方首长多往其住处探望,她常告诉后辈,党的恩情说不尽,只有在有生之年,多培养一些人,多创作一些画,来作为报答。还表示台湾回归祖国之日,一定要弹奏一阕《团圆曲》,以表心情。她是多么盼望这一天的早临呀!但望"台湾回归中原日,家祭急急告祖姑"!

(原载《泉州文史资料》第 12 辑,第 151~158 页,1982 年 9 月)

编者注:本文是陈盛明先生采访多位黄家后人,笔录整理。发表时署黄松任孙黄永砡先生名,汇编《明诚集》时,尊重永砡先生意见,恢复原作者署名。

泉州的女子学校简介

明诚　朝卿　整理

封建社会重男轻女,认为"女子无才便是德",没有读书识字的必要。就是极少数缙绅之家,设有家塾,让家中女孩随着男孩读书的,也只令粗识文字,会写信记账就成,年纪稍大便停了学,难得深造。至于一般家庭中的女孩,根本没有受教育的权利,读书的绝无仅有。清季废科举设学校后,泉州的小学、中学陆续创办,但都是为了男孩子而设,把女孩子拒在校门之外,不收女生。倒是外国教会为了深入传教,扩大教会影响,设医院,办学校,吸引和培养大量教徒。而所办学校,如养正、培元等校,也都是男校,没有女生。这样,对于教会的发展,不无限制,教会目的在使中国家庭基督教化,仅仅培养男的信徒是不够的,还需要培养女的信徒。有了女信徒才可能使全家都归依上帝,也才有力量,便于向广大妇女传播教义。本着这个需要,于是在清季,泉州人自己还没有设女校的时候,在泉州的英国长老会就办起培英女校来了。其后天主教不甘落后,也由西班牙籍神父任道远办起启明女校,这都是光绪年间的事。基督教不但有收女青年的培英女校,还设有收中年妇女的"妇学"。当然,这都是为灌输宗教思想着想,它不是为中国妇女的教育着想,而在为教会事业服务。

辛亥革命以后,泉州才有中国人自己办的,纯为发展女子教育,提高妇女地位而创立的女学。较为著名,而影响也较大的为泉州华侨女子公学,还有南华女校,但为时不久。此外有以扫盲为主,兼学文化及手工艺的女校,如妇女民众学校之类。到了五四运动,新文化新思想传播开来,打破了男女的界限,男学校都兼收女生,实行男女同学,专设的女校才完成它的历史使命,唯有培英女中仍然持续办到泉州解放以后。

现把泉州一些女子学校的情况,概述如下。

一、培英女校

培英女校为英国长老会所创办,设于1890年,校址设在驿内埕。初办时,人们不习惯于送女儿离家进学校,招生十分困难。因通过教会的关系,向各处教徒宣传,凡学生入学不收学膳费,远途来的还可赠送旅费,入学学生是上帝最疼爱的女儿,会得到教会良好的照顾,才从晋江、南安、安溪、永春等处的虔诚教徒中,吸收二三十名女孩来学。以后陆续增加,到了辛亥(1911年)前后,生数八九十人。学生年龄参差不齐,小的才十岁,一般是十多岁,最大的有二十多岁。

开办时,由英国基督教女宣道会派来一女传道士礼河莲来校主持,包办一切。她在校里没什么职称,因她没有结婚,教会和校内师生都叫她礼姑娘。先后来了三个主持校务的姑娘,最早一个是礼姑娘,礼姑娘去后是林汝智姑娘,接林姑娘之后为陈安理姑娘,其中以陈安理在校时间最久,由1895年起,达十多年。这些姑娘都以家长式来统治学校,一切听从她的指挥。因学生多在校寄宿,就雇用一个老妇人来管理全校食宿,教师只有一位老先生,另外选任几个年纪大有点文化的学生当助教,帮助管理同学。入民国后,才办作完全小学(当时称为高初两等小学),增聘几位兼任教员,都是六七十岁的男先生,教的汉文。这些老先生都不懂国语,又聘不到女的国语教师,只好聘一位中年的男教师来兼任。学校除了那位管事的老妈妈外,没有另雇校工,一切炊事、洗涤、打扫环境等劳动,都由学生轮值。

学校设备简陋,除桌椅、眠床及厨房用具外,只有自修室四盏油灯,学生宿舍及其他场所都没有灯。年纪小的学生宿舍,分住楼上和楼下的统房;年纪大的学生住小宿舍,每间有两架床,每床睡两人。允许学生在临睡时,自己买蜡烛点亮,住在楼上宿舍的学生,每晚自修课毕要摸黑上楼,一不小心,常从楼梯跌下。大小便所不是开粪坑,而是放置十来个小缸在室内,室内黑漆漆,找尿缸很困难,年小的学生常就地小便,很不卫生。

学校课程,以学习教义为主,要念《圣经》、《信教问答》、《祈祷文》、《上帝十条诫》以及圣诗。这些课本都是用白话(用罗马字拼闽南话,教会对启蒙的人都是用这种文字,称为"白话",有专用词典),算术课本也是白话,只有一本《三字经》是汉字。到三四年级,才读本国文教科书。后来办高年级,学科增加,除国文外,有历史、地理、修身、尺牍、图画、手工(缝纫、刺绣)、音乐(专吟圣诗)等科。教员也就相应增加,有女的也有男的。

　　学校强迫学生信教,每天晨起、临睡、三餐都要祈祷上帝,每天上午第一课是集中在礼堂做礼拜。每星期五晚上7—9时开祈祷会。这个会,因时间长,又须轮流念祈祷文,给大家讲她信仰的心意。学生都讨厌这个会,大多数人打瞌睡,有的在会前逃避去梳头室里,受搜查到,必受处分。星期日下午要整队到礼拜堂听牧师讲道,高年级学生要作笔记,回校时要给教师审阅。初年级学生则用口述,有的学生不注意听,或记忆差讲不出来,要受处分。星期天叫作"圣日",严禁看课内书,只能看圣经、圣诗。学生十六岁起,被迫背诵《信仰经》、《旧约诗篇》二十三篇、《上帝十条诫》等书,接受洗礼为教徒。被迫去背念宗教经书的学生,是离开学校到姑娘楼(外国教会派来的女传道士,多系独身的,称姑娘。另住一楼屋,在镇抚司巷,叫姑娘楼),必须背诵熟透,经姑娘考试及格,才准回校上课。如背不熟,就留在姑娘楼补习,有的学生常因此而缺课至十天半个月,学校根本不重视什么课程,缺课不缺课无关系,只重视宗教,把学生培养为精通教义的虔诚的,有传道能力的教徒。陈安理说,为了专心做上帝的工,所以不结婚。因此也影响了不少师生,抱独身主义,献身为上帝服务。

　　学生没有活动自由,严格遵守礼教,不论远近,学生一律寄宿校中,深闭闺阁,不许擅越雷池一步。每学期一入学,既不许随便步出校门,只有星期日到礼拜堂做礼拜。出校到礼拜堂,要整队出发,教师督队甚严,不许东瞻西看,要俯首疾行。走的路径全是僻路小巷,从驿内巷,入究史巷,穿进冒巷,转奎章巷,直进南街礼拜堂(奎章巷口对面,就是礼拜堂)。当时社会上有童谣说:"培英所读ABC,学习无半丝,穿行校小巷边。"学校里对男女界限区别很严,除牧师到学校礼堂讲道外,三几位男教师(多老年人)一进校门,便到教室上课,下了课就回去,未敢到其他场所逗留。其他男性概不许随便进入。学生的家长亲戚要探访,不论男女,都要在门房等候,然后由守门房的女工人(六十左右岁的老妇)去报告姑娘。要不要让学生到门房去会见,权在姑娘。学生的来往信件,都要经过严密检查,发现有"谈爱"信件,定受责罚。有一次,学生陈某收到其未婚夫苏某来信,被检查着,即被陈安理叫去姑娘楼,禁闭数天,视为犯着上帝第七条诫。罪恶不轻,须向上帝忏悔认罪,然后才准回校上课。后不准给毕业证书,说品行分数不及格。来校兼课教国语的,是位中年男教师,每次上课,学校都派个60多岁的老妇人坐在教室里监视。

　　学生奖罚分品行、学业两项,凡是勤读宗教书,准时做礼拜及祈祷会,未曾违反校规的,得品行优良奖;各学科中,对宗教课成绩优良,其他学科成绩及格的,得学业成绩优良奖。逃避做礼拜及祈祷会者,罚跪认罪,或禁闭反省;说谎话,用墨汁涂口唇,罚立礼堂前半天;偷东西的,把所偷东西串一起,挂在胸前,罚跪礼堂台前一天。还要向上帝忏悔认罪,向陈安理认罪求赦。学生之间发生口角,或打架的,双方被罚跪向上帝认罪。凡犯这些罪过的,都扣品行分数。至于体罚学生,更是常事。陈安理在培英女校任期最长,对待学生很严,稍有不顺其意,便给以重罚。对教师待遇刻薄,助理教员每月工资不过四五元,正式教员每月也只有十二元。她总揽校务,以学校主人自居。她不仅要学生在校内做体力劳动,每逢她假期回国之前,还教学生做刺绣品、针织品,让她带回国去送礼,不惜让学生荒废学业来为她个人服务。但有的家境贫寒的家长,因学校可以减免学膳费而送女儿去入学;有的封建思想浓厚的家长,以学校管束学生严格,才能培养出循规蹈矩、"贤妻良母"型的女儿,而送她们去培英。因而学生数还是有增无减,原校址狭小,遂于1922年夏天,迁校舍于平水庙,原养正小学旧址。

以上说的是培英女校前期的情况,也是陈安理那个时期的情况,是当时的教会学校的做法。1925年,培英聘南京金陵女大毕业生王淑僖任教务主任,不久提升为校长。这是第一任由中国人担任该校领导,掌管校务,以较开明的态度来办学,学校风气不再那么闭塞,学校对学生运动也不那么限制了。同时改革校务,逐步冲淡宗教气氛,增办初中、高中,学生增加到一百五十多人。各个年级都有,唯高中学生较少,每班不过十多人,最少的一班只有五人。大革命后,学生的思想也活跃起来,打破了"禁宫"之法,开始参加地方上的学生运动和各种社会活动。进步的歌声代替了圣诗的吟唱,除了星期天在校师生自愿往西街礼拜堂聚会外,宗教生活已非强制而是自由参加的了。所聘教师也多大学毕业的,质量较高。如教务主任吴秀英,为金陵女大毕业生。后继任校长,改以吴瑞霞为教务主任兼培英小学校长,增聘燕京大学早期毕业生许尧民及其他多为大学毕业生为教员,充实教师阵容。并于1936年办理立案,宗教活动即因立案而停止。有的教徒愿做礼拜,那是个人的自由行动。

后来高中学生越来越多,毕业后升入大学的也不少。她们中从事医务工作和教育工作的较多。医务方面如吴秀珍(前晋江地区第二医院院长,已退休)、黄永豪(前第二医院妇科主任,退休)、黄静怡、许天真(也系第二医院主治医师)、杨素英(前龙岩医院妇科医师)、柳慎尔(北京协和医院主治医师)

等,都是医界有名的。原泉州注明妇产科医师苏德安、吕采玑、谢清爱、黄惠生等,也都是培英早期的毕业生。投身教育事业而始终不懈的,如许怡德、柳淑霞、颜金瑶、吴瑞仁、柯纯珍、丁淑玲等,都是泉州有名的老教师;在外地从事教育工作的,如许纯鎏、吴瑞敏、陈碧玉、吴瑞雪等,也都有所贡献。由于培英学生不少是侨属,毕业后在南洋各埠的医务、教育、工商各界服务的也不少,菲律宾、新加坡、香港都有培英校友会的组织。菲律宾校友林彬梅、黄明月等,新马的校友杨细玉、吴瑞霞、王含笑、陈秀英、张婷婷等,都很关心母校,时与国内校友联系。在香港的校友更多,有一百多人,与培元校友会联合活动,关心家乡教育,帮助母校的发展。

解放后,培英女中改为女子师范,后改为泉州幼儿师范。

二、基督教的妇学

泉州的妇学是1891年由英国基督教女宣道会礼河莲创办的,初无定名,只因所招的学生都是中年以上的妇女,所以称为"妇学"。这是基督教会为进行传道,配合男女学校和医院而设的,旨在吸收中国的家庭妇女,把宗教宣传深入到各个家庭里面,使家庭主妇成为信徒,这个家庭就完全基督教化了,用意是很深的。开始设于泉州桂坛巷基督徒蔡天赏的家里,蔡天赏的长女蔡金銮被聘为教师。1895年,在州顶驿内埕巷租到民屋一列,乃迁校舍于该处。先后主持该校的有礼河莲、林汝智、高宝珠、郭仁爱这些英国"姑娘"(女传道士),中国人被聘为教师的先后有蔡金銮、蔡保娣、张清耀、林洁瑛、杨美妙等人。

妇学的学生一般都是基督教的家庭妇女,她们来自晋江、南安、安溪等县。招生办法或委托各地教会负责人代招,或由女传道士亲自到各地教会联系,先举办短期妇学班,学习罗马字(白话)的圣诗等,然后选拔来泉州妇学。学生人数少时有二十多人,多时达七八十人。入学后一切学杂费免交,还由校免费供应膳食,家庭困难的并由女宣道会津贴其生活费用。到了第一次世界大战之后,该校才略收些学杂费及一部分膳费。据曾进入该校的一位老太太说,每学期只交二元,有饭吃,有病可到惠世医院免费治疗。初期来校学习的妇女,多数年龄已四五十岁,个别有六十以上的。多数是缠足的,教会为扩大影响,还特地用轿子来抬她们来校。

妇学课程是学习拼切白话字(罗马字拼闽南音的文字),读《圣经》、《真道问答》《圣诗》《圣经记录》等,但也尽可能学点汉文。每天早上有早会,由女传道士主持。学习年限无硬性规定,由一年到三年,只要能读完规定的罗马字各课程,就可以回去。学生在学期间,每礼拜天必须到市区各教会,向不识字的女教徒教罗马字圣诗、圣经等,参加教会的一些宣传活动,例如礼拜三下午的妇女祈祷会,或到教徒家中进行"巡家布道"。或到惠世医院探问病人,进行布道活动。

1932年,妇学正式称为妇女习道院,聘请漳浦县人林洁瑛为院长。解放后,该院向中华基督教会泉州区会请求选派院董,协助办理。乃由该院董决定,作为初级神学校,定名为圣经学校,招收青年妇女和初中毕业女青年入学。

按照妇学性质,原系教会设立的传道机构,不属正规学校系统,但它的存在,也使当年的妇女,尤其是纯属文盲的中年妇女,有了学习文化的机会。即使学的是罗马文拼音字,汉字学得不多,但这些妇女后来多能用罗马字(白话)写信,表达自己的思想,以至会看一些用罗马字拼写的书刊,进而懂点汉文。对于那个时代的妇女教育,多少起点作用。

三、启明女校

清末光绪年间,天主教从菲律宾派西班牙籍神父任道远来泉州传教,设立天主教堂。时基督教已办有培英女校,天主教便也于1895年办起启明女校。旅菲华侨陈光纯为天主教虔诚信徒,富有资财,在菲时与任道远熟悉,其长女陈玛琍且为修女。任道远为办女校与陈光纯磋商,陈慨然负担全部经费,并献出南大街花巷内私人楼房作校舍,并由其女陈玛琍主持校务,由任道远兼任校长。陈玛琍的两妹妹,也在校协助校务。因经费充足,所延聘的教师一般不错。国文教师有伍乔年、吴藻汀、张仰薇、黄礼贞,算数教师龚念平,美术教师王怡,音乐教师陈干锵,都是男的。女教师有担任刺绣、手工、编织课的丁秀珍,任文体课的刘爱玉、李玉真,等等。专兼任教师共二十多人。初办时为完全小学,由于各科师资比较齐全,随加办补习班、师范速成班,又增设初中部。论班级是不少,但生数并不多,一个班只有数人到十余人。总生数最多时不上百人。因教会学校的学生,主要为教徒子女,泉州天主教徒远远不及基督徒之多,而且启明女校收费较高,除富侨殷商的女儿外,一般多望而却步。它的增设初中部,目的也在留住小学部毕业生,以保留学校生数。

既然是教会的学校,《圣经》自然是学生的必修课,凡是宗教仪式都要参加,并在学生中吸收教徒。该校也有一部分毕业生继续升入高级学校,或往海外就业,但为数不多。

启明女校这所以传播天主教教义为目的,立场保守的学校,在五四运动以后,社会新潮滚滚向前的时候,藩篱也被冲破了。当泉州学校剧运相当发展之时,启明一部分女生受到影响,在某些教师的指导下,投入剧运,排练过《明月之夜》的歌剧,公开演出。

及陈光纯商业中落,他的女儿相续离开学校,启明渐呈萎靡不振之象。及大革命时期,福州发生天主教育婴堂虐待婴儿事件,影响所及,启明女校也于1930年左右停办了。

四、泉州华侨女子学校

自清末到明初,泉州虽有女学,都是教会办的,主要在灌输宗教思想,一般人不愿送女孩就学,而国人自办的中小学,又都不收女生。及后社会思想渐见开明,士绅富商及归国华侨都希望有女学的设立,以便送女孩入学。民国七八年(1918—1919年)间,有南安人王辟尘和夫人李灵芬(福州人),原都在福州师范任教,得华侨亲友的帮助,乃决定相偕来泉州,创办女学。校址设在承天相青砖祠,定校名为泉州女子公学。以李灵芬任校长,王辟尘负责校董会工作,兼任一些课程,聘前清进士吴桂生等为董事。初办完全小学,学生多士绅殷户及华侨女儿。聘福州女教师王用宾任教务,兼教数理各科。陈维岳老秀才教国文,循循善诱,深得学生欢迎。陈家□、陈家楫兄弟及程衍庆、龚诗熊等也先后在该校任教。学校办理颇见起色,得南门外旅菲侨商蔡联芳的赞赏,独立负担常年经费,遂改名为"泉州华侨女子公学"。为培养学生独立生活能力,复从福州聘来刺绣、织布的女技工,购置织机数架,教学生习艺。连续两年开过学生成绩展览会,以刺绣成绩优异,获得参观者的好评,并续得其他华侨的捐助,乃充实设备,增聘教师,增设示范科,以培养小学女教师。全校学生计一百多人,师范科第一届毕业生有二十多人,并择品学兼优的留校任教。在全省举行刺绣工艺比赛时,华侨女学学生的作品,曾被评为第一。在织物方面,也有毛巾等成品出产。

学校学生骨干,多为名家女儿,有的入学年龄已达二十多岁,因在家已有一定基础,就学后汉文、针绣等都不错。她们为多学些新知识,一般能努力学习,接受时代新潮流,成为泉州新一代的女性,为社会注目。当时泉州学校颇提倡戏剧活动,华侨女学的同学也排练《葡萄仙子》歌剧,与启明女学的《明月之夜》歌剧对垒演出,轰动社会。

其后,由于南洋捐款未能持续,经费发生困难,教师有的离校,队伍较差。同时佩实小学为招女生,用减免费及升级办法,吸引一部分华侨女学的学生,还以加薪办法,拉出该校教师,以致师生俱减,卒难维持。约在1930年间,遂告停办。

五、妇女民众学校及其他

早年泉州妇女求学不易,男校不收女生,女校为数极少,广大妇女不得受教育,故女文盲比男文盲不知多若干倍。1943年间,泉州妇女界刘瑜壁、陈家蕊、黄宗和三人,为开展妇女运动,扫除女文盲,倡议创办妇女民众学校,专收失学妇女,免费入学,由创办人担任义务老师。但草创伊始,校舍、设备、经费都有困难,后得当时民众教育馆馆长陈家楫的赞助,决定将该校作为民教馆附设机构,每月由馆拨助办公费十元,开办费则向社会热心家募捐,计得一百多元,用以购买设备,借承天巷陈氏宗祠为校舍。复得本市女教师萧舜英、陈玉贞、陈默芬、黄应姜等人的协助,推刘瑜壁兼任校长。因学校设在明伦镇,就称为"晋江县民众教育馆附设明伦妇女民众学校"。第一期招生50名,于1934年7月1日举行开学典礼。上课时间为适应有家务的妇女上学方便,定在每日下午2时至4时,课本用平民千字课1~4册(共4000字),以及珠算、笔算。每期四个月,连续举办多期。学生毕业后,粗通文字,能看报纸、记账。部分人要求上进,再通过自学及来学校向老师补习,考上中等学校,如郑碧玉考入昭昧国学讲习所,苏志英考入晋中,其后充任小学教师。

1938年,厦门沦陷,泉州受敌威胁,学校内迁,妇孺疏散。该校教师多为各校兼任,随校离泉,学生亦多无法安心上学。至1938年7月,遂告停办。

时泉州有妇女抗敌会的组织,主持人章绿汀、蔡秋霞、苏慈音等,为向妇女界宣传抗敌救亡,乃办妇女补习学校于通政巷蒋氏祠堂。夜间上课,以防敌机,教学内容主要为政治形势教育,引导妇女姐妹们认识抗敌救亡道理,也兼授一些文化课。对组织妇女参加救亡运动,起了一定作用。后因国民党掀起反共高潮,章、蔡、苏等均被迫离泉,妇女补校亦解散。

此外,基督教牧师高兰庭,清季在南街礼拜堂边办有求实小学。到1920

年前后,改为华英女校,增设女子师范科。只办两年难以发展,乃停办女子师范,专作小学。后又改为华英幼儿园。

又1927年前后,有汪照陆、王庆冲等,在新门街黄仲训故宅,创办南华女校,设有小学及初中班。首任校长汪照陆,续任王庆冲。也因规模小,设备差,办不多久便改为小学。

到了各校普遍实行男女同校以后,除培英办到解放时期外,泉州就没有专设的女校了。

本文据黄德秀、许子逸、萧舜英、刘瑜璧各位写的书面材料,和倪文娥、陈端励、庄育洁、蔡序恩诸位口述的材料,综合整理。

(原载《泉州文史资料》第13辑,第68~83页,1982年12月)

政协泉州市第四届委员会文史资料研究委员会 1981年工作情况和1982年工作要点的报告

各位委员：

我会文史资料工作，是根据周恩来总理1959年的倡议而开展起来的。"文化大革命"前，做了不少工作，征集到各类文史资料六百余篇，一百多万字，出版《泉州文史资料》八辑。十年内乱，工作被迫中止。去年，我会四届一次会议后，重新建立文史资料研究委员会，继续开展文史资料的征集、研究和出版工作。

一年来，文史资料研究委员会在常委会的领导下，认真贯彻第三次全国和我省文史资料工作会议的精神，积极进行工作，做出了一定成绩。现将工作情况和今后工作要点报告于下，请予审议。

一、工作情况

（一）健全组织：经1981年3月18日政协主席、副主席和秘书长第二次办公会议研究，提出建立文史资料研究委员会，及其组成人员和正副主任人选，于1981年3月26日提请第二次常务委员会讨论通过。文史资料研究委员会建立后，为便于开展工作，即设立文史办公室，负责联系和处理日常业务工作。经准备，于5月7日召开第一次委员会议，会议听取传达省第三次文史资料工作会议精神，通过讨论，提高了认识，进一步明确新时期文史资料工作的方向、任务。会议还讨论通过了《工作规则》和1981年工作计划，同时推选五位同志，组成《泉州文史资料》编辑组。从而使工作逐步开展起来。

（二）清理存稿：在"文革"前，共征集到的文史资料稿件有六百八十五篇，除已在《泉州文史资料》发表外，有部分已在十年内乱中散失。为了保存这批留下来的资料，我们着手清理、登记、编目。现尚有五百四十二篇。在清理后，一方面进行分类归档，一方面择要进行整理。有的再请原写稿人补充修订,准备今后在《泉州文史资料》陆续发表。

(三)征集稿件:为了有计划,有目的地发动各界人士撰写各类史志,我们配合各有关单位,深入调查,寻找经验丰富,见闻广博的人士,并建立《组稿对象调查卡》,以便联系,组稿。为了方便征集,我们从实际需要出发,拟定了《征集泉州地方史料参考提纲》,列举征集项目,供撰稿者参考。在民主党派、工商联等组织的配合下,从去年5月至年底,已征集到稿件六十八篇,十七万多字。这些稿件,内容丰富,很有价值,有的可作为资料保存,有的核订后,准备在《泉州文史资料》发表。

(四)编辑出版:在清理存稿和新征集稿件的基础上,根据"存真,实事求是"的方针,经过研究审核,已编好《泉州文史资料》三辑。9月底,为配合纪念辛亥革命七十周年,我们续"文革"前已出版了八辑的编号,复刊首辑为第九辑。作为《辛亥革命七十周年纪念特辑》,刊登辛亥泉州光复史料二十二篇,有当年革命先辈亲身经历的纪实,回忆录。新撰人物传略二十篇,题名录一篇,另有泉州反袁斗争史九篇,全辑共五十二篇,约十二万字。多为亲身经历之作,内容丰富,历史地反映了辛亥革命时期泉州的斗争情况,出版后受到各方面的好评。这部专辑还送省参加辛亥革命文物展览会展出。第十辑于去年10月底已编好,内容包括华侨史八篇,民军史七篇,约十万字。编完后,因印刷耽误,直到今年3月才出书。第十一辑也在去年底编好,内容有经济史、群众运动史、人物传记、工艺美术史等。约十万字,预计在今年第二季度出版。

(五)开展协作:为发掘,研究我市丰富的历史资料,我们还与泉州历史研究会、泉州市文管会,合编出版《泉州文史》杂志(《泉州文史》为学术性刊物,内容以研究成果为主,古今并收;《泉州文史资料》为资料性刊物,以近、现代史资料为主。二者有分工)。同时我们还多次应邀出席中共地、市委召开的征集党史工作会议,并发动有关人士撰写这方面的史料。互相配合,搞好协作。

一年来,我们工作能够取得一些成绩,主要是党委的重视,不仅在工作上给了我们鼓励,而且还在经费上给我们很大支持,保证了出版所需的费用;其次是各有关部门的密切配合,搞好协作;第三是各位委员和各界人士的关心和热情支持,有的亲自写稿,有的积极发动所联系的人士撰写。这一切,是我们能够做好工作,并取得成绩的重要条件。

但是在工作上也存在一些问题,一是较偏重于编辑、出版工作,对征集组稿有些放松;二是原定举行各种专题座谈会,没按计划进行;三是对居住外地的组稿对象,联系得不够;四是本委员会未按时举行会议,讨论工作。这些缺点,必须在今后工作中加以改进。

二、今后设想

文史资料工作,是社会主义文化建设事业的组成部分,在我国新的历史发展时期,更赋有为社会主义精神文明建设服务的新意义。我市是经国务院批准为历史文化名城之一,文史资料潜力极为丰富,积极发掘近、现代史资料,是我们面临的一项光荣而艰巨的任务。我们必须在党的领导下,坚持四项基本原则,清除"左"的影响,解放思想,增强信心,根据"存真,实事求是"、"多说并存"的方针,发挥优势,开展征集工作,把我市文史工作向前推进。今年工作要点是:

(一)深入调查研究,摸清情况,抓紧征集。当前要着重抓紧抢救史料工作,必须认识到,很多资料,从老人来说,确是"生死存亡"的问题。掌握第一手史料的人一旦丧失,历史资料也就跟着消逝,那将是无法弥补的。因此要摸清有哪些抢救对象,他们掌握有哪些史料,然后根据他们的经历和健康,分别轻重缓急,作出安排,有计划进行抢救。方法上,可请其撰写史事或提供史料,对写作有困难的,可口述记录或录音,尽可能地把有用的史料抢救保存下来。

为了搞好史料的征集,我们还要深入了解我市旅外人士和在泉长期工作的人士,对泉州当时有关历史事件,或是亲身经历,或是有掌握史料的,函请他们写回忆录,提供资料。我们在座的许多委员,都有丰富的阅历,有值得回忆的历史,我们要求大家,为共同研究我市历史,积极提供有用的资料。同时我们也希望各民主党派、人民团体继续大力协助和支持。

要做到广征博采,我们还要发动各界人士以及向社会搜集近、现代史文献资料,包括解放前档案资料、报刊、手稿、日记、账本、墓志、族谱、照片等。对上述文献资料,愿意献给国家的,我们给予适当的奖励。如不愿献出的,在征得收藏者同意后,设法抄录、复制。把有用资料收集起来。

(二)发挥优势,体现特点。我市是历史文化名城,有极丰富的文化遗产,又是著名侨乡和台湾同胞的祖籍地之一,征集史料要体现我市的特点,要着重征集华侨史同台湾关系史,革命斗争史。同时结合征集政治、军事、经济、文化以及民族、宗教、社会生活等方面的史料及人物资料。征集范围,应从戊戌政变时期开始,对建国前史料要首先抓紧抢救,对建国后的也要积极征集,时限可顺延至"文化大革命"结束止。把广征博采和重点征集结合起来。

为了使征集的史料体现我市的特点,我们必须对过去已征集到的史料作一番研究,提出哪些方面的史料需要再征集或整理,哪些方面需要填平补齐。缜密地选好题目,进一步修订《史料征集提纲》,并把题目落实到适于撰写,或提供资料的具体人。

（三）认真做好编辑出版工作。出版资料与征集资料是相辅相成的,征集是基础,而出版又可促进征集。同时出版又是利用和保存资料的重要办法。因此我们要求严格,讲求质量,选择具有较高史料价值的稿件,认真编审出版。今年计划出版《泉州文史资料》三辑（包括第十辑因印刷延误时间,于3月出版的在内）。

（四）在征集、出版工作上,要坚持"存真,实事求是"的原则。要承认历史,尊重历史,反映历史的本来面目,不夸大、不缩小、不吹嘘、不隐讳、不作溢美或溢恶之词。撰写史料不限体裁,不强求完整,不拘泥于观点,容许诸说并存。为此,我们必须继续清除"左"的思想影响,提倡秉笔直书,把历史的真实面目记载下来,传之后代。这就是我们的职责。

（五）加强协作,互相配合：为把我市文史资料工作开创一个新局面,我们要在党的领导下,加强同各民主党派、群团组织配合,取得他们的支持。同时积极配合党史资料征集办公室,开展征集工作,以及继续同泉州历史研究会、文管会合作,共同搞好《泉州文史》的组稿、编辑出版工作。

各位委员,在党的三中、六中全会精神的指引下,各条战线都呈现出一派大好形势,这也为我们的工作创造了极为有利的条件。我们要充分认识到文史资料工作,也是统一战线的工作,人民政协是最广泛的爱国统一战线组织,它集中了大量有代表性的党内外阅历丰富的老同志和各界人士,通过征集史料这一工作,可更广泛加强联系,有利于扩大统一战线的组织,发展安定团结的政治局面。我们要大力宣传文史资料工作的重要性,发动各界人士,共同发掘我市各类史料,把我市文史工作向前推进一步,更好地为四化建设,为统一祖国事业服务。

(1982年3月18日,在市政协四届二次会议上的发言。原载《泉州文史资料》第11辑,第189~194页,1982年6月)

泉州市政协文史资料工作简况

泉州市政协文史资料工作,是根据1959年周恩来总理的倡议而开展起来的。在"文革"前,征集到文史资料一百多万字,出版《泉州文史资料》八辑。十年内乱,工作被迫停止。1981年泉州市政协召开第四届委员会第一次会议,夏间重新成立文史资料研究委员会,恢复文史资料的征集、研究和出版工作。到1982年3月泉州市政协四届二次会议时,又征集文史资料六十多篇,十余万字;配合整理的旧稿,编纂《泉州文史资料》三辑,现已经出版的有两辑。

接"文革"前出版的八辑,《泉州文史资料》复刊后首辑编为第九辑,已于1981年9月出版,为辛亥革命七十周年纪念专辑。刊登辛亥革命泉州光复史料二十三篇,主要是亲身参与辛亥光复泉州的同盟会会员所撰写的第一手资料,如蒋以麟的《辛亥革命泉州光复记》,王振邦的《光复厦门漳泉永纪略》,陈仲瑾、叶青眼、盛九昌等的回忆录,吴堃的《辛亥革命泉州光复史事概述》以及一些当年目睹泉州光复情况的老人的忆述。还有《辛亥光复泉州革命先辈传略》二十篇,系编辑时新纂的。此外附入《泉州反袁斗争史料》九篇,也多为当年参加反袁斗争者的记述。

第十辑于1982年3月出版,刊登华侨史资料八篇,内有《解放前华侨在泉州兴学纪略》、《闽南民信局简史》和侨批业的调查资料,"华侨救乡会"营救家乡的史实,以及著名华侨刘惟明、黄奕住、黄仲训的事迹等。还有民军史资料七篇,有关于"闽南靖国军"、"靖浙联军"和泉州著匪高为国、彭棠的资料等。其中《树兜乡自卫小史》等史料,记录泉州侨乡反抗民军、土匪的经过及当时的社会情况颇祥。

第十一辑已编好付印。经济史方面有:解放前泉州的电气、棉纺织业、农业的资料和关于"储蓄会"、"泉州名牌货"等史料,还有《蔡廷锴重修洛阳桥记》一文。群众运动史方面有:大革命时期泉州五金工会的活动,抗日战争时期泉州的音乐活动,解放战争时期泉州的学术运动,"中国回民抗日救国协会"在泉州的组织情况等史料。泉州人物史料方面有:同盟会会员陈允洛、王燕石,科学家庄长恭,戏剧家林任生,南音名家陈武定,戏剧名艺人董义芳、蔡尤本、林玉花、曾火成、张秀寅等的传记,工艺美术史方面有关于江加走的木偶头和泉州的改良竹编、制花、刻纸、画像等史料。第十一辑将于1982年6月出版。

(原载《泉州文史》第6—7期,第147页,1982年4月)

泉州市政协文史资料研究委员会 1982 年年终总结会议纪要

1982 年 12 月 28 日,政协泉州市委员会文史资料研究委员会举行全体会议。于年终之际,对本年度工作情况进行检讨、总结,对下一年度的工作打算,进行研究。

首先由文史资料研究委员会主任陈盛明同志汇报 1982 年工作概况:

(一)在这一年中,计征集文史资料四十二篇,约二十一万字,内容广泛,有政治、军事、经济、文教、卫生、华侨、宗教、灾情、历史人物等方面。撰稿人有政协委员、民主党派人士,以及平时联系的征稿对象,多为亲历、亲见、亲闻的第一手资料,篇数虽不多,但质量较高,一般经过审阅、核实后基本可用。审稿办法,或请对所写史实的知情人士提供意见,或送有关部门帮助审查,然后加以整理。对叙述同一事件的多篇材料,则予以归并,综合整理。

(二)1981 年在订出 1982 年计划时,原拟出版《泉州文史资料》三辑,后争取到出版四辑(第十辑至十三辑),即每一季度出版一辑。全年四辑,共发表史料八十二篇,合计四十四万五千字,超出预定计划。这些史料可供中国近现代史学者,泉州地方史研究者作参考,也为编纂泉州地方史志积累资料。这四辑的材料,除当年征集者外,一部分为旧存未刊的稿件,重加整理采用的。

(三)文史资料工作的交流与协作。1982 年 5 月,我市政协组织参观团前往广东及闽西南参观访问,到过汕头市、佛山市、顺德县、中山县和龙岩市、漳州市,都与当地政协负责文史工作的同志举行对口座谈,互相介绍情况,交流经验。本省建瓯县政协和浦城县政协文史资料工作同志,也先后来泉,与我会交流工作经验。1982 年还继续开展与有关部门的协作:1. 鉴于地市党史资料征集办已经成立,我们把有关党史的资料,都提供给市党史办备用。我们与其配合,着重征集统战方面和群众运动的史料。2. 我们原与泉州历史研究会和市文管会合作,开展地方史研究,出版《泉州文史》不定期刊物。

1982年继续出版,仍保持《泉州文史》为学术性刊物,《泉州文史资料》为资料性刊物的特点。3.我们与晋江地区及泉州市的华侨史研究机构,也保持经常联系,对有关华侨史的资料,互相交流,配合工作。4.泉州民建与工商联,鉴于编写工商史料是为四化服务的重要任务,因而邀同本会合作,成立《泉州工商史料》,征集出版组,把双方有关工商史资料,互相交流引用。5.泉州市与晋江县原为一个建制,有关史料每包括市县两方,今市县都有文史资料的编印,而泉州开展较早,因而将过去征集的专写今晋江县区域内的史料,抄送晋江县政协备用。6.此外,如福建省公路局编写《福建省公路交通史》,福建省航运局编写《福建航运史》等,凡到我会来征集的资料,我们都无私地给予支援。

在这一年工作上的薄弱点,是史料征集面不宽,征集数量不多。客观原因是文史办三位同志都年高体弱,经常陷于日常的编辑事务,如选稿、审核、修改、编稿、校对、出版以至分发,等等,而用来做征集工作的时间有限,且健康条件也难以多做奔走联系,力不从心。但从主观上讲,工作安排不科学等原因,也影响征集工作的深入开展。征集工作是基础工作,是首要的工作,今后在力量安排上,要进一步加强征集,不能为编辑而放松征集。

各辑刊出的资料,主要为撰稿人亲身经历见闻,作者写时多能实事求是,存真求实;编者编时,也尽力所能及,认真审核。但由于种种条件限制,作者个人忆述难免有局限性;编者能力有限,审核也恐难周。因而所有发表的稿件,可能有事实出入,记载遗漏之处。为求正确反映历史本来面目,我们特于第十二辑刊出启事,要求读者协助改进,如对某辑某篇读后发现问题,请读者及时提出补充或订正;对一时难以证实的材料,有不同看法,也可提出质疑,不妨多说并存。启事发表后,已有读者来函,提出补充或订正的材料。

参加会议的同志在听取工作汇报后,都认为一年间能够编印出文史资料四辑,而且内容有一定水平,获得社会上的好评,实不简单,堪称多快好省,成绩应该肯定。而对存在的问题,必须努力设法解决,把今后工作搞得更好些。征集工作是文史资料工作的基础,必须做好这第一位的工作,首先是要加强征集队伍。在本会1982年第一次会议时,曾建议政协配备一位年富力强,能够实干的人员来担负此任,以配合老年同志的工作。希望这一建议能够早日实现,以利工作。

有的同志认为,1983年宁可把《泉州文史资料》少出一两辑,把征集工作放在重点主攻方面。掌握近代史料的老一辈,越来越少了。这对于史料的保存是生死存亡的问题,抢救史料的工作万万不能推迟,必须争取时间,急起直追。有的同志说,泉州文史资料潜力很大,列为历史文化名城以后,更引起人们的关心与重视,只要我们多接触,多联系,征稿对象是不会少的,问题在我们要组织力量,不要视为无足轻重。有的同志认为,现在各部门都在强调老中青结合,文史资料工作也必须后继有人,如不及时培养新生力量,只依靠老年的同志去干,实非长远之计。我们要遵循党的十二大精神,在各方面开创新局面,建设精神文明,已提到战略的高度,文史工作是精神文明建设的一个方面,要在新时期的总任务中发挥作用,必须给以应有的重视,设法建立一支史料征集队伍。有的同志说,征集与出版是相辅相成的,两者不能偏废,我们如缩小出版工作以加强征集工作,不如加强整个力量,使两者并进,继续保持一季度一辑,以适应需要,更好地为四化建设服务。有位负责中学历史教研组的同志说,目前在有的中学中,采用《泉州文史资料》发表的材料作为学生历史课的补充教材,以培养其爱乡爱国的观念,开展爱国主义教育和革命传统教育,表明文史资料工作对于学校教育的作用。现在有些青年人,不知道新中国的大好形势,是经过如何曲折斗争的道路而来的,对他们进行近、现代史的教育很有必要,而本乡本土的历史事实,更会引起人们的兴趣与感念,发挥其作用。因而是个很重要的工作,不容轻视。有的同志认为,现在党把新时期的统一战线,提到更高的地位,文史资料的出版,对促进和加强统战工作,是个强有力的工具。对三胞工作也起了一定作用,许多归国华侨、港澳同胞以及台湾同胞,都很喜欢看家乡的文史资料,应该继续把《泉州文史资料》办好。多数同志认为,征集史料要点面结合,不能只追求完整,要不弃片断,然后经过整理研究,使零碎分散的资料专题化和系统化。同时也要收集一些图片照片,在文稿中穿插发表,使其更为生动有力。对各界老年人士要加强联系,如现在市工人文化宫有老工人俱乐部,市民建、市工商联有退休成员活动室,都应该去联系,多找老年人谈谈往事,必有收获。市政协在"文革"前也设有老人俱乐部,希望创造条件再恢复起来。对我会去年印发过的《史料征集提纲》,现在还可以再翻出来,排排队,看哪些已有,哪些还空缺,已有的怎样再充实,空缺的怎样想办法补齐。要重点突破,先抓较大事件及较有影响的人物。抢救工作要及时,访问对象要消除其思想顾虑。同志们还提到,每辑文史资料的出版,要有新颖内容,重点的文章;要严把政治关,避免发表不符合党的两个历史决议和统一战线政策的资料。

  会议总结了1982年的工作,归纳了委员们的意见,初步拟订了1983年的工作要点。

(一)发挥历史文化名城的优势,继续展开史料征集。本着十二大的精神,坚持四项基本原则,清除"左"的影响,解放思想,增强信心,根据"存真、实事求是"的方针,结合本地区特点,征集史料,及时查访,抢救活资料。摸清征集对象所掌握的资料,分别轻重缓急,作出安排,请其撰写材料或提供史料。对写作有困难的,可口述笔录或录音,加以整理。要加强与政协委员、民主党派人士和各界老年人士以及在外的组稿对象的联系,或举行小型座谈会来进行组稿或审稿。1983年度,征稿指标定七十篇,三十万字左右。

(二)在资料征集整理上,认真做好编辑出版工作,把征集到手的资料,按照历史唯物主义的观点方法,加以整理,选出有较高史料价值的稿件刊出。同时注意校对工作。1983年计划出版《泉州文史资料》三辑。

(三)继续与各有关单位进行协作,对党史、地方史、华侨史、工商史各个方面,按照上一年度的做法继续合作,互相配合。《泉州文史》为《泉州文史资料》的妹妹刊物,要协助办好。

(四)健全人事安排,争取加强力量,尤其是中青年干部的力量,使后继有人。同时要发挥文史资料研究委员会的集体力量,共同搞好工作。

(原载《泉州文史资料》第14辑,第194~200页,1983年3月)

卷四　文献目录

泉州地方文献联合书目

陈盛明编纂

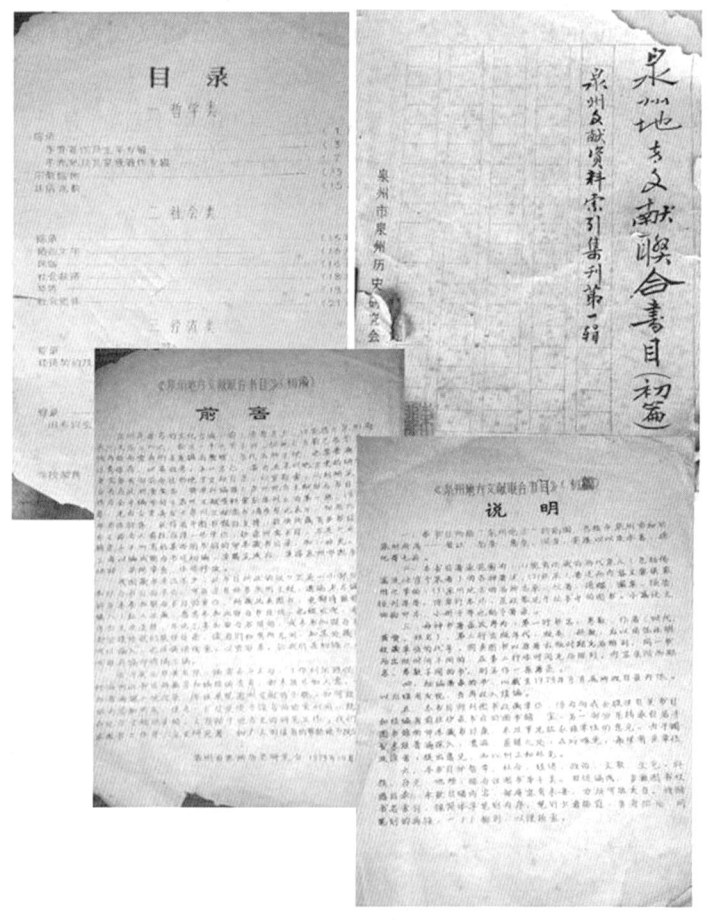

泉州地方文献联合书目(初篇)

泉州文献资料索引集刊第一辑

泉州市泉州历史研究会 编印

《泉州文献资料索引集刊》编辑缘起

一、为具体发挥我会资料工作的作用，便利会员及会外泉州地方史研究者和业余爱好者，能够多快好省地检索所需资料，特编辑《泉州文献资料索引集刊》若干辑，提供手头使用，藉以节省查找资料的时间，提高研究工作效率。

二、在我会资料组积累资料的基础上，初步拟订编印下列各辑：

(一)《泉州地方文献联合书目》，将所收集国内各藏书单位庋藏的属于泉州文献的图书目录，编成联合书目，使读者了解某处藏有某书，便于借阅。

(二)《泉州地方文献报刊资料索引》，收集解放前及解放后出版的期刊、报纸所发表有关泉州的论著、杂文、记载等资料的篇名、作者及登载刊期、年、月、日，编为书本索引，使需要参考者知所检索。

(三)《泉州地方文献资料析题索引》，收录古今中外图书专著的有关泉州各项资料的某一章、节或段落析出题目制作索引，编印成本，需要引用时可以按图索骥。

(四)专题索引，(二)(三)两种为综合性索引，此外各种专题只要研究上需要，收集资料足够时，可分别按题编印书本索引。如《泉州地方人物资料索引》(初编)。

三、各种索引，在初编编出后，仍继续收集材料，制作卡片到一定数量，再出续编、三编……，按刊出先后，顺为资料集刊的第X辑。

四、为更好地发挥科研事业后勤工作的集体力量，欢迎有关单位通力合作，协同搞好本集刊的编辑出版。

泉州市泉州历史研究会
1979年10月

《泉州地方文献联合书目》（初编）

前言

泉州是著名的文化古城，前人遗著不少，仅乾隆《泉州府志·艺文志》所收，即达一千七百多种，但绝大多数已告散失；残存的尚需我们去发掘与整理；当代各种文献，也要普遍了解，注意保存，以备参考。另一方面，要开展泉州地方史的研究，更需要有部综合性的地方文献目录，以资检索，而利研究。我会为应此双重需要，特进行编辑《泉州地方文献联合书目》，作为会中编印的《泉州文献资料索引集刊》的第一辑。1979年春，先由会里寄发《泉州文献（图书）普查登记表》，向省内外藏书单位征集，获得若干图书馆的支持，提供所藏有关书目；此外又派专人前往交涉一些单位，抄录所需书目，不足之处，则转录于手头所有的某些图书馆的印本藏书目录，加以补充。合此三者以编成联合书目初编。草稿完成后，又得泉州市图书馆的协助，共同审查，作些修改。

我国藏书单位不少，此书目所收的仅仅只是一小部分。参加联合书目的单位，可能还有许多泉州文献，遗漏未尽编入；许多未参加联合书目的单位，所藏此类图书，更期待能够借易编入；私人收藏，愿意参加此联合书目的，也极欢迎。希望各方面大力支持，不论已参加联合书目的，或未参加联合书目的，都继续给我们提供目录，读者们如有所见闻，知某处藏有，可以编入，也请提供线索，以资联系。让我们在初编之后，有可能再编印续编三编。

由于我会力量有限，编者水平不够，工作时间短促，这次初编所收书目的数量和编排的质量，都未能尽如人意。如何更加普通深入地收录，俾能展现泉州文献的全貌；如何改进编排的内容和形式，使这一书目更便于读者的检索利用。既达到保存地方文献的目的，又有助于地方史的研究工作，我们恳切要求图书工作者、文史研究者、和广大的读者的帮助，给予批评和指正！

泉州市泉州历史研究会 1979年10月

《泉州地方文献联合书目》（初稿）

说　明

一、本书目所指"泉州地方"的范围，包括今泉州市和旧泉州府属——晋江、南安、惠安、同安、安溪以及永春、德化等七县。

二、本书目著录范围为：(1)现有收藏的历代泉人（包括侨寓及仕宦于泉者）的各种著述，(2)非泉人著述而内容主要谈泉州之事的；(3)泉州地方的各种志乘、丛著、谱牒、图集、报告、报刊等等。除单行本外，並收散见于丛书中的图书。小篇论文的抽印本、小册子等也酌予著录。

三、每种书著录次序为：第一行书名、卷数、作者（时代、籍贯、姓名），第二行出版年代、版本、册数，后以角弧注明收藏单位的代号。同类图书以原著出版时期先后排列。同一书而出版时间不同的，在第二行依时间先后排列。内容虽同而题名、卷数不同的书，则另作一条著录。

四、初编著录的书，以截至1979年8月底所收目录为限。以后续有发现，当再收入续编。

五、本书目所列图书收藏单位，係为何我会提供有关书目和经编者前往抄录书目的图书馆、室，另一部分系转录自若干图书馆的印本藏书目录，未及事先征求该单位的意见。由于调查未能普遍深入，遗漏、差错之处，在所难免，希望有关单位及读者，提出意见，加以纠正和补充。

六、本书目分哲学、社会、经济、政治、文教、文艺、科技、历史、地理、综合性图书等十类。匆促编成，多数图书仅过目录，未能目睹内容，部居容有未妥，分归可能失当。特附书名索引，按简体字笔划为序，笔划少者排前，多者排后，同笔划的再按一丨丿排列，以便检索。

本书目所列收藏单位名称及代号

代号	收藏单位名称
01	泉州市图书馆
02	泉州市文物管理委员会资料室
03	泉州海外交通史博物馆资料室
04	晋江地区文物管理委员会资料室
06	惠安县文化馆图书室
11	厦门大学图书馆
12	厦门大学历史系资料室
13	厦门大学南洋研究所资料室
14	厦门市图书馆
15	厦门集美图书馆
16	厦门郑成功纪念馆资料室
17	漳州市图书馆
18	漳州第一中学图书馆
21	福建省图书馆
22	福建师范大学图书馆
23	福建农学院图书馆
26	莆田县图书馆
31	北京图书馆
32	北京大学图书馆
33	北京师范大学图书馆
34	上海市图书馆
35	华东师范大学图书馆
36	复旦大学图书馆
37	南京市图书馆

38　南京大学图书馆
39　浙江省图书馆
40　杭州大学图书馆
41　宁波天一阁
42　广东中山图书馆
43　湖北省图书馆

目 录

一 哲学类

综录 .... （1）
   李贽著作及生平专辑 .... （3）
   李光地及其家族著作专辑 .... （7）
宗教信仰 .... （13）
迷信术数 .... （15）

二 社会类

综录 .... （16）
语言文字 .... （16）
民俗 .... （18）
社会救济 .... （18）
华侨 .... （19）
社会团体 .... （21）

三 经济类

综录 .... （22）
经济契约及账本 .... （23）

四 政治类

综录 .... （24）
   旧参议会文件 .... （25）

五 文教类

学校教育 .... （26）

卫生事业 …… (27)
学术机关团体 …… (27)
古代文教——科举与书院 …… (27)

六 文艺类

文学综录　总集 …… (28)
诗文别集 …… (31)
词赋 …… (46)
小说 …… (47)
随笔杂著 …… (47)
民间文学 …… (49)
艺术综录 …… (50)
音乐戏曲 …… (50)
书法 …… (52)

七 科技类

综录 …… (54)
军事科学 …… (54)

八 历史类

综录 …… (56)
郑成功业绩及郑氏始末专辑 …… (59)
史料汇编 …… (64)
中外交通史 …… (65)
宗族史——族谱 …… (67)
传记 …… (70)
考古 …… (73)

九 地理类

方志 .... (76)
类志 .... (81)
自然 .... (82)
游记 .... (83)
舆图 .... (83)

十 综合性图书

综录 .... (86)
书目 .... (87)
期刊 .... (88)
报纸合订本 .... (91)

一 哲学类

综录

泰轩易传　六卷　（宋）泉州　李正中撰
　　四库全书珍本初集本　　　　　　　〈22〉
魏公谭训　十卷附录二卷　（宋）同安　苏　颂撰
　　清道光刻本　一册　〈01〉〈21〉
　　清光绪十八年（1892）南安陈国仕抄本　一册〈11〉
谭训（又题丞相魏公谭训）　十卷　（宋）同安　苏象先录
　　四部丛刊续编本　〈22〉
易经蒙引　十二卷　（明）晋江　蔡　清撰
　　明万历三十八年（1610）刻本　十二册　〈22〉〈33〉
四书蒙引　　卷　（明）晋江　蔡　清撰
　　清光绪壬辰（1892）蔡群英重刊本　十五册　〈14〉〈21〉
太极图说　艾庵密箴合一卷　（明）晋江　蔡　清撰　蔡鹤汀订
　　清雍正年逊敏斋刻本　一册　〈02〉
太极图说　河洛私见　艾庵密箴合三卷　（明）晋江　蔡　清撰
　　清乾隆七年（1742）重刻本　〈01〉
艾庵密箴　一卷　（明）晋江　蔡　清撰
　　清雍正乙巳年（1725）刻本　一册　〈11〉
密箴　一卷　（明）晋江　蔡　清撰
　　丛书集成部编本　一册　〈01〉〈11〉〈21〉〈22〉〈33〉
四书图史合考　二十四卷　（明）晋江　蔡　清辑
　　明刻本　八册　〈32〉
周易浅说　五卷　（明）晋江　陈　琛撰
　　清乾隆己酉年（1789）刻本　五册　〈01〉〈14〉
正学篇　二卷　（明）晋江　陈　琛撰
　　说郛正续合刊本　〈21〉〈22〉
　　红豆馆小丛书抄本　一册　〈01〉
易经浅说　四卷　（明）晋江　苏　濬撰
　　清咸丰五年（1855）补刻，同治六年（1867）印本　二册〈01〉〈13〉

生生篇　七卷　（明）晋江　苏濬撰
　清道光年刻本　四册　〈01〉
易经存疑　十二卷　（明）同安　林希元撰
　清光绪丙午年(1906)厦门会文堂印本　六册　〈14〉
古周易订诂　十六卷　（明）晋江　何楷撰
　明崇祯年刻本　十六册　〈01〉〈31〉
　清乾隆十六年(1751)套色本　八册　〈11〉
　清荆园徐氏刻本　八册　〈22〉
　民国中国书店影印本　八册　〈14〉〈40〉
读易私记　十卷　（明）晋江　黄光昇撰
　明万历六年(1578)刻本　十册　〈32〉
易解　一卷　（明）惠安　骆日昇撰
　红荳馆小丛书抄本　一册　〈01〉
王慕蓼先生劝戒录　一卷　（明）晋江　王畿撰
　红荳馆小丛书抄本　一册　〈01〉
朱子学的　二卷　（明）同安　卯濬撰
　清福州正谊书院刻本　二册　〈02〉
珍山陈庶子易说　十五卷　（清）晋江　陈迁鹤撰
　旧钞本　二十四册　〈21〉
陈介石先生闲居恕闻　卷　（清）晋江　陈迁鹤撰
　清光绪年泉州梅石山房刻本　一册　〈02〉
闲居恕闻　卷　（清）晋江　陈迁鹤撰
　红荳馆小丛书抄本　一册　〈01〉
周易指掌　八卷　（清）蒋新湖讲授　蒋慕生述
　清光绪二年(1876)敬日堂刻本　五册　〈01〉(缺卷四)
四书桐城讲义　（清）佚名撰
　抄本　二册　〈01〉(残存下孟二册)
四书合喙鸣　（清）同安　许锺斗撰
　清光绪癸未年(1883)刻本　十册　〈14〉
莊子因书　六卷　（清）晋江　蔡虚谷鑑定
　清乾隆二年(1737)泉州刻本　六册　〈027〉
中国三大思想之比观　德化　蔡尚思著
　民国廿六年(1937)上海启智书局铅印本　一册　〈21〉

·2·

李贽著作及生平专辑

李氏藏书六十八卷续藏书二十七卷　　(明)晋江　李　贽撰
　　明万历乙亥年(1575)金陵刻本　二十八册　〈22〉
藏书六十卷续藏书二十七卷　　(明)晋江　李　贽撰
　　明万历二十七年(1599)金陵刻本　七十二册　〈33〉
李氏藏书　　(明)晋江　李　贽辑著
　　明刻本　十八册　〈14〉
藏书　六十八卷　　(明)晋江　李　贽撰
　　明万历二十七年(1599)金陵刻本　二十四册　〈11〉〈21〉〈32〉
　　　〈35〉
　　明刊本　四十四册　〈38〉
　　1959年中华书局排印本　四册　〈01〉〈02〉〈11〉〈15〉〈21〉〈22〉
　　1974年北京中华书局排印本　四册　〈01〉〈02〉〈11〉〈21〉〈22〉
　　　〈33〉
藏书　六十八卷　　(明)晋江　李　贽撰　沈汝楫　金嘉谟重订
　　明天启辛酉年(1621)刻本　十六册　〈42〉
藏书　六十卷·　(明)晋江　李　贽撰　陈仁锡评
　　明崇祯年刻本　二十册　〈32〉
藏书(原题遗史)　六十八卷　　(明)晋江　李　贽撰
　　明翻刻本　二十四册　〈21〉
续藏书　二十七卷　　(明)晋江　李　贽撰
　　明万历三十九年(1611)金陵王惟岩刻本　二十二册　〈11〉
　　　〈31〉〈35〉
　　明万历三十九年(1611)汪觐修刻本　八册　〈32〉
　　明江绍前校刻本　〈41〉
　　明翻刻本　四册　〈21〉
　　晋陵孟纯礼刻本　二十四册　〈33〉
　　1974年北京中华书局排印本　二册　〈01〉〈02〉〈11〉〈15〉
　　　〈21〉〈22〉〈33〉
续藏书　二十七卷　　(明)晋江　李　贽撰　陈仁锡评
　　明天启年刻本　六册　〈13〉〈33〉〈41〉

焚书续焚书合十三卷　　(明)晋江　李　贽撰
　　1959年中华书局排印本　二册　　〈21〉〈22〉
　　1975年北京中华书局排印本　二册　　〈01〉〈02〉〈11〉〈21〉
　　〈22〉〈23〉
李氏焚书　六卷　　(明)晋江　李　贽撰
　　明刻本　五册　　〈33〉
　　明刻套印本　六册　　〈14〉〈33〉
　　活字本　四册　　〈33〉
　　民国二十五年(1936)上海贝叶山房排印本　一册　〈21〉
　　民国二十五年(1936)上海杂志公司排印中国文学珍本丛书本
　　　一册　〈01〉〈22〉〈33〉
李氏焚书六卷附校勘记　　(明)晋江　李　贽撰
　　民国陕西教育图书社排印本　六册　　〈15〉〈22〉〈33〉
焚书　六卷　　(明)晋江　李　贽撰
　　1961年中华书局排印本　二册　　〈15〉〈21〉
　　1974年福建省李贽著作注释组油印本　一册　　〈02〉
续焚书　七卷　　(明)晋江　李　贽撰
　　1959年中华书局排印本　一册　　〈02〉〈21〉〈22〉
　　1961年中华书局排印本　一册　　〈21〉
史纲评要　三十六册　　(明)晋江　李　贽撰
　　明万历甲寅年(1614)茂勒堂刻本　十六册　　〈02〉〈34〉
　　1975年北京中华书局排印本　三册　　〈01〉〈02〉〈11〉〈21〉
　　〈22〉〈33〉
四书评　十九卷　　(明)晋江　李　贽撰
　　明万历年刊本　四册　　〈34〉
　　1975年上海人民出版社排印本　一册　　〈01〉〈02〉〈21〉
　　〈22〉
初潭集　三十卷　　(明)李　贽辑评
　　明闵遐刻朱墨套印本　十册　　〈32〉
　　明万历金陵刻本　十册　　〈02〉〈11〉〈18〉〈32〉
　　明刻本　六册　　〈33〉〈38〉

初潭集　十二卷　　（明）李　贽撰
　　明崇祯刊本　十二册　　〈34〉
　　1974年北京中华书局排印本　二册　　〈01〉〈11〉〈33〉
类林初潭集　十二卷　　（明）李　贽纂　王克安订
　　明刻本　十二册　　〈33〉
易因　二卷　（明）李　贽撰
　　明嘉靖刻本　二册　　〈32〉
　　民国十一年（1922）商务印书馆用明正统本影印道藏本〈33〉
李卓吾先生读升庵集　二十卷　　（明）晋江　李　贽撰
　　明万历年间坊刻本　四册　　〈21〉〈22〉
李卓吾先生读升庵集　二十卷　　（明）杨　慎撰　李　贽评
　　刻本八册　　〈33〉
龙湖闲话　一卷　　（明）李　贽撰
　　敬修堂丛书本（抜本）一册　　〈33〉
短长二卷国事二卷　　（明）李　贽选
　　明刻本　二册　　〈32〉
李卓吾先生遗书二卷附录一卷　　（明）李　贽撰
　　明万历四十年（1610）刻本　三册　　〈36〉
李温陵集　二十卷　　（明）李　贽撰
　　明顾大韶刻本　六册　　〈32〉
卓吾诗篇　（明）李　贽著　（民国）苏大山选辑
　　红兰馆小丛书抄本　　〈01〉
李卓吾批点曹氏一门　　（魏）曹　操等撰　（明）李　贽批点
　　明刻本　三册　　〈33〉
李卓吾批点世说新语补二十卷　　（南朝宋）刘义庆撰　（明）何良
　　俊增　王世贞删定　李贽批点
　　明万历十四年（1586）刻本　八册　　〈33〉
李卓吾评点世说新语补　二十卷　　（明）李　贽评点
　　明万历王汝存刻本　四册　　〈21〉
李卓吾评选三异人集　廿二卷　　（明）方孝孺　杨继盛　于谦撰
　　俞允谐编　李　贽评选
　　明万历刻本　五册　　〈32〉

三异人文集 廿二卷　　（明）方孝孺　杨继盛　于谦撰
　李贽评选
　　明刻本　十二册　〈32〉
龙溪先生文录钞　（明）王畿撰　李贽选
　　明万历廿七年（1599）山阴何继高刻本　八册　〈32〉
忠义水浒全传一百二十回　（元）施耐庵撰　罗本修　（明）李
　贽评
　　明杨定见刊本　二十册　〈34〉
三先生合评原本北西厢　五卷　（元）王实甫编　关汉卿续　（明）
　汤显祖　李贽　徐渭合评
　　明刻本四册　〈33〉
大隋志传　二十卷　（明）罗贯中撰　李贽参订
　　清光绪十四年（1888）书文堂刻本　八册　〈33〉
李卓吾批点残唐五代史演义传八卷六十回　（明）罗本编　李
　贽评
　　明刻本　八册　〈32〉
　　长洲周氏刻本　八册　〈31〉
　　清初刊本　四册　〈34〉
残唐五代史演义传十二卷六十回　（明）罗贯中编　李贽评
　　刻本　四册　〈33〉
新刊全像武穆精忠传八卷　（明）李贽评
　　刻本　十册　〈33〉
李卓吾先生批评红拂记二卷　（明）张凤翼撰　李贽评
　　明容与堂刻本　二册　〈31〉
李卓吾先生批评锦笺记二卷　（明）周履靖撰　李贽评
　　明刻本　二册　〈31〉
大方广佛华严经合论简要四卷　（唐）李通玄合论　（明）李贽简
　要
　　吴兴董氏刻本　二册　〈33〉
新锲李卓吾先生增补批点皇明正续合并通纪统宗　（明）陈建辑
　著　李贽批点
　　明刻本　四册　〈33〉

·6·

李贽评点元明戏剧小说资料选辑　福建李贽著作注释组福州小组编
　　1973年印　　〈15〉〈21〉
李贽反儒善法文集　厦门大学历史系编
　　1974年排印本　一册　　〈01〉〈02〉〈11〉
李贽研究参考资料　厦门大学历史系编
　　福建人民出版社1975——1976年出版三集　　〈01〉〈02〉〈11〉〈21〉〈22〉
李贽思想评介
　　福建人民出版社编 1974年 福建人民出版社排印本　一册
　　〈01〉〈02〉〈11〉〈14〉〈21〉〈22〉
李贽思想评介资料选辑　福建省晋江地区文物管理委员会编印
　　1975年出版　一册　　〈01〉〈02〉〈11〉〈33〉
李卓吾评传　容肇祖著
　　1937年商务印书馆排印本　一册　　〈21〉〈22〉〈33〉
儒教叛徒李卓吾　吴泽著
　　1949年上海华夏书店排印本　一册　　〈33〉
李贽——十六世纪中国反封建思想的先驱者　朱谦之著
　　1956年北京人民出版社排印本　一册　　〈11〉〈15〉〈21〉〈22〉〈33〉
李卓吾论　朱维之编译
　　1957年三联书店排印本　一册　　〈22〉
李贽　邱汉生编写
　　1962年北京中华书局排印本　一册　　〈01〉〈02〉〈21〉〈33〉
李贽　福建省图书馆等编
　　1974年排印　一册　　〈11〉〈15〉

李光地及其家族著作专辑

榕村全书　（清）安溪　李光地等撰
　　清道光九年（1829）李维迪刻本　一百六十二册　　〈01〉〈02〉（不全）〈18〉（不全）〈22〉

榕村全集四十卷续集七卷列集五卷　　（清）安溪　李光地撰
　　清道光五年（1825）李师洛刻本　〈01〉〈03〉
榕村全集（诗文）四十卷　　（清）安溪　李光地撰
　　清乾隆元年（1736）刻本　十七册　〈01〉〈11〉〈22〉〈33〉
　　清乾隆元年（1736）李师洛等刻本　十五册　〈21〉
榕村全集三十四种　　（清）安溪　李光地撰
　　清刻本　四十八册　〈33〉
榕村全集四十六种　　（清）安溪　李光地撰
　　清道光九年（1829）刻本　一百二十册　〈33〉

（御纂）七经　　（清）安溪　李光地奉敕撰
　　清同治十年（1871）湖南崇文书局刻本　一百七十册〈33〉
（钦定）纂文六经四书　　（清）安溪　李光地奉敕撰
　　清光绪九年（1883）上海同文书局石印本　十册　〈14〉〈33〉
诗所　八卷　　（清）安溪　李光地撰
　　清雍正六年（1728）刻本　三册　〈26〉〈33〉
尚书七篇解义二卷　　（清）安溪　李光地撰
　　清武英殿刻本　一册　〈33〉
尚书解义　一卷　　（清）安溪　李光地撰
　　榕村全书本　〈01〉〈22〉〈26〉
洪范说　二卷　　（清）安溪　李光地撰
　　清刻本　一册　〈01〉〈22〉〈33〉
月令辑要二十四卷图说一卷　　（清）安溪　李光地撰　吴廷桢等辑（编在科技类）
经书源流歌诀　　（清）安溪　李光地撰
　　榕村全书本　〈01〉
（御纂）周易折中　二十二卷　　（清）安溪　李光地等纂
　　清康熙五十四年（1715）刻本　八册　〈11〉〈21〉〈22〉〈33〉
　　　〈35〉
　　清浙局刊本　十册　〈33〉
　　清同治六年（1867）浙江马氏翻刻本　十册　〈33〉
　　清同治辛未（1871）崇文书局刻本　十二册　〈14〉
　　清光绪十四年（1888）江南书局刻本　十册　〈33〉

周易前进　五卷　　（清）安溪　李光地辑
　　清道光年重刻本　四册　　〈01〉
周易通论　四卷　　（清）安溪　李光地撰
　　清乾隆刻本嘉庆六年（1800）补刊本　二册　〈01〉〈21〉〈33〉
周易观象　十二卷　　（清）安溪　李光地撰
　　清武英殿刻本　三册　　〈33〉
　　清刻本　四册　　〈01〉〈26〉〈42〉
　　榕村全书本　四册　　〈01〉〈22〉〈33〉
周易观象大指　二卷　　（清）安溪　李光地撰
　　清刻本　一册　　〈01〉〈26〉〈33〉
李文贞公易义　不分卷　　（清）安溪　李光地撰
　　清抄本　韩琪　钟文烝跋　三册　　〈31〉
历象本要　　（清）李光地撰　（编在科技类）
春秋毁余四卷　　（清）安溪　李光地撰
　　榕村全书本　四册　　〈01〉〈22〉
古乐经传五卷　　（清）李光地撰
　　清刻本　三册　　〈01〉〈22〉〈26〉〈33〉
知数识义考　　（清）李光地撰　（编在科技类）
孝经全注　一卷　　（清）李光地撰
　　榕村全集本　一册　　〈01〉〈22〉〈33〉
四书解义二卷　　（清）李光地撰
　　清康熙五十九年（1720）刻本　二册　　〈01〉〈11〉〈33〉
安溪先生解义三种　　（清）李光地撰　佚名批点
　　清康熙居业堂刻本　一册　　〈11〉
　　清国子监刻本　一册　　〈33〉
读论语劄记二卷　　（清）李光地撰
　　清乾嘉间李氏家刻本　一册　　〈01〉〈14〉〈22〉〈26〉〈33〉
读孟子劄记二卷　　（清）李光地撰
　　清乾嘉间李氏家刻本　一册　　〈01〉〈22〉〈26〉〈33〉
论语劄记二卷孟子劄记二卷大学古本说一卷　　（清）李光地撰
　　清康熙五十九年（1720）刻版后印增补页　二册　　〈01〉
大学古本说一卷中庸章段一卷中庸余论一卷读论语劄记二卷读
孟子劄记二卷　　（清）安溪　李光地撰
　　榕村全书本　　〈22〉

· 9 ·

大学古本说一卷　　　(清)李光地撰
　榕村全书本　　〈01〉〈17〉〈18〉〈33〉
大学古本中庸余说合编五卷　　　(清)李光地撰
　清乾嘉间李氏家刻本　五册　　〈01〉
大学古本一卷中庸章段一卷　　　(清)李光地撰
　清刻本　一册　　〈26〉
中庸章段一卷　　(清)李光地撰
　榕村全书本　　〈18〉〈22〉〈33〉
中庸余论一卷　　(清)李光地撰
　榕村全集本　一册　　〈22〉〈33〉
中庸署论一卷　　(清)李光地撰
　榕村全书本　　〈22〉
中庸余论中庸四记合二卷　　　(清)李光地撰
　榕村全集本　　〈01〉〈22〉
(御纂)性理大全六十六卷　　　(清)李光地等纂
　清康熙殿本　廿四册　　〈34〉
性理精义十二卷　　(清)李光地等撰
　清康熙五十四年(1715)刊本　六册　　〈21〉〈22〉〈33〉〈34〉
性理一卷　　(清)李光地撰
　榕村全书本　　〈01〉〈22〉
榕村讲授三卷　　(清)李光地撰
　清内府藏本　三册　　〈33〉
　刻本　三册　　〈14〉〈26〉
　榕村全书本　三册　　〈01〉〈22〉〈33〉
榕村语录三十卷　　(清)李光地撰
　清刻本　十五册　　〈01〉〈22〉〈33〉
榕村语录续集二十卷　　(清)李光地撰
　清光绪宣统间石印本　十一册　　〈34〉
　民国廿二年(1933)江安傅增湘藏园北平刻本　六册　　〈21〉〈33〉
　民国石印本　十一册　　〈03〉〈21〉
　榕村全书本　　〈01〉〈22〉
　旧钞本　　〈21〉

· 10 ·

榕村集　　　（清）李光地撰
　　清刻本　三册　〈14〉
榕村别集　五卷　（清）李光地撰
　　榕村全书本　〈01〉〈21〉〈33〉
榕村诗选　八卷　（清）李光地撰
　　清雍正八年(1730)国子监刻本　三册　〈33〉
　　清道光二年(1822)刊本　四册　〈01〉〈21〉〈22〉
榕村制义　（清）李光地编
　　清刻本　七册　〈01〉〈26〉
离骚经注一卷九歌注一卷　（清）李光地撰
　　守约篇丛书本　〈33〉
离骚经注一卷　（清）李光地撰
　　榕村全集本　一册　〈01〉〈33〉
阴符经注一卷　（清）李光地撰　（编在科技类军事目）
握奇经注一卷　（清）李光地撰　（编在科技类军事目）
握奇经订本一卷　（清）李光地撰　（编在科技类军事目）
参同契章句一卷　（清）李光地撰
　　榕村全书本　一册　〈22〉〈33〉
榕村韵书一卷　（清）李光地撰
　　榕村全书本　一册　〈01〉〈22〉
音韵阐微十八卷　（清）李光地等撰
　　清光绪七年(1881)淮南书局重刻本　五册　〈34〉
榕村字画辨讹二卷　（清）李光地撰
　　榕村全书本　一册　〈01〉〈22〉
古文精藻二卷　（清）李光地编
　　榕村全书本　二册　〈01〉〈22〉〈33〉
名文前选六卷　（清）李光地选辑
　　清道光刻本　六册　〈01〉
程墨前选二卷　（清）李光地选辑
　　榕村全书本　一册　〈01〉〈22〉
韩子粹言二卷　（唐）韩愈撰　（清）李光地辑
　　清康熙五十二年(1713)国子监本　二册　〈32〉〈33〉
　　榕村全书本　〈01〉〈22〉

二程子遗书纂二卷　　(清)李光地撰
　　福州正谊书院刊本　二册　　〈33〉
　　榕村全集本　二册　　〈01〉〈22〉〈33〉
二程子外书纂一卷　　(清)李光地撰
　　榕村全集本　一册　　〈33〉
太极图解一卷　　(清)李光地撰
　　榕村全书本　一册　　〈01〉〈22〉
正蒙注解二卷　　(宋)张载撰　(清)李光地注
　　清刻本　一册　　〈01〉〈33〉
榕村通书篇一卷　　(清)李光地撰
　　1936年中华书局据榕村全集本影印　一册　〈17〉
朱子全书六十六卷　　(清)李光地等纂
　　清江西书局重刻本　四十册　〈33〉
　　清刻本　卅二册　〈21〉〈33〉〈34〉
朱子礼纂五卷　　(清)李光地编
　　清雍正十一年(1733)刊本　三册　〈01〉〈22〉〈33〉
朱子语类四纂五卷　　(清)李光地编辑
　　福州正谊书院刊本　二册　　〈22〉
　　榕村全集本　三册　　〈01〉〈22〉
泰山脉络记一卷　　(清)李光地撰
　　小方壶斋舆地丛钞本　一册　〈11〉〈21〉〈22〉〈33〉
三礼述注七十一卷　　(清)安溪李光坡撰
　　清乾隆卅二年(1767)安溪李氏清白堂刊本　廿六册　〈01〉
　　〈22〉
周礼述注廿四卷　　(清)安溪李光坡撰
　　清光绪三年(1877)重刊本　〈22〉
礼记述注廿八卷　　(清)李光坡撰
　　清乾隆李氏清白堂刻本　〈01〉(不全)
　　清光绪刻本　十册　〈01〉〈11〉
仪礼述注十九卷　　(清)李光坡撰
　　清光绪刻本　八册　〈01〉〈25〉
皋轩文编十卷　　(清)安溪　李光坡撰
　　清雍正五年(1727)刻本　二册　〈11〉

·12·

清乾隆三十二年(1767)清白堂刻本 二册 〈21〉
昭代丛书 (清)安溪 李光墺撰
　　清刻本 一册 〈21〉
周礼纂训二卷 (清)安溪 李锺伦撰
　　榕村全书本 一册 〈01〉
三礼仪制歌诀一卷 (清)安溪 李锺伦撰
　　榕村全书本 〈01〉〈22〉
榕村谱录合考二卷 (清)安溪 李清馥编
　　清道光九年(1829)安溪 李氏刊本 二册 〈01〉〈13〉
　　〈21〉
道南讲授十三卷 (清)安溪 李清馥撰
　　榕村全书本 四册 〈01〉(不全)〈22〉
仪礼纂录二卷 (清)安溪 李清植撰
　　榕村全书本 二册 〈01〉〈21〉〈22〉
澜受存愚二卷 (清)安溪 李清植撰
　　清乾隆丙戌(1766)刻本 一册 〈01〉〈14〉
文贞公年谱二卷 (清)李清植编 (编在传记类)
　　清道光五年(1825)安溪李氏刊本 二册 〈01〉〈14〉〈21〉
律诗四辨四卷 (清)安溪 李宗文著
　　榕村全书本 二册 〈01〉〈22〉

宗教信仰

集仙传 七十二卷 (宋)晋江 曾慥撰
　　说郛一百卷本 一册 〈22〉
黄箓竖旛伴远醮文
　　泉州炼真堂陈抄本 一册 〈02〉
紫云开士传四卷 (元)释大圭撰
　　民国十八年(1929)重印本 一册 〈01〉〈02〉
为霖和尚泉州开元语录一卷 (清)释等炤等录
　　清康熙四二年(1703)刻本 一册 〈32〉
雪峯语录(附雪峯诗集) (清)南安雪峯寺道伴禅师著
　　清刻本 一册 〈02〉

大乘起信论讲义　　释圆瑛撰
　　民国十八年（1929）商务印书馆排印　二册　〈01〉〈14〉
楞严纲要　　释圆瑛撰
　　民国廿九年（1940）上海佛学书局影印　一册　〈14〉
晚晴老人讲演录（第二辑）　弘一法师讲
　　1962年油印本　一册　〈02〉
弘一法师生西纪念刊　弘一法师生西纪念会编
　　民国卅二年（1943）美术印刷所排印　一册　〈01〉〈02〉
弘一大师永怀录
　　民国卅二年（1943）排印本　一册　〈02〉
妙月和尚纪念集　星洲伽陀精舍编
　　新加坡排印本　一册　〈02〉
南安雪峯寺同戒录
　　清宣统三年（1911）刊本　一册　〈02〉
民国廿年开元同戒录　　泉州开元寺编
　　民国廿年（1931）排印本　一册　〈02〉
泉州承天同戒录
　　民国廿四年（1935）泉山印书馆排印本　一册　〈02〉
闽南中华基督教会简史　　佚名编
　　排印本　二册　〈13〉〈14〉
全忍得胜　泉州长老会英国牧师（佚名）原著　湖北省一西人
　　（佚名）译
　　民国廿二年（1933）吴藏德手抄本　一册　〈02〉
鲎杞备考二卷　　（清）林清标纂
　　民国三年（1914）刻民国廿五年（1936）重刊本　二册　〈01〉
关岳祀典三卷　　（清）林鬲翔编
　　民国辛巳年（1941）泉州武庙藏板　一册　〈01〉〈02〉
关岳祀典附备考　　（清）林鬲翔编　备考苏大山辑
　　民国卅一年（1942）排印本　二册　〈01〉〈02〉
天后志二卷　　（清）林清标纂
　　清道光廿三年（1843）刻本　二册　〈11〉〈12〉
天上圣母传　　长汀福建同乡会编
　　民国卅六年（1947）长汀排印本　一册　〈21〉

孚佑帝君吕祖师仙经　　晋江 周子道集
　民国癸亥年（1923）抄本　一册　〈02〉

迷信术数

淮右禅师谶图　　（明）淮右禅师撰
　秀岺洪氏抄本　一册　〈02〉
浮游壮图　　（明）淮右禅师撰
　抄本　一册　〈02〉
东岳世家坑七里庵图　　（明）淮右禅师撰
　抄本　一册　〈02〉
象坑桃花山五里亭万安山图　　（明）淮右禅师撰
　抄本　一册　〈02〉
清源山结穴图
　抄本　一册　〈02〉
紫帽罗裳图
　抄本　一册　〈02〉
（详解）九六全书　　楚珍撰
　抄本　一册　〈02〉
玄空学质疑　　泉州　蔡光华著
　稿本　一册　〈02〉
尅择讲义三卷 泉州洪潮和三房继承堂编
　民国石印本　一册　〈02〉
戊庚年洪潮和通书　　泉州洪潮和择日馆编
　民国十四年（1925）继承堂刊本　一册　〈02〉
省身镋　　（清）温陵　施锺德辑
　清光绪十六年（1890）泉州刊本　一册　〈02〉

二 社会类

综录

光辉的十五年——泉州市经济和文化建设成就统计　泉州市统计局编
　　1965年排印本　一册　〈01〉
惠安县人口农业调查　福建省政府秘书处统计室编
　　民国二十六年(1937)排印本　一册　〈22〉
同安县人口农业调查　福建省政府秘书处统计室编
　　民国二十五年(1936)油印本　一册　〈13〉
台湾番族之原始文化　晋江　林惠祥著
　　民国十九年(1930)中国社会科学研究所排印本　一册　〈22〉

语言文字

里言徵　(清)晋江　庄俊元撰
　　民国三十四年(1945)晋江县文献委员会抄本　一册　〈01〉
晋水常谈录　(清)晋江　蔡鸿儒撰
　　抄本　一册　〈01〉
(增补)彙音妙悟　(清)晋江　黄谦撰
　　清光绪二十一年(1895)上海书局石印　一册　〈01〉
　　清光绪乙巳年(1905)厦门会文书庄石印　一册　〈01〉〈02〉〈04〉
　　民国八年(1919)上海萃春记书局石印　一册　〈01〉〈13〉
彙集雅俗通十五音　四卷　(清)佚名撰
　　清文德堂刊本　二册　〈01〉
　　清厦门会文堂石印　三册　〈11〉
八音足诀(漳泉腔)　(清)　叶开恩撰
　　清宣统元年(1909)厦门信文斋排印本　一册　〈11〉
泉州切音字母
　　见中国字母北京切音合订　一册　〈33〉

· 16 ·

厦门音新字典　　　陈玛莉著
　　民国二年(1912)刊本　一册　〈13〉
闽南方言音字汇
　　民国三年(1914)排印本　〈04〉(存一本)
厦门音系　　罗常培著
　　民国十九年(1930)国立中央研究院历史研究所铅印本　一册
　　〈11〉〈22〉
　　1956年科学出版社铅印本　一册　〈11〉〈21〉〈22〉
厦门音新字典　　甘为霖编
　　民国廿二年(1933)铅印本　一册　〈11〉〈14〉
　　台南上海竞新印书馆铅印本　一册　〈13〉
厦门方言辞典(拉丁文)　佚名编
　　铅印本　一册　〈11〉
厦门音韵声之构造与性质及其中国音韵学上某项问题之关系
　　　惠安　周辩明著
　　民国二十三年(1934)厦门大学排印本　一册　〈11〉
闽南白话语圣诗
　　民国二十三年(1934)排印本　一册　〈02〉
厦门语新文字入门　　上海厦门语拉丁委员会编辑
　　民国二十五年(1936)排印本　一册　〈11〉
厦门语系研究　　同安　陈延廷著
　　民国三十四年(1945)华声通讯社排印本　一册〈11〉〈13〉
华侨必备亚来由通话　　新嘉坡南洋同胞社编
　　民国二十八年(1939)星洲永成印书社印　一册　〈02〉
华夷通语　　佚名撰
　　新嘉坡古友轩印本　一册　〈02〉
简明诗韵　　晋江　苏大山录
　　苏氏红兰馆抄本　一册　〈01〉
汉律辑释　　(清)晋江　陈棨仁撰
　　红兰馆小丛书抄本　一册　〈01〉
古今文字通释　十四卷　(清)同安　吕世宜撰
　　清光绪五年(1879)龙溪林维源校刊本　五册　〈12〉〈21〉
　　民国壬戌年(1922)林籁社刊本　八册〈01〉〈14〉〈21〉

· 17 ·

千字文通释　　(清)同安　吕世宜撰　　晋江　杨浚校
　旧钞本　　〈21〉
文字源流参考　　(民国)晋江　蔡友璇编
　民国省立泉州中学丛书油印本　一册　〈02〉

民俗

从先维俗　一卷　　(清)晋江　黄谋烈编辑
　清宣统庚戌年(1910)益文斋石印本　一册　〈13〉
泉俗激刺篇　　古丰州人(吴增)撰
　清光绪戊申年(1908)啸云山房刻本　一册　〈01〉〈13〉
泉郡万缘普渡
　清光绪二十二年(1896)刻本　一册　〈13〉
泉州风俗琐谈　　泉州　王毂著
　第一集　民国二十五年(1936)泉州美术印刷所排印本　一册
　　〈01〉〈11〉〈21〉〈22〉
　第二集　惠安文化服务社排印本　一册　〈14〉
晋江县衙口金深风俗改良会会刊　晋江县衙口金深风俗改良
　会编
　民国二十四年(1935)排印本　一册　〈14〉

社会救济

泉郡赈灾征信录　　(清)晋江　黄谋烈编
　清光绪三十二年(1906)刻本　六册　〈14〉
泉州开元慈儿院第一届报告书　泉州开元慈儿院编
　民国十八年(1929)排印本　一册　〈01〉〈13〉〈21〉
花桥善举公所征信录　　泉州花桥善举公所编
　排印本　一册　〈02〉
甲子至己巳泉州分给度岁核实录　泉州花桥善举公所编
　民国十三年至十八年(1924—1929)泉州同文斋排印本　五
　　册　〈01〉

安海筹赈委员会报告　　安海筹赈委员会编
　　民国三十年(1941)排印本　一册　〈13〉
上海泉漳会馆救济闽南鼠疫委员会收支报告表　　上海泉漳会
　　馆编
　　民国三十五年(1946)排印本　一册　〈13〉

华　侨

抗战期中之福建华侨　　福建经济建设计划委员会编
　　民国三十年(1941)排印本　一册　〈21〉
晋江专区华侨史调查报告　　厦门大学南洋研究所编
　　1958年油印本　一册　〈13〉
菲律宾华侨名人史略　　菲律宾华侨名人史略编辑社编
　　民国二十年(1931)上海大东书局排印本　一册　〈13〉
菲律宾华侨人物志(1936.5——1948.8剪报资料)　　厦门私立海
　　疆学术资料馆剪辑
　　1949年编订　一册　〈13〉
菲律宾华侨情况(1946.6——1950.6剪报资料)　　厦门私立海
　　疆学术资料馆剪辑
　　1950年编订　一册　〈13〉
泗水晋江公会筹款救济罢工征信录　　泗水晋江公会编
　　民国十四年(1925)排印本　一册　〈21〉
小吕宋华侨中西学校三十周年纪念刊　　晋江　颜文初编
　　民国十八年(1929)上海中华书局排印本　一册　〈02〉〈13〉
1956年菲律宾华侨工商名录(吕宋岛)　　菲律宾华侨商报社编
　　1956年排印本　一册　〈13〉
1956年菲律宾华侨工商名录(未狮耶　棉兰佬)　　菲律宾华侨
　　商报社编
　　1956年排印本　一册　〈13〉
1956——57岷里拉华侨工商名录　　菲律宾华侨商报社编
　　1957年排印本　一册　〈13〉
1958——59岷里拉华侨工商名录　　菲律宾华侨商报社编
　　1959年排印本　一册　〈13〉

1962——63岷里拉华侨工商名录 菲律宾华侨商报社编
　1963年排印本　一册　〈13〉
闽笈华侨事情(1926.5——1949.3剪报资料) 厦门私立海
　疆学术资料馆剪辑
　1949年编订　一册　〈13〉
福建省侨乡调查丛书(第一次至第七次) 庄为玑 林金枝编
　1957年厦门大学南洋研究所油印本　七册　〈13〉
福建华侨企业史调查资料(泉州部分) 庄为玑 林金枝编
　1958年厦门大学南洋研究所抽印本　一册　〈13〉
福建华侨企业史调查报告 庄为玑等编
　1959年厦门大学南洋研究所油印本　一册　〈13〉
福建华侨企业史补充调查 庄为玑等编
　1959年厦门大学南洋研究所油印本　一册　〈13〉
有关闽南华侨投资资料 庄为玑编
　1959年厦门大学南洋研究所油印本　一册　〈13〉
解放前福建华侨投资问题 庄为玑编
　1960年油印本　一册　〈13〉
晋江石狮镇战前侨批业与商业配合调查资料 中央晋江地委
　统战部编
　1959年排印本　一册　〈13〉
晋江石狮镇棉布业运用侨资调查 中共晋江地委统战部编
　1959年排印本　一册　〈13〉
南安县解放前后华侨投资私人资本主义企业概况 中共南安县
　县委会编
　1958年排印本　一册　〈13〉
(永春)太平实业股份有限公司结册 太平实业公司编
　民国卅三年(1944)排印本　一册　〈13〉
华兴种植实业股份有限公司报告书 华兴种植实业公司编
　民国廿七年(1938)排印本　一册　〈13〉
侨汇统计(1935.10——1950.9剪报资料) 厦门私立海疆学术资料
　馆剪辑
　1950年编订　一册　〈13〉

·20·

侨汇情况（1940.8——1949.11剪报资料）厦门私立海疆学术资
　　料馆剪辑
　　　1950年编订　一册　〈13〉
民信局与侨汇（1946.6——1950.7剪报资料）　厦门私立海
　　疆学术资料馆剪辑
　　　1950年编订　一册　〈13〉
福建华侨汇款　　郑林宽著
　　　民国廿九年(1940)　福建省政府秘书处馆印　一册　〈13〉
　　　〈22〉
泉南侨汇的来路和去向　　郑道传著
　　　1948年9月油印本　一册　〈11〉
福建之侨汇与金融机关　　泉州　李柏龄著
　　　厦门大学毕业论文　一册　〈11〉
厦门中国银行办理侨汇有关资料汇编　　厦门市华侨服务社编
　　　1950年排印本　一册　〈11〉
归侨侨眷生活（1942.2——1949.2剪报资料）厦门私立海疆学术
　　资料馆剪辑
　　　1949年编订　一册　〈13〉
归国华侨及归侨团体（1946.12——1948.12剪报资料）　厦门私立
　　海疆学术资料馆剪辑
　　　1949年编订　一册　〈13〉
福建省归国华侨联合会成立大会特刊　福建省侨联编
　　　1959年排印本　一册　〈13〉
福建省归侨侨眷先进模范事迹　福建省侨委会　福建归侨联合
　　会编
　　　1958年排印本　一册　〈13〉

社 会 团 体

北平福建泉郡会馆志　　许其田编
　　　民国廿八年(1939)馆印本　一册　〈13〉
泉永旅漳同乡会卅四周年纪念特刊　泉永旅漳同乡会编
　　　民国卅四年(1945)排印　一册　〈11〉

· 21 ·

泉漳特刊——上海泉漳会馆会务报告书　上海泉漳会馆编
　　民国卅五年（1946）排印本　一册　〈11〉
泉漳特刊　上海泉漳会馆编
　　民国卅七年（1948）4月排印本　一册　〈11〉

三　经济类

综录

福建永德安南四县工程汇刊
　　民国二十二年（1933）排印本　一册　〈11〉
永春德化及大田三县之铁矿（附图三幅）　高振西著
　　民国三十一年（1942）福建省建设所地质土壤调查所油印
　　一册　〈13〉〈21〉
德化之瓷业　王调馨著
　　民国二十五年（1936）福建文化研究会抽印本　一册　〈22〉
德化瓷业视察报告书　萨惠隆著
　　民国二十八年（1939）协和大学油印本　一册　〈22〉
惠安东园镇瓦窑业产销之调查　黄籁英著
　　民国三十八年（1949）协和大学毕业论文　一册　〈22〉
福建省之蔗糖业　陈明璋编
　　民国三十六年（1947）福建省农业改进处排印本　一册　〈21〉
永春县发展地方工业的经验　中共福建省晋江地委会编
　　1955年福建人民出版社排印本　一册　〈21〉〈22〉
福建永春县农村小型水电站建设经验　水利电力出版社编
　　1958年排印本　一册　〈11〉
向电气化进军的永春县　上海美术出版社编
　　1958年上海人民美术出版社出版　一册　〈15〉
永春铁厂白煤炼铁经验　福建省冶金工业厅编
　　1958年福建人民出版社排印本　一册　〈21〉

永春县社营工业的劳动报酬与积累　　福建人民出版社编
　　1958年排印本　一册　〈22〉
惠安县水土保持工作典型经验　　中共惠安县委会编
　　1956年北京农业出版社排印本　一册　〈22〉〈33〉
福建省晋江专区果树资源调查　　晋江专员公署亚热带作物局等编
　　排印本　一册　〈23〉
安溪茶业调查
　　排印本　一册　〈33〉
福建省晋江县花生大面积丰收经验　　中共晋江县委员会编
　　1959年科技卫生出版社排印本　一册　〈21〉〈22〉〈23〉
闽南泥蚶生产经验　　福建省水产局编
　　1958年福建人民出版社排印本　一册　〈22〉〈23〉
泉州新桥溪水利工程征信录
　　民国十九年（1230）印本　一册　〈11〉〈13〉
泉州口厘金则例集
　　清同治六年（1867）刻本　一册　〈13〉

（二）经济契约及账本

德化土地契约汇集
　　抄本　一册　〈12〉
泉州黄贻梓家置业卖约
　　抄存稿　一册　〈02〉
海甸陈先代收租摺　　泉州　海甸陈氏记
　　原摺稿　一册　〈01〉〈02〉
泉苑业契汇抄　　泉州　张泉苑茶庄存
　　抄本　一册　〈12〉
泉苑武夷山契等清册（1—44号）　　泉州　张泉苑茶庄存
　　抄本　一册　〈12〉
泉苑茶庄历史账册单据（1—31）　泉州　张泉苑茶庄存
　　抄本　一册　〈12〉

泉州张镕家阄书
    四房抄本 一册 〈01〉
黄氏宗祠公账万年结册
    稿本 一册 〈02〉
先严黄府君仙逝杂用笺（泉州 黄塘斋丧事账本）
    1954年稿本 一册 〈02〉
扬声堂朱家费簿
    民国廿五年（1936）稿本 一册 〈20〉

四　政治类

综　录

光辉灿烂的泉州十年（1949—1959）　中共泉州市委办公室编
    1959年排印本 一册 〈01〉
泉州政协1—4期　政协泉州市委员会编
    1959—1960年陆续出版 四册 〈01〉〈02〉
南安县莲塘乡三社合一的经验　中共南安县委员会编
    1961年福建人民出版社排印本 一册 〈22〉〈33〉
漳泉治法论　　（清）谢金銮撰
    清道光三年（1823）福建刻本 一册 〈21〉
    清同治七年（1868）福建重刊本 一册 〈21〉
福建北路十六县调查之状况　　（民国）晋江 蔡凤玑编
    抄本 一册 〈32〉
勘察纪行（记察勘闽北各县种烟事）　　（民国）惠安 陈德义撰
    民国十年（1921）排印本 一册 〈13〉
福建省第四行政区督察专员兼保安司令公署三十一年度工作报告　福建省第四区行政督察专员兼保安司令公署编
    民国三十一年（1942）排印本 一册 〈21〉

·24·

晋江县政府三十一年度施政情形报告表　晋江县政府编
　　民国卅二年(1543)油印本　一册　〈21〉
南安县政　颜德挂编撰
　　民国廿八年(1939)排印本　一册　〈13〉
南安县建设概况　赖家蟠编
　　民国廿九年(1940)排印本　一册　〈21〉
安溪县政府三十年度工作报告　安溪县政府编
　　民国卅一年(1942)油印本　一册　〈21〉
福建省安溪县政府三十一年度工作报告　安溪县政府编
　　民国卅二年(1940)排印本　一册　〈21〉
永春县政府三十一年度工作报告　永春县政府编
　　民国卅二年(1943)排印本　一册　〈21〉
为永春日报案被劫案经过　黄恺元编
　　民国卅三年(1944)排印本　一册　〈21〉
三十一年度福建省行政会议德化县政工作报告　德化县政府编
　　民国卅一年(1942)油印本　一册　〈21〉
闽南土匪活动(1924.11—1948.3剪报资料)　厦门私立海疆学术资料馆剪辑
　　1949年编订　一册　〈13〉

旧参议会文件

晋江县临时参议会首届第一次大会汇编　晋江县临时参议会辑
　　民国三十四年(1945)排印本　一册　〈21〉
福建省惠安县参议会第一届第一次大会汇编　惠安县参议会辑
　　民国三十四年(1945)排印本　一册　〈11〉
福建省惠安县参议会第一届第五次大会汇编　惠安县参议会辑
　　民国三十六年(1947)排印本　一册　〈11〉

福建省惠安县参议会第七次大会纪录　　惠安县参议会辑
　　民国三十六年(1947)排印本　一册　　〈11〉
福建省惠安县参议会首届第九次大会纪录　　惠安县参议会辑
　　民国三十七年(1948)排印本　一册　　〈11〉
永春县临时参议会第一届首次大会汇编　　永春县参议会辑
　　民国三十三年(1944)排印本　一册　　〈13〉

五　文化教育类

学校教育

国立海疆学校一览　　国立海疆学校编
　　民国卅六年(1947)排印本　一册　　〈21〉
晋江公学特刊　黄炯森编
　　民国十七年(1928)排印本　一册　　〈21〉
福建省立晋江乡村师范学校附属小学初等教育丛书　　晋江乡
　　村师范学校附属小学编
　　民国廿四年(1935)印本　一册　　〈21〉
福建省惠安县立简易师范学校一览　　惠安简易师范学校编
　　民国廿五年(1936)排印本　一册　　〈21〉
安溪私立崇德中学六周年要览　安溪私立崇德中学编
　　民国廿三年(1934)排印本　一册　　〈21〉
集美学校二十周年纪念刊　集美学校二十周年纪念刊编辑部编
　　民国廿二年(1933)排印本　一册　　〈21〉
集美学校最近三年概况　集美学校校董办公室编
　　民国廿九年(1940)排印本　一册　　〈01〉〈13〉〈21〉
协大闽南学会手册　协和大学闽南学会编
　　民国廿九年(1940)排印本　一册　　〈21〉

卫生事业

晋江专区单方秘方集（第一集）　　晋江专区卫生局编
　　1958年排印本　一册　〈21〉
建国十周年献礼锦方集　晋江专区卫生局编
　　1959年排印本　一册　〈21〉
中医学字揖　　泉州　涵章杰撰
　　1978年晋江地区医学研究所油印本　一册　〈02〉

学术团体

闽南舆地学社19至21、23年度工作概况　　闽南舆地学社出版
　　编辑组编
　　民国二十一年(1932)排印本　一册　〈13〉〈21〉
闽南舆地学社概况及晋江乡土地理概述　　(民国)晋江　蔡芳泽
　　编
　　民国二十二年(1933)排印本　一册　〈01〉

科举与书院

温陵应事　　(清)苏廷钰主编
　　清道光丁未年(1847)刻本抉补　一册　〈13〉
丰州书院小课　　(清)晋江　林学洲评选
　　清光绪辛巳年(1881)刻本　二册　〈02〉
丰州赋课外集　　(清)晋江　林学洲评选
　　清光绪辛巳年(1881)　二册　〈02〉

六 文学艺术类
文学综录 总集

诗经世本古义廿八卷 (明)晋江 何楷撰
　清嘉庆癸酉年(1813)三味斋刊本 十册 〈22〉
　清道光刻本 廿四册 〈01〉(缺卷首)
毛诗国风绎 (清)晋江 陈迁鹤撰
　红药馆小丛书抄本 一册 〈01〉
释骚一卷 (明)晋江 何乔远撰 (清)杨浚录
　清咸丰冠悔堂抄本 一册 〈21〉
皇明文徵七十四卷 (明)晋江 何乔远编
　明崇祯四年(1631)刊本 卅六册 〈22〉〈32〉〈36〉
明八大家文集 (清)晋江 张汝瑚纂
　清康熙廿一年(1682)温陵书林刻本 廿四册 〈33〉
明十一家集(残存三家) (清)晋江 张汝瑚评选
　清康熙晋江张氏郢雪书林本 六册 〈22〉
明六名家集 (清)晋江 张汝瑚选
　清康熙廿一年(1682)郢雪书林刻本 卅二册 〈33〉
(新刻)翰林评选注释程策会要五卷 (明)李廷机选 叶向高注
　明万历新安柳塘书院刻本 四册 〈32〉〈41〉(不全)
(新刻)李九我编大方万文一统内外集廿二卷 (明)李廷机编
　明余象斗刻本 八册 〈40〉〈41〉
(新刊)林次崖先生编次批点古文类钞十二卷 (明)同安 林希元编
　明刻本 〈41〉
名文前选六卷 (清)李光地辑
　清道光刻本 六册 〈01〉
温陵留墨三种 (宋)王梅溪先生温陵留墨一卷 (宋)真西山先生温陵留墨二卷 (明)朱白野先生温陵留墨一卷 (明)朱炳如纂 丁一中续纂
　明万历元年(1573)泉州郡丞丁一中刻本 二册 〈32〉
清源文献十八卷 (明)晋江 何炯辑
　明万历廿五年(1597)程朝京刻本 十二册 〈21〉〈31〉

· 28 ·

清源文献偶录 （明）晋江 何烱辑
　抄本 一册 〈13〉
清源文献纂续合编 （清）晋江 柯辂编
　稿本 二册 〈21〉
温陵先正文藏 （清）尤垂青辑
　清乾隆刻本同治重印 八册 〈01〉
俞大猷戚继光诗文钞 邵元冲辑
　民国廿五年（1936）建国月刊社排印本 一册 〈22〉
螺阳文献二十卷 （清）泉州 陈澍辑
　光绪癸未年（1883）泉州二铭山馆刊 宣统己酉年（1909）张大川补刊本 十册 〈01〉〈02〉（不全）〈13〉〈15〉〈21〉〈22〉
螺阳文钞 （清）庄承祉辑
　精抄本 二册 〈01〉〈22〉
闽中文献集 （清）惠安 黄廷玉辑
　清咸丰惠安黄氏原稿本 五册 〈22〉
明季三子诗賸 （明）黄凤翔黄景昉周廷鑨著 （民国）苏大山辑
　红兰馆小丛书抄本 一册 〈01〉
温陵遗书 （清）晋江 龚显曾编
　抄本 八册 〈14〉
温陵诗纪第二集十二卷 （清）晋江 陈棨仁 龚显曾同辑
　清光绪乙亥（1875）亦园活字本 四册 〈01〉〈21〉〈22〉
前明乐府 （清）晋江 黄敬太辑
　抄本 一册
温陵文录 晋江 苏大山辑
　红兰馆稿本 二册 〈01〉
温陵诗录 晋江 苏大山辑
　红兰馆抄本 二册 〈01〉
温陵诗微 四卷 晋江 苏大山辑
　红兰馆抄本 一册 〈01〉
清人万首绝句 晋江 苏大山辑
　手稿 残存二册 〈01〉
雪梅集 （清）南安 苏赐辑
　红兰馆小丛书抄本 一册 〈01〉

卷四 文献目录

清源诗会编 （清）阮旻锡撰
　　1950年红豆馆抄本　一册　〈01〉
台湾杂咏合刻 （清）山阴何澂编 晋江 龚显曾序
　　清光绪七年（1881）泉州刻本　一册 〈01〉
桐阴吟榭甲乙编诗集四卷续一卷 （清）晋江 龚显曾编 （民国）
　　陈棻续编
　　民国十九年（1930）泉州振文印务公司排印本　二册　〈01〉
桐荫吟榭诗甲乙集　（清）晋江龚显曾选
　　清同治十年（1871）刊本　二册　〈21〉
桐阴吟社诗乙篇二卷 （清）龚显曾辑
　　同治壬申年（1872）刊本　一册　〈13〉
温陵弢社乙亥初稿　苏大山辑
　　民国廿四年（1935）泉州同文斋排印本　二册　〈01〉〈02〉
　　〈13〉〈14〉〈16〉〈22〉
温陵弢社双江泛月诗册　泉州弢社辑
　　民国甲戌年（1934）石印本　一册　〈01〉〈02〉
九日山两桩诗册　（晋江）宋志祥等撰 温陵弢社编
　　石印本　一册　〈01〉〈14〉
闽三家诗三卷 （民国）吕澂 李正华 施乾撰
　　民国排印本　一册　〈01〉
菽庄三九雅集诗录　林尔嘉辑
　　民国十一年（1922）厦门菽庄排印本　一册　〈13〉〈21〉
黄牡丹菊诗录　　林尔嘉辑
　　民国丁巳年（1917）厦门林氏排印本　一册　〈02〉〈22〉
林尔嘉结婚三十年纪念诗文集　林尔嘉辑
　　厦门菽庄馆印本　一册　〈02〉
鹭江名胜诗钞　江煦辑
　　菽庄丛书本　一册　〈12〉〈13〉〈16〉
沈轶刘吴春晴诗合刻 （民国）沈轶刘 吴春晴著
　　民国三十年（1941）排印本　一册　〈01〉
海峤题襟集 （民国）王梦古等撰
　　民国三十年（1941）排印本　一册　〈01〉

刺诫题襟录 （民国）叶绍曾等撰
　　民国石印本　一册　〈21〉
寿言酬唱集　黄光瀛辑
　　民国十五年（1926）排印本　一册　〈02〉
诗联拾遗　佚名辑
　　稿本　一册　〈02〉
泉州市社会人士诗册　政协泉州市委会编辑
　　1957年油印本　二册　〈01〉

诗文别集

唐欧阳四门集八卷附录一卷　（唐）欧阳詹撰　（明）徐兴公编
　　清嘉庆十五年（1810）麟后山房刊本　一册　〈21〉
　　抄本　六册　〈32〉
欧阳先生文集八卷　（唐）欧阳詹撰
　　清抄本　李璋煜晖毓鼎跋　一册　〈31〉
　　清乾隆癸酉（1753）闽黄氏刻本　四册　〈22〉
　　清嘉庆十五年（1810）麟后山房刊唐四家文集本　四册　〈22〉
欧阳行周文集十卷　（唐）欧阳詹撰
　　明弘治十七年（1504）庄驎吴晟刻本　二册　〈31〉
　　明抄本　一册　〈31〉
　　明万历福建刻本　二册　〈01〉〈21〉〈31〉〈39〉
　　四部丛刊集部本　四册　〈14〉〈22〉〈42〉
欧阳行周文集补遗一卷　（唐）欧阳詹撰
　　清乾隆五十年（1734）秦恩复抄本　孙星衍等跋　二册　〈31〉
欧阳行周文集校记一卷　（清）缪荃孙撰
　　民国四年（1915）缪荃孙刊后三唐人集本　傅增湘校跋　二册　〈31〉
欧阳文集　八卷　附录一卷　（唐）欧阳詹撰
　　清道光十年（1830）刊本　四册　〈21〉
欧阳助教诗集一卷　（唐）欧阳詹撰
　　清康熙年间刊本　一册　〈21〉
　　唐诗百名家全集（第廿六册）本　一册　〈33〉

韩翰林集四卷附录一卷香奁集三卷附录一卷　(唐)韩　偓撰
　　旧抄本　六册　〈32〉
韩翰林诗集一卷韩内翰香奁集三卷　(唐)韩　偓撰
　　清康熙席启寓刻唐诗百名家全集本　二册　〈32〉
韩翰林集评注三卷香奁集一卷补遗一卷　(唐)韩　偓撰　(清)吴汝
　　纶评注
　　清同治元年(1862)贺性存校刊本　一册　〈36〉
翰林集(香奁集三卷附录一卷)　(唐)韩　偓撰
　　清嘉庆年间王氏麟后山房传抄宋版本　六册　〈11〉〈26〉
玉樵山人集附香奁集　(唐)韩　偓撰
　　民国廿五年(1936)涵芬楼影印本　一册　〈01〉
香奁集不分卷　(唐)韩　偓撰
　　清康熙番禺屈大均手抄本　一册　〈32〉
　　刻本　一册　〈26〉
香山诗集　(唐)白居易撰　(清)晋江　林金銮女史手书
　　原抄本　卅五册　〈02〉
苏魏公集七十二卷附录一卷　(宋)同安苏　颂撰
　　清道光壬寅(1842)苏氏家刻本　二十册　〈13〉〈14〉〈21〉〈22〉
　　民国十四年(1925)石印本　十册　〈21〉
召叟诗录　(宋)同安苏　洞撰
　　(民国)红荳馆小丛书抄本　一册　〈01〉
✓竹庄小藁一卷　(宋)清源胡仲参(希道)撰
　　南宋六十家集本　一册　〈32〉
✓钓矶诗集　四卷　(宋)同安　丘　葵撰
　　清同治十三年(1874)正谊书院刊本　一册　〈01〉
二徽亭诗一卷　(宋)晋江徐　玑撰
　　清刻群贤小集本　一册　〈22〉
蔡忠惠文集卅六卷　(宋)蔡　襄撰
　　明万历四十四年(1616)双瓮斋刻本　廿四册
蔡忠惠公集卅六卷别纪补遗二卷附本传等一卷　(宋)蔡　襄撰
　　清乾隆四年(1739)晋江徐内还敏斋刊本　四册　〈21〉〈22〉
蔡忠惠公文集卅九卷　(宋)蔡　襄撰
　　清初刻本光绪间重印　三册　〈01〉〈26〉

·32·

梅溪先生前集二十卷后集廿九卷廷试第一卷奏议四卷 (宋)王十朋撰
　　明正统五年(1440)刻本　廿四册　〈32〉〈36〉
　　明正统五年(1440)刻本天顺六年(1462)至修本　十六册〈34〉
梅溪先生文集五十四卷附录一卷 (宋)王十朋撰
　　明天顺六年(1462)何橫枝刻本　十二册　〈36〉
(宋)王忠文公全集(一名梅溪集)五十卷 (宋)王十朋撰 (清)唐传鉎重编杨森秀校
　　清雍正六年(1728)重刻本　十册　〈36〉
(宋)王忠文公文集五十五卷 (宋)王十朋撰 (清)董凤锵重校
　　清光绪二年(1876)建瓯梅溪书院刊本　十六册　〈01〉〈36〉
梅溪文集 (宋)王十朋撰
　　商务印书馆影印四部丛刊本　十二册　〈03〉〈14〉
真西山全集一百八十三卷 (宋)真德秀撰
　　清乾隆二年(1737)浦城重刻本　〈32〉
　　清同治三年(1864)真氏家祠刻本　一百零二册〈01〉(存33册)〈32〉(存100册)
真文忠公全集　(宋)真德秀撰
　　清乾隆刊本〈18〉(不完)
西山先生真文忠公文集五十五卷 (宋)真德秀撰
　　明嘉靖元年(1522)张碡林刻本　廿八册　〈21〉
　　明嘉靖三年(1524)书林精舍刻本　十二册　〈32〉
　　明崇祯戊寅年(1638)浦城刊本　二十册　〈32〉
　　清雍正元年(1723)刊本　十四册　〈11〉
　　清刊本　二十八册　〈21〉
　　民国商务印书馆四部丛刊集部本　二册　〈03〉
真西山集　(宋)真德秀撰
　　清同治五年(1866)正谊堂刊本　〈02〉(存二册)〈18〉(存三十六册)
西山文钞八卷 (宋)真德秀撰 (清)张伯行编
　　清嘉庆辛未(1811)函香书室刊本　二册　〈11〉〈14〉〈21〉〈40〉

真文忠公政经一卷 (宋)真德秀撰
　　明刻本　一册　〈31〉
朱子大全集一百卷续集五卷别集七卷 (宋)朱熹撰
　　清康熙廿七年(1688)蔡芳炳刻本　四十四册　〈21〉
晦庵先生朱文公集一百卷目录二卷 (宋)朱熹撰
　　清康熙廿七年(1688)蔡芳炳刻本　卅二册　〈11〉
晦庵文钞六卷续钞四卷附录忌说 (宋)朱熹撰
　　明嘉靖十九年(1540)荣昌喻刻本　八册　〈36〉
苏文汇精　(明)晋江　李廷机评选
　　明书林师俭堂刊本　六册　〈32〉
心泉学诗稿六卷 (宋)蒲寿宬撰　二册　〈02〉〈14〉〈22〉

圭峰集二卷 (元)惠安　卢　琦撰
　　明刻本　一册　〈31〉
　　元诗选本　一册　〈22〉
圭峰卢先生诗集二卷 (元)惠安　卢　琦撰
　　明万历卅七年(1609)刻本　二册　〈32〉
梦观集五卷 (元)晋江　释大圭撰
　　清同治甲戌(1874)刻本　二册　〈13〉〈14〉
　　元诗选本　一册　〈22〉
瘦松集八卷 (元)如幻禅师撰
　　清光绪丁亥(1887)刻本　四册　〈01〉〈02〉(不全)〈15〉
玩斋集十卷 (元)贡师泰撰
　　清康熙刻本　〈31〉
经济文集　(元)李士赡撰
　　湖北先正遗书本　〈31〉
遵岩王先生文集廿五卷 (明)晋江　王慎中撰
　　明隆庆五年(1571)刘濂刻本　卅二册　〈31〉
王遵岩集十卷 (明)晋江　王慎中撰 (清)晋江　张汝瑚选
　　清康熙壬戌(1682)晋江郑云书材刊本　六册　〈22〉
　　明八大家文集本　三册　〈35〉
　　民国四年(1913)上海振寰书局排印本　四册　〈36〉

遵岩先生文集四十一卷　(明)王慎中撰
　　明嘉靖四五年(1566)刻本　十四册　〈32〉
　　明隆庆五年(1571)邵廉刻本　十六册　〈31〉
遵岩先生文集四十二卷　(明)王慎中撰　(清)李光墺李光型编次
　　清康熙五十年(1711)刻本　二十册　〈11〉
　　清康熙刻本　廿四册　〈33〉〈39〉
遵岩文集廿五卷　(明)晋江　王慎中撰
　　明隆庆五年(1571)刻本　十二册　〈21〉
遵岩文集十卷　(明)王慎中撰　(清)张汝瑚选
　　清康熙刻本　四册　〈21〉
王遵岩文录十卷　(明)王慎中撰
　　刻本　四册　〈21〉
　　民国四年(1915)振寰书局印本　四册　〈13〉〈14〉
王遵岩家居集七卷　(明)晋江　王慎中撰　同安　洪朝选编
　　民国壬申年(1932)金山高尚志堂据明勾吴书院刊本影印　二册　〈22〉〈33〉〈36〉
玩芳堂摘稿四卷　(明)晋江　王慎中撰　江陵曹忭校编
　　明嘉靖廿九年(1550)刻本　〈31〉〈38〉
盛明百家诗——王参政集一卷　(明)王慎中著　俞宪编
　　明嘉靖隆庆间刻本　一册　〈31〉
蔡文庄公全集八卷　(明)晋江　蔡清撰
　　清乾隆刻本光绪重印　六册　〈01〉
蔡文庄公集八卷　(明)晋江　蔡清撰　(清)徐居敬重编
　　清乾隆七年(1742)刻本　六册　〈01〉(不全)〈22〉〈33〉
　　清训敏斋藏刻本　四册　〈14〉
　　清乾隆壬戌(1742)蔡廷魁刊本　七册　〈02〉
文庄公集八卷　(明)蔡清撰
　　清光绪丁酉(1897)刻本　六册　〈14〉〈21〉
虚斋蔡先生文集五卷　(明)晋江　蔡清撰
　　明正德十六年(1521)万志贞刻递修本　五册　〈31〉
先儒蔡子文集八卷　(明)蔡清撰
　　清光绪丁酉(1897)刻本　六册　〈13〉〈14〉〈15〉

陈紫峯文集十三卷年谱一卷 (明)晋江 陈 琛撰
　清乾隆戊子(1768)至刊本 五册 ⟨02⟩(不全)⟨22⟩
　清乾隆卅五年(1770)至刊本 二册 ⟨11⟩
紫峯陈先生文集十四卷 (明)陈 琛撰
　清乾隆刻光绪印本 二册 ⟨01⟩⟨13⟩
正气堂集十六卷续集七卷余集四卷近稿一卷洗海近事二卷
(明)晋江 俞大猷撰 李杜编
　清道光廿四年(1844)刻本 二十册 ⟨11⟩厦大闽
　民国廿三年(1934)盋山精舍影印本 十二册 ⟨21⟩⟨33⟩
　⟨36⟩ 韶
正气堂集十六卷近稿议稿全卷洗海近事二卷余集四卷续集二卷
(明)俞大猷撰
　清道光廿一年(1841)味古书室刻本 八册 ⟨33⟩北师大
正气堂集十六卷又近稿一卷 (明)俞大猷撰
　清光绪卅一年(1905)味古书堂刊本民国甲戌(1934)盋山精舍
　影印本 二册 ⟨22⟩京师大闽
正气堂集卅二卷 (明)俞大猷撰
　清道光廿四年(1844)刻本 二十册 ⟨01⟩不全⟨11⟩⟨13⟩
景璧集十九卷 (明)晋江 李光缙撰
　明崇祯十年(1637)刻本 十册 ⟨01⟩(缺一卷)
李衷一清源洞集六卷 (明)李光缙撰
　明万历四一年(1613)刻本 六册 ⟨31⟩
椒近集卅四卷附外集一卷 (明)何乔新撰
　明嘉靖元年(1522)余堂刻本 二十册 ⟨32⟩
陈布衣遗集 四集 (明)泉州 陈 晟撰
　清道光六年(1826)刊本 一册 ⟨21⟩
苏紫溪先生遗著 (明)晋江 苏 濬撰 (民国)苏大山辑
　红兰馆抄本 一册 ⟨01⟩
樗全集八卷 (明)晋江 王 徵撰
　清乾隆廿四年(1759)晋江王氏重刊本 八册 ⟨01⟩⟨13⟩⟨22⟩
一峯先生文集十四卷 (明)罗 伦撰
　明嘉靖廿八年(1549)临桂张氏刻本 二册 ⟨32⟩
　明嘉靖八年(1549)重刻本 四册 ⟨36⟩

人笑集　　（明）晋江　林胤昌撰
　　红豆館小丛书抄本　一册　〈01〉
田亭草　二十卷　（明）晋江　黄凤翔撰
　　明万历壬辰初徐中元刻本　廿一册　〈31〉
　　明万历卅九年（1611）吉州甘氏刻本　十册　〈32〉
白毫菴诗内篇　（明）晋江　张瑞图撰　张潜夫编
　　泉州二铭山館刻本　八册　〈01〉〈14〉
三陵集十四卷　（明）晋江　丁自申撰
　　民國卅四年（1945）晋江县文献委員会抄本　二册　〈01〉
数马集五十一卷　（明）温陵　黄克缵撰
　　清黄氏家刻本　十六册　〈22〉
屏居十二课　（明）晋江　黄景昉撰
　　嵩斋钞本　一册　〈21〉
憨书□卷　（明）晋江　蒋德璟撰
　　清息耕堂抄本　翁同龢跋　五册（存十卷）　〈31〉
蔡忠烈公遗集六卷续编一卷　（明）晋江蔡道宪撰　清邓显鹤编
　　清道光癸巳（1833）长沙邓氏刻本　四册　〈13〉〈14〉〈22〉
　　清道光廿六年（1846）刻本　六册　〈21〉
　　清光绪六年（1880）闽蓬莱山房刻本　四册　〈01〉
蔡忠烈公遗集　四卷　（明）晋江　蔡道宪撰
　　清光绪六年（1880）刻本　四册　〈1〉〈21〉
玉豆館诗钞　（明）晋江　潘燕卿女史撰
　　传抄本　一册　〈01〉〈22〉
国朝大家制义——李九我稿一卷　（明）晋江　李廷机撰
　　明陈氏石云居刻本　一册　〈31〉
国朝大家制义——苏紫溪稿一卷　（明）晋江　苏　濬撰
　　明陈氏石云居刻本　一册　〈31〉
国朝大家制义——许子逊稿一卷　（明）同安　许　獬撰
　　明陈氏石云居刻本　一册　〈31〉
纺授堂诗集八卷二集十卷文集八卷　（明）晋江　曾异撰撰
　　明崇祯十五年（1643）刻本　六册　〈32〉
　　明崇祯益友斋刻本　十册　〈21〉

纺授堂文集八卷二集九卷　　（明）曹学佺撰
　　清初抄本　十册　〈21〉
纺授堂诗集八卷文集八卷　　（明）曹学佺撰
　　清康熙五七年（1718）刻本　十册　〈11〉〈32〉
小山类稿二十卷　　（明）惠安　张岳撰
　　明刊本　十册　〈21〉〈22〉〈32〉
　　清补刊本　十二册　〈01〉
惠安王忠孝公全集十二卷　　（明）王忠孝（长孺）撰
　　稿本传抄本　十二册　〈16〉〈22〉
黄吾野先生诗集　　（明）惠安　黄克晦撰
　　清乾隆庚辰（1760）刻本　七册　〈14〉
吾野诗集五卷　　（明）惠安　黄克晦撰
　　清光绪泉州同文斋石印本　四册　〈01〉〈13〉〈14〉〈21〉〈22〉
骆台晋文集八卷　　（明）惠安　骆日昇撰
　　明崇祯刻本　四册　〈01〉〈21〉
　　民国卅四年（1945）南平铅印本　〈22〉
介山诗存　怀斋诗存　　（明）惠安　李愷　（清）惠安　李慕韩撰
　　红豆馆小丛书抄本　一册　〈01〉
琼台诗文会稿廿四卷　　（明）同安　丘濬撰
　　明天启刻本　十册　〈21〉
林次崖先生文集十八卷　　（明）同安　林希元撰
　　清乾隆十八年（1793）刊本　四册　〈21〉
　　清光绪廿八年（1902）厦门会文堂重刊本　十册　〈01〉〈14〉〈21〉〈22〉
许钟斗文集五卷　　（明）同安　许獬撰
　　明万历四十年（1612）洪梦锡等刻本　二册　〈31〉
许钟斗集五卷　　（明）同安　许獬撰
　　明万历卅九年（1611）温陵李光缙刻本　四册　〈32〉
丛青轩集六卷　　（明）许獬撰
　　明崇祯十三年（1640）刻本　二册　〈01〉〈11〉〈13〉〈21〉〈不全〉
洪芳洲全集　　（明）同安　洪朝选撰
　　刻本　七册　〈21〉
　　清光绪壬辰（1872）同安洪氏家刻本　五册　〈01〉〈13〉〈15〉〈22〉

洪芳洲先生文集摘稿　　　（明）洪朝选撰
　　旧刻本　二册　〈14〉〈21〉
丛桂堂文集四卷诗集四卷　　（明）永春　颜廷榘撰
　　刻本　二册　〈13〉
颜桃陵全集五卷　　（明）永春　颜范卿撰
　　民国廿六年（1937）永春颜氏排印本　二册　〈22〉
方正学集十三卷　　（明）方孝孺撰　　（清）晋江　张汝瑚选
　　清康熙廿一年（1682）温陵书林刻本　八册　〈33〉
汪南溟集九卷　　（明）汪道昆撰　（清）晋江　张汝瑚选
　　清康熙廿一年鄮雪书林刻本　四册　〈33〉
耻躬堂文集二十卷　　（清）晋江　王命岳撰　李光地选定
　　清康熙三十年（1691）晋江王氏刻本　六册　〈01〉〈22〉
聊中隐斋遗稿二卷　　（清）晋江　许祖芳撰
　　清同治二年（1863）刻本　一册　〈21〉
馆阁缘绮　　（清）安溪　陈万策撰
　　红兮馆小丛书抄本　一册　〈01〉
琹园诗草□卷　　（清）晋江　富鸿基撰
　　抄本　一册　〈22〉
　　民国卅四年（1945）晋江县文献委员会抄本　一册　〈01〉
南堂诗钞十二卷诗赋一卷　　（清）晋江　施世纶撰
　　清雍正四年（1726）施廷翰刻本　八册　〈31〉
问山文集八卷　　（清）晋江　丁炜撰
　　清咸丰刻本　二册　〈01〉〈17〉
问山诗集十卷　　（清）丁炜撰
　　清咸丰甲寅（1854）刻本　二册　〈01〉〈02〉〈14〉
　　清康熙希业堂刻本　一册　〈31〉（不全）
匏墅文集二十卷　　（清）晋江　张汝瑚撰
　　清康熙视古堂刻本　五册　〈02〉
不已言集　二十卷　　（清）晋江　方珊撰
　　清培植堂刊本　十册　〈21〉
涥菴文集　六卷　　（清）晋江　柯輅撰
　　清嘉庆年刻本　六册　〈21〉

王文学遗草　　(清)晋江　王晨耀撰
　　清同治二年(1863)题襟馆刊本　一册　〈21〉
黄廉访诗稿　　(清)晋江　黄岳牧撰
　　钞本　一册　〈22〉
摛经堂类稿廿四卷　　(清)晋江　陈庆镛撰
　　清光绪癸未(1883)刊本　十二册　〈01〉〈13〉〈14〉〈22〉
摛经堂集十六卷　　(清)晋江　陈庆镛撰
　　清同治刻本　四册　〈01〉〈13〉
黄尚书公全集（奏疏廿七卷文钞一卷诗钞一卷）　　(清)晋江　黄宗汉撰　黄贻楫编
　　据原稿抄校本　十二册　〈11〉
宝盖山樵诗稿　四卷　　(清)宝盖山樵撰
　　旧抄本　一册　〈01〉（残存卷三、卷四）
瑶台小品　一卷　　(清)花形吹笙馆主撰
　　抄本　一册　〈01〉
冠悔堂全集廿一卷　　(清)晋江　杨浚撰
　　清光绪壬辰(1892)刊本　廿一册　〈21〉〈22〉
冠悔堂稿不分卷　　(清)杨浚撰
　　稿本　四册　〈21〉
冠悔堂剩稿不分卷　　(清)杨浚撰
　　稿本　一册　〈21〉
冠悔堂诗书评选　不分卷　　(清)晋江　杨浚撰
　　稿本　一册　〈21〉
冠悔堂诗钞八卷　　(清)杨浚撰
　　清光绪壬辰(1892)刊本　三册　〈01〉〈02〉(不全)〈14〉
冠悔堂骈体文钞六卷　　(清)杨浚撰　杨辂等校
　　清光绪癸巳(1893)刊本　二册　〈01〉〈14〉
玉籨别集□卷　　(清)杨浚撰
　　旧抄本　一册　〈22〉
鹭江感旧诗一卷　　(清)杨浚撰
　　清光绪己酉(1909)刊本　一册　〈13〉
冠悔堂楹语　三卷附录一卷　　(清)杨浚辑
　　清光绪二十年(1894)冠悔堂刊本　二册　〈13〉〈21〉

·40·

归田稿六卷　　（清）温陵　孙　珩撰
　清道光丁酉（1837）刻本　四册　〈13〉〈21〉
　稿本传钞本　四册　〈21〉
藤花吟馆诗录　　（清）晋江　陈棨仁撰
　清光绪壬午（1882）晋江陈氏铅印本　二册　〈01〉〈02〉〈13〉〈21〉〈22〉
薇花吟馆诗存　　（清）晋江　龚显曾撰
　清光绪辛巳（1881）泉州龚氏刊本　二册　〈01〉〈02〉〈13〉〈14〉〈22〉
正气研斋类稿六卷　　（清）晋江　吴　鲁撰
　民国初晋江吴氏排印本　二册　〈01〉〈02〉〈04〉〈13〉〈14〉〈15〉〈22〉
　原稿本　一册　〈04〉
正气研斋诗存　　（清）晋江　吴　鲁撰　苏大山选
　红苎馆小丛书抄本　一册　〈01〉
吴且园先生百哀诗　二卷　　（清）晋江　吴　鲁撰
　民国初晋江吴氏排印本　二册　〈01〉〈02〉〈04〉〈13〉〈21〉〈22〉
吟秋山馆诗钞　八卷　　（清）谢宗善撰
　民国十五年（1926）排印本　二册　〈01〉（缺卷1—4）
逸翰楼丛书　　（清）晋江　黄启太撰
　清光绪戊申（1908）黄氏家藏板　合一册　〈13〉
逸翰楼文集　　（清）晋江　黄启太撰
　清光绪卅四年（1908）泉州刻本　四册　〈01〉
逸翰楼诗集　　（清）晋江　黄启太撰
　清光绪戊申（1908）刻本　二册　〈01〉〈14〉
　民国五年（1916）泉州新易文石印本　一册　〈02〉〈14〉
墨迹未乾（琴舫氏杂体）□卷　　（清）晋江　黄启太撰
　稿本　一册　〈02〉
棣香亭诗钞　　（清）南安　王玉书撰
　刻本　一册　〈02〉
半州集稿十五卷　　（清）南安　陈国仕撰
　清光绪三十年（1904）天目阁手稿　十七册　〈11〉
怡怡堂文集四卷　　（清）惠安　陈金城撰
　抄本　四册　〈22〉

石黔文集　　(清)安溪　官献瑶撰
　　清道光庚子(1840)福省王兴元在台湾刻本　三册　　〈13〉〈14〉
　〈21〉
懒雪窝诗草外集二卷后集二卷　　(清)安溪　陈濬荃撰
　　清宣统三年(1911)石印本　二册　　〈02〉
懒雪窝诗草别集二卷　　(清)安溪　陈濬荃撰
　　民国廿八年(1939)排印本　一册　　〈13〉
福雅堂诗钞十二卷　　(清)安溪　林鹤年撰　许贞榦等校
　　民国五年(1916)铅印本　四册　　〈01〉〈02〉〈13〉〈14〉〈21〉
　〈22〉〈26〉
六亭文集　十二卷　　(清)德化　郑兼才撰
　　清嘉庆廿四年(1819)刊本　六册　　〈21〉
肃斋生平志诗稿八卷　　(清)德化　颜履泰撰
　　抄本　八册　　〈22〉
内自讼斋文集　　(清)周凯撰
　　清道光泉州刻本　八册　　〈13〉〈14〉〈21〉
绘秋楼诗钞二卷　　(清)同安　蒋徐年撰
　　清光绪己亥(1899)家刻本　一册　　〈01〉
马巷集　　(清)同安　黄家鼎撰
　　清刻本　二册　　〈22〉
橡筆楼初集二卷　　(清)同安　胡铉撰
　　清宣统三年(1911)同安胡氏排印本　二册　　〈22〉
亦佳室诗文钞　八卷　　(清)同安　苏廷钰撰
　　清咸丰丙辰年(1856)同安苏氏刊本　四册　　〈22〉
亦佳室诗钞　四卷　　(清)同安　苏廷钰撰
　　清咸丰六年(1856)刊本　一册　　〈13〉〈21〉
爱吾庐文钞　　(清)同安　吕世宜撰
　　清光绪三年(1877)刊本　一册　　〈21〉
　　钞本　一册　　〈21〉(存卷上)
岛噫集　　(明)同安　卢若腾撰
　　钞本　一册　　〈21〉
小梅诗存　二卷　　(清)同安　吴兆荃撰
　　清同治三年(1864)惜红仙舘刊本　一册　　〈21〉

·42·

李忠毅公遗诗　　（清）同安　李长庚撰
　　清刊本　一册　〈21〉
游太姥山图咏　　（清）金门　林树梅撰
　　清道光十三年（1833）同安林氏刊本　一册　〈21〉
说剑轩馀事　　（清）金门　林树梅撰
　　啸斋钞本　一册　〈21〉
静远斋文钞　　（清）金门　林树梅撰
　　清道光十六年（1836）刊本　一册　〈21〉
歗云文钞　　（清）金门　林树梅撰
　　清道光二十年（1840）刊本　四册　〈21〉
歗云山人诗钞　四卷　　（清）金门　林树梅撰
　　刊本　一册　〈21〉
春空唱和诗　　（清）释道正道济撰
　　红芍馆小丛书抄本　一册　〈01〉
闽南杂咏　筱云诗集合三卷　　（清）钱塘袁绶、陆应宿撰
　　清咸丰戊午年（1858）上海文明书局石印本　一册　〈01〉
闽南竹枝词　　（清）申翰周撰
　　铅印本　一册　〈01〉
桐乡案牍　　（清）程荣春撰
　　抄本　朱维幹跋　一册　〈22〉
勒穗别馆诗存　　（民国）晋江　龚植撰
　　手抄本　一册　〈01〉（不全）
吴增文稿　　（民国）晋江　吴增撰
　　手稿　一册　〈01〉
吴桂生手稿　　（民国）晋江　吴增撰
　　稿本　一册　〈01〉
吴增撰墓志铭存稿　　（民国）晋江　吴增撰
　　稿本　一册　〈01〉
吴增诗稿　　（民国）晋江　吴增撰
　　稿本　一册　〈01〉
吴桂生诗钞　　（民国）晋江　吴增撰
　　抄本　一册　〈01〉
养和精舍诗存　　晋江　吴增撰　晋江　苏大山选
　　红芍馆小丛书抄本　一册　〈01〉

酱谱杂咏　　（晋江）吴　增撰
　　民国廿六年(1937)泉山书社铅印本　一册　〈01〉〈02〉〈03〉
　　〈13〉〈14〉
泉俗激刺篇　　古丰州人（吴　增）撰（见民俗类）
吴大玠诗稿　　晋江　吴大玠撰
　　稿本　一册　　〈01〉
吴锺善书札诗笺辑存　　（民国）晋江　吴锺善撰
　　稿本　一册　　〈01〉
戢生诗存一卷　古梅山馆诗存一卷合辑　　晋江　黄悟曾　宋
应祥撰
　　红芋馆抄本　一册　〈01〉
东宁百咏　　（民国）晋江　苏镜潭撰
　　民国廿四年(1935)泉州和平书局铅印本　一册　〈01〉
　　〈02〉〈14〉〈21〉
半邨诗集　　晋江　林　骚撰
　　民国卅四年(1945)铅印本　四册　〈01〉〈02〉〈13〉〈14〉
半邨吟稿　　晋江　林　骚撰
　　手稿　二册　〈02〉
　　红芋馆诗钞八卷　　晋江　苏大山撰
　　民国十七年(1928)铅印本　二册　〈01〉〈02〉〈04〉〈14〉〈21〉
　　〈22〉
红芋馆游仙诗册　　晋江　苏大山撰
　　稿本　一册　〈01〉
细柳轩诗草　　温陵　王　勋撰
　　民国廿四年(1935)排印本　一册　〈02〉
容易秋风斋杂集　　晋江　叶步云撰
　　稿本　一册　〈02〉
柔仲文集　　（湖南）潘明诚撰
　　民国泉州排印本　一册　〈02〉
玉莹集四卷　　傅奉璋撰
　　民国十九年(1930)排印本　二册　〈02〉
陈允洛文集初编续编　　晋江　陈允洛撰
　　厦门英华中学旅菲华校友会排印本　二册　〈02〉

·44·

松村诗草　　（民国）南安　戴希朱撰
　　民国铅印本　三册　〈02〉
松村续草　　（民国）南安　戴绍箕撰
　　民国铅印　一册　〈02〉
苏实予兄妹诗合订　　（民国）南安　苏　实撰
　　民国油印本　一册　〈01〉
老痴恨重集一卷　　（民国）惠安　程梦龙（禹门）撰
　　民国惠安广文轩书局排印本　一册　〈01〉
姚峯诗稿　　（民国）惠安　陈荣祖撰
　　民国十六年（1927）惠安陈氏厦门铅印本　一册　〈02〉〈13〉〈14〉〈22〉
卯陶已巳庚午辛未壬申诗稿　　惠安　杜　唐撰
　　稿本　一册　〈02〉
惠安古迹新咏　　惠安　杜　唐撰
　　民国十八年（1929）惠安铅印本　一册　〈14〉〈21〉〈22〉
陈彦侯遗稿三卷　　（民国）惠安　陈熙亮撰
　　民国八年（1919）排印本　一册　〈01〉〈13〉
愚轩诗賸　　（民国）安溪　李燮黄撰
　　民国十一年（1922）石印本　二册　〈13〉〈14〉
止园集　　同安　陈延谦撰
　　民国廿四年（1935）新嘉坡南洋印务公司石印本　一册　〈14〉
东北观感集　　同安　陈嘉庚撰
　　民国廿七年（1938）铅印本　一册　〈11〉
新中国观感集　　同安　陈嘉庚撰
　　1950年铅印本　一册　〈02〉〈13〉
卧云山房诗草十一卷附词三卷　　永春　郑翘松撰
　　原稿本　四册　〈22〉
　　民国铅印本　一册　〈14〉
一吼堂诗钞三卷　　释圆瑛撰
　　民国铅印本　三册　〈01〉〈02〉
晚晴集　　弘一法师撰
　　民国卅三年（1944）铅印本　一册　〈02〉

晚晴山房书简　　弘一法师撰
　民国卅三年(1944)铅印本　一册　〈02〉
菲岛荪诗　　同安　苏警予撰
　民国廿九年(1940)铅印本　一册　〈91〉〈02〉

词　赋

乐府雅词三卷拾遗二卷　　(宋)晋江　曾　慥撰
　四部丛刊本　二册　〈22〉
　词学丛书本　二册　〈22〉
紫云词一卷　　(清)晋江　丁　炜撰
　清刻本　一册　〈01〉〈02〉
百名家词钞——紫云词一卷　　(清)晋江　丁　炜撰　聂先
曾玉孙编
　清康熙绿荫堂刊本　一册　〈31〉〈22〉
紫云词集　　(清)晋江　丁　炜撰　苏天山选
　红豆馆小丛书抄本　一册　〈01〉
转蕙轩词一卷　　(清)闽谢□(九日山人)撰
　清刻本　一册　〈22〉
官梅阁诗余　　(民国)惠安　何　适撰
　民国廿四年(1935)铅印本　一册　〈02〉
桃源二化词合集　　永春　郑翘松郑成勋撰
　1954年永春郑氏排印本　一册　〈22〉
闽南唐赋六卷　　(清)杨　浚辑
　清光绪二年(1876)重刻本　二册　〈21〉〈33〉
冠悔堂赋钞　　(清)杨　浚撰
　清光绪壬辰(1892)刻本　四册　〈01〉〈02〉
温陵赋钞十卷　　(清)晋江　周学曾原辑　王　钧重辑
　清光绪丁亥(1887)刊本　一册　〈02〉
泉州赋选　　佚名辑
　抄本　一册　〈02〉
词曲闲评 一卷　　(清)晋江　黄啟太撰
　清光绪戊申(1908)逸翰楼刻本　一册　〈01〉

·46·

(增订)夹岙赋草四卷　　(清)铜陵夏夊蹈撰　晋江　林瀛士评注
　　清光绪泉州刻本　一册　　〈01〉
壬戌七月既望鹭江泛月赋选　　林尔嘉选
　　民国十三年(1924)厦门华洋印务馆排印本　一册　　〈01〉

小　说

(增注)奇逢全集荔镜传
　　民国三年(1914)石印本　　〈02〉(不全)
泉州荔镜奇逢传　　补函生撰
　　抄本　一册　　〈14〉
荔镜传
　　抄本　一册　　〈12〉
荔枝记
　　清刻本　一册　　〈02〉

随笔杂著

高斋漫录高斋诗话　各一卷　　(宋)晋江　曾　慥撰　(清)龚显曾跋
　　清同治十三年(1874)晋江龚氏亦园刊本　一册　　〈01〉
高斋漫录一卷　　(宋)晋江　曾　慥撰
　　说郛本　一册　　〈22〉
类说五十卷　　(宋)晋江　曾　慥撰
　　1955年北京古籍刊行社排印本　五册　　〈22〉
鸡肋篇三卷　　(宋)晋江　庄季裕撰
　　说郛本　一册　　〈22〉
　　民国廿二年(1933)涵芬楼印本　一册　　〈14〉
文房图赞一卷　　(宋)泉州　林　洪撰
　　说郛本　一册　　〈22〉
　　红药馆小丛书抄本　一册　　〈01〉
山家清供一卷　　(宋)泉州　林　洪撰
　　夷门广牍本　一册　　〈22〉

· 47 ·

山家清事一卷　（宋）泉州　林　洪撰
　　说郛本　一册　〈22〉
化书六卷　（明）泉州　谭峭撰
　　说郛本　一册　〈22〉
鸡鸣偶记三卷　（明）晋江　苏　濬撰
　　说郛本正续合刊本　一册　〈22〉
岛居随录二卷　（明）同安　卢若腾著
　　笔记小说大观第三辑第四函本　一册　〈22〉
燕居录一卷在官录一卷　（明）晋江　李廷机撰
　　红豆馆小丛书抄本　一册　〈01〉
柯淳葊手抄笔记一卷　（清）晋江　柯　辂撰
　　清道光抄本　一册　〈02〉
洪颐煊读书丛录　（清）洪北江撰
　　抄本　一册　〈01〉
从政杂录一卷　（清）同安　苏廷玉撰
　　清道光廿五年（1845）刻本　一册　〈01〉
小演雅一卷续录一卷别录一卷附录一卷　（清）杨　浚撰
　　冠悔堂全书本　〈22〉
小演雅一卷　（清）杨　浚撰
　　红豆馆小丛书抄本　一册　〈01〉
岛居随录十卷续录十卷三录十卷四录十卷　（清）杨　浚撰
　　稿本　〈22〉
　　光绪十三年（1887）福州刻本　〈01〉（不全）
杨雪沧日记一卷　（清）杨　浚撰
　　清冠悔堂稿本　一册　〈21〉
金笺赠言　（清）杨　浚撰
　　清同治癸亥（1863）本　三册　〈01〉〈14〉
栖鸥别馆杂记　（清）晋江　黄贻楫撰
　　抄本　一册　〈01〉
龚显曾丛钞不分卷　（清）晋江　龚显曾抄样
　　稿本　一册　〈01〉
亦园胜牍八卷　（清）晋江　龚显曾撰
　　清光绪四年（1878）诵芬堂刻本　四册　〈13〉〈21〉

·48·

清光绪辛巳年(1881)刊本　二册　〈22〉
抄本　一册　〈01〉（残存部分）

永园胜牍二卷　　（清）晋江　龚显曾撰
清光绪五年(1879)晋江诵芬堂刊本　一册　〈21〉

卧云楼笔记　　苏逸云撰
上海洪兴印刷所印　一册　〈16〉

迟香楼随笔　（民国）晋江　苏镜潭撰
红兰馆小丛书抄本　一册　〈01〉

初学尺牍指南　四卷　（清）晋江　丁拱辰编
民国二十年(1931)上海鸿文书局刻本　二册　〈01〉

黄志平日记稿（民国卅二年卅六年）　黄志平记
稿本　九册　〈02〉

蔡光华日记(1935.3——1942.9)　泉州　蔡光华记
稿本　一册　〈02〉

米荒　红笔等著
民国廿八年(1939)泉州报社排印本　一册　〈01〉〈21〉

红楼梦时文　（清）温陵四安　黄梧阳（啫南）纂
旧抄本　一册　〈22〉

畅所欲言　（清）泉州　杨介人撰
清光绪卅三年(1907)石印本　一册　〈01〉〈02〉〈13〉

民间文学

泉中歌谣集　　沈楼亚编
民国十七年(1928)排印本　一册　〈01〉〈02〉

闽南故事集　　黄振碧编
民国十七年(1928)铅印本　一册　〈21〉〈22〉〈33〉

泉州谜语　笑笑生（郑却疾）编
民国廿二年(1933)泉山书局铅印本　一册　〈02〉

泉州俗歌集（廿五种）
民国泉州清源斋等刻本　私立海疆学术资料馆汇辑　合订一册　〈11〉

· 49 ·

泉州民间传说五集　　晋江　吴藻汀编著
　　民国泉州铅印本　五册　〈33〉（存第五集）
泉州民间传说选辑第一集　吴藻汀整理
　　1958年福建人民出版社铅印　一册　〈01〉〈21〉〈33〉〈16〉
晋江民歌　　中共晋江县委宣传部编印
　　1958年铅印本　三册　〈21〉
同安民歌选　　中共同安县委宣传部编印
　　1958年铅印本　一册　〈21〉
泉州民间文学资料汇编　泉州民间文学研究会编
　　1962年排印本　〈02〉（存1、5、6辑）

艺术综录

泉州戏曲纸扎工艺　　吴庠铸编
　　1957年北京朝花美术出版社印本　一册　〈33〉〈43〉
李尧宝刻纸集　泉州　李尧宝编
　　1956年福建人民出版社印本　一册　〈01〉〈06〉
江加走木偶雕刻艺术　　上海人民美术出版社编
　　1958年彩印　一册　〈01〉

音乐戏剧

文焕堂指谱　四卷　　章　编辑
　　清咸丰刻本　二册　〈02〉（缺第四卷）
泉南指谱重编　（清）泉州　林　鸿编
　　民国元年(1912)石印本　六册　〈01〉〈13〉〈14〉〈22〉
御前清曲指谱　　佚名编
　　抄本　一册　〈02〉
南曲谱　　袁　汉编
　　抄本　一册　〈11〉
御前清曲　　佚名编
　　民国廿年(1931)厦门博文书局石印本　一册　〈02〉
远望乡里（古曲集）　陈振桢编

抄本　一册　〈02〉
想起当初（南曲集）　　陈振祯辑
　　抄本　二册　〈02〉
南曲选集　福建省群众艺术馆等编
　　1962年福建人民出版社排印本　一册　〈21〉
闽南民间音乐　　晋江县文化馆编
　　1955年排印本　一册　〈21〉
小学弦歌选集 (清)李元度原编　泉州　周子秀选料
　　民国十六年（1927）泉州刻本　一册　〈01〉
福建戏曲传统剧目选集（高甲戏第一集）　福建省文化局剧目
　　工作室编
　　1958年排印本　一册　〈21〉〈22〉
福建戏曲传统剧目选集（梨园戏第一集）　福建省文化局剧目
　　工作室编
　　1959年排印本　一册　〈21〉〈22〉
梨园戏唱本（第一、二册）　　锺天骥等编
　　1960年福建人民出版社排印本　二册　〈02〉〈22〉〈01〉
福建戏曲历史资料（第二至第七辑）　福建戏曲研究所编
　　1961—1962油印本　六册　〈21〉〈22〉
陈三五娘　许书记　林任生整理
　　1956年福建人民出版社排印本　一册　〈01〉
　　油印导演本一册　〈02〉
高文举（梨园戏）　　蔡尤本等编
　　1960年福建人民出版社排印本　一册　〈21〉
听月楼（高甲戏剧本）　泉州　闵俤生　辞俊安撰
　　手稿　一册　〈02〉
桃花搭渡（高甲戏）　纪生等整理
　　1957年福建人民出版社排印本　一册　〈22〉
福建高甲戏音乐　陈健德等述
　　1957年音乐出版社排印本　一册　〈22〉
郑成功(古装话剧)　朱偰著
　　1956年上海新文艺出版社排印本　一册　〈15〉〈33〉

· 51 ·

九、书法

张瑞图书王梅溪题承天寺十奇诗　　（明）晋江　张瑞图墨迹
　清承天寺拓本　一册　〈01〉
吴怡棠太守传　（清）同安　苏廷钰撰并书
　拓本　一册　〈01〉
甲戌对策　（清）晋江　黄贻楫作并书
　石印本墨迹　一册　〈01〉
香画来芝图　（清）晋江　黄贻楫辑录刻石
　清光绪年拓本　一册　〈01〉
吴鲁临虞永兴庙堂碑　（清）晋江　吴鲁书
　民国十五年（1926）石印本　一册　〈01〉
黄搏扶书林母商太宜人墓志铭　晋江　黄搏扶手书
　拓本　一册　〈01〉
黄搏扶书郭太夫人墓志　晋江　黄搏扶手书
　民国六年（1917）石室居刻石拓本　一册　〈01〉
黄仲训书金刚般若波罗蜜经　晋江　黄仲训手书
　民国廿三年（1934）石印本　一册　〈01〉
黄仲训书老子道德经　晋江　黄仲训书
　民国廿三年（1934）石印本　一册　〈01〉
林冲鹤书杜工陵发闾如县诗　晋江　林冲鹤书
　墨迹　一册　〈01〉
重修泉郡承天寺碑记　晋江　林骚撰文　林冲鹤书
　泉州承天寺拓本　一册　〈01〉
烟霞万古　晋江　吴增　曾遒撰书
　墨迹　一册　〈01〉
吴锺善手书金刚经　晋江　吴锺善书
　墨迹　一册　〈01〉
弘一大师书经　弘一法师手书
　民国卅一年（1942）石印本　一册　〈01〉
弘一大师写本药师本愿功德经　弘一法师书
　民国卅二年（1943）石印本　一册　〈01〉

·52·

弘一手书金刚般若婆罗蜜经　　弘一法师书
　民国廿九年(1930)影印线装本　一册　〈01〉
黄锡禧征书集　　泉州人士书写
　墨迹　一册　〈01〉

七 科技类

综 录

新仪象法要三卷　　(宋)同安　苏　颂撰
　清抄本　一册　〈31〉
　清嘉庆刻本　一册　〈01〉
　清道光廿三年(1843)刊本　〈21〉
　守山阁丛书(清钱熙柞辑)本　〈22〉〈33〉
　民国商务印书馆丛书集成初编本　一册　〈33〉
历象本要　(清)安溪　李光地撰
　榕村全集本　五册　〈01〉〈33〉
知数识义　(清)李光地撰
　抄本　一册　〈32〉
月令辑要二十四卷图说一卷　　(清)安溪　李光地撰　吴廷桢等辑
　清康熙五十四年(1715)武英殿刻本　十二册　〈21〉〈32〉
　清康熙五十五年(1716)刻本　十二册
历辨　(清)晋江　黄尚忠恕氏撰
　　　　一册　〈02〉
禾谱五卷　(宋)晋江　曾安止撰
　说郛正续合刊本　〈22〉
茶录　(宋)蔡　襄撰
　明弘治无锡华氏百川学海本　一册　〈02〉
　清初钱氏述古堂抄本　一册　〈31〉
荔枝谱　(宋)蔡　襄撰
　明弘治无锡华氏百川学海本　一册　〈02〉〈22〉

军事科学

武经总要前集廿一卷后集廿一卷　　(宋)晋江　曾公亮等纂

·54·

明刻本　十六册　　〈31〉
武经总要前集二十卷后集二十卷　　(宋)曾公亮等纂
　明抄本　岳濬跋　十八册　〈31〉
武经总要四十卷　　(宋)曾公亮奉敕撰
　四库全书珍本初集本　三十册　〈14〉〈21〉〈22〉
武经总要前集廿二卷　　(宋)曾公亮编
　1959年上海中华书局影印明弘治正德间刻本中国古代科技图
　象丛编初集本　八册　〈33〉
赵注孙子四卷　　(明)晋江　赵本学(虚舟)註
　民国九年(1920)益新书局石印本　三册　〈01〉
剑经　　(明)晋江　俞大猷撰
　红豆馆小丛书抜本　一册　〈01〉
阴符经注　一卷　　(清)安溪　李光地撰
　榕村全书本　一册　〈01〉〈22〉〈35〉
握奇经注　一卷　　(清)安溪　李光地撰
　榕村全书本　一册　〈01〉〈22〉
握奇经订本　　(清)安溪　李光地撰
　榕村全集本　一册　〈01〉〈33〉
(增补)则克录上下卷　(清)晋江　丁拱辰撰
　清咸丰刻本民国重印本　一册　〈01〉
演砲图说辑要六卷　　(清)晋江　丁拱辰撰
　清咸丰刻本民国重印　三册　〈01〉
纸谈一卷　　(清)晋江　吴　鲁撰
　红豆馆小丛书抜本　一册　〈01〉

八 历史类

(一) 综 录

唐书直笔新例四卷新例须知一卷　　(宋)晋江　吕夏卿撰
　　清乾隆四十六年(1781)福延刻本　一册　〈01〉
　　清武英殿全书本　〈22〉
春秋或问二十卷附春秋五论一卷　　(宋)晋江　吕大圭撰
　　清通志堂经解本　〈22〉
国策评林天下要书　十六卷　　(清)温陵　张挟北评点
　　清聚贤堂刻本　四册　〈18〉
东宫备览　六卷　　(宋)永春　陈谟撰
　　学海类编本　〈22〉
通鉴纪畧　　(明)晋江　李廷玑原本　闽马　裕增订
　　清同治甲子年(1864)福州芸耕堂刻本　五册　〈22〉
史纬　三百三十卷　　(清)晋江　陈允锡撰
　　清同治庚午年(1870)补刊本　一百二十册　〈01〉(不全)
　　〈02〉(不全)　　〈13〉(不全)
名山藏　一百零九卷　　(明)晋江　何乔远撰
　　明崇祯十一年(1638)刻本　十册　〈32〉
　　明崇祯十三年(1640)福延刻本　四十册　〈11〉〈22〉〈33〉
　　〈35〉
　　明刊本　二十六册　〈38〉
　　明沈犹龙校刻本　二十一册　〈14〉
　　近代传抄本　〈40〉(存三册——王享记)
昭代典则　二十八卷　　(明)晋江　黄光昇撰
　　明万历二十八年(1600)金陵周日校万卷楼刻本　十六册
　　〈32〉〈41〉(存九卷)
　　刻本　二十四册　〈26〉
　　抄本　二十册　〈13〉
国史唯疑　十二卷　　(明)晋江　黄景昉撰
　　清抄本　周星诒校并跋　杨浚跋　四册　〈31〉

· 56 ·

旧抄本配新抄本　八册　〈22〉

洗海近事　二卷　（明）晋江　俞大猷撰
　　清道光癸卯年（1843）味古书屋刻本　二册　〈14〉
　　旧抄本　二册　〈21〉

古今疏治黄河全书　一卷　（明）晋江　黄克缵撰
　　传抄本　二册　〈32〉

史记评林一百三十卷　（明）凌稚隆辑　李光缙增补
　　明刻本　三十二册　〈32〉

读史吟评　一卷　（明）永春　鹏扬撰
　　说铃本　一册　〈22〉

惠安明代御倭史　（民国）惠安　杜卬陶撰
　　民国二十七年（1938）惠安图书馆石印本　一册　〈12〉
　　〈14〉〈21〉

明代的工厂制度　德化　陈诗啟著
　　1955年印本　一册　〈15〉

洪经署奏对笔记　二卷　（清）南安　洪承畴撰
　　清光绪十年（1884）上海广百宋斋排印本　一册　〈22〉
　　清光绪石印本　一册　〈14〉
　　清钞本　二册　〈01〉〈40〉

洪承畴章奏文册汇辑　（清）南安　洪承畴撰
　　民国二十六年（1937）国立北京大学研究院文史部影印本
　　一册　〈15〉〈22〉

洪承畴奏对日钞　（清）南安　洪承畴撰　永春李芳远序
　　民国三十八年（1949）鼓浪屿中山图书馆排印本　一册
　　〈14〉〈16〉〈22〉

李石渠先生治闽政署　（清）高阳　李殿图撰　晋江　黄贻楫编
　　清光绪元年（1875）泉州梅石山房刻本　一册　〈02〉〈21〉

温陵事考　（清）史景臣辑
　　清泉州梅石书院刻本　一册　〈14〉

匿史粹　二十卷　东吴王初桐原辑　晋江　杨浚选辑
　　杨氏雪沧抄本　四册　〈22〉

中日年表　一卷　（清）南安　陈国仕撰
　　清光绪年陈国仕手稿　一册　〈11〉

南安炉内乡太平天国文件杂钞
　　抄校本　一册　〈22〉
蔡牵起义调查　厦门大学历史系抄辑
　　抄本　一册　〈12〉
蔡牵朱濆海盗之研究
　　抄本　一册　〈12〉
蔡牵集团及其海上活动的性质　陈孔立著
　　厦门历史学会1963年论文油印本　　一册　〈12〉
林俊起义　孙晋华等写
　　抄本　一册　〈12〉
林万青传略　樸卿述　吴璇编录
　　1959年厦门市图书馆油印本　一册　〈12〉〈15〉〈21〉〈22〉
林俊起义调查　厦门大学历史系抄辑
　　抄本　一册　〈12〉
舌击编　五卷　(清)沈　储撰
　　厦门市图书馆油印本　一册　〈14〉〈16〉
　　据光绪四年(1878)文德堂刊本抄本　一册　〈22〉
闽南人民革命史(初稿)　厦门大学历史系编
　　厦大历史系油印本　一册　〈12〉
第一次国内革命时期福建农民运动　林汝楠著
　　1954年排印本　一册　〈15〉
福建侨乡新貌　福建侨乡报社编
　　福建侨乡报社排印本　一册　〈13〉
温陵碎事　(民国)晋江　苏大山辑述
　　稿本　一册　〈01〉(残稿)
安海大事记　(民国)安海　陈炎书编
　　民国排印本　一册　〈13〉〈16〉
安海乡土史话(第一、二辑)　福建晋江安海文化站编
　　1957年排印本　二册　〈01〉〈02〉(存一辑)　〈14〉〈16〉
　　〈22〉
印度尼西亚民族运动史　泉州　陈盛智著
　　1947年厦门海疆学术资料馆丛书本　一册　〈13〉〈14〉

· 58 ·

闽南剿匪实录　　（民国）福建省第三绥靖区司令部编（蒋军镇
　　压泉属人民革命资料）
　　民国排印本　一册　〈11〉

郑成功的业绩及郑氏始末专辑

郑成功　　王锺骐编
　　民国廿二年（1933）商务印书馆百科小丛书本　一册
　　〈21〉〈22〉〈33〉
郑成功　　任苍厂主编
　　民国卅五年（1946）上海大方书局排印本　一册　〈21〉
郑成功　　北京第九女子中学编
　　1951年中华书局排印本　一册　〈22〉〈33〉
郑成功　　方白著
　　1955年中国出版社排印本　一册　〈15〉〈22〉〈33〉
郑成功　　杨廷福著
　　1957年上海少年儿童出版社铅印本　一册　〈33〉
郑成功　　曹逦敷著
　　1957年台北海外文库出版社排印本　一册　〈13〉
郑成功　　北京丰盛学校第一部编
　　1961年中华书局中国历史小丛书本　一册　〈13〉〈22〉
郑成功　（日本）丸山正产著　张铸六记
　　日本明治廿八年（1895）东京四素寄庐排印本　一册　〈22〉
　　日本明治卅六年（1903）东京四素寄庐排印本　一册〈15〉〈33〉
赐姓始末一卷　（清）黄宗羲著
　　上海扫叶山房梨洲遗著汇刊本　一册　〈22〉
郑成功传一卷　（清）黄宗羲著
　　上海扫叶山房梨洲遗著汇刊第十五册本　一册　〈21〉
　〈22〉
郑成功传
　　据北京图书馆藏岛上附传传抄本　一册　〈12〉
郑成功传　佚名撰
　　清校抄本　一册　〈11〉

郑延平年谱 许浩基编
　　民国廿一年(1932)吴兴许氏杏荫堂刊本　一册　〈13〉
　〈14〉〈21〉〈22〉〈36〉
郑成功——明末解放台湾的民族英雄　朱偰编
　　1957年湖北人民出版社排印本　一册　〈22〉〈33〉
民族英雄郑成功　帅克编　小龙绘
　　1958年浙江人民出版社排印本　一册　〈21〉
民族英雄郑成功　晋江专署文化局　泉州市文联合编
　　1962排印本　一册　〈01〉〈02〉〈04〉
郑氏纪略一卷
　　1939年北京燕京大学图书馆文禄堂抄本传抄　一册　〈32〉
台湾郑氏始末 (清)沈　云撰　沈　森注
　　国学文库本　一册　〈11〉〈21〉〈22〉
明延平王台湾海国记　余宗信编
　　民国廿四年(1935)商务印书馆铅印本　一册　〈11〉〈13〉
　〈21〉〈22〉
延平二王集 (明)郑成功　郑　经撰
　　玄览堂丛书续集本　一册　〈22〉
　　抄本　一册　〈12〉〈21〉
延平二王遗集繫年考　杨家骆著
　　抄本　一册　〈12〉
延平王户官杨英从征实录 (明)杨　英撰
　　民国廿四年(1935)中央研究院历史语言研究所影印本
　　一册　〈13〉〈14〉〈16〉〈22〉〈36〉
海上见闻录二卷　鹭岛道人梦莼辑
　　商务印书馆出版痛史第十四种本　一册　〈13〉
　　手抄本　二册〈01〉〈02〉〈12〉〈16〉
台湾外纪三十卷 (清)江日昇撰
　　清康熙四三年(1704)珠浦江氏求无不获斋刊本　十二册
　〈11〉〈13〉〈16〉
　　民国进步书局排印本　六册　〈01〉〈12〉〈14〉〈21〉〈22〉
台湾外志新编三十卷 (清)江日昇撰
　　清抄本　存六卷四册　〈32〉

· 60 ·

台湾外纪与台湾外志考　　黄典诚撰
　　民国廿五年(1936)抄本　一册　　〈12〉
台湾外志两抄本和台湾外纪若干版本的研究　　方　豪著
　　抄本　一册　　〈12〉
台湾外纪一卷附澎湖　　(清)林尤谦撰
　　补不足斋钞本　一册　　〈21〉
台湾郑氏纪事
　　抄本　一册　　〈12〉
郑成功的抗清斗争　　张文清著
　　1953年大中国图书局爱国主义通俗历史小丛书本　一册
　　〈21〉
郑成功生母死难考　　黄典权著
　　抄本　一册　　〈12〉
郑成功史迹调查　　厦门大学郑成功历史调查研究组编
　　1962年福建人民出版社排印本　〈02〉〈15〉〈21〉〈33〉
郑成功在晋江安海的事迹　　安海　陈炎书编
　　複写本　一册　　〈21〉
郑成功逝世后的轶事鳞爪　　陈炎书编
　　複写本　一册　　〈21〉
郑成功传说　　伍远资编
　　民国廿二年(1933)厦门新民书店铅印本　一册　〈15〉〈22〉
郑成功复台外纪　　C.E.S著　李莘阳　李振华合译
　　1955年台北中华文化出版事业委员会排印本　一册　　〈13〉
郑成功收复台湾事迹　　朱杰勤著
　　1956年新知识出版社排印本　一册　〈15〉〈21〉〈22〉〈33〉
郑成功收复台湾记　　吴紫金　洪卜仁著
　　1956年福建人民出版社排印本　一册　　〈11〉〈15〉〈33〉
郑成功收复台湾史料选编　　厦门大学郑成功历史调查研究组编
　　1962年福建人民出版社排印本　一册　〈02〉〈13〉〈15〉
　　〈21〉〈22〉〈33〉
郑成功收复台湾选编　　厦门市纪念郑成功收复台湾三百周年筹备委员会编
　　1962年2月排印本　一册　〈02〉〈15〉

· 61 ·

郑成功收复台湾三百年纪念特刊　厦门市纪念郑成功收复台湾
三百周年筹备委员会编
　　1962年排印本　一册　〈11〉〈21〉〈22〉〈33〉
郑成功收复台湾　　方白编
　　1962年北京少年儿童出版社排印本　一册　〈21〉〈33〉
郑成功收复台湾　张宗洽　方文图编写
　　1962年福建人民出版社排印本　一册　〈02〉〈13〉〈15〉〈33〉
郑成功收复台湾的时间问题　陈国强著
　　1962年厦大人类博物馆加印本　一册　〈12〉〈21〉〈22〉
郑成功驱逐荷兰侵略者的伟大斗争　陈国强著
　　1962年厦大人类博物馆加印本　〈11〉〈21〉〈22〉
厦门史料辑录第三辑（纪念郑成功进军台湾三百周年专号）
　　厦门政协文物委员会等编
　　1961年厦门市博物馆筹备处油印本　一册　〈11〉〈21〉〈22〉
郑克塽让台始末　周凤泉编
　　民国卅五年(1946)协和大学毕业论文　一册　〈22〉
靖海纪事四卷　（清）晋江　施琅撰
　　清光绪刊本　二册　〈01〉
　　1959年据康熙刊本复制本　三册　〈14〉〈22〉〈36〉
　　旧抄本　二册　〈21〉
靖海纪事二卷　（清）晋江　施世纶纂
　　清康熙刊本　三册　〈21〉
有关清代收复台湾奏疏　施琅等撰
　　抄本　一册　〈12〉〈21〉
闽海纪要四卷　（清）泉南夏琳著
　　民国廿一年(1932)燕京大学图书馆抄本　一册　〈32〉
　　1961年传抄本　四册　〈16〉〈21〉〈22〉
郑氏关系文书　（日）水尾澈雄辑
　　抄本　一册　〈22〉
郑成功四种原始史料的比较研究　庄为玑编
　　1962年厦大人类博物馆加印本　一册　〈12〉〈21〉〈22〉
郑成功史料汇编　福建师范学院历史系编
　　1961年油印本　一册　〈21〉〈22〉

明代史书有关郑氏史料　厦门大学历史系辑
　　稿本　一册　　〈12〉
清代官书记明台湾郑氏亡事　朱希祖序
　　民国十九年(1930)中央研究院历史语言研究所影印本　一册
　　〈11〉〈22〉
明清档案馆藏有关郑成功档案
　　抄本　一册　　〈12〉
清朝实录有关郑氏史料　厦门大学历史系辑
　　稿本　一册　　〈12〉
东华录有关郑氏史料　厦门大学历史系辑
　　稿本　一册　　〈12〉
野史逸史中的郑氏史料　厦门大学历史系辑
　　稿本　一册　　〈12〉
福建通志有关郑成功资料　厦门大学历史系辑
　　抄本　一册　　〈12〉
台湾通史郑氏资料　厦门大学历史系辑
　　抄本　一册　　〈12〉
浙闽广方志有关郑氏史料　厦门大学历史系辑
　　抄本　一册　　〈12〉
泉属方志有关郑氏资料　厦门大学历史系辑
　　抄本　一册　　〈12〉
漳属方志有关郑氏资料　厦门大学历史系辑
　　抄本　一册　　〈12〉
文集中有关郑氏资料　厦门大学历史系辑
　　抄本　一册　　〈12〉
郑成功史料选译　厦门大学历史系辑
　　抄本　一册　　〈12〉
郑成功外文资料　厦门大学历史系辑
　　稿本　一册　　〈12〉
中国志（有关郑成功部分的译文）　那伐雷泰原著
　　抄本　一册　　〈12〉
郑成功史料杂钞　厦门大学历史系辑
　　抄本　一册　　〈12〉

讨论郑氏抗清的性质　王文杰著
　　1963年油印本　一册　〈12〉
石井乡郑氏宗族谱　（明）郑芝龙修
　　1961年厦门市博物馆筹备处油印本　一册　〈01〉〈16〉〈21〉〈22〉
记皇明石井郑氏祖坟志铭　黄典权著
　　抄本　一册　〈12〉
华夷变态　[日本]林恕辑小山叟发编
　　日本汉字排印　一册
(日文)郑成功　（日本）稻垣孙兵卫著
　　台湾经济新报社排印　一册　〈13〉
(日文)郑成功　台北皇民文库刊行会编
　　1944年台湾东部书笈株式会社排印本　一册　〈13〉

史料汇编

清实录中有关福建史料摘抄　厦门大学历史系辑
　　抄本　一册　〈12〉
福建史地(1935.1——1949.3剪报资料)厦门私立海疆学术资料
　　馆剪辑
　　1949年海疆学术资料馆编订　一册　〈13〉
泉州文史资料选辑(1-8辑)　政协泉州委员会文史资料办公室编
　　第一至第五辑1961——1963年油印本　五册　〈02〉
　　第六至第八辑1962——63年排印本三册　〈02〉(缺6.7辑)
泉州社会经济史资料选辑　泉州海外交通史博物馆编
　　1960年油印本　一册　〈03〉〈12〉〈13〉
晋江文献丛刊第一辑　陈盛明编
　　民国卅六年(1947)晋江县文献委员会排印本　一册　〈01〉
　　〈02〉〈11〉〈13〉〈21〉〈22〉
惠安文史资料第一辑第二辑　政协惠安县委员会文史研究委员
　　会编
　　第一辑1962年油印本　一册　〈21〉
　　第二辑1963年油印本　一册　〈12〉

海外交通史

泉州港研究　　庄为玑著
　　1956年厦门大学油印本　一册　〈14〉
古代泉州海外交通史（初稿）泉州海外交通史博物馆　福建师
　　范大学历史系合编
　　1960年油印本　一册　〈01〉〈12〉〈21〉
泉州海外交通史略　许清泉等著
　　1960年油印本　一册　〈12〉〈21〉
泉州海外交通史资料汇编（1—9辑）　泉州海外交通史博物馆
　　泉州市文物管理委员会合编
　　1959—60年油印本　九册　〈01〉（缺2.7.9辑）〈02〉（不全）
　　〈03〉〈12〉（缺8辑）〈21〉（缺9辑）〈22〉（缺1.2.4.9辑）
泉州港史料汇编　庄为玑辑
　　手稿　十册　〈12〉
福建市舶提举司志　（明）高岐辑
　　民国廿八年（1939）排印本　一册　〈11〉〈13〉
　　民国卅五年（1946）传抄本　一册　〈21〉
唐宋市舶遗事　吴春熙　李亦园著
　　1954年台北海外文库出版社排印本　一册　〈13〉
唐宋时代福建之对外贸易　陈恩成著
　　厦门大学毕业论文　一册　〈11〉
唐宋贸易港研究　（日本）桑原骘藏著　杨錬译
　　民国廿四年（1935）商务印书馆百科小丛书本　一册　〈03〉
　　〈13〉
蒲寿庚考　（日本）桑原骘藏著　陈裕菁译
　　民国十八年（1929）中华书局排印本　一册　〈21〉〈22〉〈33〉
　　1954年中华书局排印本　一册　〈01〉〈02〉〈03〉〈16〉
蒲寿庚传　罗香林著
　　1955年台北中华文化出版事业委员会排印本　一册　〈13〉
蓍市录　（民国）苏大山辑录
　　红兰馆小丛书抄本　一册　〈01〉

李旦是自由商人吗？ 叶国庆著
　厦门大学历史系油印本　　一册　〈12〉
林凤与潘和五　祝秀侠著
　1954年台北海外文库出版社排印本　一册　〈13〉
诸蕃志二卷　　（宋）赵汝适撰
　清孔氏红榈书屋抄本　彭元瑞跋　一册　〈32〉
诸蕃志校注　冯承钧撰
　1956年中华书局铅印　一册　〈02〉〈03〉〈18〉
岭外代答　（宋）周去非撰
　1975年泉州湾古船发掘小组据知不足斋丛书本油印　**一册**
　〈01〉〈02〉〈03〉
　丛书集成本　一册　〈18〉〈22〉
岛夷志略一卷　（元）汪大渊撰
　清彭氏知圣道斋抄本　彭元瑞校　一册　〈31〉
　晋江地区文物管理委员会石印本　一册　〈01〉〈02〉〈03〉
真腊风土记一卷　（元）温州　周达观撰
　泉州湾宋代海船发掘领导小组油印　〈01〉〈02〉〈03〉
东西洋考　十二卷　（明）龙溪　张燮撰
　明万历四十六年（1618）刊本　八册　〈35〉
　商务印书馆丛书集成本　〈18〉〈22〉
海国闻见录　二卷　（清）同安　陈伦烱撰
　抄本　一册　〈32〉
　清乾隆癸丑年（1793）刻本　一册　〈13〉〈31〉
马可婆罗行纪　冯承钧译
　1954年中华书局排印本　三册　〈02〉〈03〉
马可孛罗游记　张星烺译
　民国商务印书馆排印本　一册　〈11〉〈13〉〈21〉〈22〉

· 66 ·

宗族史——族谱

台湾资料（唐山过台湾的故事）
　　1978年中共晋江地委海防部翻印　　一册　　<02>　泉文管会资料

陈江陈氏五房五家谱　（清）陈重绳修
　　清咸丰六年（1856）抄本　一册　<21>　翁闪

凤山陈氏族谱　（清）陈公断重修
　　清嘉庆修光绪廿八年（1902）抄本　一册　<02>　文管会

颍川陈氏族谱集成　陈有文编辑
　　清光绪癸卯（1903）石芸堂石印本　一册　<14>　厦门市

南安丰山陈氏族谱
　　抄本　一册　<38>　海洋研究院

云亭陈氏三房二支家谱　（民国）陈澄波修
　　抄本　一册　<02>　泉州文管会

凤池林氏族谱　林欣荣修
　　民国十八年（1929）福州林氏稿本　四册　<21>

凤池林氏族谱　林葆恒修
　　民国卅六年（1947）福州林氏铅印本　一册　<21>

林氏宗谱
　　刻本　一册　<02>

绵泉林氏长房族谱
　　抄本　一册　<02>

开闽忠懿王氏族谱（初修、补修、合修）
　　（明）王口口修　（清）王以镜续修　（清）王万龄合修
　　清道光六年（1826）王氏刊本　咸丰六年（1856）续刊本　十一册　<21>

黄龙榜头吴氏家谱　吴揆汉重修
　　民国五年（1916）稿本　一册　<02>

闽泉新美外吴氏族谱　吴成宇等重修
　　民国甲戌年（1934）稿本　一册　<02>

淄江吴氏家谱（二房世雍公支分派郡城及淮口）
　　民国廿六年（1937）抄本　一册　<02>

· 67 ·

江夏环峰黄氏家谱　（清）黄赠书等修
　　清光绪卅三年（1907）职思堂刊本　八册　〈21〉
莆阳荆桐黄氏续修族谱　（清）莆田　黄忠瓒修
　　光绪廿三年（1897）抄本　一册　〈21〉
文山黄氏家谱　　黄时和修
　　民国九年（1920）公积堂铅印本　一册　〈21〉
荣山李氏族谱　（明）李广济等修
　　据泉州李氏抄本传抄　二册　〈21〉
燕支苏氏族谱
　　清咸丰己未年（1859）抄本　十五册　〈02〉
　　据燕支苏氏抄本传抄　一册　〈21〉
梧山苏氏家谱
　　民国廿年（1931）印本　一册　〈02〉
泉州郭氏族谱　（明）郭荷等修　（清）郭□□续修
　　据泉州郭氏族谱传抄　一册　〈12〉〈21〉
泉州丁氏族谱　（明）丁仪等修
　　据泉州丁氏抄本传抄　二册　〈21〉〈22〉
晋江陈埭丁氏家谱
　　抄本五册　〈12〉
清源金氏族谱
　　抄本　〈12〉
龙溪蒲氏支谱
　　抄本　一册　〈03〉
蒲氏族谱　蒲中男录
　　据泉州蒲氏抄本传抄　一册　〈21〉
晋江粘氏族谱　粘友文修
　　据晋江粘氏抄本传抄　一册　〈21〉
晋江畲苏蓝三氏族谱
　　抄本　一册　〈12〉
晋江丰山雷氏族谱　（清）雷□□修
　　据晋江雷氏抄本传抄　四册　〈21〉
薛氏族谱　十四世薛龙光纂
　　民国四年（1915）刻本　十四卷　〈01〉（存三卷）〈02〉（存卷十四）

清源留氏族谱　留明烨修
　　据清源留氏抄本传抄　一册　〈21〉
武荣英山洪氏族谱　南安洪氏修
　　清抄本　二册　〈22〉
武荣翁山洪氏族谱序并杂文　洪恭树编
　　民国卅三年(1944)铅印本　一册　〈02〉
裁易庄本房直属家谱
　　民国卅三年(1944)抄本　一册　〈02〉
杨氏紫云多亭境族谱及家谱
　　民国廿四年(1935)抄本　一册　〈02〉
温陵蔡氏族谱
　　抄本　一册　〈02〉
月窟蔡氏家谱
　　抄本　一册　〈02〉
武城曾氏重修族谱（阮公房系家晋江）
　　民国辛未年(1931)修　刻本　一册　〈02〉
晋江龙筒曾氏尚高公长房支谱
　　民国廿五年(1936)石印本　一册　〈02〉
清溪刘氏家谱（总序部分）
　　民国六年(1917)石印本　一册　〈02〉
晋江龙宫邓氏家乘　（民国）邓家瑞修
　　民国卅一年(1942)抄本　一册　〈02〉
闽南邹氏族谱　清邹昌钰修
　　清嘉庆十一年(1806)抄本　一册　〈22〉
邹氏家谱世系述略
　　抄本　一册　〈02〉
晋安杜氏族谱　杜逢时编
　　民国廿四年(1935)印本　三册　〈16〉
泉南乡田尤氏族谱　（民国）尤世著重修
　　民国乙卯年(1915)石印本　十五册　〈02〉（存首卷）

传 记

汉唐宋名臣录五卷　　（明）晋江　李廷机编
　明万历卅四年(1606)刻本　五册　〈32〉
皇明名臣言行录四卷　（明）李廷机纂
　明万历温陵徐氏刻本　四册　〈32〉
古今明堂记六卷　（明）晋江　黄景昉撰
　清初湘沅堂刊本　三册　〈22〉
泉州名宦乡贡彙姓录
　清末泉州刻本　一册　〈01〉
泉志昌后录　（清）温陵　陈棨堂编
　民国十九年(1930)菲律宾民号报铅印本　一册　〈13〉
福建历史人物志（1943.8——1948.7剪报资料）厦门私立
　海疆学术资料馆剪辑
　1949年海疆学术资料馆编订　一册　〈13〉
闽人墓志拓本集四卷　陈盛明辑
　民国卅五年(1946)厦门私立海疆学术资料馆装帧　四册　〈13〉
清末泉人墓志祭文杂录　（民国）佚名辑录
　抄本　一册　〈02〉
香港闽侨商号人名录　吴在桥编
　民国卅六年(1947)旅港福建商会铅印本　一册　〈11〉〈13〉
蔡端明别记十二卷　（明）徐𤊹编
　明万历卅七年(1609)刊本　一册　〈21〉〈34〉
蔡忠惠公别纪四卷　（明）宋珏编
　明刊蔡忠惠公全集本　二册　〈22〉
蔡忠惠公别纪补遗二卷　（明）徐𤊹编　宋珏增补
　清乾隆四年(1739)逊敏斋刊蔡忠惠公全集本　〈21〉
蔡福州外纪(蔡襄)十卷　（明）徐𤊹编　陈甫伸订补
　二册　〈21〉〈22〉
龟山先生通纪补遗二卷　（清）晋江　杨浚编
　旧钞本二册　〈21〉
何司徒嘉话附镜山逸事　（清）晋江　林如源撰　附（明）郭诸玫撰
　泉州红兮馆抄本　一册　〈01〉

· 70 ·

陈太鲁先生旌孝录　　（清）晋江　陈庆镛辑
　　清道光三十年（1850）刊本　一册　〈21〉
健公诗影（杨浚）　（清）杨　雒等辑
　　清光绪十九年（1893）福州冠梅堂刊本　一册　〈21〉
曼菁石友府君行状（曾钰）　（清）曾冶等撰
　　清道光十年（1830）泉州曾氏稿本　一册　〈21〉
悼鹏吟三卷　　（清）黄乔荷等撰（悼唁黄宗澄诗词）
　　清道光刊本　一册　〈02〉
卯金娘　　王洪涛编
　　1960年泉州历史人物纪念馆铅印泉州历史人物小丛书本　一册　〈01〉〈02〉〈21〉〈22〉
许卓然先生被刺廷过及其前因后果　许先生治丧处编
　　民国十九年（1930）铅印本　一册　〈13〉
徐柏森七十寿诗
　　铅印　一册　〈02〉
薇庄先生五十寿言　　林尔嘉辑
　　排印本　一册　〈21〉
一水楼寿言　　晋江　吴　增等撰
　　民国廿一年（1932）泉山印书馆铅印本　一册　〈02〉〈14〉
洪母郑太夫人七十诗文集　　南安　洪锡畴辑
　　民国十九年（1930）铅印本　一册　〈02〉
丰州李紫亭先生哀思录集　　（清末泗水华侨）
　　民国铅印本　一册　〈02〉
许氏先德录　一卷　　（民国）泉州　许满堂编
　　民国二十三年（1934）石印本　一册　〈01〉
陈公耀臣哀荣录（陈国辉）　　陈朝阳辑
　　民国廿三年（1934）　南安陈氏铅印本　一册　〈21〉
李硕果九十回忆　　南安　李硕果撰
　　1979年新嘉坡排印本　一册　〈11〉〈14〉
陈母张太君哀思录（同安侨眷）
　　同安一峯山房铅印　一册　〈02〉
陈嘉庚先生传　　魏立峡著
　　民国铅印本　一册　〈11〉〈12〉〈15〉〈21〉〈22〉

爱国老人陈嘉庚　周召南编
　　民国卅三年（1944）永安铅印本　一册　〈14〉〈15〉〈21〉〈22〉
陈嘉庚先生纪念册　　陈嘉庚先生纪念册编委会编
　　1961年中华全国归侨联合会铅印本　一册　〈13〉〈15〉〈21〉
南侨回忆录　　同安　陈嘉庚著
　　民国卅五年（1946）新嘉坡怡和轩铅印本　二册　〈02〉
　　〈11〉〈14〉〈15〉〈22〉
嘉庚风　　陈嘉庚学会香港分会编
　　1946年铅印本　〈15〉
陈嘉庚　　郑　良编
　　1952年香港新潮社排印本　一册　〈15〉
陈嘉庚（1940.12——1950.4剪报资料）
　　1950年厦门私立海疆学术资料馆剪辑　一册　〈13〉
陈嘉庚生平（1934.4——1950.4剪报资料）
　　1950年厦门私立海疆学术资料馆剪辑　一册　〈13〉
陈敬贤先生纪念刊　　集美学校陈敬贤校主追悼会编
　　民国十六年（1927）排印本　一册　〈13〉〈21〉
梅溪先生年谱一卷　　（清）钱　泳撰
　　清钱氏述祖德堂抄本　一册　〈31〉
西山真文忠年谱　　（清）真　永编
　　清乾隆刊真文忠文集第一册本　一册　〈22〉
朱子年谱四卷考异四卷附录二卷　　（清）王懋竑编
　　清乾隆白田艸堂刻本　四册　〈36〉
　　清浙江书局刻本　四册　〈15〉
朱子年谱考异四卷　　（清）王懋竑撰
　　原稿本　二册　〈32〉
紫阳文公先生年谱（朱熹）五卷
　　明万历三十年（1602）刻本　四册　〈32〉
文贞公年谱（李光地）　　（清）安溪　李清植编
　　清道光五年（1825）安溪李氏刊本　二册　〈01〉〈14〉
王懿德年谱上下卷
　　泉州海外交通史博物馆翻印本　五册　〈01〉〈02〉〈03〉〈16〉

· 72 ·

筍湄公年谱一卷 （陈大玠）
　　清咸丰乙卯年（1855）刻本　一册　　〈13〉

考　古

泉州访古记　　张星烺著
　　民国排印本　一册　〈22〉
温陵探古录　　泉州　陈祖泽编
　　1929年菲律宾中西日报社排印本　一册　〈02〉〈13〉〈14〉
晋江专区文物保护单位简介　　晋江专署文化局编
　　1963年排印本　一册　〈01〉〈02〉〈04〉
泉州文物调查初集　　庄为玑编
　　手稿　一册　〈12〉
1950年厦门大学考古实习队报告　　林惠祥等编
　　1954年排印本　一册　〈11〉〈21〉
一九五六年厦门大学考古实习队报告　　林惠祥等编
　　1956年排印本　一册　〈11〉〈14〉
福建省南安丰州狮子山新石器时代遗址发掘报告　　泉州海外交
　　通史博物馆等编
　　1960年油印本　一册　〈01〉〈21〉
永春蓬壶新石器时代遗址报告　　林国种编
　　1959年排印本　一册　〈12〉
闽中金石略存　（清）晋江　陈棨仁撰
　　清光绪钞本　　〈21〉
闽中金石略十五卷考证五卷　　（清）陈棨仁撰　林爾嘉考证
　　民国廿四年（1935）中华书局排印本　十册　〈01〉〈02〉〈03〉
　　〈11〉〈14〉〈21〉〈22〉〈36〉
闽中金石略考证五卷　　林爾嘉撰
　　菽庄丛书本　一册　〈14〉
冠悔堂访碑记一卷　（清）杨浚撰
　　清光绪杨氏冠悔堂稿本　一册　〈21〉

唐丛碑目稿一卷　　（清）杨　浚撰
　　清光绪杨氏冠悔堂稿本　一册　〈21〉
滕县汉殿微子墓碑考一卷　　（清）杨　浚撰
　　清光绪杨氏冠悔堂稿本　一册　〈21〉
冠悔堂金石题跋一卷　　（清）杨　浚撰
　　福州林石店抄本　一册　〈21〉
齐侯罍铭通释二卷　　（清）晋江　陈庆镛撰
　　清道光丙午（1846）刊本　二册　〈22〉
箴斋金石目一卷　　（清）晋江　龚显曾撰
　　清光绪晋江龚氏稿本　一册　〈21〉
泉州宗教石刻　　吴文良编
　　1957年科学出版社印本　一册　〈01〉〈02〉〈11〉〈14〉〈21〉
　　〈22〉〈33〉〈35〉〈40〉
浅识闽南之大桥　　郑焕章著
　　　　一册　〈12〉
（英文）泉州开元寺东西塔　　（德国）艾克撰
　　　　一册　〈02〉〈13〉
安溪唐墓发掘研究报告　　福建集美学校辑
　　民国廿九年（1940）排印本　一册　〈11〉〈21〉〈22〉〈33〉
福建省古窑址资料汇编　　福建省文物管理委员会编
　　1959年油印本　一册　〈01〉〈02〉〈11〉〈12〉〈21〉〈22〉
晋江地区陶瓷资料选编　　晋江地区文物管理委员会编
　　1976年油印本　一册　〈01〉〈13〉
铜鼓考　　（清）晋江　陈棨仁撰
　　红荳馆小丛书抄本　一册　〈01〉
砥藏略考　　（清）南安　陈国仕拓撰
　　清光绪十八年（1892）拓、抄本　一册　〈01〉
砥泉铭　　南安　陈国仕集拓
　　抄本　一册　〈01〉
泉州留府庭七部棺考证　　晋江　吴　堃著
　　民国卅五年（1946）排印本　一册　〈11〉〈13〉〈21〉〈35〉
古船资料辑录一、二　　泉州湾古船发掘领导小组编
　　1974年油印　二册　〈03〉〈13〉

· 74 ·

魏公题跋一卷　　（宋）同安　苏　颂撰
　　民国十一年(1922)上海博古斋据汲古阁本影印津逮秘书本
　　　一册　　〈11〉〈33〉
　　民国卅五年(1946)商务印书馆铅印本　一册　　〈17〉〈33〉
籀经堂彝鼎款识题跋一卷　　（清）晋江　陈庆镛撰
　　西泠印社聚珍本　一册　　〈01〉〈22〉
亦佳室题跋一卷　　（清）同安　苏廷钰撰
　　红豆馆小丛书抄本　一册　　〈01〉
爱吾庐跋一卷　　（清）同安　吕世宜撰
　　红豆馆小丛书抄本　一册　　〈01〉

九 地理类

方志

闽书 一百五十四卷　　(明)晋江　何乔远纂
　明万历四十年(1612)纂　崇祯二年(1629)刻本　〈13〉(缺六篇)〈21〉〈22〉〈31〉

闽书抄方外志　二卷　　(明)佚名撰
　明福延刻本　二册　〈21〉

南产志(闽书卷一百五十)　　(明)晋江　何乔远纂
　日本宝历元年(1751)浪华揽芳堂刻本　〈32〉

泉南杂志　二卷　　(明)陈懋仁纂
　清顺治三年(1646)宛委堂刊本(在续说郛14册)　〈11〉〈21〉〈33〉
　清道光十一年(1831)刻本(在学海汇编125册)　〈18〉
　民国十一年(1831)文明书局排印本(在宝颜堂秘笈40册)　〈11〉〈21〉〈22〉〈33〉

闽中摭闻　十二卷　　(清)晋江　陈云程撰
　清乾隆丁未年(1787)刻本　二册　〈02〉〈14〉〈21〉〈22〉
　民国二十六年(1937)泉州美大书局排印本　一册　〈13〉〈21〉〈22〉

泉州府志　二十四卷　　(明)阳思谦修　黄凤翔　林学曾纂
　明万历四十年(1612)刻本　〈31〉
　胶卷　〈31〉

泉州府志　七十六卷首一卷　　(清)怀荫布修　黄任　郭赓武纂
　清乾隆二十八年(1763)刻本　〈01〉〈02〉(不全)〈43〉
　清同治九年(1870)刻本　〈01〉〈02〉〈11〉〈14〉〈21〉〈22〉〈23〉〈31〉〈33〉〈39〉
　民国六年(1927)泉州泉山书社补刻本　〈01〉〈02〉〈11〉〈13〉〈14〉〈15〉〈22〉〈31〉〈32〉〈39〉

晋江县志　十六卷首一卷　　(清)方鼎修　朱升元纂
　清乾隆年修　乾隆三十年(1765)刻本　〈01〉(缺1、8卷)

民国三十四年（1945）晋江县文献委员会据乾隆本排印
〈01〉〈02〉〈11〉〈14〉〈15〉〈21〉〈22〉〈33〉〈39〉

晋江县志　七十七卷首一卷　　（清）胡之鋘修　周学曾　龙赴蒸纂

　道光九年（1829）修　稿本　〈21〉（缺人物志）传抄稿本〈14〉〈22〉

晋江私乘人物列传稿　　（民国）晋江　苏大山撰

　稿本残存三册　〈01〉

晋江新志　四卷（上册第一分本）　　晋江　庄为玑编

　民国三十七年（1948）排印本　一册　〈01〉〈02〉〈06〉〈11〉〈13〉〈15〉〈16〉〈21〉〈22〉〈38〉

晋江新志（1965年修订本）　　庄为玑编

　1965厦门大学历史系油印本　一册〈2〉〈11〉〈12〉〈14〉〈21〉

　1979年4月　泉州文献丛刊油印本　二册　〈01〉〈02〉〈03〉〈04〉〈11〉〈14〉〈16〉〈18〉〈21〉〈22〉〈31〉〈32〉〈38〉〈40〉〈42〉

晋江乡土志　一卷　　（民国）侯鸿鉴编

　民国十一年（1922）晋江明新学校刊本　一册　〈01〉〈31〉〈42〉

泉州乡土地理志　一卷　　（清）日云居士编

　清宣统二年（1910）石印本　一册　〈01〉

泉州地理　　泉州市教师进修班中学地理科技陈教研组编

　1976年11月排印本　一册　〈01〉〈02〉

安海志　　（清）佚名纂

　清康熙年纂　抄本　〈21〉（存卷6—9）　〈22〉（存卷6—9）

南安县志　二十卷　（清）刘佑修　叶献纶　洪明璜纂

　清康熙年修　康熙十一年（1672）刻本　〈21〉〈31〉〈33〉〈39〉抄本　〈22〉

南安县志　五十卷　　（民国）南安　戴希朱修纂

　抄本　〈13〉

南安县志　四十八卷　　（民国）晋江　苏镜潭纂

　民国年泉州泉山书社排印本（不全）　〈01〉〈11〉〈14〉〈21〉〈22〉

惠安县志 十三卷 （明）莫尚简修 惠安 张 岳纂
　明嘉靖八年修 嘉靖九年（1530）刻印本 〈31〉〈41〉
　抄本 四册 〈21〉〈22〉
　1963年上海古籍书店影印天一阁嘉靖本 二册 〈01〉〈02〉
　〈03〉〈11〉〈14〉〈15〉〈21〉〈22〉〈31〉〈32〉〈33〉〈34〉〈38〉〈39〉
　〈40〉〈42〉

惠安县志续补不分卷 （清）彭翼辰修纂
　旧抄本 〈21〉〈22〉〈26〉

惠安县志 三十六卷首一卷 （清）吴裕仁修纂
　清嘉庆八年（1803）刻本 〈14〉〈22〉〈33〉〈38〉
　民国二十一年（1932）静僧抄本 〈21〉（不全）
　民国二十五年（1936）林鸿楫排印本（与道光志民国排印本合
　装） 〈01〉〈11〉〈14〉〈21〉〈22〉〈23〉

惠安县志 十二卷 （清）娄云纂修
　清道光十二年（1832）刊民国二十五年（1936）林鸿楫据作排印
　本（与嘉庆志民国排印本合装，作《惠安县续志》） 四册
　〈01〉〈14〉〈16〉〈21〉〈22〉

惠安县志采访稿三种 王江山纂
　1961年惠安县志编委会抄本 一册 〈22〉

惠安县修志局采访说明 惠安县修志局编
　民国七年（1918）石印本 一册 〈06〉

惠安县概况 惠安县政府编
　民国二十五年（1936）油印本 一册 〈21〉

惠安风土志 惠安 杨子华等编纂
　1978年惠安县文化馆油印本 一册 〈01〉〈02〉〈04〉〈06〉
　〈21〉

崇武所城志 三卷 （明）宋 彤纂 陈敬法增补
　明嘉靖二十一年（1842）修 崇祯七年（1834）补修 旧抄本
　　一册 〈06〉
　传抄本 一册 〈12〉〈21〉〈22〉

安溪县志 八卷 （明）汪 瑀修 林有年纂
　明嘉靖壬子年（1552）刻本 〈41〉
　1963年上海古籍书店影印天一阁嘉靖本 三册 〈01〉〈02〉

·78·

〈03〉〈11〉〈14〉〈15〉〈21〉〈22〉〈31〉〈32〉〈33〉〈34〉〈38〉〈39〉〈43〉

安溪县志　十二卷　　（清）谢宸荃修　沈　钟　李畴纂
　清乾隆年修　乾隆二十二年（1757）刻本　　〈31〉〈32〉〈33〉〈38〉〈43〉
　　抄本　十二册　　〈14〉〈21〉〈22〉〈31〉〈33〉〈38〉〈43〉

永春州志　三十五卷　　（清）林昌丁修　黄任纂
　清乾隆二十二年（1757）刻本　　〈22〉（存卷1—17.26—35）

永春州志　十六卷首一卷　　（清）郑一崧修　颜　璹　林为楫纂
　清乾隆五十一年（1786）刻本　　〈11〉〈21〉〈22〉〈31〉〈32〉〈38〉〈39〉

永春县志　九卷　　（明）柴镛修　林希元纂
　明嘉靖五年（1526）刊　抄本　　〈31〉

永春县志　十二卷　　（明）许乘善修　朱安期纂
　明万历四年（1576）刻本　四册　　〈31〉（不全）
　　抄本　　〈22〉（不全）
　　胶卷　　〈21〉

永春县志　十卷　　（清）郑功勋修　宋祖埭　王延聘纂
　清康熙二十三年（1684）刻本　　〈31〉

永春县志　八卷　　王绍沂修
　民国十一年（1922）重修刻本　　〈15〉

永春县志　二十八卷　　（民国）郑翘松纂修
　民国十六年（1927）修　民国十九年（1930）中华书局排印本
　　六册　　〈01〉〈02〉〈11〉〈14〉〈15〉〈21〉〈22〉〈31〉〈32〉〈33〉〈38〉〈39〉

德化县志　十卷　　（明）许仁修　蒋尧煬纂
　明嘉靖十年（1531）刻本　　〈31〉
　　胶卷　　〈31〉

德化县志　十六卷　　（清）范正辂修纂
　清康熙二十六年（1687）刻本　　〈31〉

德化县志　十八卷首一卷　　（清）鲁鼎梅修　王必昌纂
　清乾隆十一年（1746）刻本　　〈31〉〈32〉〈38〉（不全）
　　抄本　　〈21〉〈22〉

卷四 文献目录

德化县志稿 一卷 （清）蒋 履修 邱云霄纂
　清乾隆五十七年（1792）刻本 〈38〉

德化县志 十九卷 （民国）方清芳修 王光张纂
　民国十六年（1927）朱朝亨排印本 〈02〉〈03〉〈11〉〈21〉〈22〉
　〈33〉〈39〉

德化县志草稿1—5号 德化县志编辑委员会编
　1961—1962年印 五册 〈02〉

德化地理 （民国）李亚中等编
　民国二十四年（1935）德化雁塔小学排印本 一册 〈21〉

同安县志 三十卷首一卷 （清）吴 镛修 陶元藻纂
　清乾隆三十二年（1767）刻本 〈14〉
　民国八年（1919）排印本 〈38〉

同安县志 十二卷首一卷 （清）李春珍修 叶心朝纂
　清康熙五十二年（1713）精刻本 〈31〉

同安县志 三十卷首一卷 （清）吴 棠等修纂
　清嘉庆三年（1789）刻本 〈21〉
　清光绪十一年（1885）朱承烈重刻本 〈21〉〈22〉〈31〉〈32〉
　〈33〉
　民国八年（1919）排印本 〈14〉

同安县志 四十二卷首一卷 林学曾修 吴锡璜纂
　民国十八年（1929）排印本 十二册 〈01〉〈11〉〈13〉〈14〉
　〈15〉〈16〉〈21〉〈22〉〈31〉〈32〉〈33〉〈38〉〈39〉〈40〉
　〈42〉〈43〉

马巷厅志 十八卷首一卷 （清）万正友纂修
　清乾隆四十一年（1776）修 光绪九年（1883）丁惠深重刊本
　〈22〉〈31〉
　清光绪十九年（1893）黄家鼎校补刻本 〈21〉〈22〉〈31〉
　〈33〉〈38〉〈39〉〈41〉

集吴志不分卷 陈殿祥编
　1963年排印本 一册 〈14〉〈15〉

厦门志 十六卷 （清）周 凯修 凌 翰 林焜熿纂
　清道光十年（1830）修 道光十八年（1838）玉屏书院刻本
　〈02〉〈11〉〈14〉〈21〉〈22〉〈31〉〈32〉〈33〉〈34〉

〈38〉〈39〉〈40〉〈42〉〈43〉

思明乡土教科书　　李　禧撰
　　民国十二年（1923）厦门培文印书馆排印本　　〈14〉

金门志　十六卷　　（清）周　凯修　林焜熿纂
　　清道光十六年（1836）修　同治十二年（1873）续修刻本　〈11〉
　　〈14〉〈32〉
　　清光绪八年（1882）补修　浯江书院刻本　〈11〉〈21〉〈33〉
　　光绪八年板摄影本　〈31〉
　　1959年北京中国书店据光绪八年本油印本　〈22〉〈33〉
　　〈38〉〈42〉
　　台湾文献丛书本　〈31〉
　　民国抄本　〈11〉〈22〉〈33〉

金门县志　二十四卷首一卷　　（民国）左树燮修　刘　敬纂
　　民国十年（1921）修　传抄稿本　〈22〉
　　1959年福建师范学院图书馆油印本　八册　〈01〉〈03〉〈11〉
　　〈14〉〈15〉〈21〉〈22〉〈31〉〈32〉〈33〉

类　　志

南京大理寺志　七卷　　（明）同安　林希元撰
　　明嘉靖年刻本　〈41〉

九日山志　　（明）黄季韬等撰　　晋江　苏大山辑
　　红兰馆抄本　一册　〈01〉

白礁志畧　　（清）晋江　杨　浚纂
　　清光绪十三年（1887）刻本　一册　〈11〉〈21〉

湄洲屿志畧　四卷　　（清）晋江　杨　浚纂
　　清光绪十四年（1888）刻本　二册　〈22〉

凤山寺志畧　　（清）晋江　杨　浚纂
　　清光绪十三年（1887）刻本　一册　〈11〉〈21〉

清水岩志畧　四卷　　（清）晋江　杨　浚纂
　　清光绪十三年（1887）刻本　一册　〈01〉〈11〉〈21〉

安溪清水岩志　三卷　　（民国）陈家珍等纂
　　民国十五年（1926）厦门振华印书馆排印本　三册　〈01〉

据民国排印本传抄本　二册　〈21〉〈22〉
温陵开元寺志　(明)释元贤撰
　　明刻本　〈11〉(残本、存卷1—4)
开元寺志　(明)释元贤撰
　　民国十六年(1927)重刻本　一册　〈02〉〈22〉
　　抄本　〈21〉
福建泉州开元寺1962年调查报告　福建省文物管理委员会编
　　1976年油印本　一册　〈02〉〈12〉
泉州开元寺简介　泉州开元寺管理委会编
　　1978年排印本　一册　〈01〉〈02〉〈04〉
雪峯志　十卷　(明)徐　燉纂辑
　　清乾隆二十年(1755)赖亨侯等重刻本　二册　〈11〉
雪峯寺志　沈门海印编
　　清乾隆年刻本　一册　〈01〉〈02〉
泉州风土资料汇编　泉州市泉州历史研究会编
　　1979年5月　泉州文献丛刊油印本　一册　〈01〉〈02〉〈03〉
〈04〉〈11〉〈14〉〈16〉〈18〉〈21〉〈22〉〈31〉〈32〉〈38〉〈40〉〈42〉

自　然　地　理

福建安溪同安南安晋江等县地质矿产　高振西等编
　　民国福建省地质土壤调查所排印本　一册　〈11〉〈13〉〈21〉
福建永春之土壤　宋达泉编
　　民国福建省地质土壤调查所排印本　一册　〈11〉〈21〉
惠安山腰气象资料　福建省农业厅气象局编
　　1958年排印本　一册　〈22〉
1957年晋江流域水文资料　福建省水利电力厅编
　　1959年排印本　一册　〈21〉〈22〉〈23〉
1958年晋江流域水文资料　福建省水利电力厅编
　　1959年排印本　一册　〈21〉〈23〉
1959年晋江流域水文资料　福建省水利电力厅编
　　1960年排印本　一册　〈21〉〈23〉

1960年晋江流域水文资料　　福建省水利电力厅编
　1962年排印本　一册　　〈21〉
1604年至1607年泉州地震史料汇编　　泉州市文管会　福建省
　地震历史资料汇编组编
　1974年油印本　一册　　〈01〉〈02〉

游记

安南纪游　　(明)晋江·潘鼎珪撰
　说铃本　　〈11〉〈22〉
　小方壶斋舆地丛抄本　　〈11〉〈13〉〈21〉〈22〉
游杭日记　　(清)晋江　杨庆修撰
　红豆馆小丛书抄本　一册　　〈01〉
闽南游记　　陈万里著
　民国十九年(1930)开明书店排印本　一册　　〈11〉〈21〉〈22〉
　〈33〉〈39〉
旅行游笔　二卷　　(民国)安溪　李爱黄著
　民国十八年(1929)石印本　一册　　〈01〉

舆图

福建省沿海总图(三)　小岞至诏安
　墨印　59×91　一幅　　〈13〉
福建泉州进口图
　墨印　48×61　一幅　　〈13〉
泉州湾及其附近暨晋江口岸　　海军部海道测量局绘制
　民国二十六年(1937)海军部墨印　67×100　一幅　　〈13〉
福建围头澳至深沪澳图
　墨印　49×59　一幅　　〈13〉
泉州湾大坠灯塔图　　惠安县政府绘制
　民国惠安广文轩墨印　36×37　一幅　　〈13〉
福厦漳泉交通图　　佚名制

民国石印　　一幅　〈21〉
晋江县：福建省晋江惠安南安地图　　福建省陆地测量队制
　　民国二十七年(1938)石印　一幅　〈22〉
金井：福建省晋江金门县地图　　福建省陆地测量队制
　　民国三十年(1941)石印　一幅　〈22〉
永春县：福建省永春安溪南安县地图　　福建省陆地测量队制
　　民国二十九年(1940)石印　一幅　〈22〉
惠安县：福建省惠安南安晋江仙游莆田永春地图　　福建省陆
　　地测量队制
　　民国三十年(1941)石印　一幅　〈22〉
同安县：同安南安安溪晋江县地图　　福建省陆地测量局制
　　民国二十九年(1940)石印　一幅　〈22〉
安南永各县边区乡镇署图　　永春县地方建设委员会制
　　民国三十五年(1946)彩图　48×45　一幅　〈13〉
泉州市图　　泉州工务局绘制
　　民国十一年(1922)彩印　94×92　一幅　〈13〉
晋江县全图　　福建省陆地测量局绘制
　　民国二十三年(1934)墨印　一幅　〈31〉
晋江县全图　　晋江县政府制
　　民国二十四年(1935)晒印　一幅　〈31〉
晋江县全图　　晋江县政府第四科制
　　民国二十六年(1937)晒印　一幅　〈21〉〈22〉
晋江县署图　　晋江县政府第四科制
　　民国二十七年(1938)石印　一幅　〈11〉
晋江县全图　　晋江县政府建设科绘制
　　民国三十四年(1945)墨印　90×60　一幅　〈13〉
晋江县第一区各保联处署图　　晋江县政府制
　　民国三十六年(1947)油印　28×26　一幅　〈13〉
晋江县第四区区图　　晋江县第四区区署绘制
　　民国三十六年(1947)油印　42×24　一幅　〈13〉
惠安县全县形势简署图　　惠安县政府绘制
　　民国二十一年(1932)彩印　一幅　〈31〉

·84·

福建省惠安县全图
　　民国印　　一幅　　〈22〉
南安县全图　　陆地测量局绘制
　　民国二十二年(1933)墨印　一幅　〈31〉
南安县全图　　南安县政府制
　　民国二十九年(1940)石印　一幅　〈22〉
南安县全图　　汤固如绘制
　　民国三十二年(1943)石印　一幅　〈21〉
南安县全图　　南安县政府绘制
　　民国三十四年(1945)墨印　60×37　一幅　〈13〉
安溪县全图　　安溪县政府建设科编制
　　民国三十年(1941)石印　一幅　〈11〉〈21〉〈22〉〈31〉
永春全县区域略图　　永春地方建设委员会绘制
　　民国二十三年(1934)蓝图　36×63　一幅　〈13〉
永春全县区域略图　　永春县政府制
　　民国二十五年(1936)晒印　一幅　〈31〉
永春全县区域略图　　永春县政府第四科制
　　民国三十年(1941)石印　一幅　〈21〉〈22〉
永春县图　　永春县政府制
　　民国三十六年(1947)墨印　48×84　一幅　〈13〉
德化县全图　　德化县政府绘制
　　民国三十五年(1946)蓝印　42×45　一幅　〈13〉
同安县全图　　佚名制
　　民国石印　一幅　〈11〉〈21〉〈22〉
福建省金门县全图　　金门县政府制
　　民国二十七年(1938)石印　一幅　〈22〉
福建省厦门岛全图　　佚名制
　　民国　石印　一幅　〈22〉
厦门：福建省厦门南安同安金门海澄晋江地图　　福建省陆地测量队制
　　民国二十七年(1938)石印　一幅　〈22〉
(日文)闽南地图
　　1932年日本出版　墨印　40×45　一幅　〈13〉

·85·

282

十　综合性图书

综　录

红蕉馆小丛书二十八种　　晋江　苏大山辑
　民国年间泉州红蕉馆抄稿　二十八册　〈01〉
　（所收诸书已分别编入各类，兹为窥见全貌，特将子目再系于下）
　子目：文房图赞　（宋）泉州　林　洪撰
　　　　大笑集　（明）晋江　林胤昌撰
　　　　正学篇　（明）晋江　陈　琛撰
　　　　卓吾诗篇　（明）晋江　李　贽撰
　　　　剑经　（明）晋江　俞大猷撰
　　　　易解　（明）惠安骆日昇撰
　　　　介山诗存　（明）惠安　李　恺撰
　　　　燕居录在官象　（明）晋江　李廷机撰
　　　　明季三子诗腾　（明）晋江　黄凤翔　黄景昉　周廷𤫊撰
　　　　毛诗国风绎　（清）晋江　陈迁鹤撰
　　　　闻居𢥠闻　（清）晋江　陈迁鹤撰
　　　　馆阁缘编　（清）晋江　陈万策撰
　　　　紫云词录　（清）晋江　丁　炜撰
　　　　都门赠别诗钞　（清）朱琦等赠别陈庆镛南归诗作
　　　　爱吾庐题跋　（清）同安吕世宜撰
　　　　雪梅集　（清）南安　苏　锡辑
　　　　小濒雅　（清）晋江　杨　浚撰
　　　　游杭日记　（清）晋江　杨庆修撰
　　　　汉律辑绎　（清）晋江　陈棨仁撰
　　　　铜鼓考　（清）晋江　陈棨仁撰
　　　　春空唱和诗　（清）释道正道济撰
　　　　亦佳室题跋　（清）同安　苏廷玉撰
　　　　正气研斋诗存　（清）晋江　吴　鲁撰
　　　　纸谈　（清）晋江　吴　鲁撰

· 86 ·

养和轩舍诗存　（民国）晋江　吴　增撰
迟春楼随笔　（民国）晋江　苏镜潭撰
畚市集　（民国）晋江　苏大山辑
温陵沟渠小志　（民国）晋江　苏大山辑

经传子史集览　（清）同安　吕世宜辑
　　清道光丁酉（1837）　吕世宜手抄本　二册　〈14〉
五经补阙　（清）钱塘　伊乐尧编　晋江　黄宗汉序
　　清咸丰四年（1854）晋江黄氏刻本　一册　〈01〉
周礼补亡六卷　（宋）同安　丘　葵撰
　　清光绪年刻本　一册　〈01〉
学文资典□卷　晋江　郑文焕辑　　　　　〈17〉
　　清刻本　残存卷一　〈17〉
百子金丹　十卷　（清）温陵　郭士俊类选
　　清乾隆八年（1669）素经堂版　六册　〈01〉

书　目

千顷堂书目卅二卷　（清）晋江　黄虞稷编
　　适园丛书本　十六册　〈33〉
　　清刻巾箱本　十六册　〈36〉
　　清士礼居旧藏抄校本　五册　〈34〉
徵刻唐宋秘本书目一卷　（清）黄虞稷　周在浚编
　　昭代丛书本一册　〈33〉
　　长沙叶氏郋园刻本（附考证一卷）一册　〈33〉
绾绰堂书目十二卷　（清）晋江　陈棨仁编
　　同治间抄本二册　〈01〉
冠悔堂书目四卷　（清）晋江　杨　浚编
　　光绪间杨氏冠悔堂稿本　四册　〈21〉
红兰馆藏书目　晋江　苏大山编
　　民国苏氏红兰馆稿本　一册　〈01〉

期　刊

复报　　泉州复报社编印
　创刊号　1917年刊　　〈01〉
　1—62期（合订五册）1918年刊　　〈01〉
明新杂志　　泉州明新师范学校编印
　1期　　1923年刊　　〈31〉
晋江教育　　晋江教育月刊社编印
　2：2期　　1927年刊　　〈11〉
泉音　　泉州学生联合会编印
　1：2期　　1929年刊　　〈11〉
教育汇报　　晋江县教育局编印
　2期　　1930年刊　　〈11〉
泉永教育　　福建泉永普及教育促进委员会编印
　2期　　1932年刊　　〈36〉
金声月刊　　晋江金井金声月刊社编印
　2：1期　　1932年刊　　〈38〉
　3：4，7—8期　1933年刊　　〈34〉
　4：3，7—8期　1934年刊　　〈34〉
　5：1—6，8期　1935年刊　　〈34〉
　5：10期　　1935年刊　　〈38〉
　6：2—5，7，9期　1936年刊　　〈34〉
　6：4，7期　　1936年刊　　〈38〉
　6：5期　　1936年刊　　〈11〉
晋中周刊　　福建省立晋江初级中学编印
　2：1—25期　1932—33年刊　　〈21〉
　3：1—23期　1933年刊　　〈21〉
平话（半月刊）　泉州平话半月刊社编印
　1—2，2—8期　1935年刊　　〈11〉
　1，5—8期　　1935年刊　　〈34〉
　2期　　1935年刊　　〈42〉
晋江合作(月刊)　　晋江合作事业指导委员会编
　36：8，10—12期　1936年刊　　〈38〉

37：1—6期　　1937年刊　　〈38〉
晋江第一区署公报　　晋江县第一区区署编印
　　3—4期　　1936年刊　　〈11〉
泉中周刊　　泉州泉中校刊编委会编印
　　1—8号合订本　　1937年刊　　〈11〉
泉中通讯　　泉州泉中中学编
　　1：2—3期　　1938年刊　　〈11〉
晋江抗敌周刊　　晋江县抗敌后援会编印
　　16期　　1938年刊　　〈11〉
抗敌行进　　晋江县抗敌后援会编
　　1—10期　　1938年刊　　〈11〉
每周导报　　泉州每周导报社编印
　　1：1—23期　　1938年刊　　〈31〉
枕戈　　晋江县文化界战时服务团第一分团编印
　　4期　　1939年刊　　〈11〉
晋江教育　　晋江县教育局编印
　　1：1期　　1940年刊　　〈11〉
晋江县政府公报　　晋江县政府编印
　　51—100期合订本　　1940—1941年刊　　〈11〉
晋江国教通讯（月刊）　　晋江县国民教育研究会编印
　　1：1—12期　　1947年刊　　〈11〉〈21〉
　　2：1—4期　　1948年刊　　〈11〉
　　2：1—3，6—12期　　1948年刊　　〈21〉
　　3：3—4期　　1949年刊　　〈21〉
凌霄校刊　　晋江凌霄中学校刊委员会编印
　　1期　　1947年刊　　〈21〉
海疆青年　　晋江国立海疆学校编印
　　1：1期　　1947年刊　　〈11〉〈21〉〈32〉〈36〉〈38〉
海疆学报　　晋江海疆学校学报编委会编印
　　1—2期　　1947年刊　　〈11〉〈32〉〈36〉〈37〉〈38〉〈42〉
　　2期　　1947年刊　　〈21〉〈22〉〈34〉
海疆校刊（半月刊）　　晋江国立海疆学校编印
　　1：1—5期　　1947—1948年刊　　〈11〉

·89·

1：1—10，13期　1947—1948年刊　〈34〉
1：1—10期　1947—1948年刊　〈32〉
1：1—3，6—8，14—15期　1947—1948年刊　〈42〉
1：4—10，13—15期　1947—1948年刊　〈38〉
1：9—10，13—14，1948年刊　〈34〉

海疆季刊　晋江国立海疆学校编印
1期　1948年刊　〈11〉〈21〉〈32〉〈36〉〈38〉

医药月刊　晋江县医师公会编印
1—12期　1947年刊　〈11〉
3—4期　1947年刊　〈37〉

晋江县中校刊　晋江县立中学编印
1—3期　1947年刊　〈11〉

晋江大专学生　厦门大学晋江大专学生社编印
4—5期　1949年刊　〈11〉

南安教育　南安县教育局编印
1期　1931年刊　〈21〉

南安县金门县政府公报　南安县金门县政府秘书室编
39—40期　1940年刊　〈21〉

新南安　新南安月刊社编印
1：5期　1942年刊　〈11〉
2：1—3期　1943年刊　〈21〉

惠师学生　惠安师范学生委员会编印
3期　1938年刊　〈21〉

安溪教育　安溪县教育局编
创刊号　1930年刊　〈21〉

蓝天月刊　福建集美安溪学会编印
1：1—8期　1933—1934年刊　〈11〉
2：1—8期　1934—1935年刊　〈11〉
3：1—4期　1935—1936年刊　〈11〉〈21〉
4：1—10期　1936—1937年刊　〈11〉
4：1—2期　1936年刊　〈21〉

安溪月刊　安溪月刊社编印
1期　1936年刊　〈11〉〈21〉

· 90 ·

永春县政府公报　永春县政府秘书室编印
　8—10,13—17,19—21,29—41,46—57,63—65,
　80—82,86—117,125—140,144—153,
　162—172期　1942—1943年刊　〈21〉
春雷（月刊）　永春县公务人员业余俱乐部编印
　1：1—6期　1942年刊　〈21〉
　2：3—4期　1943年刊　〈21〉
　3：1—3期　1943年刊　〈21〉
民友半月刊　福建省立德化师范学校编印
　9—11期　1943年刊　〈11〉
民友週刊　福建省立德化师范学校编印
　2—8期　1943年刊　〈11〉
闽南乡土杂志　闽南舆地学社编辑
　1935年1卷1期 2期　〈21〉

报纸合订本

泉州报（原名泉州日报，1959年5月改今名）　泉州报社编印
　1958年8月　　　　　〈22〉
　1958年4月　　　　　〈01〉
　1958年7月—12月　　〈01〉
　1959年5月—12月　　〈01〉
　1960年1月—12月　　〈01〉
　1961年5月—12月　　〈01〉
　1962年1月—12月　　〈01〉
　1963年1月—12月　　〈01〉
　1964年1月—12月　　〈01〉
　1965年1月—12月　　〈01〉
　1966年1月—12月　　〈01〉
　1967年1月—12月　　〈01〉
　1968年1月—12月　　〈01〉
　1969年1月—3月　　 〈01〉

闽中报　闽中报社编印
　1957年2月—12月　　〈01〉

1958年1月 — 3月　　〈01〉
1959年1月 — 5月　8月——10月　　〈01〉

侨乡报　　福建省华侨事务委员会编印
1956年11月14日 — 1957年2月8日　〈22〉
1957年3月 — 12月　〈22〉
1958年2月 — 5月　8月 — 12月　〈22〉
1959年1月 — 4月　〈22〉
1960年1月 — 12月　〈22〉
1961年7月 — 9月　12月　〈22〉
1962年1月　〈22〉
1961年1月 — 12月　〈01〉
1962年3月 — 7月　〈01〉
1964年7月 — 12月　〈01〉
1966年4月 — 10月　〈01〉

晋江农民报　晋江农民报社编
1953年1月 — 12月　〈01〉
1954年1月 — 8月　〈01〉
1956年1月 — 10月　〈01〉
1956年7月 — 12月　一册　〈22〉

晋江报（原名《晋江日报》1959年5月起改今名）　晋江农民报社编
1958年8 — 12月(63 — 197号)　一册　〈22〉
1959年1 — 7月　一册　〈22〉
1959年10 — 12月　一册　〈22〉
1960年1 — 9月　一册　〈22〉
1961年1 — 2月　一册　〈22〉

南安报（原名《南安日报》1959年改今名）　南安报社编印
1958年8 — 12月(31 — 183期)　一册　〈22〉
1959年1 — 12月　一册　〈22〉
1960年1 — 9月　一册　〈22〉
1961年1 — 12月　一册　〈22〉

· 92 ·

安溪报（原名《安溪日报》，1959年5月起改今名）安溪报社编印
 1958年8月——12月（51——182期）　一册　〈22〉
 1959年1——12月　一册　〈22〉
 1960年1——9月　一册　〈22〉
 1961年1——2月　一册　〈22〉

惠安报（原名《惠安日报》1959年5月起改今名）　惠安报社编印
 1958年8——12月　一册　〈22〉
 1959年1——12月　一册　〈22〉
 1960年1——9月　一册　〈22〉
 1961年1——2月　一册　〈22〉

同安报（原名《同安日报》，1959年5月起改今名）同安报社编印
 1958年9月　一册　〈22〉
 1958年10——12月（10——188期）　一册　〈22〉
 1959年1——12月　一册　〈22〉
 1960年1——9月　一册　〈22〉

附录：书名索引

一画

[一]

页数

一九五〇年厦门大学考古实习报告 ……………〈73〉
一九五六年厦门大学考古实习报告 ……………〈73〉
一乐楼寿言 ……………………………………〈71〉
一吼堂诗钞 ……………………………………〈45〉
一峯先生文集 …………………………………〈36〉

[1]

1604年至1607年泉州地震史料汇编 …………〈83〉
1956年菲律宾华侨工商名录 …………………〈83〉
1956—57年岷里拉华侨工商名录 ……………〈19〉
1957年晋江流域水文资料 ……………………〈82〉
198—59年岷里拉华侨工商名录 ……………〈19〉
1958年晋江流域水文资料 ……………………〈82〉
1959年晋江流域水文资料 ……………………〈82〉
1962—63岷里拉工商名录 ……………………〈20〉
1960年晋江流域水文资料 ……………………〈82〉

二画

[一]

二程子外书纂 …………………………………〈12〉
二程子遗书纂 …………………………………〈12〉

— 1 —

二薇亭詩 ⟨32⟩
七经 ⟨8⟩

[丿]

九日山志 ⟨81⟩
九日山再游诗册 ⟨30⟩
八音定诀（漳泉腔） ⟨16⟩

三画

[一]

三十一年度福建省行政会议德化县政工作报告 ⟨25⟩
三礼述註 ⟨12⟩
三礼仪制歌诀 ⟨13⟩
三先生合评原来北西厢 ⟨6⟩
三陵集 ⟨37⟩
三异人文集 ⟨6⟩
大方广佛华严经合论简要 ⟨6⟩
大笑集 ⟨37⟩
大学古本说一卷中庸章段一卷中庸馀论一卷读论语劄记二卷　读孟子劄记二卷 ⟨9⟩
大学古本说 ⟨10⟩
大学古本中庸馀论合编五卷 ⟨10⟩
大学古本一卷中庸章段一卷 ⟨10⟩
大乘起信论讲义 ⟨14⟩
大随志传 ⟨6⟩
马可婆罗行记 ⟨66⟩
马哥孛罗游记 ⟨66⟩

— 2 —

马巷厅志 ⋯⋯⋯⋯⋯⋯⋯⋯⋯⋯⋯⋯⋯⋯⋯⋯⋯⋯⋯⋯⋯⋯⋯⋯⋯ 〈80〉
马巷集 ⋯⋯⋯⋯⋯⋯⋯⋯⋯⋯⋯⋯⋯⋯⋯⋯⋯⋯⋯⋯⋯⋯⋯⋯⋯⋯ 〈42〉

[丨]

小山类稿二十卷 ⋯⋯⋯⋯⋯⋯⋯⋯⋯⋯⋯⋯⋯⋯⋯⋯⋯⋯⋯ 〈38〉
小吕宋华侨中西学校三十周年纪念刊 ⋯⋯⋯⋯⋯⋯ 〈19〉
小学弦歌选本 ⋯⋯⋯⋯⋯⋯⋯⋯⋯⋯⋯⋯⋯⋯⋯⋯⋯⋯⋯⋯ 〈51〉
小梅诗存 ⋯⋯⋯⋯⋯⋯⋯⋯⋯⋯⋯⋯⋯⋯⋯⋯⋯⋯⋯⋯⋯⋯ 〈42〉
小演雅 ⋯⋯⋯⋯⋯⋯⋯⋯⋯⋯⋯⋯⋯⋯⋯⋯⋯⋯⋯⋯⋯⋯⋯⋯ 〈48〉
小演雅一卷续录一卷别录一卷附录一卷 ⋯⋯⋯⋯⋯ 〈48〉
上海泉漳会馆救济闽南鼠疫委员会收支报告表 ⋯ 〈19〉
山家清事 ⋯⋯⋯⋯⋯⋯⋯⋯⋯⋯⋯⋯⋯⋯⋯⋯⋯⋯⋯⋯⋯⋯ 〈48〉
山家清供一卷 ⋯⋯⋯⋯⋯⋯⋯⋯⋯⋯⋯⋯⋯⋯⋯⋯⋯⋯⋯ 〈47〉

[丿]

千字文通释 ⋯⋯⋯⋯⋯⋯⋯⋯⋯⋯⋯⋯⋯⋯⋯⋯⋯⋯⋯⋯ 〈18〉
千顷堂书目 ⋯⋯⋯⋯⋯⋯⋯⋯⋯⋯⋯⋯⋯⋯⋯⋯⋯⋯⋯⋯ 〈87〉

四画

[丶]

文山黄氏家谱 ⋯⋯⋯⋯⋯⋯⋯⋯⋯⋯⋯⋯⋯⋯⋯⋯⋯⋯⋯ 〈68〉
方正学集 ⋯⋯⋯⋯⋯⋯⋯⋯⋯⋯⋯⋯⋯⋯⋯⋯⋯⋯⋯⋯⋯⋯ 〈39〉
为永春日报案被劾案经过 ⋯⋯⋯⋯⋯⋯⋯⋯⋯⋯⋯⋯ 〈25〉
文贞公年谱 ⋯⋯⋯⋯⋯⋯⋯⋯⋯⋯⋯⋯⋯⋯⋯ 〈13〉〈72〉
六亭文集 ⋯⋯⋯⋯⋯⋯⋯⋯⋯⋯⋯⋯⋯⋯⋯⋯⋯ 〈34〉〈42〉
心泉学诗稿 ⋯⋯⋯⋯⋯⋯⋯⋯⋯⋯⋯⋯⋯⋯⋯⋯⋯⋯⋯⋯ 〈 4 〉
文字源流参考 ⋯⋯⋯⋯⋯⋯⋯⋯⋯⋯⋯⋯⋯⋯⋯⋯⋯⋯⋯ 〈18〉
文集中有关郑氏资料 ⋯⋯⋯⋯⋯⋯⋯⋯⋯⋯⋯⋯⋯⋯⋯ 〈63〉

— 3 —

文房图赞 ⟨47⟩
文庄公集 ⟨35⟩
文焕堂指谱 ⟨50⟩
为霖和尚泉州开元语录 ⟨13⟩

[一]

不已言集 ⟨39⟩
王文学遗草 ⟨40⟩
云亭陈氏三房二支家谱 ⟨67⟩
(永春)太平实业股份有限公司结册 ⟨20⟩
太极图说河洛私见艾庵密箴合编三卷 ⟨1⟩
太极图说艾庵密箴合一卷 ⟨1⟩
太极图解一卷 ⟨11⟩
天上圣母传 ⟨14⟩
天启志 ⟨14⟩
五经补纲 ⟨87⟩
开元寺志 ⟨82⟩
开闽忠懿王氏族谱(初修、增修、合修) ⟨67⟩
王慕蓼先生劝戒录 ⟨2⟩
(宋)王忠文公文集 ⟨33⟩
王忠文公全集 ⟨33⟩
王遵岩文录 ⟨35⟩
王遵岩家居集 ⟨35⟩
王遵岩集 ⟨34⟩
王懿德年谱上下卷 ⟨72⟩
历象本要 ⟨9⟩ ⟨54⟩
历辨 ⟨54⟩

— 4 —

【一】

(增订)火器赋草·····················〈47〉
止园集·····························〈45〉
内自讼斋文集·······················〈42〉
中日年表···························〈57〉
中医学字辨·························〈27〉
中国三大思想之比现·················〈2〉
中国志(有关郑功部分的论文)·········〈63〉
中庸余论中庸四记合二卷·············〈10〉
中庸略说···························〈10〉
中庸章按···························〈10〉
中庸馀论···························〈10〉

【 】

介山诗存、坏斋诗存·················〈38〉
壬戌七月既望鹭江泛月赋选···········〈47〉
化书·······························〈48〉
毛诗国风绎·························〈28〉
从政杂录···························〈48〉
从先维俗···························〈18〉
月令辑要廿四卷图说·············〈8〉〈54〉
月窟蔡氏家谱·······················〈69〉
丰州书院小课·······················〈27〉
丰州李紫亭先生哀輓录···············〈71〉
丰州赋课外集·······················〈27〉
丰州集稿···························〈41〉
凤山寺志略·························〈81〉
凤池陈氏族谱·······················〈67〉
凤池林氏族谱·······················〈67〉

五画

凤城题襟录·························〈31〉

— 5 —

[、]

礼记述注	〈12〉
永春全县区域略图	〈85〉
永春县图	〈85〉
永春县福建省永春安溪南安县地图	〈84〉
永春州志	〈79〉
永春县志	〈79〉
永春县政府公报	〈91〉
永春蓬壶新石器时代遗址报告	〈73〉
永春县政府三十一年度工作报告	〈25〉
永春县临时参议会第一届首次大会汇编	〈26〉
永春县社营工业的劳动报酬与积累	〈23〉
永春铁厂白煤炼铁经验	〈22〉
永春县发展地方工业的经验	〈22〉
永春德化及大田三县之铁矿（附图三幅）	〈22〉
苍天月刊	〈90〉
玄空学质疑	〈15〉
归田稿	〈41〉
归国华侨及归侨团体(1946.12—1948.12)剪报资料	〈21〉
归侨侨眷生活(1942.2—1949.2)剪报资料	〈21〉
汉律撷华	〈17〉
汉唐宋名臣录	〈70〉
丰邺诗集	〈44〉
丰邺吟稿	〈44〉
讨论郑氏抗清斗争的性质	〈64〉
记皇明石井郑氏祖坟志铭	〈64〉
汇音妙悟	〈16〉
汇集雅俗通十五音	〈16〉

[一]

石井乡郑氏宗族谱	〈64〉

— 6 —

正学编 ……………………………………………………〈1〉
正蒙注解 …………………………………………………〈12〉
龙溪先生文录钞 …………………………………………〈6〉
龙溪蒲仁支诗 ……………………………………………〈68〉
龙湖闲话 …………………………………………………〈5〉
石豁文集 …………………………………………………〈42〉
正气堂集十六卷续集七卷余集四卷近稿一卷洗海近事二卷〈36〉
正气堂集十六卷近稿议稿全卷洗海近事二卷余集四卷续集
　二卷 ……………………………………………………〈36〉
正气堂集十六卷 又近稿一卷镇闽议稿一卷 ……………〈36〉
正气堂集卅二卷 …………………………………………〈36〉
正气研斋奏稿 ……………………………………………〈41〉
正气研斋诗存 ……………………………………………〈41〉
艾庵密箴 …………………………………………………〈1〉
玉芎馆诗钞 ………………………………………………〈37〉
玉岊集四卷 ………………………………………………〈44〉
玉樵山人集附香奁集 ……………………………………〈32〉
玉篆别集 …………………………………………………〈45〉
古今文字通释 ……………………………………………〈17〉
古今明堂记 ………………………………………………〈70〉
古今疏治黄河全书 ………………………………………〈57〉
古文粹薮 …………………………………………………〈11〉
古周易订诂 ………………………………………………〈2〉
古乐经传 …………………………………………………〈9〉
古代泉州海外交通史（初稿） …………………………〈65〉
古船资料辑录一、二 ……………………………………〈74〉

— 7 —

戊寅年洪潮和通书 ⋯⋯⋯⋯⋯⋯⋯⋯⋯⋯⋯⋯⋯⋯⋯⋯〈15〉
召叟诗录 ⋯⋯⋯⋯⋯⋯⋯⋯⋯⋯⋯⋯⋯⋯⋯⋯⋯⋯〈32〉
东西洋考 ⋯⋯⋯⋯⋯⋯⋯⋯⋯⋯⋯⋯⋯⋯⋯⋯⋯⋯〈66〉
东华录有关郑氏史料 ⋯⋯⋯⋯⋯⋯⋯⋯⋯⋯⋯⋯⋯〈63〉
东北观感集 ⋯⋯⋯⋯⋯⋯⋯⋯⋯⋯⋯⋯⋯⋯⋯⋯⋯〈45〉
东宁百咏 ⋯⋯⋯⋯⋯⋯⋯⋯⋯⋯⋯⋯⋯⋯⋯⋯⋯⋯〈44〉
东岳世家坑七里庵图 ⋯⋯⋯⋯⋯⋯⋯⋯⋯⋯⋯⋯⋯〈15〉
东宫备览 ⋯⋯⋯⋯⋯⋯⋯⋯⋯⋯⋯⋯⋯⋯⋯⋯⋯⋯〈56〉
民族英雄郑成功 ⋯⋯⋯⋯⋯⋯⋯⋯⋯⋯⋯⋯⋯⋯⋯〈60〉
民信局与侨汇(1946.6—1950.7 剪报资料) ⋯⋯〈21〉
民国廿年开元同戒录 ⋯⋯⋯⋯⋯⋯⋯⋯⋯⋯⋯⋯⋯〈14〉
民友半月刊 ⋯⋯⋯⋯⋯⋯⋯⋯⋯⋯⋯⋯⋯⋯⋯⋯⋯〈91〉
民友週刊 ⋯⋯⋯⋯⋯⋯⋯⋯⋯⋯⋯⋯⋯⋯⋯⋯⋯⋯〈91〉
弘一大师写药师本愿功德经 ⋯⋯⋯⋯⋯⋯⋯⋯⋯〈52〉
弘一大师书经 ⋯⋯⋯⋯⋯⋯⋯⋯⋯⋯⋯⋯⋯⋯⋯⋯〈52〉
弘一大师永怀录 ⋯⋯⋯⋯⋯⋯⋯⋯⋯⋯⋯⋯⋯⋯⋯〈14〉
弘一手书刚般若婆罗蜜经 ⋯⋯⋯⋯⋯⋯⋯⋯⋯⋯〈53〉
弘一法师生西纪念刊 ⋯⋯⋯⋯⋯⋯⋯⋯⋯⋯⋯⋯⋯〈14〉

[l]

北平福建泉郡会馆志 ⋯⋯⋯⋯⋯⋯⋯⋯⋯⋯⋯⋯⋯〈21〉
史纬 ⋯⋯⋯⋯⋯⋯⋯⋯⋯⋯⋯⋯⋯⋯⋯⋯⋯⋯⋯⋯〈56〉
史记评林一百三十卷 ⋯⋯⋯⋯⋯⋯⋯⋯⋯⋯⋯⋯⋯〈57〉
史纲评要 ⋯⋯⋯⋯⋯⋯⋯⋯⋯⋯⋯⋯⋯⋯⋯⋯⋯⋯〈4〉
四书桐城讲义 ⋯⋯⋯⋯⋯⋯⋯⋯⋯⋯⋯⋯⋯⋯⋯⋯〈2〉
四书合象鸣 ⋯⋯⋯⋯⋯⋯⋯⋯⋯⋯⋯⋯⋯⋯⋯⋯⋯〈2〉
四书评 ⋯⋯⋯⋯⋯⋯⋯⋯⋯⋯⋯⋯⋯⋯⋯⋯⋯⋯⋯〈4〉

— 8 —

四书解义 ………………………………………… ⟨9⟩
四书图史敩 ……………………………………… ⟨1⟩
四书蒙引 ………………………………………… ⟨1⟩
平话（半月刊） ………………………………… ⟨88⟩
田亭草 …………………………………………… ⟨37⟩
甲子至己巳泉州分给度岁囊实录 ……………… ⟨18⟩
甲戌对策 ………………………………………… ⟨52⟩

[1]

禾谱五卷 ………………………………………… ⟨54⟩
台湾郑氏记事 …………………………………… ⟨61⟩
台湾郑氏始末 …………………………………… ⟨60⟩
台湾杂咏合刻 …………………………………… ⟨30⟩
台湾外记 ………………………………………… ⟨60⟩
台湾外纪与台湾外志敩 ………………………… ⟨61⟩
台湾外志两抄本和台湾外纪若干版本的研究 … ⟨61⟩
台湾外纪一卷附澎湖 …………………………… ⟨61⟩
台湾外志新编 …………………………………… ⟨60⟩
《台湾通史》郑氏资料 ………………………… ⟨63⟩
台湾资料（唐山过台湾的故事） ……………… ⟨67⟩
台湾畲族之原始文化 …………………………… ⟨16⟩
白毫庵诗内篇 …………………………………… ⟨37⟩
丛桂堂文集四卷诗集四卷 ……………………… ⟨39⟩
丛青轩集 ………………………………………… ⟨38⟩
白礁志略 ………………………………………… ⟨81⟩
生生篇 …………………………………………… ⟨2⟩
仪礼述注 ………………………………………… ⟨12⟩

— 9 —

仪礼篹录 ………………………………………〈13〉

乐府雅词三卷拾遗二卷 ………………………〈46〉

印度尼西亚民族运动史 …………………………〈59〉

印陶 己巳辛未 庚午壬申 诗集 ………………………………〈45〉

六画

[丶]

庄子因书 …………………………………………〈2〉

齐侯罍铭通释 ……………………………………〈74〉

亦佳室题跋 ………………………………………〈75〉

亦佳室诗钞 ………………………………………〈42〉

亦佳室诗文钞 ……………………………………〈42〉

亦园胜牍 …………………………………………〈48〉

亦园胜牍二卷 ……………………………………〈49〉

许氏先德录 ………………………………………〈71〉

许钟斗集 …………………………………………〈38〉

许钟斗文集五卷 …………………………………〈38〉

许卓然先生被刺经过及其前因后果 ……………〈71〉

论语劄记孟子劄记大学古本说五卷 ……………〈9〉

安南永各县边区乡镇略图 ………………………〈84〉

安南纪游 …………………………………………〈83〉

安海筹赈委员会报告 ……………………………〈19〉

安海大事记 ………………………………………〈58〉

安海乡土史话（第一、二辑） …………………〈58〉

安海志 ……………………………………………〈77〉

安溪月刊 …………………………………………〈90〉

— 10 —

安溪先生解义三种 ……………………………………〈9〉
安溪涠水岩志 ………………………………………〈81〉
安溪茶业调查 ………………………………………〈23〉
安溪私立崇德中六周年要览 ………………………〈26〉
安溪报，原名《安溪日报》(1959年5月起改今名)…〈26〉
安溪县政府三十年度工作报告 ……………………〈25〉
安溪唐墓发掘研究报告 ……………………………〈74〉
安溪县全图 …………………………………………〈85〉
安溪县志 ……………………………………〈78〉〈79〉
江加走木偶雕刻艺术 ………………………………〈50〉
江夏环峰黄氏家谱 …………………………………〈68〉
米荒 …………………………………………………〈49〉
问山诗集 ……………………………………………〈39〉
问山文集 ……………………………………………〈39〉
关岳记典 ……………………………………………〈14〉
关岳祀典附备考 ……………………………………〈14〉

[一]

阴符经注 ……………………………………〈11〉〈55〉
西山先生真文忠公文集 ……………………………〈33〉
西山文钞 ……………………………………………〈33〉
西山真文忠年谱 ……………………………………〈72〉
协大闽南学会手册 …………………………………〈26〉
有关清代收复台湾奏疏 ……………………………〈62〉
有关闽南华侨投资资料 ……………………………〈20〉
扬声堂米家费簿（民国廿五年）……………………〈24〉
老痂恬重集 …………………………………………〈45〉

百子金丹 ··· ⟨87⟩
百名家词钞——紫云词一卷 ················· ⟨46⟩
(李卓吾批点)世说新语补 ····················· ⟨57⟩
圭峯卢先生诗集 ·································· ⟨34⟩
圭峯集 ··· ⟨34⟩

[1]

同安报（原名《同安日报》1959年5月起改今名）··· ⟨93⟩
同安县全图 ·· ⟨85⟩
同安县南安安溪晋江县地图 ··················· ⟨84⟩
同安县人口农业调查 ···························· ⟨16⟩
同安民歌选 ······································· ⟨50⟩
同安县志 ·· ⟨80⟩
(增补)则克录上下卷 ···························· ⟨55⟩
光辉的十五年——泉州市经济和文化建设成就统计 ······ ⟨16⟩
光辉灿烂的泉州十年1949—1959 ············ ⟨25⟩

[ )]

名山藏 ··· ⟨56⟩
名文前选六卷 ······························· ⟨11⟩ ⟨28⟩
全忍得胜 ·· ⟨14⟩
先儒蔡子文集 ···································· ⟨35⟩
先尹黄府君仙逝东用薄 ························ ⟨25⟩
舌击编 ··· ⟨58⟩
向电气进军的永春县 ···························· ⟨22⟩
竹左小篆 ·· ⟨32⟩
华夷通语 ·· ⟨17⟩
华壳变态 ·· ⟨64⟩

— 12 —

华兴种植实业股份有限公司报告书 ……〈20〉
朱子全书 …… 〈12〉
朱子年谱 …… 〈72〉
朱子语类四纂 …… 〈12〉
朱子礼纂 …… 〈12〉
朱子学的 …… 〈2〉
朱子年谱四卷考异四卷附录二卷 …… 〈72〉
朱子年谱考异四卷 …… 〈72〉
朱子大全集一百卷续集五卷别集七卷 …… 〈34〉
杂记
红兮馆小丛书廿八种 …… 〈86〉
红兮馆丛书目录 …… 〈87〉
红兮馆游仙诗册 …… 〈44〉
红楼梦时文 …… 〈49〉

七画

[、]

宋王忠文公全集一名梅溪集 …… 〈33〉
词曲闲评 …… 〈46〉
汪南溟集 …… 〈39〉
沈轶刘吴眘晴诗合刻 …… 〈30〉
初学尺牍指南 …… 〈49〉
闲居愍闻 …… 〈2〉
初潭集 …… 〈4〉
初潭集三十卷 …… 〈4〉

— 13 —

初潭集十二卷 ⋯⋯⋯⋯⋯⋯⋯⋯⋯⋯⋯⋯⋯⋯⋯⋯⋯⋯⋯⋯⋯ 〈5〉

[一]

李旦是自由商人吗？ ⋯⋯⋯⋯⋯⋯⋯⋯⋯⋯⋯⋯⋯⋯⋯⋯ 〈66〉
李氏焚书（附校勘记） ⋯⋯⋯⋯⋯⋯⋯⋯⋯⋯⋯⋯⋯⋯⋯ 〈4〉
李氏焚书 ⋯⋯⋯⋯⋯⋯⋯⋯⋯⋯⋯⋯⋯⋯⋯⋯⋯⋯⋯⋯⋯ 〈4〉
李氏藏书 ⋯⋯⋯⋯⋯⋯⋯⋯⋯⋯⋯⋯⋯⋯⋯⋯⋯⋯⋯⋯⋯ 〈3〉
李氏藏书续藏书 ⋯⋯⋯⋯⋯⋯⋯⋯⋯⋯⋯⋯⋯⋯⋯⋯⋯⋯ 〈3〉
李卓吾先生读升庵集 ⋯⋯⋯⋯⋯⋯⋯⋯⋯⋯⋯⋯⋯⋯⋯⋯ 〈5〉
李卓吾先生遗书二卷附录一卷 ⋯⋯⋯⋯⋯⋯⋯⋯⋯⋯⋯⋯ 〈5〉
李卓吾批点世说新语补二十卷 ⋯⋯⋯⋯⋯⋯⋯⋯⋯⋯⋯⋯ 〈5〉
李卓吾评点世说新语补二十卷 ⋯⋯⋯⋯⋯⋯⋯⋯⋯⋯⋯⋯ 〈5〉
李卓吾评选三异人集 ⋯⋯⋯⋯⋯⋯⋯⋯⋯⋯⋯⋯⋯⋯⋯⋯ 〈5〉
李卓吾批点残唐五代史演义传 ⋯⋯⋯⋯⋯⋯⋯⋯⋯⋯⋯⋯ 〈6〉
李卓吾批点曹氏一门 ⋯⋯⋯⋯⋯⋯⋯⋯⋯⋯⋯⋯⋯⋯⋯⋯ 〈5〉
李卓吾先生批评红拂记 ⋯⋯⋯⋯⋯⋯⋯⋯⋯⋯⋯⋯⋯⋯⋯ 〈6〉
李卓吾先生批评锦笺记 ⋯⋯⋯⋯⋯⋯⋯⋯⋯⋯⋯⋯⋯⋯⋯ 〈6〉
李卓吾评传 ⋯⋯⋯⋯⋯⋯⋯⋯⋯⋯⋯⋯⋯⋯⋯⋯⋯⋯⋯⋯ 〈7〉
李卓吾论 ⋯⋯⋯⋯⋯⋯⋯⋯⋯⋯⋯⋯⋯⋯⋯⋯⋯⋯⋯⋯⋯ 〈7〉
李温陵集 ⋯⋯⋯⋯⋯⋯⋯⋯⋯⋯⋯⋯⋯⋯⋯⋯⋯⋯⋯⋯⋯ 〈5〉
李贽评点元、明戏剧小说资料选辑 ⋯⋯⋯⋯⋯⋯⋯⋯⋯⋯ 〈7〉
李贽反儒尊法文选 ⋯⋯⋯⋯⋯⋯⋯⋯⋯⋯⋯⋯⋯⋯⋯⋯⋯ 〈7〉
李贽思想评介 ⋯⋯⋯⋯⋯⋯⋯⋯⋯⋯⋯⋯⋯⋯⋯⋯⋯⋯⋯ 〈7〉
李贽思想评介资料选辑 ⋯⋯⋯⋯⋯⋯⋯⋯⋯⋯⋯⋯⋯⋯⋯ 〈7〉
李贽研究参考资料 ⋯⋯⋯⋯⋯⋯⋯⋯⋯⋯⋯⋯⋯⋯⋯⋯⋯ 〈7〉
李贽——十六世纪中国反封建思想的先驱者 ⋯⋯⋯⋯⋯⋯ 〈7〉
李贽 ⋯⋯⋯⋯⋯⋯⋯⋯⋯⋯⋯⋯⋯⋯⋯⋯⋯⋯⋯⋯⋯⋯⋯ 〈7〉

李忠毅公遗诗 ……〈43〉
(新刻)李九我先生编大方万丈一统内外集 ……〈29〉
李文贞公易义不分卷 ……〈9〉
李衷一清源洞文集 ……〈36〉
李光宝刻纸集 ……〈50〉
李石粱先生治闽政略 ……〈57〉
李硕果九十回忆 ……〈71〉
苏文汇稿 ……〈34〉
苏实轩兄妹诗合订 ……〈45〉
苏紫溪先生遗著 ……〈36〉
苏魏公文集七十二卷附录一卷 ……〈32〉
花桥善举公所征信录（民国卅五年至卅六年）……〈18〉
抗战期中之福建华侨 ……〈19〉
抗敌行进 ……〈89〉
(华侨必备) 巫来油通话 ……〈17〉
寿言酬唱集 ……〈31〉
吾野诗集 ……〈38〉
迟香楼随笔 ……〈49〉
远望乡里（南曲集）……〈50〉
阴符经注 ……〈11〉
孝经全注 ……〈9〉
陈大甞先生旌孝录 ……〈71〉
陈三五娘 ……〈51〉
陈三五娘（导演本）……〈51〉
陈介石先生闲居尽闻 ……〈2〉
陈公献臣哀荣录（陈国辉）……〈71〉

— 15 —

陈布衣遗集 ……………………………… 〈36〉
陈江陈氏五房五家谱 ……………………… 〈67〉
陈允洛文集初编续编 ……………………… 〈44〉
陈彦侯遗稿 ………………………………… 〈45〉
陈紫峰文集十三卷年谱一卷 ……………… 〈36〉
陈嘉庚(1940.12—1950.4 剪报资料) …… 〈72〉
陈嘉庚生平(1934.4—1950.4 剪报资料) … 〈72〉
陈嘉庚先生纪念册 ………………………… 〈72〉
陈嘉庚先生传 ……………………………… 〈71〉
陈敬贤先生纪念刊 ………………………… 〈72〉
陈母张太君哀思录 ………………………… 〈71〉
杨氏紫岑乡紫境族谱及家谱 ……………… 〈69〉
杨雪沧日记 ………………………………… 〈48〉
医药月刊 …………………………………… 〈90〉
鸡肋篇 ……………………………………… 〈90〉
鸡鸣偶记 …………………………………… 〈47〉
　　　　　　　　　　　　　　　　　　　〈48〉

[1]

吴大玠诗稿 ………………………………… 〈44〉
吴且园先生百哀诗 ………………………… 〈41〉
吴鲁怗虞永兴庙堂碑 ……………………… 〈52〉
吴钟善书札诗笺辑存 ……………………… 〈44〉
吴钟善手书金刚经 ………………………… 〈52〉
吴桂生诗钞 ………………………………… 〈43〉
吴桂生手稿 ………………………………… 〈43〉
吴怡棠太守传 ……………………………… 〈52〉

吴增诗稿	〈43〉
吴增撰墓志铭存稿	〈43〉
吴增文稿	〈43〉
听月楼（高甲戏剧本）	〈51〉
吟秋山馆诗钞	〈41〉
里言徵	〈16〉

[）]

纺授堂诗集八卷文集八卷	〈38〉
纺授堂文集八卷 二集九卷	〈38〉
纺授堂诗集八卷二集十卷文集八卷	〈37〉
纸渡	〈55〉
妙月和尚纪念集	〈14〉
岛居随录	〈48〉
岛居随录十卷续录十卷三录十卷四录十卷	〈48〉
岛噫集	〈42〉
岛夷志略	〈66〉
延平二王集	〈60〉
延平二王遗集系年考	〈60〉
延平王户官杨英从征实录	〈60〉
何司徒嘉话附镜山逸事	〈70〉
龟山先生通纪补遗	〈70〉
邱氏家谱世系述略	〈69〉
邱二娘	〈71〉
每周导报	〈89〉
孚佑帝君吕祖师仙经	〈15〉

— 17 —

八 画

[丶]

官梅阁诗余	〈46〉
宝盖山樵诗稿	〈40〉
诗所	〈8〉
诗经世本古义	〈28〉
诗眼拾遗	〈31〉
郑氏关系文书	〈62〉
郑氏纪略	〈60〉
郑成功（古装话剧）	〈51〉
（日文）郑成功	〈59〉〈64〉
郑成功传	〈59〉
郑成功	〈59〉
郑成功——明末解放台湾的民族英雄	〈60〉
郑成功史料汇编	〈62〉
郑成功四种原始史料的比较研究	〈62〉
郑成功抗清故事	〈61〉
郑成功生母死难考	〈61〉
郑成功史迹调查	〈61〉
郑成功在晋江安海的事迹	〈61〉
郑成功逝世後的轶事鳞爪	〈61〉
郑成功传说	〈61〉
郑成功复台外纪（译文）	〈61〉
郑成功收復台湾事迹	〈61〉
郑成功收復台湾选编	〈61〉

郑成功收复台湾记 ……………………………… ⟨62⟩
郑成功收复台湾史料选编 …………………… ⟨61⟩
郑成功收复台湾三百年纪念特刊 …………… ⟨62⟩
郑成功收复台湾 ………………………………… ⟨62⟩
郑成功收复台湾的时间问题 ………………… ⟨62⟩
郑成功驱逐荷兰侵略者的伟大斗争 ………… ⟨62⟩
郑成功史料杂钞 ………………………………… ⟨63⟩
郑延平年谱（郑成功）………………………… ⟨60⟩
郑成功外文资料 ………………………………… ⟨63⟩
郑成功史料选evaluating ……………………… ⟨63⟩
郑克塽让台始末 ………………………………… ⟨62⟩
浅议闽南之大桥 ………………………………… ⟨74⟩
学文资典 ………………………………………… ⟨87⟩
诗所 ……………………………………………… ⟨8⟩
性理 ……………………………………………… ⟨10⟩
（御纂）性理大全 ……………………………… ⟨10⟩
性理精义 ………………………………………… ⟨10⟩
泗水晋江公会筹款救济罢工征信录 ………… ⟨19⟩
怡怡堂文集 ……………………………………… ⟨41⟩

[一]

欧阳文集八卷附录一卷 ……………………… ⟨31⟩
欧阳先生文集 …………………………………… ⟨31⟩
欧阳助教诗集 …………………………………… ⟨31⟩
欧阳行周文集校记 ……………………………… ⟨31⟩
欧阳行周文集补遗 ……………………………… ⟨31⟩
欧阳行周文集 …………………………………… ⟨31⟩

林万青传略（林俊）……………………〈58〉
林氏宗谱……………………………………〈67〉
林次崖先生文集……………………………〈38〉
（新刊）林次崖先生编次批点古文类钞……〈28〉
林冲鹤书杜少陵发同如县诗………………〈52〉
林凤与潘和五………………………………〈66〉
林尔嘉结婚三十年纪念诗文集……………〈30〉
林俊起义调查………………………………〈58〉
林俊起义……………………………………〈58〉
枕戈…………………………………………〈89〉
玩芳堂摘稿…………………………………〈35〉
玩斋集………………………………………〈34〉
肃斋生平志诗偈……………………………〈42〉
松村诗草……………………………………〈45〉
松村续草……………………………………〈45〉
卧云山房诗草十一卷附词三卷……………〈45〉
卧云楼笔记…………………………………〈49〉
转蕙轩词……………………………………〈46〉
（增注）奇逢全集荔镜传…………………〈47〉
武经总要前集………………………………〈55〉
武经总要……………………………………〈55〉
武经总要前集20卷后集20卷……………〈55〉
武经总要前集21卷后集21卷……………〈54〉
武荣翁山洪氏族谱序开奕文………………〈69〉
武荣英山洪氏族谱…………………………〈69〉
武城曾氏重修族谱（阮公房系家晋江）…〈69〉

招鸥别馆杂记 ⋯⋯⋯⋯⋯⋯⋯⋯⋯⋯⋯⋯⋯⋯⋯⋯⟨48⟩
建国十周年献礼锦方集 ⋯⋯⋯⋯⋯⋯⋯⋯⋯⟨27⟩

[Ⅰ]

易经儿说 ⋯⋯⋯⋯⋯⋯⋯⋯⋯⋯⋯⋯⋯⋯⋯⋯⋯⟨1⟩
易经存疑 ⋯⋯⋯⋯⋯⋯⋯⋯⋯⋯⋯⋯⋯⋯⋯⋯⋯⟨2⟩
易经蒙引 ⋯⋯⋯⋯⋯⋯⋯⋯⋯⋯⋯⋯⋯⋯⋯⋯⋯⟨1⟩
易解 ⋯⋯⋯⋯⋯⋯⋯⋯⋯⋯⋯⋯⋯⋯⋯⋯⋯⋯⋯⟨2⟩
易因 ⋯⋯⋯⋯⋯⋯⋯⋯⋯⋯⋯⋯⋯⋯⋯⋯⋯⋯⋯⟨5⟩
明十一家集（残存三家）⋯⋯⋯⋯⋯⋯⋯⋯⋯⟨28⟩
明八大家文集 ⋯⋯⋯⋯⋯⋯⋯⋯⋯⋯⋯⋯⋯⋯⟨28⟩
明六名家集 ⋯⋯⋯⋯⋯⋯⋯⋯⋯⋯⋯⋯⋯⋯⋯⟨28⟩
明季三子诗媵 ⋯⋯⋯⋯⋯⋯⋯⋯⋯⋯⋯⋯⋯⋯⟨29⟩
明代史书有关郑氏史料 ⋯⋯⋯⋯⋯⋯⋯⋯⋯⟨63⟩
明代的工厂制度 ⋯⋯⋯⋯⋯⋯⋯⋯⋯⋯⋯⋯⋯⟨57⟩
明延平王台湾海国记 ⋯⋯⋯⋯⋯⋯⋯⋯⋯⋯⟨60⟩
明清档案馆藏有关郑成功档案 ⋯⋯⋯⋯⋯⟨63⟩
明新杂志 ⋯⋯⋯⋯⋯⋯⋯⋯⋯⋯⋯⋯⋯⋯⋯⋯⟨88⟩
国史唯疑 ⋯⋯⋯⋯⋯⋯⋯⋯⋯⋯⋯⋯⋯⋯⋯⋯⟨56⟩
国史唯疑十二卷 ⋯⋯⋯⋯⋯⋯⋯⋯⋯⋯⋯⋯⟨30⟩
国立海疆学校一览 ⋯⋯⋯⋯⋯⋯⋯⋯⋯⋯⋯⟨26⟩
国朝大家制义——许子逊稿一卷 ⋯⋯⋯⋯⟨37⟩
国策评林天下要书 ⋯⋯⋯⋯⋯⋯⋯⋯⋯⋯⋯⟨56⟩
卓吾诗篇 ⋯⋯⋯⋯⋯⋯⋯⋯⋯⋯⋯⋯⋯⋯⋯⋯⟨5⟩
忠义水浒全传一百二十回 ⋯⋯⋯⋯⋯⋯⋯⋯⟨6⟩
尚书七篇解义 ⋯⋯⋯⋯⋯⋯⋯⋯⋯⋯⋯⋯⋯⋯⟨8⟩
尚书解义 ⋯⋯⋯⋯⋯⋯⋯⋯⋯⋯⋯⋯⋯⋯⋯⋯⟨8⟩

— 21 —

岑外代答 ……………………………… 〈66〉
畅所欲言 ……………………………… 〈49〉

[ ]

侨乡报 ………………………………… 〈92〉
侨汇统计(1935.10—1950.9 剪报资料) … 〈20〉
侨汇情况(1940.8—1949.11 剪报资料) … 〈21〉
知敌识文考 …………………………… 〈9〉
知敌识义 ……………………………… 〈54〉
周礼补亡 ……………………………… 〈87〉
周礼述注 ……………………………… 〈12〉
周礼纂训二卷 ………………………… 〈13〉
周易浅说 ……………………………… 〈1〉
周易指掌 ……………………………… 〈2〉
周易观象 ……………………………… 〈9〉
周易观象大指 ………………………… 〈9〉
周易通说 ……………………………… 〈9〉
周易前进 ……………………………… 〈9〉
(御纂)周易折中 ……………………… 〈8〉
(御纂)周易折中廿二卷 ……………… 〈8〉
金井福建省晋江金门县地图 ………… 〈84〉
金门志 ………………………………… 〈81〉
金门县志 ……………………………… 〈81〉
金声月刊 ……………………………… 〈88〉
金筑赠言 ……………………………… 〈48〉
钓矶诗集 ……………………………… 〈32〉
细柳轩诗草 …………………………… 〈44〉

— 22 —

经济文集 ……………………………………〈34〉
经传子史集览 ……………………………〈87〉
参同契章句 ………………………………〈11〉
征刻唐宋秘本书目 ………………………〈87〉
征刻唐宋秘本书目一卷考证一卷 ………〈87〉

九画

[、]

音韵阐微 …………………………………〈11〉
闽三家诗 …………………………………〈30〉
闽人墓志拓本集 …………………………〈70〉
闽中文献集 ………………………………〈29〉
闽中金石略存 ……………………………〈73〉
闽中金石略考证五卷 ……………………〈73〉
闽中金石略十五卷考证五卷 ……………〈73〉
闽中报 ……………………………………〈91〉
闽中摭闻 …………………………………〈76〉
闽书 ………………………………………〈76〉
闽书抄（存方外志） ……………………〈76〉
闽南人民革命史（初稿） ………………〈58〉(814.2)
闽南土匪活动(1924.11—1948.3 剪报资料) ……〈20〉
闽南方言音字汇 …………………………〈17〉
闽南乡土杂志 ……………………………〈88〉
闽南中华基督教会简史 …………………〈14〉
闽南白话语圣经诗 ………………〈17〉(240)
(日文)闽南地图 …………………〈85〉(980)

— 23 —

闽南竹枝词	〈43〉〈623.6〉
闽南涎柑生产经验	〈24〉
闽南舆地学社概况及晋江乡土地理概述	〈27〉
闽南舆地学社一九至二一至二三年度工作概况	〈27〉
闽南故事集	〈49〉
闽南邹氏族谱	〈69〉
闽南民间音乐	〈51〉
闽南游记	〈83〉
闽南剿匪实录	〈59〉
闽南杂咏筱云诗集	〈43〉
闽南唐赋	〈46〉
闽泉新关外吴氏族谱	〈67〉
闽笺华侨事情(1926.5——1949.31剪报资料)	〈20〉
闽海纪要	〈62〉
冠悔堂全集	〈40〉
冠悔堂诗钞	〈40〉
冠悔堂骈体文钞	〈40〉
冠悔堂剩稿不分卷	〈40〉
冠悔堂稿不分卷	〈40〉
冠悔堂楹语	〈40〉
冠悔堂楹语三卷附录一卷	〈40〉
冠悔堂赋钞	〈46〉
冠悔堂访碑记	〈73〉
冠悔堂诗书评选不分卷	〈40〉
冠悔堂金石题跋	〈74〉

冠悔堂书目 ⋯⋯⋯⋯⋯⋯⋯⋯⋯⋯⋯⋯⋯⋯⋯⋯⋯ 〈87〉
类林初潭集 ⋯⋯⋯⋯⋯⋯⋯⋯⋯⋯⋯⋯⋯⋯⋯⋯ 〈6〉
类说 ⋯⋯⋯⋯⋯⋯⋯⋯⋯⋯⋯⋯⋯⋯⋯⋯⋯⋯⋯ 〈47〉
前明乐府 ⋯⋯⋯⋯⋯⋯⋯⋯⋯⋯⋯⋯⋯⋯⋯⋯⋯ 〈29〉
养和精舍诗存 ⋯⋯⋯⋯⋯⋯⋯⋯⋯⋯⋯⋯⋯⋯⋯ 〈44〉
说剑轩余事 ⋯⋯⋯⋯⋯⋯⋯⋯⋯⋯⋯⋯⋯⋯⋯⋯ 〈43〉
洪母郑太夫人七十诗文集 ⋯⋯⋯⋯⋯⋯⋯⋯⋯⋯ 〈71〉
洪芳洲全集 ⋯⋯⋯⋯⋯⋯⋯⋯⋯⋯⋯⋯⋯⋯⋯⋯ 〈38〉
洪芳洲文集
洪芳洲先生文集（摘稿） ⋯⋯⋯⋯⋯⋯⋯⋯⋯⋯ 〈39〉
洪承畴奏对日钞 ⋯⋯⋯⋯⋯⋯⋯⋯⋯⋯⋯⋯⋯⋯ 〈57〉
洪承畴章奏文册汇辑 ⋯⋯⋯⋯⋯⋯⋯⋯⋯⋯⋯⋯ 〈57〉
洪经略奏对笔记 ⋯⋯⋯⋯⋯⋯⋯⋯⋯⋯⋯⋯⋯⋯ 〈57〉
洪颐煊读书丛录 ⋯⋯⋯⋯⋯⋯⋯⋯⋯⋯⋯⋯⋯⋯ 〈48〉
洗海近事 ⋯⋯⋯⋯⋯⋯⋯⋯⋯⋯⋯⋯⋯⋯⋯⋯⋯ 〈57〉
洪范说 ⋯⋯⋯⋯⋯⋯⋯⋯⋯⋯⋯⋯⋯⋯⋯⋯⋯⋯ 〈8〉

[一]

南产志（闽书卷150） ⋯⋯⋯⋯⋯⋯⋯⋯⋯⋯⋯ 〈76〉
南侨回忆录 ⋯⋯⋯⋯⋯⋯⋯⋯⋯⋯⋯⋯⋯⋯⋯⋯ 〈72〉
南京大理寺志 ⋯⋯⋯⋯⋯⋯⋯⋯⋯⋯⋯⋯⋯⋯⋯ 〈81〉
南安丰山陈氏族谱 ⋯⋯⋯⋯⋯⋯⋯⋯⋯⋯⋯⋯⋯ 〈67〉
南安炉内乡太平天国文件杂钞 ⋯⋯⋯⋯⋯⋯⋯⋯ 〈58〉
南安雪峰寺同戒录 ⋯⋯⋯⋯⋯⋯⋯⋯⋯⋯⋯⋯⋯ 〈14〉
南安教育 ⋯⋯⋯⋯⋯⋯⋯⋯⋯⋯⋯⋯⋯⋯⋯⋯⋯ 〈90〉
南安县全图 ⋯⋯⋯⋯⋯⋯⋯⋯⋯⋯⋯⋯⋯⋯⋯⋯ 〈85〉
南安县志 ⋯⋯⋯⋯⋯⋯⋯⋯⋯⋯⋯⋯⋯⋯⋯⋯⋯ 〈77〉

— 25 —

南安县政 ⋯⋯⋯⋯⋯⋯⋯⋯⋯⋯⋯⋯⋯⋯⋯⋯⋯ 〈25〉
南安县金门县政府公报 ⋯⋯⋯⋯⋯⋯⋯⋯⋯⋯ 〈90〉
南安县解放前后华侨投资私人资本主义企业概况 ⋯ 〈20〉
南安县莲塘乡三社合一的经验 ⋯⋯⋯⋯⋯⋯⋯ 〈25〉
南安县建设概况 ⋯⋯⋯⋯⋯⋯⋯⋯⋯⋯⋯⋯⋯ 〈25〉
南安报（原名《南安日报》1959年改今名）⋯⋯⋯ 〈92〉
南堂诗钞十二卷词赋一卷 ⋯⋯⋯⋯⋯⋯⋯⋯⋯ 〈39〉
南曲谱 ⋯⋯⋯⋯⋯⋯⋯⋯⋯⋯⋯⋯⋯⋯⋯⋯ 〈50〉
南曲选集 ⋯⋯⋯⋯⋯⋯⋯⋯⋯⋯⋯⋯⋯⋯⋯ 〈51〉
珍山陈庶子易说 ⋯⋯⋯⋯⋯⋯⋯⋯⋯⋯⋯⋯⋯ 〈2〉
茶录 ⋯⋯⋯⋯⋯⋯⋯⋯⋯⋯⋯⋯⋯⋯⋯⋯⋯ 〈54〉
荔枝记 ⋯⋯⋯⋯⋯⋯⋯⋯⋯⋯⋯⋯⋯⋯⋯⋯ 〈47〉
荔枝谱 ⋯⋯⋯⋯⋯⋯⋯⋯⋯⋯⋯⋯⋯⋯⋯⋯ 〈54〉
荣山李氏族谱 ⋯⋯⋯⋯⋯⋯⋯⋯⋯⋯⋯⋯⋯ 〈68〉
残唐五代史演义传十二卷六十四 ⋯⋯⋯⋯⋯⋯ 〈6〉
李卓吾批点残唐五代史演义传 ⋯⋯⋯⋯⋯⋯⋯ 〈6〉
柯淳菴手抄笔记 ⋯⋯⋯⋯⋯⋯⋯⋯⋯⋯⋯⋯ 〈48〉
骆台晋文集 ⋯⋯⋯⋯⋯⋯⋯⋯⋯⋯⋯⋯⋯⋯ 〈38〉
柔仲文集 ⋯⋯⋯⋯⋯⋯⋯⋯⋯⋯⋯⋯⋯⋯⋯ 〈44〉
屏居十二课 ⋯⋯⋯⋯⋯⋯⋯⋯⋯⋯⋯⋯⋯⋯ 〈37〉
赵注孙子 ⋯⋯⋯⋯⋯⋯⋯⋯⋯⋯⋯⋯⋯⋯⋯ 〈55〉
春空唱和诗 ⋯⋯⋯⋯⋯⋯⋯⋯⋯⋯⋯⋯⋯⋯ 〈43〉
春秋或问二十卷附春秋五论一卷 ⋯⋯⋯⋯⋯⋯ 〈56〉
春雷（月刊）⋯⋯⋯⋯⋯⋯⋯⋯⋯⋯⋯⋯⋯⋯ 〈91〉
春秋煅余 ⋯⋯⋯⋯⋯⋯⋯⋯⋯⋯⋯⋯⋯⋯⋯ 〈9〉

[I]

昭代丛书 ⟨13⟩
昭代典则 ⟨56⟩
显考石友府君行述（曾钰） ⟨71⟩
思明乡土教科书 ⟨81⟩
省身鑑 ⟨15⟩

[J]

泉中通讯 ⟨89⟩
泉中周刊 ⟨89⟩
泉中歌谣集 ⟨49⟩
泉州口厘金则例集 ⟨24⟩
泉州丁氏族谱（附地契） ⟨68⟩
泉州文史资料1—8辑 ⟨64⟩
泉州文物调查初集 ⟨73⟩
泉州开元慈儿院第一届报告书 ⟨18⟩
泉州开元寺简介 ⟨82⟩
泉州开元寺东西塔 ⟨74⟩
泉州市图 ⟨84⟩
泉州地理 ⟨77⟩
泉州社会经济史料选辑 ⟨64⟩
泉州市社会人士诗草 ⟨31⟩
泉州报 ⟨91⟩
泉州切音字母 ⟨16⟩
泉州风土资料汇编 ⟨82⟩
泉州风俗琐谈（第一集） ⟨18⟩
泉州风俗琐谈（第二集） ⟨18⟩

泉州承天同戒录	〈14〉
泉州府志	〈76〉
泉州戏曲纸扎工艺	〈50〉
泉州民间传说五集	〈50〉
泉州民间传说选辑第一集	〈50〉
泉州民间文学资料汇编	〈50〉
泉州乡土地理志	〈77〉
泉南侨汇的来路和去向	〈21〉
泉南杂志	〈76〉
泉南指谱重编	〈50〉
泉南乡田尤氏族谱	〈69〉
泉州宗教石刻	〈74〉
泉州访古记	〈73〉
泉州名宦乡贤汇姓录	〈70〉
泉州俗歌集	〈49〉
泉州谜语	〈49〉
泉州郭氏族谱	〈68〉
泉州留府庭七部棺考证	〈74〉
泉州海外交通史料汇编（第一辑至第九辑）	〈65〉
泉州海外交通史略	〈65〉
泉州港史料汇编	〈65〉
泉州港研究	〈65〉
泉州新桥溪水利工程征信录	〈24〉
泉州张镕家阎书	〈25〉
泉州黄贻抒家置业契约	〈24〉
泉州政协1—4期	〈25〉

泉州赋选	〈46〉
泉州荔镜奇逢传	〈47〉
泉州荔镜奇逢传	〈47〉
泉州湾大坠灯塔图	〈83〉
泉州湾及其附近暨晋江口岸图	〈83〉
泉志昌后录	〈70〉
泉俗激刺篇	〈18〉
泉属方志有关郑氏资料	〈63〉
泉苑茶庄历史账册单据等(1—31号)	〈24〉
泉苑武夷山卖等凭册(1—44)号)	〈24〉
泉苑业契汇钞	〈24〉
泉音（杂志）	〈88〉
泉郡赈灾征信录	〈18〉
泉郡万缘普渡	〈18〉
泉永教育〈杂志〉	〈88〉
泉永旅漳同乡会卅四年纪念特刊	〈21〉
泉漳特刊——上海泉漳会馆会务报告书	〈22〉
泉漳特刊	〈22〉
皇朝大事记讲义	〈　〉
皇明文徵	〈28〉
皇明名臣言行录	〈70〉
律诗四辨	〈13〉
姚峰诗稿	〈45〉
俞大猷戚继光诗文钞	〈29〉
绘秋楼诗钞	〈42〉

重修泉郡承天寺碑记 ……〈52〉
剑经 ……〈55〉
复报 ……〈88〉
(手书)香山诗集 ……〈32〉
香港闽侨商号人名录 ……〈70〉
香奁集不分卷 ……〈32〉
香奁集 ……〈 〉
香圃采芝图 ……〈52〉

十 画

[、]

郭氏族谱
高文举（梨园戏） ……〈51〉
高斋漫录 ……〈47〉
高斋漫录高斋诗话各一卷 ……〈47〉
旅行趋笔 ……〈83〉
容易秋风斋文集 ……〈44〉
唐欧阳四门集 ……〈31〉
唐欧阳先生文集
唐书直笔
唐书直笔新例四卷新例须知一卷 ……〈56〉
唐丛碑目稿 ……〈74〉
唐宋市舶遗事 ……〈65〉
唐宋时代福建之对外贸易 ……〈65〉
唐宋贸易港研究 ……〈65〉
凌霄校刊 ……〈89〉

海上见闻录 ⟨60⟩
海国闻见录 ⟨66⟩
海甸陈先代收租摺 ⟨24⟩
海峤题襟录 ⟨30⟩
海疆青年（杂志） ⟨89⟩
海疆学报 ⟨89⟩
海疆校刊 ⟨89⟩
海疆季刊 ⟨90⟩
浙、闽、广方志有关郑氏史料 ⟨63⟩
浮游壮图 ⟨15⟩
读史吟评 ⟨57⟩
读易私记 ⟨2⟩
读论语劄记 ⟨9⟩
读孟子劄记 ⟨9⟩
谈训 ⟨ ⟩
诸蕃志 ⟨66⟩
诸蕃志校注 ⟨66⟩
烟霞万古 ⟨52⟩

[一]

晋水常谈录 ⟨16⟩
晋江大专学生（合订本） ⟨90⟩
晋江文献丛刊（第一辑） ⟨64⟩
晋江乡土志 ⟨77⟩
晋江合作（杂志） ⟨88⟩
晋江县全图 ⟨84⟩
晋江县略图 ⟨84⟩

— 31 —

晋江县福省晋江惠安南安县地图	〈84〉
晋江县志	〈76〉
晋江新志（上册第一分册）	〈77〉
晋江新志（65年修订本）	〈77〉
晋江私秉人物列传稿	〈74〉
晋江地区陶瓷资料选编	
晋江县衙口金深风俗改良会会刊	〈18〉
晋江民歌	〈50〉
晋江专区文物保护单位简介	〈73〉
晋江农民报	〈92〉
晋江报（原名晋江日报、1959年5月起改今名）	〈92〉
晋江县中校刊（合订本）	〈90〉
晋江公学特刊	〈26〉
晋江专区单方秘方集（第一集）	〈27〉
晋江县临时参议会首届第一次大会汇编	〈25〉
晋江县政府公报（合订本）	〈89〉
晋江第一区署公报（合订本）	〈89〉
晋江县第一区各保联处略图	〈84〉
晋江县第四区区图	〈84〉
晋江初教（杂志）	〈98〉
晋江国教通讯（合订本）	〈89〉
晋江教育（杂志）	〈88〉
晋江抗敌週刊	〈89〉
晋江县政府三十一年度施政情形报告表	〈25〉
晋江石狮镇棉布业运用侨资调查	〈2〉
晋江石狮镇战前侨批业与商业配合调查资料	〈20〉

—32—

晋江专区华侨史调查报告	〈19〉
晋江龙宫郑氏家乘	〈69〉
晋江龙筍曾氏尚高公长房支谱	〈69〉
晋江丰山雷氏族谱	〈68〉
晋江雷苏蓝三氏族谱	〈68〉
晋江粘氏族谱	〈68〉
晋江陈埭丁氏家谱	〈68〉
晋中周刊	〈88〉
晋安杜氏族谱	〈69〉
桐乡案牍	〈43〉
桐荫吟社诗乙篇	〈30〉
桐荫吟榭甲乙篇诗集	〈30〉
真西山文集五十一卷	
真西山文集五十五卷	
真西山全集	〈33〉
真文忠公全集	〈33〉
真西山集	〈33〉
真文忠公政经	〈33〉
真腊风土记	〈66〉
桃花搭渡（高甲戏）	〈51〉
桃源二院词合集	〈46〉
泰山脉络记	〈12〉
泰轩易传	〈1〉
素月孤舟（高甲戏）	
耻躬堂文集	〈39〉
都门赠别诗钞	

莪生诗存一卷古梅山馆诗存一卷合辑 ⟨44⟩
莪生诗存古梅山馆诗存等四种合辑
莆阳刺桐黄氏续修族谱 ⟨68⟩
尅择讲义 ⟨15⟩
医史粹 ⟨57⟩
通鉴纪略 ⟨55⟩

[丨]

崴芳庄本房直属家谱 ⟨69⟩

[丿]

爱吾庐文钞 ⟨42⟩
爱吾庐题跋 ⟨75⟩
爱国老人陈嘉庚 ⟨72⟩
健公诗影（杨浚） ⟨71⟩
徐柏孙七十寿诗 ⟨71⟩

十一画

[丶]

密箴 ⟨1⟩
离骚经注一卷九歌注一卷 ⟨11⟩
离骚经注 ⟨11⟩
清人万首绝句 ⟨29⟩
清代官书记明台湾郑氏亡事 ⟨63⟩
清朝实录有关郑氏史料 ⟨63⟩
清实录中有关福建史料摘抄 ⟨64⟩
清溪刘氏家谱 ⟨69⟩
清水岩志略 ⟨81⟩
（至修）清水岩志

— 34 —

清源金氏族谱	〈68〉
清源留氏族谱	〈69〉
清源山结穴图	〈15〉
清源文献	〈28〉
清源文献偶录	〈29〉
清源文献纂续合编	〈29〉
清源诗会编	〈30〉
清永泉人墓志祭文杂录	〈70〉
淮右禅师谶图	〈15〉
渊受存愚	〈13〉
淳菴文集	〈39〉
悼鹏吟	〈71〉

[一]

雪峯志	〈82〉
雪峯寺志	〈82〉
雪峯语录（附雪峯诗集）	〈13〉
雪梅集	〈29〉
梦观集	〈34〉
黄氏宗祠公账历年结册	〈25〉
黄志平日记稿	〈49〉
黄吾野先生诗集	〈38〉
黄离书公全集（奏疏廿七卷文钞一卷诗钞一卷）	〈40〉
黄龙埒头吴氏家谱	〈67〉
黄仲训书金刚般若婆罗蜜经	〈52〉
黄仲训书老子道德经	〈52〉
黄搏扶书郭太夫人墓志	〈52〉

黄搏扶书诔母太宜人墓志铭 ⟨52⟩
黄廉访诗稿 ⟨40⟩
黄锡禧征书集 ⟨53⟩
黄箓堂牐併送牐文 ⟨13⟩
黄牡丹菊诗录 ⟨30⟩
菽庄三九雅集诗录 ⟨30⟩
菽庄小兮亭徵文录
菽庄先生五十寿言 ⟨71⟩
菲律宾华侨病况（1946.6—1951.6剪报资料） ⟨19⟩
菲律宾华侨名人史略 ⟨19⟩
菲岛杂诗 ⟨46⟩
教育汇报 ⟨88⟩
梧山苏氏家谱 ⟨69⟩
梅溪文集 ⟨33⟩
梅溪先生文集
梅溪先生前集二十卷后集廿九卷廷试策一卷奏议四卷 ⟨33⟩
梅溪先生文集五十四卷附录一卷 ⟨33⟩
梅溪先生年谱 ⟨72⟩
梅溪先生集（廷试策一卷奏议四卷前集廿卷后集廿九卷）
聊中隐斋遗稿 ⟨39⟩
张瑞图书王梅溪题承天寺十奇诗 ⟨52⟩
龚显曾丛钞 ⟨49⟩
（李卓吾批点）曹氏一门 ⟨5⟩
盛明百家诗——王参政集 ⟨35⟩
勘察纪行（记察勘闽北各县种烟事） ⟨24⟩
菀瑟文集 ⟨39⟩

— 36 —

[丨]

晦庵文钞六卷、续钞四卷附录总论 ……〈34〉
晦庵先生朱文公文集一百卷目录二卷 ……〈34〉
虚斋蔡先生文集 ……〈35〉
野史逸史中的郑氏史料 ……〈63〉
崇武所城志 ……〈78〉

[丿]

馆阁丝纶 ……〈39〉
梨园戏唱本（第一、二册） ……〈51〉
第一次国内革命时期福建农民运动 ……〈58〉〈66〉
铜鼓考 ……〈74〉
绵泉林氏长房族谱 ……〈67〉
绾绎堂书目 ……〈87〉
绣像残唐五代史传八卷六十回
续藏书二十七卷 ……〈3〉
续藏书 ……〈3〉
御前清曲 ……〈50〉
御前清曲指谱 ……〈50〉

十二画

[丶]

禅林赞语
道南讲授 ……〈13〉
温陵先正文藏 ……〈29〉
温陵文录 ……〈29〉
温陵诗录 ……〈29〉

温陵诗徵 ……………………………………… 〈29〉
温陵开元寺志（残本） …………………… 〈82〉
温陵探古录 ………………………………… 〈73〉
温陵诗纪第二集 …………………………… 〈29〉
温陵赋钞 …………………………………… 〈46〉
温陵沟渠小志
温陵盛事 …………………………………… 〈27〉
温陵弢社双江泛月册 ……………………… 〈30〉
温陵弢社乙亥初稿 ………………………… 〈30〉
温陵遗书 …………………………………… 〈29〉
温陵留墨三种 ……………………………… 〈28〉
温陵蔡氏族谱 ……………………………… 〈69〉
温陵事考 …………………………………… 〈57〉
温陵碎事 …………………………………… 〈58〉
游太姥山图咏 ……………………………… 〈43〉
游杭日记 …………………………………… 〈83〉
湄州岛志略 ………………………………… 〈81〉

[一]

厦门中国银行办理侨汇有关资料汇编 …… 〈21〉
厦门方言辞典（拉丁文） ………………… 〈17〉
厦门音乐 …………………………………… 〈17〉
厦门音新字典 ……………………………… 〈17〉
厦门语系研究 …………………… 〈17〉〈246〉
厦门语新文字入门 ………………………… 〈17〉
厦语音韵声之构造与性质及其中国音韵学上集项问题
之关系 …………………………………… 〈17〉

— 38 —

厦门史料辑录（第三辑）《纪念郑成功进军台湾三百周年
　专号》 …………………………………………………〈62〉
厦门、福建省厦门南安同安金门海澄晋江地图 ………〈85〉
厦门南普陀寺志
厦门志 ……………………………………………………〈80〉
厦门市志
惠安山腰气象资料 ………………………………………〈82〉
惠安县人口农业调查 ……………………………………〈16〉
惠安王忠孝公全集 ………………………………………〈38〉
惠安文史资料（第一辑）…………………………………〈64〉
惠安县文史资料（第二辑）………………………………〈64〉
惠安报 ……………………………………………………〈93〉
惠安县全图
惠安县全属形势简略图 …………………………………〈84〉
惠安县：福建省惠安南安晋江仙游莆田永春地图 ……〈84〉
惠安县志 …………………………………………………〈78〉
惠安县志续补不分卷 ……………………………………〈78〉
惠安县志未访稿三种 ……………………………………〈78〉
惠安县修志局未访说明 …………………………………〈78〉
惠安县乡土记
惠安风土志 ………………………………………………〈78〉
惠安县概况 ………………………………………………〈78〉
惠安明代御倭史 …………………………………………〈57〉
惠安古迹新咏 ……………………………………………〈45〉
惠安东园镇瓦窑业产销之调查 …………………………〈22〉
惠安县水土保持工作典型经验 …………………………〈23〉

— 39 —

惠安师范（杂志）	〈90〉
瑟园诗草	〈39〉
琼台诗文会稿	〈38〉
韩子粹言	〈11〉
韩翰林集四卷附录一卷香奁集三卷附录一卷	〈32〉
韩翰林诗集一卷韩内翰香奁集三卷	〈32〉
韩翰林集评注三卷香奁集一卷补遗一卷	〈32〉
翰林集（香奁集三卷附录一卷）	〈32〉
握奇经订本	〈11〉
握奇经注	〈11〉
椒丘集卅四卷附外集	〈36〉
棣香亭诗钞	〈41〉
焚书	〈4〉
焚书续焚书	〈4〉
散云文钞	〈43〉
散云山人诗钞	〈43〉
散云诗钞	〈43〉
紫云开士传	〈13〉
紫云词	〈46〉
紫云词录	〈46〉
紫阳文公先生年谱	〈72〉
紫峯文集	
紫峯陈先生文集	〈36〉
紫帽罗裳图	〈15〉
晚晴山房书简（第一辑）	〈46〉
晚晴老人讲演录（第二辑）	〈14〉

晚悟集 ……………………………… 〈45〉
景璧集 ……………………………… 〈36〉
愚轩诗賸 …………………………… 〈45〉
赐姓本末 …………………………… 〈59〉

[ )]

短长二卷国事二卷 ………………… 〈 5 〉
集仙传 ……………………………… 〈13〉
集美学校二十周年纪念刊 ………… 〈26〉
集美学校最近三年来概况 ………… 〈26〉
集美志 ……………………………… 〈80〉
逸翰楼文集 ………………………… 〈41〉
逸翰楼丛书
逸翰楼诗集 ………………………… 〈41〉
释骚 ………………………………… 〈28〉
皋轩文编 …………………………… 〈12〉
程墨前选 …………………………… 〈11〉
象坑、桃花山、五里亭、万安山图 … 〈15〉
筍湄公年谱 ………………………… 〈73〉
来如糒别馆诗存 …………………… 〈43〉
鲒泉钞 ……………………………… 〈74〉
鲒藏略考 …………………………… 〈74〉

十 三 画

[、]

新刊全像武穆概忠传 ……………… 〈 6 〉
新中国观感集 ……………………… 〈45〉

新仪象法要 ……………………………… 〈54〉
新南安〈杂志〉 …………………………… 〈90〉
新锲李卓吾先生增补批点皇明正续合并通纪统余 … 〈6〉
福建之侨汇与金融机关 …………………… 〈21〉
福建三神考
福建北路十六县调查之状况 ……………… 〈24〉
福建市舶提举司志 ………………………… 〈65〉
福建永春之土壤 …………………………… 〈82〉
福建永春县农村小型水力水电站建设经验 … 〈22〉
福建永德安南四县工程汇刊 ……………… 〈22〉
福建安溪同安南安晋江等县地质矿产 …… 〈82〉
福建通志有关郑成功资料 ………………… 〈63〉
福建高甲戏音乐 …………………………… 〈51〉
福建泉州进口图 …………………………… 〈83〉
福建泉州开元寺1962年调查报告 ……… 〈82〉
福建历史人物志（1943.8——1948.7 剪报资料）… 〈70〉
福建史地（1935.1——1949.3剪报资料）…… 〈64〉
福建沿海总图(三) 小岞至诏安 …………… 〈83〉
福建华侨汇款 ……………………………… 〈21〉
福建华侨企业史调查报告 ………………… 〈20〉
福建华侨企业史补充调查 ………………… 〈20〉
福建华侨企业史调查资料(五)泉州部分
福建侨乡新面貌 …………………………… 〈58〉
福建戏曲传统剧目选集（梨园戏第一集）… 〈51〉
福建戏曲传统剧目选集（高甲戏第一集）… 〈51〉
福建戏曲历史资料（第二至第七辑）……… 〈51〉

— 42 —

333

福建画人传
福建围头澳亚深沪澳图 ………………………………〈83〉
福建省古窑址资料汇编 ………………………………〈74〉
福建省南安丰州狮子山新石器时代遗址发掘报告 ……〈73〉
福建省归国华侨联合会成立大会特刊 …………………〈21〉
福建省归侨々眷先进模范事迹 …………………………〈21〉
福建省晋江专区果树资源调查 …………………………〈23〉
福建省侨乡调查资料（第一次至第七次）……………〈20〉
福建省金门县全图 ………………………………………〈85〉
福建省厦门岛全图 ………………………………………〈85〉
福建省开辟华侨新商埠议案
福建省晋江县花生大面积丰收经验 ……………………〈23〉
福建省之蔗糖业 …………………………………………〈22〉
福建省惠安县参议会第一届第一次大会汇编 …………〈25〉
福建省惠安县立简易师范学校一览 ……………………〈26〉
福建省惠安县参议会第一届第五次大会汇编 …………〈25〉
福建省惠安县参议会第七次大会纪录 …………………〈26〉
福建省惠安县参议会首届第九次大会纪录 ……………〈26〉
福建省立晋江县乡村师范学校附属小学初等教育丛书 …〈26〉
福建省惠安县全图 ………………………………………〈85〉
福建省安溪县政府三十一年度工作报告 ………………〈25〉
福建省第一届人民代表大会第一次会议汇刊
福建省第四区行政督察专员兼保安司令公署三十一年工作
　报告 ……………………………………………………〈24〉
福厦泉漳交通图 …………………………………………〈83〉
福雅堂诗钞 ………………………………………………〈42〉

— 43 —

靖海纪略（丙种）
靖海纪略
靖海纪事二卷 ⟨62⟩
靖海纪事四卷 ⟨62⟩
数马集 ⟨37⟩
溜江吴氏家谱（二房世雍公支分派鄢城及淮口） ⟨67⟩

[一]

蒲氏族谱 ⟨68⟩
蒲寿庚传 ⟨65⟩
蒲寿庚考 ⟨65⟩
颍川陈氏族谱集成 ⟨67⟩
楞严纲要 ⟨14⟩
想起当初（南曲集） ⟨51⟩
椽笔楼初集 ⟨42⟩

[丿]

简明诗韵 ⟨17⟩
解放前福建华侨投资问题 ⟨20⟩

十四画

[丶]

瘦松集 ⟨34⟩
谭训 ⟨1⟩
漳属方志有关郑氏史料 ⟨63⟩
漳泉治法论 ⟨25⟩
演礮图说辑要 ⟨55⟩

〔一〕

榕村字画辨讹	〈11〉
榕村讲授	〈10〉
榕村制义	〈11〉
榕村全书	〈7〉
榕村全集四十卷	〈8〉
榕村全集（诗文）	〈8〉
榕村全集四十卷续集七卷别集五卷	〈8〉
榕村全集三十四种	〈8〉
榕村全书四十六种	〈8〉
榕村诗选	〈11〉
榕村语录	〈10〉
榕村语录续集	〈10〉
榕村通书篇	〈12〉
榕村韵书	〈11〉
榕村集	〈11〉
榕村别集	〈11〉
榕村语录合考	〈13〉
瑶台小品	〈40〉
静远斋文钞	〈43〉
嘉庚风	〈72〉

十五画

| 颜桃陵全集 | 〈39〉 |
| 察勘纪行 | 〈24〉 |

— 45 —

遵岩文集	〈35〉
遵岩先生文集	〈35〉
遵岩王先生文集	〈34〉

[一]

蔡文庄公集	〈35〉
蔡文庄公全集	〈35〉
蔡文庄集	
蔡光华日记（1953.3—1942.9）	〈49〉
蔡忠烈公遗集六卷续编一卷	〈37〉
蔡忠烈公遗集	〈37〉
蔡忠惠公文集卅六卷别记补遗二卷附本传等一卷	〈32〉
蔡忠惠公集	〈32〉
蔡忠惠文集	
蔡忠惠公别纪四卷	〈70〉
蔡忠惠公别纪补遗二卷	〈70〉
蔡福州外纪（蔡襄）	〈70〉
蔡端明别纪	〈70〉
蔡牵起义调查	〈58〉
蔡牵朱渍海盗	
蔡牵集团及其海上活动的性质	〈58〉
蕃市录	〈65〉
蕃谱杂咏	
燕支苏氏族谱	〈68〉
燕居录一卷在官录一卷	〈48〉
懋书	〈37〉
樗全集	〈36〉

[ㄗ]

墨迹未干（琴舫氏东体） …………………… 〈41〉

[ㄉ]

德化之瓷业 …………………………………… 〈22〉
德化土地契约汇集 …………………………… 〈24〉
德化县全图 …………………………………… 〈85〉
德化县志 ……………………………… 〈79〉〈80〉
德化县志稿 …………………………………… 〈80〉
德化县志草稿第一、二、三、四、五号 …… 〈80〉
德化地理 ……………………………………… 〈80〉
德化瓷业视察报告书 ………………………… 〈22〉
（钦定）策文六经四书 ………………………… 〈8〉
滕县汉殷微子墓碑考 ………………………… 〈74〉

十六画

懒雪窝诗草外集二卷后集二卷 ……………… 〈42〉
懒雪窝诗草别集 ……………………………… 〈42〉
医史粹
（新刻）翰林评选注释程策会要 ……………… 〈28〉
（新刻）翰林评选注释程策会要五卷 ………… 〈28〉
薛氏族谱 ……………………………………… 〈68〉
薇花吟馆诗存 ………………………………… 〈41〉
儒教叛徒李卓吾 ………………………………… 〈7〉
燕斋金石目 …………………………………… 〈74〉

— 47 —

十七画

螺阳文献 ………………………………… ⟨29⟩
螺阳文钞 ………………………………… ⟨29⟩

十八画

藤花吟馆诗录 …………………………… ⟨41⟩
魏公题跋 ………………………………… ⟨75⟩
魏公谭训附金陵杂兴一卷墓志铭 ……… ⟨1⟩
魏公谭训 ………………………………… ⟨1⟩

十九画

藏书 ……………………………………… ⟨3⟩
藏书（原题遗史） ……………………… ⟨3⟩
藏书六十卷续藏书27卷
籀经堂钟鼎考释题跋 …………………… ⟨75⟩
籀经堂集 ………………………………… ⟨65⟩
籀经堂类稿 ……………………………… ⟨65⟩

二十四画

鹭江感旧诗 ……………………………… ⟨40⟩
鹭江名胜诗钞 …………………………… ⟨30⟩
䌷祀备考 ………………………………… ⟨14⟩

— 48 —

先父所见陈氏族谱

1. 陈江陈氏五房五家谱
   清咸丰六年抄本
   省图书馆 存

2. 南安丰山陈氏族谱（抄本）
   厦门大学南洋研究所资料室 存

3. 云亭陈氏三房二支家谱（抄本）
   民国陈逊泥修
   泉州文管会资料室 存

4. 凤山陈氏族谱
   清嘉庆修光绪28年抄本
   泉州文管会资料室 存

5. 颍川陈氏族谱集成
   清嘉靖28年石三堂石印本
   厦门市图书馆 存

陈自强 提供

待增补的陈氏族谱收藏地

卷末追思

一个投考军大学生的思想斗争过程

陈云鹏[*]

厦门日报编者按：

　　下面这篇稿子是晋江中学陈云鹏同学（现已报名投考军大）和她爸爸的通信。这些信件反映了一个青年学生在投考军大参加革命前的一些思想情况和斗争过程，可作为准备投考军大的青年们的参考。

（一）女儿给父亲的信

敬爱的爸爸：

　　我时常感觉我小资产阶级的思想意识的确是非常浓，在生活上表现得最显明的就是自由散漫，我知道要是不到实际斗争中去锻炼的话，恐怕我这小资产阶级的尾巴，是不可能较快地和完全割掉的。所以对于参加不久将要成立的"东渡随军服务团"，在我的思想上已开始作了一些准备及酝酿。我希望在实际地向工农兵学习的过程中来锻炼自己，改造自己，使自己成为一个经得起考验的革命工作者，到台湾去，为建设新台湾而奋斗。但我又感觉我没有半点的工作经验，而这一次的东渡，又是要作为建设台湾的工作干部。这个原因及我的胃病，都成为我参加东渡的思想障碍。是在工作中学习呢？还是在学校中学习完毕再工作呢？我希望爸爸能给我一个指示！

---

[*] 陈云鹏，陈盛明先生长女，山东青岛市第十七中学高级教师。

女鹏

1950年4月14日

(二)父亲给女儿的信

鹏儿：

小资产阶级出身的知识分子，大都带着沉重的包袱。但我们不怕有包袱，而怕有了包袱不能决心丢弃，使得在走向革命的大道中，成为巨大的负累。你既然认识这负累而决心丢弃它，那么到"实际斗争中去锻炼"是必要的，在家庭的小圈子里，会使你因循、麻痹，阻滞了进步。好吧！你就随时注意参加实际工作的机会——向工农兵学习的机会。在实际工作中，会使你得到更好的锻炼，更彻底的改造。台湾，我们一定要解放，解放后自然需要工作的人员。你能够参加，是有意义的，你就准备着吧！

在东渡工作之前，我想会有一段学习的时间。经验是从工作，学习中体验来的，只要你能认真学习，不必担心经验差，它在实践中会慢慢培养起来的。在革命大家庭中，在集体生活和学习中，你将会得到很好的教育。以后在实际工作中，你如能好好地掌握批评与自我批评的武器，你将得到更大的进步。

新的社会才开始建立，需要无数革命青年，共同来完成革命任务。你高中虽然未毕业，但也算有一定的文化水平了，何况你是一个青年团员，更应随时响应革命的征召，不要太顾虑到毕业不毕业。我相信你如参加两年的实际斗争，会比在学校中两年得到的更多。所以我的意思，在工作中学习是不错的，你可以再考虑考虑看。

爸爸

1950年4月20日

(三)女儿给父亲的信

敬爱的爸爸：

前次听说要成立"东渡随军服务团"的时候，我就作了参加该团的思想酝酿，又经爸爸给我一些宝贵的指示，更消除了我对于参加东渡的思想障碍。

现在军大招考二期生,就是要培养台湾工作干部的,正合了我的心愿。可是当军大招生通告发出以后,在我的思想上却又展开了激烈的新旧思想斗争。起初由于爱享受,做大学梦,想做"专家"等等的旧思想、旧意识潜伏着,支配着我的头脑,使我对于参加实际革命斗争的决心,又遥遥无定。但当经过好几天痛苦的思想斗争以后,我已意识到假使让这种旧思想占据着我幼稚的心田,我将脱离了群众,为广大的人民群众所遗弃。所以我已决定投入实际的革命浪潮中,希望在革命的大家庭中更好地改造自己。

爸,虽然我已决定投考军大,但我觉得到现在我的思想意识上还存在着知识分子强调兴趣的毛病,所以我非常害怕将来在分配工作时,如不符合我的兴趣,我可能会闹情绪。另方面,我的确对军大抱有过高的要求,幻想得过于美丽,所以我害怕到军大后,如不尽我所想象的话,我可能会降低学习的情绪。虽然我已经知道上面的两种毛病都是不应该犯的,我也曾想要克服它。但到现在,我还是无法解决这心理上的矛盾。还有我投考军大,祖母是不会赞成的,她老人家对于新的时代,新的社会有隔阂是很自然的,我们不能怪她。我们这些孩子,自从妈妈逝世以后,爸你又常在外面,感谢祖母辛苦地把我们抚养长大。她是那么爱护我们,我们决不能让她失望。哥哥去年参军,已经使老人家够挂心了,我以一个女孩子再去考军大,她将更感焦虑不安。但我爱祖母,我也爱人民的祖国,我是不能长远在祖母的膝下的,我要学习做人民的勤务员。爸你是了解下一代的意志,也了解上一代的心情,请你写一封信给祖母解释解释吧。爸,我感谢你给我很多的鼓励和帮助。有这样的爸。但是有很多的同学,他们和她们都是愿意报考军大的,只是受着家庭的阻碍。那些做父母的人常常阻拦他们的子女,不给他们投身革命的机会,防害子女进步和前途。这样硬把孩子关闭到家庭的小圈子里,难道算真的爱护他们的孩子吗?

女鹏
1950 年 7 月 10 日

(四)父亲给女儿的信

亲爱的鹏儿:

我庆贺你思想斗争的胜利!

你读过《青年修养》吗?那书中指出目前知识青年存在着的缺点:

一、误认知识只有从书本中，凭个人的钻研才可获得，不了解实际上一切知识都是劳动群众在劳动生活中的成果，要从与自然斗争及与社会斗争的亲身体验中得到来得。不与广大的劳动大众实际斗争相结合，书本上的知识必然会成为腐朽无用的东西。

二、因为对于具体事物实际的发展过程，缺乏体验，缺乏了解，往往陷于一种主观的幻想而不切合实际，夸大主观的力量，而无视实际的条件。

三、偏重纸上谈兵，口头讲理，而害怕或忽视实践的行动。因为不投身于实践，就不会得到真正的进步。要克服以上毛病，必须勇敢地以实践行动去参加劳动群众在各方面的斗争。和他们在一起，接受他们的教育和一切锻炼，正视现实，大胆改造自己！

这些话不正像针对着你说的吗？这不是你思想改造过程中的良好指针吗？

说到个人的兴趣，本来在新社会里是照顾得到的，一个理想的社会，应该让"个性自由"有合理的存在和发展。但你要注意，当旧制度社会还未全部推翻，反动势力还未彻底摧毁，为要消灭少数人不合理的"个人权利"和"个性自由"，保障最大多数人的"生活权利"和"个性自由"的合理发展，就非进行无情的革命斗争不可！在革命的进程中，为保护革命的胜利，当然一切要服从于革命的利益，一切要为革命而牺牲，必要时生命都愿意牺牲，哪里还会看到"兴趣"？

我们又要明白，在领导上说他们会在革命需要和工作能力的前提下，照顾各人的志趣，但我们是不应强调个人兴趣而违反了革命利益。况且兴趣也有阶级性的，也可以培养出来，对一个部门的工作有一定的常识和理解能力，就会产生兴趣。为兴趣问题花费很多的思考，这是很不必要的。

你哥哥的思想改造过程，可以做你的参考。他过去对于"经济地理"一门学问，有很大的兴趣。后来虽为参加革命而放弃了大学，但他参军后在部队中，还是不断研读经济地理的书。最近他来信却说："新人生观学习后，我已决心放弃个人兴趣。以革命为终生职业了。现在我已放弃对于经济地理的阅读，而以配合工作任务的文件为主要学习中心，吸收经验，搞好工作。"现在他已经把这个问题想通了，你要向你哥哥看齐！

祖母那里，可把我的信详细念给她听，并向她委婉解说，她是快八十岁的人了，你们做孙子的要好好安慰她，不要让她在暮年感觉难过。老人家常常会为"回忆之虫"咬得心里痒痒的，她会憧憬着三四十年前家庭的"盛况"，生出今昔之感,她会觉得今天后代的行径与前代不同。你们要用讲故事的方式,逗引她的兴趣,指出社会发展的必然性,指出今胜于昔的实际性,耐心细心的说服她,让她了解革命的意义,下一代的人去参加革命是好的。从前,她希望子孙中举人、中进士,现在应该希望子孙做一个老老实实的人民勤务员。男的也好,女的也好,一样要革命。如你所说,一些同学的家长阻拦同学投考军大,想把他们的孩子关在家庭的小房子里,自然是错误的,不是真正爱护子女的行为。大凡做父母的,没有不希望他的子女进步、发展,做一个有用的人。但是他们不了解当前的革命形式,不了解中国历史的伟大转变,还受着半封建半殖民地思想遗毒的支配,把子女看作自己财产的一部分,"养儿防老,积谷防饥",恐怕子女一参加革命就不是自己的了,不能养老送终,把"三年劬劳""十载教养"付之流水了。不知道革命浪潮是无法阻挡的,人民翻身是除了反动派以外都大大有益的事情,希望儿女们长进,就应让他参加革命,为人民立功。儿女光荣,家庭也光荣。否则把子女拉住了,不让他进步,贻误他的前程,害他给时代的浪潮抛在后面,做父母的于心何安?在新的时代,讲个人主义,家庭主义,一切只为个人,为家庭打算,是要失败的,没落的。做父母的人眼光要看远一些,好好为子女的前途打算。如果以为参加革命是有危险的,那世界上的反动势力还存在一天,谁都危险一天,就是把孩子裹在被窝里吧,能保证反动派的飞机不来疯狂轰炸吗?不如让子女们参加革命去,扩大革命的力量,早把反动派彻底打垮,那才能万事太平,子孙无忧。

你应该发动同学,说服他们的家长,热烈地展开投考军大运动。

你的爸爸

1950 年 7 月 16 日

(五)女儿给父亲的信

爸爸:

我前次给你信的时候,你说我的思想斗争还不够彻底,你告诉我小资产阶级要参加革命,就得彻底改进自己。爸!现在我已离开晋中,到军大报名,并且今天已要到惠安帮助军大做宣传工作了。爸,今后我能在革命的学习中,更彻底得锻炼自己,清算小资产阶级的思想意识,坚决争取做一个革命的布尔什维克!

致革命

敬礼

　　　　　　　　　　　　　　　　　　　　　女鹏上

　　　　　　　　　　　　　　　　　　　　　1950年7月24日

(六)父亲给女儿的信

鹏儿：

　　我祝福你,你已经找到自己的道路了。

　　我希望你能考上军大,实现你的志愿。那时候你就是属于人民的人了,你要坚定你的意志,忍受一切困苦,接受一切对你的考验。

　　我把你交给了革命的大家庭,算我对你尽了责任。今后你要对团,对革命负责,要好好地学习,要掌握住批评与自我批评的武器,彻底地锻炼自己,改造自己。

　　致革命
敬礼！

　　　　　　　　　　　　　　　　　　　　　你的爸爸

　　　　　　　　　　　　　　　　　　　　　1950年7月29日

(原载1950年8月8日、8月9日《厦门日报》第三版读者园地)

棉被和《新华字典》

陈国光*

我的知青经历可以从伴我上山下乡又回到城市里的物品说起,它们有两样,棉被和《新华字典》。

记得当年父亲放心不下,说是怕我弄丢了宝贵的上山下乡供应券(其实是想多陪陪我吧),于是带着我去领券,再凭券去买回再生棉布和棉胎做的棉被。这条带着父亲关爱的棉被,虽然在更冷的寒夜中,无法抵御刺骨的霜冻,可正是靠着这条棉被的温暖和更加深厚的父爱,我度过了7个冷冬。

父亲是读书人,也许他早知道,儿子在没有归期的远方只有身体的温暖远远不够?他在棉被里放进一本《新华字典》,当时很难买到的《新华字典》,父亲悄悄地买到了它,悄悄地放进我的行李。当我有一天回到了城市,重新读上了书,我突然领悟了父亲为什么送我《新华字典》。早在解放前,父亲就把家传的藏书资料向社会公开。解放初期,更把这些图书资料献给了教育机构,原来他一直坚信着,知识造福人类,知识造福社会。在我长大并将远行的年代,他再没有什么家传之宝留我,《新华字典》是他可以传给我的唯一信念。

是啊,在深山地方,再难以找到什么教科书,只有毛选和工农兵哲学简易读本,而连初中一年级也没有读全的我,虽然懵喳喳,成了知识青年,但要真正读懂并深刻理解毛泽东思想,其实并不容易。所以我需要接受再教育,需要《新华字典》。我对父亲留给我《新华字典》的最初感慨源于此,幸而不止于此。

在孤独和迷惘袭来的日子里,我翻开了《新华字典》,聊以度日。不曾想,正是《新华字典》,让我重新去掌握知识。翻着看着,于是我下笔抄书,居然抄完了《新华字典》里所有的词组,又去寻找字典内没有记录的生活中的词组。

---

* 陈国光,陈盛明先生五子,厦门市物价局副巡视员。

在《新华字典》里,我重新接触了各个学科最基本的概念,比如元素周期表,而那个版本的新华字典里的插图,似乎也变成了最吸引人的连环画。

那个年代,那个地方,那本《新华字典》,还有那床棉被,伴我走过了人生黄金期的7年。今天,我在人生的竞争中没有落伍,我感激父亲,是他以慈爱和远见,温暖了我的身和心。30年过去了,那床再生布做成的被套早已破烂,棉胎虽然旧了硬了,我却把它藏在衣橱里;那本《新华字典》也早已翻烂,我又有了新的字典、词典、百科全书,但那本烂了的《新华字典》,永远珍藏在心中。

(原载《告诉后代》,厦门大学出版社,1999年12月,第530~533页)

忆父辈情谊

陈社光[*]

为纪念中国共产党建党90周年,《泉州晚报》开辟"刺桐风云录"专栏,寻访泉州革命遗址加以报道,其中一篇提及创办泉州书店的唐生夫妇以及协助创办人陈盛明先生。家父在世时,也常提及相关人与事,并撰写了回忆文章。父亲晚年,大哥、二姐与我,侍奉身旁,目睹了父辈年轻时为理想投身大革命而结下的延续半个世纪的莫逆情谊。在整理《明诚集》时引发笔者对往事的回忆,谨以此文纪念父辈,并留存后代,以传承家风。

慈父陈盛明先生,泉州鲤城聚宝街人。其父陈育才先生为晚清举人,与泉州地方史专家陈泗东先生之父陈仲谨先生同榜。当年陈泗东先生常对在泉州政协任职的笔者言及他与家父是亦师亦友的世交。家父遗照的《像赞》,即出自陈泗东先生之手笔,准确记录了父亲一生为人之道。

1925年,当时抱农业救国想法的陈盛明先生赴革命中心广州,就学广东农学院,希望学习先进的农业技术解决中国农业落后,生活艰难等民生问题。在广州期间,经小学同学许曼介绍,家父加入旅粤福建左派革命组织"福建革命青年团",投身革命洪流之中。"福建革命青年团"的发起成立者有中山大学的厦门籍杨和衷、杨世宁等一百多人。家父在这里认识了台湾籍共产党员唐生夫妇。1926年底,因家中担心出事,陈盛明先生被父亲叫回泉州老家。回泉不久,唐生夫妇第一次来访。期间唐生离泉月余,唐太太留住我家,得到祖母周到照料,感念于心。北伐军入泉后,唐生第二次来泉,并请陈盛明先生协助开办泉州书店。泉州书店除了经营左翼书刊外,并逐步发展为大革命时期泉州地下党的一个重要据点。1927年,因蒋介石开始反共,唐生被迫离开

---

[*] 陈社光,陈盛明先生幺子,厦门市华文图书有限公司海疆学术书店CEO。

泉州。在国家动荡的年代,共同的志向,年轻的陈盛明先生与唐生夫妇结下了莫逆之交。

新中国成立后,因种种原因,唐生夫妇旅居海外,与家父失去联系几十年。直至"文化大革命"结束,大约在20世纪80年代初,有一天,市委统战部来人告知家父,有一友人寻找,并接往泉州宾馆相见,才知原来是唐生夫妇(此时唐先生已改名李吉成)。回忆当年事,期间唐生夫人黎明(洪碧云女士)念念不忘因病在我家住过一个多月,得到祖母及家父的细心关照。从此只要李先生夫妇回到大陆,必往我家探望。在家父病重期间,李先生夫妇要留钱让父亲补贴家用,但被家父坚决谢绝。于是他们陆续送来燕窝、西洋参和冬虫夏草等贵重补品,指导二姐炖汤给父亲服用,其真情至今仍令我们兄弟姐妹难以忘怀。在一次探访中,李先生为家父拍下了人生最后的一张居家生活照,照片中家父慈眉安详,成为家父所有照片中最珍贵的纪念。李先生将这张照片冲洗放大多张,分交众子女各自珍藏。家父去世后,李先生继续关心我们兄弟姐妹的生活工作,当得知三哥研究地方史,正遍访一部日本典籍不得,李先生不惜重金,托人从日本购买赠予三哥。家父去世四年后的1990年,李先生夫妇在获悉本人结婚时(当时我夫妻俩在厦门只是工薪低收入,婚事简约),当即联系我们,以父辈家长身份馈赠一份贵重的贺礼,给予我们夫妻以父辈的祝福。李先生夫妇与家父在大革命动荡年代结下的患难友谊,延续到我们晚辈,使我终身难忘。

当年将家父引上革命之路的同学许曼先生,"文革"后任过福师大图书馆副馆长,在大革命时期也曾遭遇追捕。因我家当年为泉州世家,在地方上有一定的名望,许曼先生在我家避居多日。待风声稍过,在我祖母资助下离开泉州。此事许曼先生一直谨记在心,当他的儿子接他去加拿大定居离开福师大前,专程来趟泉州,欲留下钱款以表感恩。家父坚持不受,称力所能及,举手之劳,不敢言谢。

曾任福建省政协副主席的农大教授卢浩然,在中学读书时,与家父相识结为好友。放假时应邀到泉住宿我家,也受到祖母的盛情款待。在家父生前逝后,卢先生多次召见我兄姐,每每谈及家父为人诚恳,热心助人,不求回报,甚为感慨。

点滴回忆,当是家父留给我们子女的一笔人生精神财富。父辈间的君子之谊,也是后辈应该传承的家风。

念及当年父亲创办海疆的情怀,我辞去公职,于 1992 年复办了海疆学术书店。虽然财力短缺,艰辛不易,但在家人的支持鼓励下仍坚持至今,也算是传承家风吧。

谨此纪念。

卷末　追　思

陈盛明同志追悼会悼词

王连茂[*]

政协泉州市第四届、五届委员、市政协文史资料研究委员会主任、民盟泉州市委会顾问、泉州历史研究会顾问、原厦门大学南洋研究所资料室主任陈盛明同志，因病医治无效，于1985年8月2日在泉州逝世，终年八十岁。

陈盛明同志，1905年出生于泉州，世代读书。1924年毕业于福建甲种农业学校，1925年进入广州广东大学农学院深造。历任思明初中、昭昧国学、大田县中、晋江县中教员，江声报、福建民报、永春日报、青年导报编辑，晋江文献委员会总干事，厦门海疆学术资料馆馆长。解放后一直在厦门大学工作，先后任该校南洋研究所、图书馆、研究部资料室、组科长、主任等职务。1966年退休回泉州。

陈盛明同志青少年时代受到新文化运动和"五四"爱国运动的熏陶，思想要求进步。在大革命时期，参加过左派组织"福建革命青年团"的活动。北伐军入闽时，在东路军政治部的"泉永政治监察署"搞民运工作，和共产党人推诚相见，亲密合作。1927年，国民党右派发动反革命政变，实行清党，他被开除出国民党，并遭通缉。"七七"抗战后，积极参加晋江抗敌后援会的宣传工作。由于主张国共合作，曾被国民党反动派列入黑名单。后辗转各地，继续从事文教工作，不易素志。

1946年，陈盛明同志把家藏图书及平时积累的资料，集中在厦门，创办私立海疆学术资料馆，便利各界阅览研读。解放后，陈盛明同志决定把整馆图书捐献给国家，获得华东教育部批准，将该馆并入厦门大学。这些图书中有不少孤本、善本或原始资料，为研究福建沿海地带与海外交通贸易史、东南亚历史以及泉州地方史等提供了珍贵文献。

---

[*] 王连茂，时任泉州市委统战部部长，泉州市政协秘书长。

陈盛明同志文史素养深厚，熟悉地方掌故。晚年退休家居，专力搜集、抢救、研究、整理地方文献。在"文革"中，受到极"左"路线的迫害。粉碎"四人帮"后，他不顾年迈，先后参与倡设泉州历史研究会，任该会副会长。议修泉州市志，并主持泉州市政协文史资料研究工作有年，多方奔走，组稿撰文，编辑出版，取得丰硕成果，积极为建设社会主义的物质文明和精神文明献出余热。

陈盛明同志的一生，经历了五四运动以来我国的重大社会变革，他始终站在时代前列，追求进步，积极从事各种爱国民主活动。解放前，他是共产党的忠实朋友。解放后，更积极拥护中国共产党领导，热爱社会主义祖国，认真学习马列主义、毛泽东思想，参加中国民主同盟为盟员。他为人正直，待人诚恳，律己甚严，作风踏实，生活俭朴，工作扎实，富有事业心和责任感，而又淡泊明志，不计个人名利，为地方社会主义文教事业做出一定贡献。是一个典型足式的爱国知识分子和温良谦恭的长者，值得人们的景仰和学习。他治学谨严，学有所本，言必有据，特别熟悉资料工作，重视资料的鉴别与发掘。在学术研究上，坚持实事求是的精神，也足为后学楷模。

安息吧！陈盛明同志。

（原载《泉州历史研究会通讯》1985年第9期）

挽联

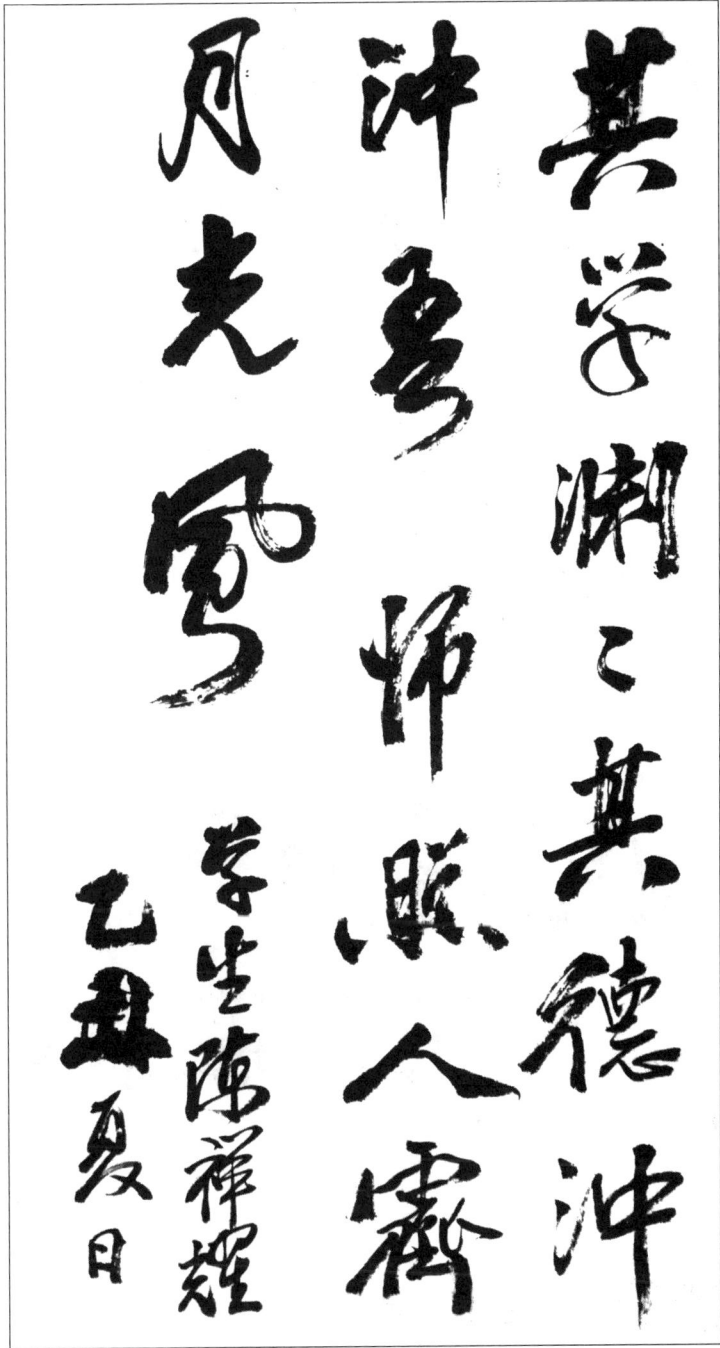

其学渊乎其德冲
沖乎其师照人寰
月光风

学生陈禅耀
乙丑夏日

宿儒名师

傅金星
85年8月3日

一代宗师

陈良谋 85.8.3.

闻弦歌，遏化亭前想芳躅　仰风范，一峯石上梦梅花

盛明陈老先生千古

詹振裕拜輓

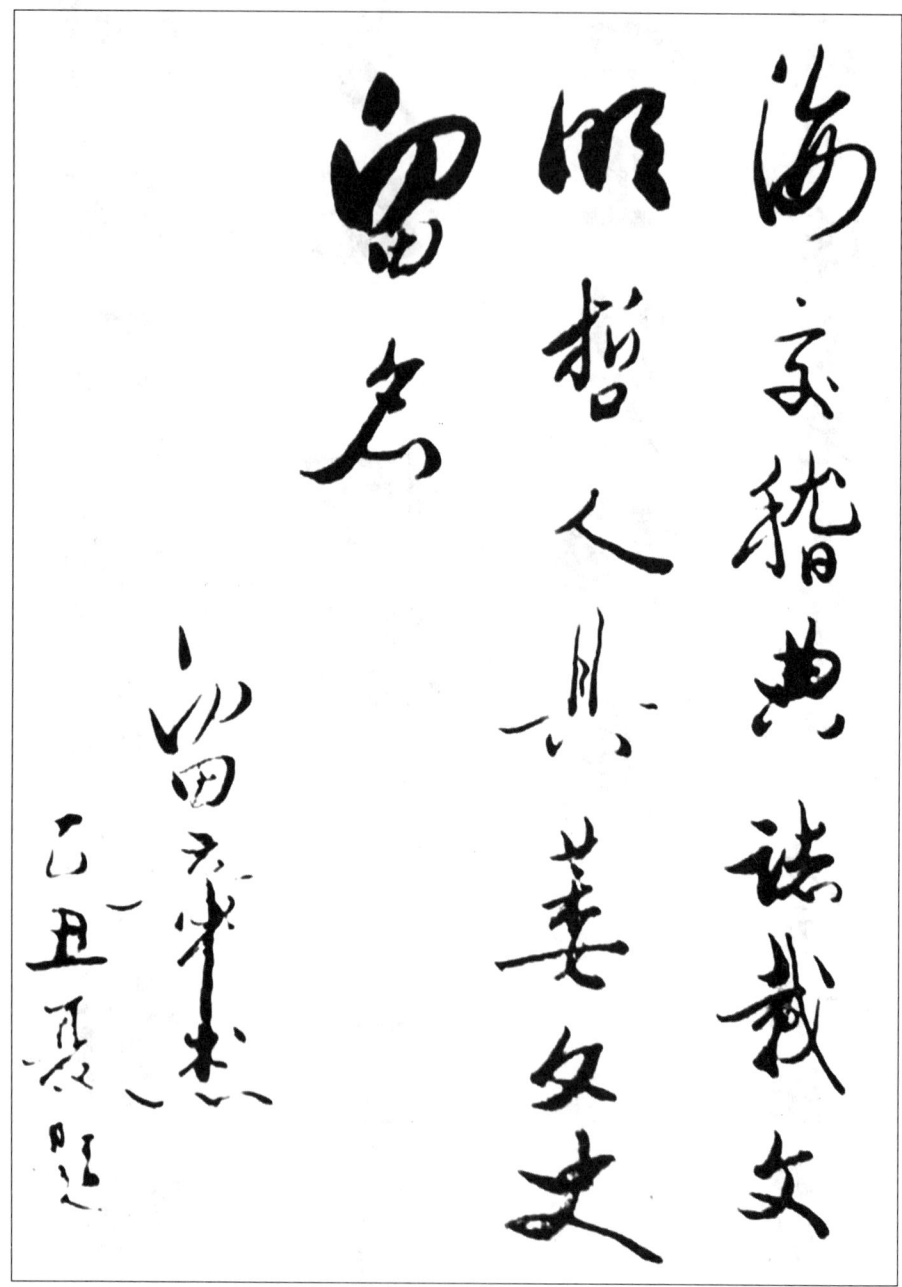

卷末 追 思

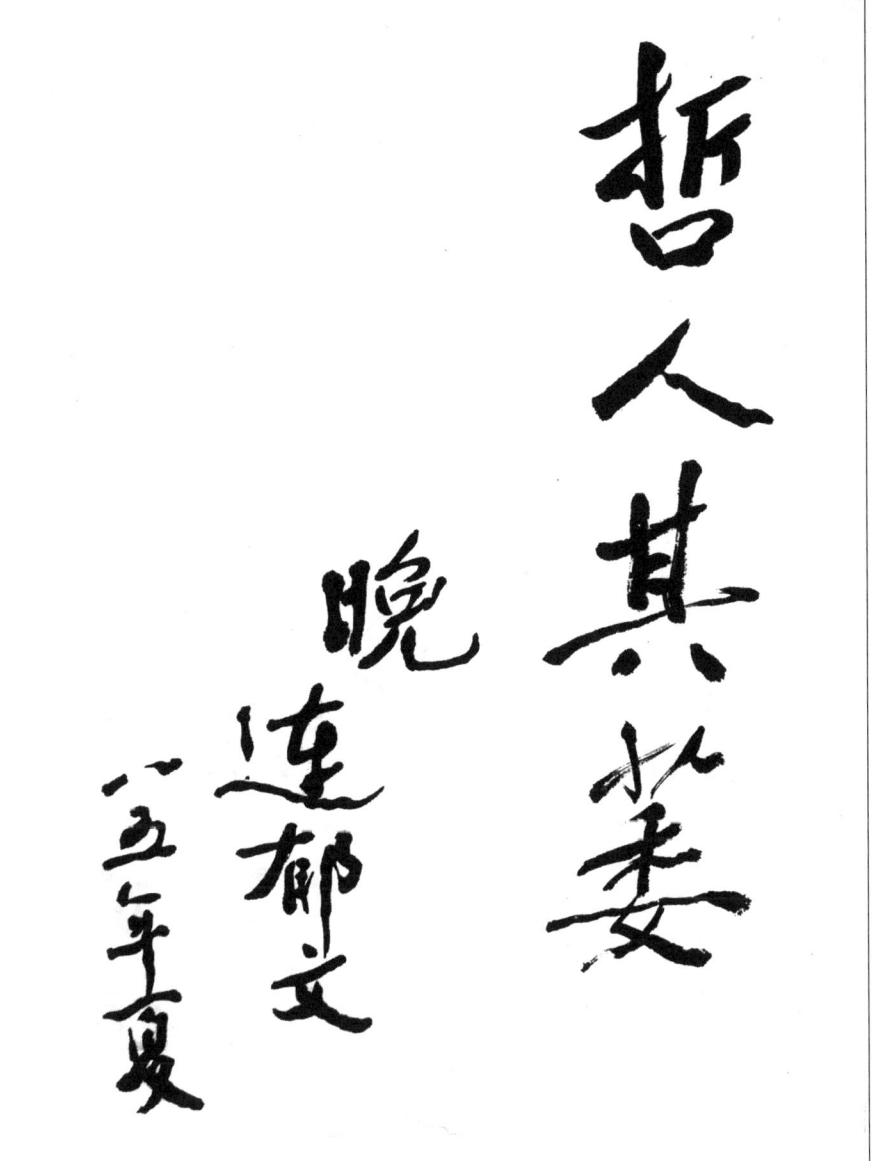

哲人其萎

晚 连郁文

一五年夏

身历二朝史笔苗传
推泰斗星沉一夜
士林哀悼人会仪型
悼念陈登叩老师
薛俊汝敬挽
乙丑夏日

卷末追思

青年照昧体武师
善诱循循学子们
地志高山宝作止
遗编尤使信欤崇

怀念周圆初先生二三事
均为先生的学生
周海宇
敬投

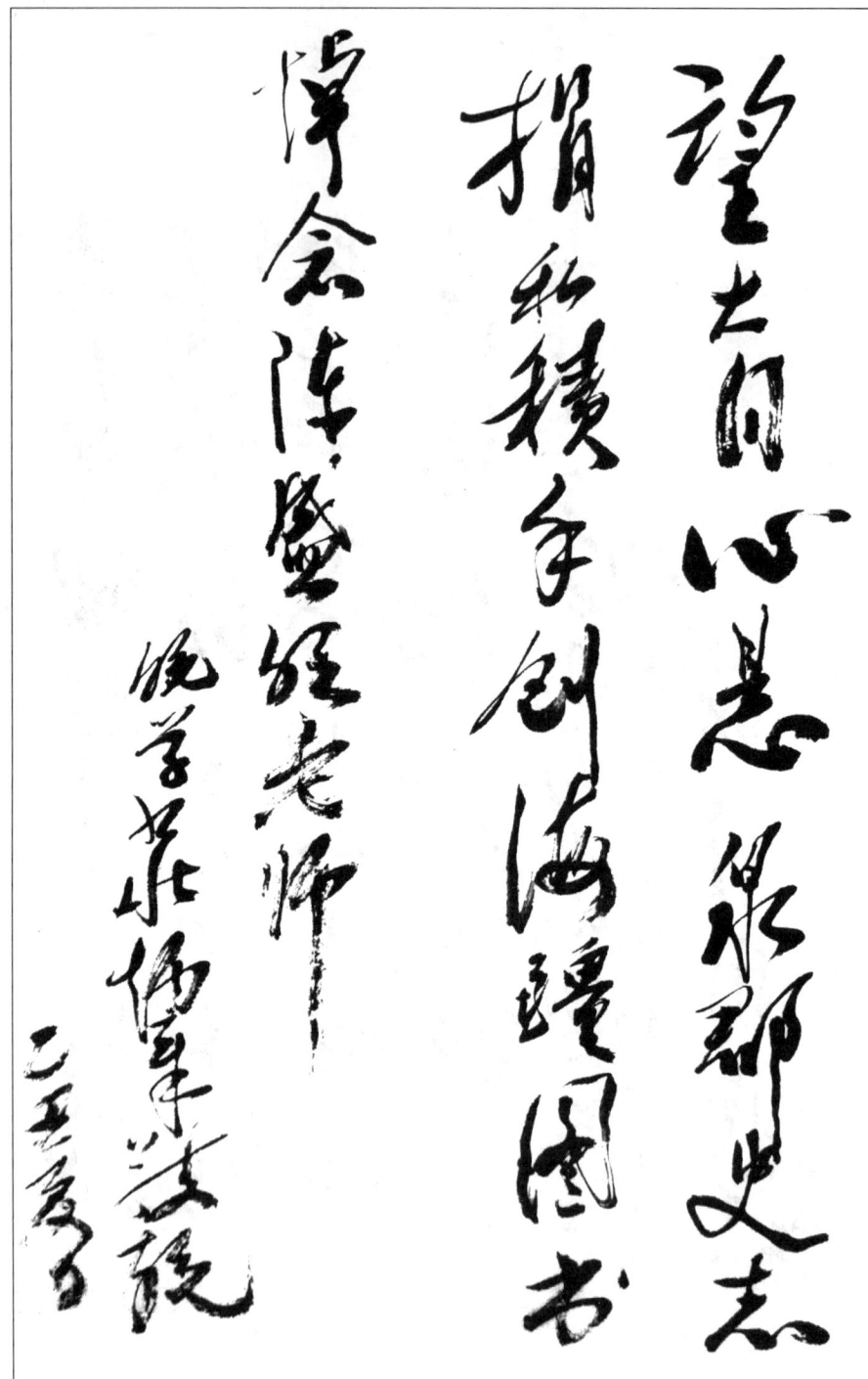

阅八纪之沧桑 秉泽世之素志
为海疆闲史 铭勒百代
蕴五车之富学 携一代之人才
是闽南宿儒 风范千秋

晚学 王寒枫难毁
乙丑夏日

纪念陈盛明先生座谈会

主办单位：政协鲤城区文史资料研究委员会
　　　　　泉州历史研究会
时间：1987年7月31日上午8时30分
地点：泉州市民主党派会议厅
主席：陈泗东　　　记录：陈良谋
出席：廖渊泉　庄炳章　傅金星　林祖茂
　　　李登俊　廖博厚　周海宇　庄为玠
　　　陈朝卿　王连茂　曾　栋　陈祖望
　　　吴幼雄　陈自强　陈泗东　陈良谋
　　　曾国杰　叶元旦　陈增甫　黄永砡
　　　吕文俊　曾连昭　陈梅生　王寒枫
　　　曾庆崇　万鹏程　蔡胜铁　陈宪光
　　　吴捷秋　连郁文　郑焕章　张家瑜
　　　傅佩韩　林昌如　黄家默　曾元生
　　　詹振裕　沈玉水

陈泗东：

今天纪念陈盛明先生座谈会，与会人士都是泉州的文史工作者，盛明先生的家属也在大雨滂沱中拨冗参加。相信今天的座谈会，将有裨益于今后泉州的史学界。

盛明先生曾任政协泉州市（鲤城区）文史资料研究委员会主任、泉州历史研究会顾问、泉州工商史料主编。他一生从事历史研究，对泉州文史做出巨大的贡献，及今尚无出其右者。

毛主席说过，一个人只要他对人民做出贡献，人民就不会忘记他。我们今天这个座谈会，正是体现这一精神。

何天松和蔡樵生两位文史委员的逝世,我们在此一并致以哀思。

周海宇:

我和盛明先生相识数十年,对他的治史精神及道德文章由衷的钦佩与折服。对他一生的评价,实在找不出恰当的言辞,赋诗一首以表怀思之情。

　　夫子西归瞬两年,莘莘学子忆薪传。
　　晚年文史呕心血,八卷遗编垂后贤。

王连茂:

盛明先生的逝世,是泉州史学界无可弥补的损失。他全心全意为泉州文史工作做贡献,他最伟大最辛勤的耕耘,就是为泉州史学界奠定了最坚实的基础,铺平了史学研究的坦途。他主编的《泉州地方文献联合书目》、《泉州文献资料索引集刊》、《泉州文献丛刊》等,都是呕心沥血之作。从泉州历史研究会到政协泉州市(鲤城区)文史资料研究会,其一系列的治史方针政策是全面的,如政协文史资料是有时限的,上自戊戌政变1898年起,下至"文革"前夕止。他就此时限内厘订出泉州市文史资料的征稿提纲,举凡政治、经济、文化、教育、军事、宗教、社会、医药卫生、民情风俗,等等。他的指引加上了"因人命题,因题求人"的方式,予后人以良好的启迪。在纪念盛明先生逝世两周年的座谈会上,希望今后应该把文史工作做好,以免辜负这位伟大的奠基者。

建议在适当的时候,泉州市的文史工作者能够召开一次大团结大协作的文史会议,规划出一个发展战略的方案,将大泉州市的文史工作做得更好,体现出泉州这座历史文化名城的特色。

廖博厚:

盛明先生是民盟成员,他把海疆资料馆献给厦门大学,成为南洋研究所资料室,获得厦大的肯定和赞扬。先生为人沉默寡言,是非分明,坚持真理,从不徇私而改变观点。"文革"期间,厦大请他去学习,为时颇久,同志们担心先生是否会受到大的冲击,厦大表示不会受太大的冲击。先生回泉后,说:"在那种情况下,讲不清的事,只能保持沉默,让时间去证明一切。"

盛明先生在史学界是一位一切为人的勤恳的工作者,在他主持政协泉州文史办时,他认为《泉州文史资料》1～8辑,仍有可以改进的地方。但他还是尊重当时的作者和编辑工作者,因为这是不同历史时期所产生的。而盛明先生自己默默地又做了大量工作,如对监察署的事情,他都如实加以反映。他坚持做历史的见证人,实事求是,很值得人们学习。他善于观察,沉默寡言,绝不捕风捉影,堪称是精神文明的楷模。他的逝世,对民盟来说,是很大的损失。

现在大泉州市文史工作多种多样,蓬勃发展。假如盛明先生尚在,定能做出更好更大的影响。总之,盛明先生的一生业绩是值得我们学习的,其精神是长存的。

吴捷秋：

我和陈盛明老师相识四十多年,老师是值得尊敬的。由于家学渊源,老师家是泉州四大藏书家之一。他对文史的贡献是巨大的,无私的,对后学者是关怀的,谆谆善诱的。

老师对文献史料的追求是执着的,工作是细致而又诚挚虚心。他在厦大主持南洋研究所资料室时,对泉州文史仍然关心备至。当他主持政协泉州市文史办时,他的工作是勤勤恳恳的,给后来的人做了好榜样。

担任民盟文化支部主委时,工作认真诚恳,处处与同志交换意见。广征博采,从不一人说了算。

老师是一位忠厚长者,留给文史界以丰硕的财富。现在有泉州、鲤城两本政协文史资料,如果都能本着盛明老师治史的风格,实事求是,定能更好地反映泉州历史文史名城的风貌。

林昌如：

我认识盛明先生是在永春,以后渐有交往。可惜前后只有六年时间,相见也晚,但我对盛老有几点体认。

(一)他热爱中国共产党,早在大革命时期就开始了。关心党史工作,当党史办成立初期,他就向党史办提供了大量的党史资料,丰富了党史的内容。

(二)先生学识渊博,精通地方史。为人谦虚谨慎,沉默寡言,工作认真,平易近人。

(三)先生对子女的教育是成功的。

在今天的座谈会上,人们对盛老有更深的认识与仰慕,希望大家学习并继续先生未完的事业,共同为泉州文史贡献力量,为这座历史文化名城谱写出动人的乐章。

庄为玑：

早在1942年,即因家兄为玑的关系,与盛老在青年导报共事相处。

盛老为人沉默寡言,在共事的日子里,虽然言谈不多,但他对工作的勤恳与执着,使我深受启发。

先生古道热肠,热心助人,无私奉献。予人多,取予少,实事求是,步步踏实。当我负责编写华侨史时,第一辑请他指正,对编写方法、原则、取舍,得益良多,使我深受教育。今天纪念他逝世两周年,感触很多,实在无法以言词表达。

陈朝卿:

在文史办共事的六年中,朝夕相处,盛明先生真是我的良师益友。

政协文史资料首重三亲,先生在把好三亲关方面,做了大量工作。譬如有人写安礼逊曾加入同盟会一事,先生即认真落实了解。安礼逊的父亲虽曾对营救孙中山先生出过力,做出贡献,但不等于安礼逊加入同盟会,特别从听说而写这一段事,更不能做史实而存在。结论是保留待查,未便刊载。

虽说眼见为实,但有时未明全貌,并可能有所舛误,如颜回炊饭检食一事,孔子亲见,尚得落实,否则颜回冤矣。在编纂第九辑辛亥革命专辑时,更是字字落实,事事推敲,一丝不苟。先生对文史工作的态度,默默耕耘,实事求是,给我良好而又深刻的教育,值得文史工作者认真学习。

先生离开我们两年了,但人依然感觉到他的精神尚存,永垂人间,与我们长相左右。正是"君已功成西归去,留下丹青育后人"。

曾栋:

我从1980年起,约有三年时间在文史办跟随先生学习,做先生的学徒。在耳濡目染中,深感先生为人处世。治史方法,时至今日,泉州的文史工作者,恕我大胆地说一句,尚无出其右者。

先生主持文史办时,首先肯定"文革"前文史办主编吴堃先生的成绩是难能可贵的,诚如刚才廖老所讲。

先生确立文史办的管理制度,对于旧稿专稿均严格地纳入档案管理,即使是本办公室的工作人员需参阅入档文稿,也要先写借条,方能取稿参阅。还档时才退还借条。

对待文史资料更是实事求是,如当时地区党校征稿,先生如实写出当年国民党清党时,曾在泉州指名通缉十二人。党校教研室审稿时予以加工,添上国民党右派字样,引起当年主持清党之后人的兴师问罪。此事错在党校而非先生。

先生在办公室工作时,安静工作,不讲话,不苟言笑,有意见或建议应在工作前,或工作后再行交谈。先生工作时常废寝忘食,中午经常一人关上文史办的门,在室内吃面包白开水充饥,继续工作,曾在一年内连出四辑文史资料。其忘我的奋斗精神,抢救史料的气魄是无人能及的。他为泉州文史开发订出的计划,是值得吾人实践与珍惜的。

吴捷秋：

座谈会气氛热烈,发言踊跃,深受感动,深受教育。建议与会人士及各单位,在会后,大家写一些纪念性文章,以志今天的盛况。

（与会人士无异议,同意）

叶元旦：

先生兼任工商史料主编时,工作认真。他常说,写历史资料一定要实事求是,稍有不慎,贻患无穷,遗祸后人。所以审稿时一丝不苟。他对地方史贡献很大,使我很受教育。

吴幼雄：

先生治史办事,实事求是,一丝不苟。从泉州书店开始,他就热爱党的事业。地区党史曾写过"国民党员陈盛明",先生对之很有意见。所以书写文史资料一定要实事求是,认真落实,切忌无的放矢,信口开河。

傅金星：

座谈会气氛热烈,使我很受教育,我回去一定向领导建议,在编纂地方志时,将盛明先生放在一定的地位上去。

先生对文史资料,认真负责,坦诚谦虚。记得陈允敦教授写的一篇文史资料,其中有一段与史实略有出入,先生即委婉提示,而教授也欣然接纳,重新落实。彼此都能坦诚相对,实事求是,这正是治史应有的态度。

今天,我们纪念先生的座谈会,相信对今后泉州文史能有所促进。

陈自强：

感谢政协鲤城文史办及泉州历史研究会举行怀念先父的纪念座谈会,我们全家衷心致谢。

先父在大革命时期年仅二十岁（1926年）,12月中即与台胞唐生、黎明夫妇开创泉州书店,后又来了洪赤农、白海棠两位店员。泉州书店是泉州第一家出售马克思主义、共产党书刊的书店,是大革命时期闽台同志并肩战斗的典范。国民党护党拥蒋,清党事件发生,先父亦被列入通缉对象,只得避匿,免遭暗算。

1937年抗日战争爆发,全国同胞奋起抗日。当时国共第二次合作,但是共产党在泉州仍得不到承认,不能公开活动。只好利用"抗敌会"这一合法组织,开展活动。辛仲钊与先父分别负责慰劳股和宣传股,常在我们家里讨论抗敌会工作情况。

座谈会邀请函

解放前夕,大哥参加地下党的事,先父是知道的,但他默然不语。解放后,抗美援朝参军热,先父也让他自由选择,不加阻拦。

"文革"时期颇受冲击,先父对讲不清的事,只好保持沉默。

先父治史,精神积极,涉猎颇广。如一次偶阅李光地文集,略一翻阅,即指出装订有误。逝世后,我们整理文稿时,发现其对辛亥革命专辑文稿,所记录的手札是非常认真的。其编纂泉州地方文献联合书目,尚保留上百张的卡片。可见先父对泉州文献非常热心,贡献良多,很值得我们后辈学习,做我们后辈的典范。

陈泗东结语:

有益而又耐人深思的会议,非常有意义。参加座谈的在座同志,有盛明先生的同辈、同事、晚辈及其家属,而且都是搞文史的人。

品学兼优是今天党择才的条件,盛明先生不仅品学兼优,而且是脚踏实地,认真治史的务实派。是泉州史学基础工程的奠基者,是师是友对他都备极尊崇。

泉州文史界需要统一团结,为泉州这一座历史文化名城做出更大更好的贡献。

盛明先生虽非博士,亦非教授,但他一生事迹,值得颂扬,值得学习。建议其家属撰写陈盛明先生传略,连同今天座谈会的记录,整理刊登于鲤城文史资料第三辑出版。

建议其家属及文史界共同搜集先生遗稿,汇集成编,刊印成书,以资纪念,裨益后学。

根据记录整理,未经发言人审阅。

(原载《泉州鲤城文史资料》第 3 辑,1987 年)

厦大家宝：
南洋研究所之海疆学术资料馆

马进龙

"泉州私立海疆学术资料馆"创办于20世纪40年代，是泉州知名书香世家陈盛明兄弟从事研究南洋、台湾及闽南地方史问题的图书资料机构，在海内外享有盛誉。1946年5月，"泉州私立海疆学术资料馆"搬迁到厦门虎园路，正式成立"厦门私立海疆学术资料馆"。该馆拥有图书7262册，杂志4654册，剪报15000份，图片6000张，地图302幅，文物标本121件。资料馆收藏的珍本、善本、孤本及大量的珍贵文献文物，为研究东南亚历史、华侨、华人历史及福建沿海地带与海外交通贸易史提供了方便。

海疆学术资料与我校缘分匪浅，当时王亚南教授在我校任教时，即对资料馆深为重视，与庄为玑、林英仪、林惠祥、李式金等均为馆中常客。出任校长后，有意发挥我校位于东南沿海的侨乡特色，开展南洋研究工作。正感资料不足时，陈盛明先生征得时任董事长的张圣才先生同意，向我校提出将资料馆归并我校的建议，立即得到王亚南首肯。于是由我校报请当时的华东教育部批准，将"厦门私立海疆学术资料馆"并入我校。

陈盛明先生就资料馆归并我校拟就一份建议书，建议书中对为何交由我校做了说明："厦门大学是东南亚侨乡最高学府，对于东南海疆和东南亚的区域研究，无论人力、物力都能更有效地负担起这个使命，获得甚大的成果，无限地发展这个事业。因此在本馆创办人和董事会协议下，决定将本馆归并厦门大学。"归并工作进行得相当顺利，1950年8月初提出合并建议。8月底，华东教育部部长吴有训的批复就下达，9月份合并手续完成。馆中图书资料、设备及一块十一亩多的由李献武先生赠与资料馆，准备建馆的地皮等财产均无偿献于我校。于是厦大成立了"南洋研究所"（我校南洋研究院的前身），林惠祥教授为首任馆长。海疆学术资料馆成为南洋研究馆附属的"海疆资料室"，陈盛明先生任资料室主任。从此陈盛明先生服务我校，直至1966年退休。

（原载《厦门大学报》第760期）

后　　记

　　先父虽然是一位文化人,且长期关注闽南历史文化,留意搜集整理相关的图书、资料。但由于种种原因,直至 1966 年退休前,只是乐于为他人作嫁衣裳,少有撰写论著。我有位在福建师大历史系任教的表兄曾惋惜地对我说:"大姑丈对闽南历史文化很熟悉,功底也深厚,如果能有时间著述,肯定会颇有成就。"退休后,按理是有空暇了,但"文革"十年动乱,有的只是挨整,哪敢动笔! 动乱结束后,随着国家新的历史时期的来临,先父的生命也有了春的气息——尽管已是暮春。在他生命的最后几年里,即 20 世纪 70 年代末 80 年代初,他一方面忙碌于泉州市政协文史资料研究委员会和泉州市泉州历史研究会的工作,整理泉州地区的历史文献,编辑文史资料;另一方面也动笔撰写了一些涉及泉州地方文史的文章。本书收录了这期间他老人家所撰写的十多篇文章。

　　因家学渊源,先父受《大学》《中庸》的影响,以"诚则明,明则诚"为座右铭。年轻时就常以明诚为笔名,撰文投稿,故本书取名《明诚集》。

　　《明诚集》得以成书,得到文史界众多前辈、友人的真诚关注和鼎力相助,首先应当提及的是陈泗东、叶国庆、陈祥耀三位老先生。

　　1987 年 7 月,政协鲤城区文史资料研究委员会、泉州历史研究会举办"纪念陈盛明逝世两周年座谈会",泉州历史研究会会长陈泗东先生主持会议。他在座谈会结束时殷切地说:"建议其家属及文史界搜集先生遗稿,汇集成编,刊印成书,以资纪念,裨益后学。"正是泗东先生的建议,令我们产生搜集整理先父遗稿的打算。

　　我省史学界元老、厦门大学叶国庆教授与我父亲有着 30 多年的友情,20 世纪 80 年代初,家父每到漳州小住,都要到叶老寓所拜访。我父亲去世后,叶老多次提醒我要为我父亲出文集。1998 年夏的一天,我得知 98 岁高龄的叶老已生病数日,且迷迷糊糊,便赶往叶老居所探望。他

后　记

　　的一位孙子在他床前大声说道："爷爷，'陈先'来看你。"我也紧忙说："我是自强。"没一会儿，他眼睛睁开了，看着我，突然小声说了一句："你父亲的书你替他出了没有？"顿时我眼睛湿了，回答说："会出，会出。"

　　中国古代文学史专家、福建师范大学名师陈祥耀教授，是50多年前我在福州长安山求学时的老师。国学基础广博，治学严谨，书法精湛，很得后学的敬重。2000年，他为我外祖父吴桂生的诗集《养和精舍诗存》题写书名并作序，这令吴进士后人不能忘怀。陈祥耀老师与我父亲也是故友。鉴于这些原因，2007年在家乡的一次学术讨论会上，我大胆敬请恩师为《明诚集》题签。他欣然同意，令本书增辉。

　　本书在整理编辑过程中，还得到相关专家学者的关注、鼓励和支持，泉州海交馆名誉馆长王连茂先生，厦门大学图书馆前馆长、博士生导师陈明光教授，厦门大学南洋研究院院长、博士生导师庄国土教授，在百忙之中为本书作序，情真意切。尤其是陈明光教授，不仅为本书的序言三易其稿，并在本书的整理和出版过程中给予了许多中肯的建议和具体的帮助。故宫博物院学术委员会委员蔡治淮女士对本书的编辑提供了专业指导，泉州医高专张敏讲师热情帮助目录和前言的英文翻译。这一切令我们兄弟、姐妹没齿不忘，在此谨向所有关心帮助本书出版的专家学者、亲朋好友致以衷心谢意！

　　为了本书的出版，我们兄弟、姐妹及其子女，各尽所能，分工合作。我从事图书馆管理工作的女儿陈文红做了早期资料收集工作，从事文秘工作的侄女陈一帆做了大量打字校对工作，就读于厦大建筑学院的侄女陈一芸负责封面设计和图片处理，就读厦大博士的外甥蔡一村，传承家族文脉，搜集整理，考证注释全书文稿，做了大量具体工作。期盼《明诚集》早日面世，以告慰先人，也了了我们多年的心愿。病中匆匆记之。

陈自强
于漳州一中病榻上定稿
2013年8月2日

　　编者注：陈自强先生于2014年3月8日回归天家，安息主怀。此书倾注了他大量心血。

图书在版编目(CIP)数据

明诚集:海疆学术·闽南文献/陈盛明著. —厦门:厦门大学出版社,2015.8
ISBN 978-7-5615-5651-1

Ⅰ.①明… Ⅱ.①陈… Ⅲ.①文史资料-福建省-文集 Ⅳ.①K295.7-53

中国版本图书馆 CIP 数据核字(2015)第 181733 号

官方合作网络销售商:

厦门大学出版社出版发行

(地址:厦门市软件园二期望海路39号　邮编:361008)
总 编 办 电 话:0592-2182177　　传真:0592-2181406
营销中心电话:0592-2184458　　传真:0592-2181365
网址:http://www.xmupress.com
邮箱:xmup @ xmupress.com

泉州新春印刷有限公司印刷
2015 年 8 月第 1 版　2015 年 8 月第 1 次印刷
开本:720×970　1/16　印张:24.75　插页:3
字数:410 千字　印数:1～1 200 册
书号:ISBN 978-7-5615-5651-1/K·685
定价:82.00 元
本书如有印装质量问题请直接寄承印厂调换